天

Borderless

下

天下，在乎正义和你

舆图换稿

明清之际的中国法哲学

屠 凯＿＿著

法律出版社
LAW PRESS·CHINA

献给我的父母亲

致　谢

本书的一些章节的部分内容曾经发表于若干刊物。附录中《与中国相遇的现代早期西方法哲学:规范性、权威和国际秩序》的主要部分发表于《中外法学》2017 年第 5 期。正文中“李贽”章的主要部分以《豪杰犹巨鱼也:李卓吾及其法哲学》之名刊于《重庆大学法律评论》第一辑;“耿定向”章的主要部分以《齐奄猫论:耿定向法哲学批判》之名刊于《人大法律评论》2018 年卷第 1 辑;“顾炎武”章的主要部分以《博文而有耻:顾炎武的法哲学》之名刊于《苏州大学学报》(法学版)2019 年第 3 期。谨向以上刊物表示诚挚的感谢。

一些章节曾经提交学术会议并得到与会先进惠予指正。正文中“黄宗羲”章提交于 2019 年 3 月 29 ~ 31 日在中国人民大学举办的“阳明学与近现代中国”学术会议;“张履祥”章提交于 2018 年 6 月 8 ~ 10日在上饶师范学院/鹅湖书院举办的“传统伦理与现代法治:新时代中国法律史传承与转型”学术研讨会。深受教益,铭感于心。

本书的部分手稿曾经作为参考材料使用于清华大学开设的《中国传统法哲学》课堂。教学相长,乐莫大焉。翟家骏、柯玉璇两君惠助校对,并致谢忱。

本书得以列入法律出版社“法学新青年”丛书出版,至感荣幸。在此也衷心感谢责任编辑韩满春先生投入的宝贵时间和心血。没有他的帮助,本书不可能顺利地出现于世间。

目　录

绪　论

法学新古典主义是一种对传统法哲学予以创造性转化的方法。它试图赋予古典法思想以现代的分析形式,促使他们以新型且系统的表述,为今天的人们提供实践理据。作为对待古代精神产品的一种态度和对之处理的方法,法学新古典主义区别于历史社会学、法律思想史、新经学。相对于历史社会学将中国文化传统视为现代西方之“异类”的态度及其类型化的方法,法学新古典主义力求展示文化、学术传统的内部多元性;相对于法律思想史将古典法思想视为博物馆珍品的态度及其将思想还原于历史、社会、文化背景的方法,法学新古典主义重视古代作者思想的个体自洽性以及他们可能为当代人的判断和行为所提供的理据;相对于新经学视文化学术经典为当然权威的态度及其原旨主义的文本解释方法,法学新古典主义承认经典具有代表性和影响力,但是古代的经典作者并不能凭借原有的制度或意识形态身份直接凌驾于任何当代对话者之上,他们所创造精神产品的价值仍然有待于根据其表面意思予以重新评价。

一、何谓法学新古典主义?

中国古代的作者曾经创造过光辉灿烂的精神产品,形成了深沉博大的文化传统及学术传统。其中当然也包括对“法”现象的研究和讨论,此即本土的古典法思想。古典法思想中可能蕴藏着颇多独到见解。诚如黄宗羲所说:“古今志士学人之心思愿力,千变万化,各有至处,不必出于一途。”[①]问题的关键在于,我们需要找到一种办法,把前人的见解和潜在的启发充分揭示出来,以经得起理智反复检验的方式和形态展现于世界面前,此即创造性转化的学术工作。实际上,中国学术传统自始就树立了法古用夏、述而不作的圣贤楷模,它所陶养的新一代知识人对此不会过于陌生。明清之际的顾炎武曾经用“采铜于山”比喻自己的工作,所谓“日夜诵读,反复寻究,仅得十余条,然庶几采山之铜也”。[②] 更加形象地说法也许是,“创造性转化”就像从莸茂蒿草中精心萃取出可以医治流行疾病的灵药来。

但是,新一代知识人所需处理的古代材料具有一些文化特征,可能给创造性转化工作造成困难。正因为中国古代的作者大多习惯于依托前人文本表达自己的思想,所以他们留下的精神产品通常不是就某一论题展开的系统表述,而是往往仅存只言片语,且以题记、赠序、奏疏、书信等古代各种应用文体的形式存在。冯友兰正确地总结说:“在中国哲学史中,精心结撰、首尾贯串之哲学书,比较少数。往往哲学家本人或其门人后学,杂凑平日书札语录,便以成书。”[③]当然,对表述系统性的重视也并非绝迹于中国古代作品。明代中叶的罗钦顺自述他的工作过程就是“联比而贯通之,以究极其归趣,遇奥涩处,间亦附入注语,以畅其义”,所以《困知记》虽然仍

---

① (明)黄宗羲:《南雷诗历》,载吴光主编:《黄宗羲全集》(第21册),浙江古籍出版社2012年版,第787页。

② (明)顾炎武:《与人书·十》,载《顾炎武全集》(第21册),华东师范大学古籍研究所整理,上海古籍出版社2011年版,第142页。

③ 冯友兰:《中国哲学史》,中华书局2014年版,第19页。

属札记,说理就十分明快透彻。[①] 无论如何,大部分古代材料的这一特征,会误导部分读者,让他们以为古之作者就是针对某时某地某人某事而言说,其辞并无隽永的意蕴。假若真的如此,"创造性转化"岂非刻舟求剑。中国文明的精神产品也将全部沦为博物馆中的陈列物,谈不上再次发出光热。

要避免古典法思想一股脑地变作博物馆中的陈列物,使分析方法有用武之地。所谓分析方法,即穷尽语言材料,确定概念含义,形成系统表述,建立逻辑结构,尝试说服读者。用胡适的话说,"便是把每一部书的内容要旨融会贯串,寻出一个脉络条理,演成一家有头绪有条理的学说"。[②] 使用分析方法所得的精神产品,即围绕概念展开、内置逻辑结构的系统表述,在性质上是"哲学的",不太受到语境和时空的限制,可以直接用作当代实践的理据。当然,中国学术传统素有排斥探赜索隐,追求退藏於密的人物。晚明的泰州学派就有浓厚的神秘主义倾向。王畿说:"致知者,致其固有德性之知,非推极知识之谓。"[③]这便区分了所谓天德良知和闻见知识。[④] 但是,即便是对这些"反分析"的人物,整理其所思所想也还是需要运用"分析"的方法。如果在学术研究中也认同他们对道德直觉、神秘体验的推崇,则一切不可说也不必说。[⑤] 近代的熊十力并不以"系统"为评价精神产品的标准。可连他都承认:"夫逻辑之所可贵者,以其术存乎解析故也。自家用思时,恒注意解析,

---

① (明)罗钦顺:《困知记续·卷上》,载《困知记》,中华书局 2013 年版,第 61 页。

② 胡适:《中国哲学史大纲》,商务印书馆 2015 年重印版,第 21 页。亦如张文显所指出的,对中华法学中的概念,"需要我们在认真研读古代法典和法学文献的基础上……还原其本真意义;或者重新加以解读……推动传统法思想的创造性转化、创新性发展"。参见张文显:《迈向科学化现代化的中国法学》,载《法制与社会发展》2018 年第 6 期。

③ (明)王畿:《慈湖精舍会语》,载《王畿集》,吴震编校,凤凰出版社 2007 年版,第 114 页。

④ 对于王畿思想的宗教化倾向,参见彭国翔:《良知学的展开:王龙溪与中晚明的阳明学》,生活·读书·新知三联书店 2005 年版,第 502 ~ 503 页。

⑤ 於兴中指出,法治社会中的价值体系和制度安排诉诸人的理性,而非情感或者信仰。参见於兴中:《法治东西》,法律出版社 2015 年版,第 7、39 页。

则意理之条贯与底蕴一经精剖自然昭著,而免于模糊与笼统之弊矣。”①

分析的对象是古典“法”思想。这里的“法”字需要进一步解释。我们使用现代汉语从事学术写作,“法”字也应当使用其在现代汉语和现代“法”学中的通用含义。现代法学中的“法”字是一个闯入汉语的移民,乃西文单词的对应物,但已经基本完成了归化的全过程。② 严复早已指出,西文“法”字在古代汉语中有“理、礼、法、制”等对应物,所以现代汉语中的“法”字内涵较之古代汉语中的“法”字为广。③ 在现代汉语环境中讨论古典法思想,约略等于在古代汉语环境中讨论“理、礼、法、制”等现象相关的基本问题。相应地,现代汉语中法哲学范畴的古代外延,应当包括“理哲学”、“礼哲学”、刑律之哲学、政制之哲学等。换言之,古代的中国法哲学即关于“理、礼、法、制”等现象的抽象思考和系统表述。遗憾的是,梁启超、杨鸿烈等“中国法律思想史”学科的开山祖师所使用的语言去古未远,基本停留在以《康熙字典》中的刑、律等意解释“法”的阶段,所以深受他们影响的中国法律思想史学科,长期以来往往只关注那些具体从事刑名律例工作的士人及其经验总结,甚至到了自缚手足的程度。实际上,分析方法除了适用于狭义的实定法材料(律例),也完全可以适用于与“法”有关的理论文本、应用写作。

要适用分析方法,形成系统表述,建立逻辑结构,需要找到恰如其分的线索来组织古代材料。比较好的线索,可能是一组比较基本

---

① 熊十力:《与某生》,载熊十力:《境由心生:熊十力精选集》,陕西师范大学出版社 2008 年版,第 226 页。

② 刘禾:《源自早期传教士汉译文本的新词及其流传途径》,载《跨语际实践:文学,民族文化与被译介的现代性(中国,1900 - 1937)》,宋伟杰等译,生活 · 读书 · 新知三联书店 2014 年版,第 301 页;刘禾:《帝国的话语政治:从近代中西冲突看现代世界秩序的形成》,杨立华等译,生活 · 读书 · 新知三联书店 2014 年版,第 176 ~ 177 页。

③ 俞荣根:《儒家法思想通论》,商务印书馆 2018 年版,第 7 页;马小红:《礼与法:法的历史连接》,北京大学出版社 2017 年版,第 57 页;苏亦工:《明清律典与条例》,中国政法大学出版社 2000 年版,第 9 页。

的理论问题。[①] 张岱年就曾主张“对于中国古典哲学作一种分析的研究,将中国哲学中所讨论的基本问题探寻出来,加以分类与综合”。[②] ——只不过,中国哲学史学科过去从本体论、认识论研究视角出发,提出的主要是某种古典思想属于唯心主义抑或唯物主义问题。对这个问题的回答虽然对于中国哲学史的知识生产起到过巨大推动作用,但遗憾的是,距离法律实践太过遥远,无法成为当代人们作出判断或行动的理据。——现代法学所关心的“法”,虽然不同流派见仁见智,但大致同意它指某种形态的“规范”,即人们对于行为是非对错的认识。倾向于实证主义者,要求规范具有时间维度和特定结构,即规则。但反对者也不少。无论如何,规范的来源、形态、类型、应用等仍是众人普遍关心、富有兴趣的话题。[③] 就此给出的解答,也对指导人们特别是那些颇具哲学头脑者,处理日常生活和法律实践中的难题,富于启发。[④]

对古典法思想予以创造性转化所得,是传统法哲学。此处的“传统”一词需要解释。传统和古典不同,不是在历史分期的意义上修饰“法哲学”。马小红说:“古代法对于我们而言是静止了的过去,是历史已然发生了的客观存在。传统法就整体而言,它有着‘过去’的属性,但它并未终止。对我们而言,传统法是对过去的阐述,其通过‘法传统’的‘不断更新’延及到近代、现代以至将来。”[⑤]因

---

① 提出一组问题追索答案,而非提出一组现代概念在古代材料中寻找对应物,是解决古今“概念不可共量性”的一种方法。可供选用的其他方法另见王凌皞精湛的分析,王凌皞:《论古代法律思想当代创造性转化的方法——以古典儒家法律思想为例》,载《人大法律评论》2016 年第 1 辑。

② 张岱年:《新序:对于过去中国哲学研究的自我批判》,载张岱年:《中国哲学大纲》,商务印书馆 2015 年版,第 6 页。

③ 实际上,胡适在中国哲学史学科奠基性的作品《中国哲学史大纲》第一篇第一段所谈正是这些问题。遗憾的是,“因为人生切要的问题不止一个,所以哲学的门类也有许多种”,胡适自己以及绝大多数的中国哲学史家马上转去讨论宇宙论、知识论、伦理学等,法哲学问题却被搁置了。参见胡适:《中国哲学史大纲》,商务印书馆 2015 年重印版,第 1 页。

④ 朱振说:“高次元的传统……是我们关于当下法律实践之自我理解的重要成分。”参见朱振:《作为方法的法律传统——以“亲亲相隐”的历史命运为例》,载《国家检察官学报》2018 年第 4 期。

⑤ 马小红:《礼与法:法的历史连接》,北京大学出版社 2017 年版,第 85 页。

此，新古典主义作为“新古典”，并不是承祧“古典”的后嗣子孙，而是“古典”本身的蜕变转型。法学新古典主义无论中西，都比较偏爱现代早期这一时段的材料，无非是因为当时社会稳定、学术昌明，加之印刷传播技术愈益发达，适合使用的材料特别丰富，而且这一时段的材料哲理味道浓厚，就中国而言，相较于汉唐、乾嘉学术更符合需求。[①] 总之，“新古典”“传统”皆非历史分期意义上的限定词。传统法哲学之“传统”，还意味着这些法哲学表述从属于一个更大的学术传统。同一学术传统中的法哲学和其他学科的知识生产，在内容上拥有系统发生学意义的共同祖先，在材料上依托共同的文本，在表述上分享具有家族相似性的话语子体系。这一传统覆盖的人物不一定都曾主要生活在现代中国领域内。[②] 现代中国领域内曾经生活过的人物的作品也不一定都属于这个学术传统。

法学新古典主义偏爱人物个案研究，在中国学术传统中很容易选择使用“学案”的固有体裁。《明儒学案》的模板要求每一“案”均包括“学者的传记，撰传者对学者言行的评论，学者著作的文摘，有时还有采自其他文献有关其人的记载”。[③] 冯友兰曾经区分“叙述式的哲学史”与“选录式的哲学史”，以为中国的传统是“哲学史家文学史家选录各哲学家各文学家之原来著作；于选录之际，选录者之主观的见解自然亦须搀入，然读者得直接与原来史料相接触，对于其研究之哲学史或文学史，易得较明确的知识”。[④] 此外，“学案”并非注定为一种史学作品，在中国学术传统中本来是学人哲理阐释、政治关怀的载体。陈畅曾正确地指出：“《明儒学案》一部通过把各家学术统合为一个价值整体来表述理学家对政教秩序之寄托

---

① 诚如黄宗羲所说，“有明文章事功，皆不及前代，独于理学，前代之所不及也，牛毛茧丝，无不辨晰，真能发先儒之所未发”。参见（明）黄宗羲：《明儒学案发凡》，载《明儒学案》，沈芝盈校，中华书局 2008 年版，第 14 页。

② 陈来曾指出：“理学不仅是中国宋明时代的思想，也是韩国朝鲜时代的思想，亦是日本江户时代的思想。”参见陈来：《近世东亚儒学研究》，北京大学出版社 2018 年版，第 5 页。

③ 朱鸿林：《儒家“为学方案”：学案著作体裁》，载朱鸿林：《〈明儒学案〉研究及论学杂著》，三联书店 2016 年版，第 30 ~ 31 页。

④ 冯友兰：《中国哲学史》，中华书局 2014 年版，第 28 页。

的理学之书,而其著述的本意是希冀后人由此开创政教新局面。"[①]此外,以学案体呈现中国传统法哲学也有助于展示中国学术传统的内部多元性,看到百家争鸣、言人人殊的格局,而西方"七科之学"下的"叙述式的哲学史"很容易给人以中国传统法哲学继承性远大于创造性的观感,和实际的情况并不相符。

二、内部多元性

相对于历史社会学将文化传统及其学术传统类型化的方法,法学新古典主义力求展示学术传统乃至文化传统的内部多元性。

借鉴马克斯·韦伯的历史社会学方法研究中国文化及其古代法制,或者与其展开对话,在中国理论法学界曾经蔚为潮流。诚如尤陈俊所说:"韦伯这位'中国研究的伟大外行'写下了那些论述中国传统法律文化的文字,这些文字此后就一直被后人奉为经典。"[②]对于这一学说的要害,朱景文清晰正确地指出,韦伯为了回答工业资本主义为何首先在西方产生的问题,提出欧洲所谓"形式的且合理的"的法律类型是资本主义经济的制度基础,其他文化传统只有建立同类法律才能完成现代转型。[③] 就是在韦伯学说中,中国法律传统和西方中古社会或者"卡迪审判"的情况比较类似,"缺乏自然法思想与形式法学","将两千年中华帝国的法律视为少变化的整体"。[④]

对于韦伯的这一认识,汉语学界使用经验证据进行了深入批驳。林端认为,韦伯混淆了理想类型和历史社会事实,而中国法律传统充满了多面性和复杂性。[⑤] 黄宗智基于长期研究,提出中国法

---

① 陈畅:《〈明儒学案〉中的"宗传"与"道统"——论〈明儒学案〉的著述性质》,载《哲学动态》2016年第11期。

② 尤陈俊:《中国传统法律文化的重新解读与韦伯旧论的颠覆——〈韦伯论中国传统法律:韦伯比较社会学的批判〉评介》,载《法制与社会发展》2006年第2期。

③ 朱景文:《法治和关系:是对立还是包容——从韦伯的经济与法律之间关系的理论谈起》,载《法制现代化研究》2002年第8卷,第25页。

④ 尤陈俊:《中国传统法律文化的重新解读与韦伯旧论的颠覆——〈韦伯论中国传统法律:韦伯比较社会学的批判〉评介》,载《法制与社会发展》2006年第2期。

⑤ 林端:《韦伯论中国传统法律:韦伯比较社会学的批判》,中国政法大学出版社2014年版,第155~157页。

律传统乃是非正式正义和正式正义有机结合的“实用道德主义”,前者体现了儒家的仁恕之道,后者则依赖成文法,源自法家的设计。这种“中华法系”虽然被韦伯贬低为“实体的合理的”类型,但可能更加符合中国现实,同时具有“特殊性和普适性”。[①] 朱景文则指出:“法治与关系作为两种不同的反映人类社会的框架,是相互渗透的、相互依赖的。因此,不能简单地认为东亚经济的发展是靠关系,而西方经济的发展是靠法治,从而把二者对立起来。”[②]受到韦伯学说影响的研究虽然也认识到中国文化传统中含有超越时空限制的思想和经验,但更多地还是继承了韦伯主义将中国和西方作为两种文化类型予以比较并突出二者差异的做法。无论中国文化传统是“多值逻辑”还是“实体理性”,或者包含了法治因素的关系社会,毕竟它是和西方很不同的“一种”独特类型。包括对古典法思想研究在内,韦伯主义学说即便反对韦伯本人的结论,于此态度鲜有例外。比如,石元康说:“儒家的政道是韦伯所说的卡里斯玛形态。”[③]万俊人说:“儒家伦理一向以兼容‘义理之学’与‘成德之学’为其基本思维特征”,“儒家伦理考虑道德问题方法首先且基本是一种情理的解释方法”。[④]

问题在于,作为一个浩瀚文化、学术传统的产物,中国古典法思想内部具有和西方传统同样丰富的多元性。就像恐龙—鸟类和哺乳类分别起源于蜥形纲和合弓纲,但都可以占据全部的生态位。张岱年曾深刻地指出:“对于过去哲学中的根本概念之确切意谓,更须加以精密的解析。古人的名词,常一家一谊。其字同,其意谓则大不同。”[⑤]就中国传统法哲学而言,无论是偏向道德(良知)自律还是

---

① 黄宗智:《中国古今的民、刑事正义体系——全球视野下的中华法系》,载《法学家》2016 年第 1 期。

② 朱景文:《法治和关系:是对立还是包容——从韦伯的经济与法律之间关系的理论谈起》,载《法制现代化研究》2002 年第 8 卷,第 24 页。

③ 石元康:《天命与正当性:从韦伯的分类看儒家的政道》,载《开放时代》1999 年第 6 期。

④ 万俊人等:《回应韦伯:儒家伦理的一个方法论问题》,载《开放时代》1998 年第 3 期。

⑤ 张岱年:《中国哲学大纲》,商务印书馆 2015 年版,第 19 页。

偏向伦理(纲常)他律,抑或不同程度结合二者的学说,不胜枚举。[①]不过,为了理解的方便,对前人的偏向仍可以稍作归纳。牟宗三曾经提出将儒学分为三大系统。[②] 撇开他的正统意识和判教思维,这一概括对于中国传统法哲学也是比较适宜的。仅就儒家而言,大体可以说,伊川、朱子是偏向外在他律的,象山、阳明是偏向内在自律的,而五峰、蕺山则以自律为主但也接受相当程度的外在约束(见表1)。

表1 中国传统法哲学不同类型的代表人物

	约束外在	约束内在
规范外在	薛瑄	湛若水
规范内在	刘宗周	王守仁

如表1所呈现,即便不谈刑名法术之学,居于中国学术传统主流的儒学内部也颇有人比较欣赏"形式(主义)的"规范,这种人在朱子后学中特别多。比如,明初的曹端就谈到规范的逐步形式化问题。最为本源的"道""理""太极""诚"之类混沦的范畴,可以首先具体化为五常或德目。所谓"五常、百行之本源,一诚而已"。[③] 从五常还可以进一步形式化出"礼","礼文画出一个天理与人看,有

① 公丕祥提出,他律与自律是研究中国法律文化时一对重要的概念分析工具,但他认为中国传统法律文化主要是他律型的,而现代法律文化主要是自律型的。参见公丕祥:《中国法律文化现代化的概念分析工具论纲》,载《南京社会科学》1990年第1期。与此相对,曾宪义和马小红认为中国传统法主要是自律型的。参见曾宪义、马小红:《中国传统法研究中的几个问题》,载《法学研究》2003年第3期。俞荣根指出,这种自律和他律的区分"在中国古代法中并不发达"。参见俞荣根:《儒家"中道"的法思想及其普世价值》,载《当代儒学》2012年第2期。

② 牟宗三说:"自北宋濂溪起,至明末最后一个理学家刘蕺山止,以九人为支柱,其发展乃实是一息息相关有机之发展。于中,伊川、朱子乃歧出者,以《大学》为中心,不自觉走上'以知识之路讲道德'之途径,遂转成横摄系统,有类于西方所谓本质伦理,已非先秦儒家之纵贯系统矣。象山兴起,特尊论孟,先辨端绪之得失,乃将伊川、朱子之歧出扭转过来,重见先秦儒家纵贯系统之旧。背诵前三家由《中庸》、《易传》回归于《论》、《孟》,亦是纵贯系统者。五峰、蕺山继之,言以心著性,亦仍是纵贯系统者。故此一系可与陆、王合而为一大系也。"参见牟宗三:《从陆象山到刘蕺山》,上海古籍出版社2001年版,第319页。

③ (明)曹端:《通书述解卷之上》,载赵邦清编:《曹端集》,中华书局2003年版,第31页。

规矩可凭”。[1] 再往下还有“法”。所谓“国有国法，家有家法。治国无法，不能治国；治家无法，不能治家”。[2] 如果说在曹端那里，规范还富于层次的话，薛瑄则直接强调实定的伦理纲常的重要性。[3] 他说：“若人，但知饮食、男女之欲，而不能尽父子、君臣、夫妇、长幼、朋友之伦理，即暖衣饱食，终日嬉戏游荡，与禽兽无别矣。”[4]及至晚明，顾炎武又提出了重视“名物制度”，包括前人的历史经验和具体制度。“君臣、父子、国人之交，以至于‘礼仪三百，威仪三千’，是之谓物。”[5]德目、礼法、伦理纲常、名物制度，这都是外在于个体的规范，而且一个比一个形式化。

当然，因为心学流行，反对他律坚持自律者到明代一度呈压倒态势。阳明自己说：“良知只是个是非之心：是非只是个好恶，只好恶就尽了是非，只是非就尽了万事万变。”[6]以好恶定义是非，便说明作为“是非之心”的良知在阳明哲学中本质上乃是一种关于价值偏好的道德倾向。这种道德倾向既区别于人心器官的活动，不能简单等同于情感流露，也区别于认知能力的运用，不能简单等同于理智表现。阳明哲学中的“良知”范畴后来发展得特别夸张。江右学派的罗洪先，把这种道德倾向实在化为一个具有无限认识能力的“心体”。所谓“知吾心体之大，则回邪非僻之念自无所容；得吾心体之存，则营欲卜度之私自无所措”。[7] 泰州学派的王畿，更将它说

---

① （明）曹端：《曹月川先生语录》，载赵邦清编：《曹端集》，中华书局2003年版，第223页。

② 同上书，第226页。

③ 俞荣根指出，“伦理”一词在东西方词义有所不同。中国所谓“伦理”，“实指古代宗法社会中以血缘家族为基础的人伦尊卑等级秩序，亦称‘伦常’，即人伦之常道。推而广之，也是宇宙万物的大化规则、人类社会的社会秩序”。参见俞荣根：《儒家法思想通论》，商务印书馆2018年版，第148页。

④ （明）薛瑄：《戒子书》，载《薛敬轩先生文集》，转引自董平编：《儒藏》（精华编·二五一），北京大学出版社2014年版，第654页。

⑤ （明）顾炎武：《日知录·致知》，载《顾炎武全集》（第18册），华东师范大学古籍整理所整理，上海古籍出版社2011年版，第289页。

⑥ （明）王守仁：《传习录下》，载《王阳明全集》，吴光等校，上海古籍出版社2011年版，第126页。

⑦ （明）罗洪先：《答蒋道林》，载《罗洪先集》，徐儒宗编校，凤凰出版社2007年版，第299页。

成是一个超越时空的永恒存在，万事万物的创造者，“历劫不坏先天之元神”。[①] 王畿此说已经显得过于神秘，也难怪人们会将王畿的哲学称为儒家的密宗。

再者，则是各种糅合自律与他律的学说。一种学说是承认规范的客观性，但也给个体能动性一定空间。陈献章提出一个广大、普遍、无形，脱离现象世界，作为一切的本源的“道”来取代分析性的“理”。他说：“天道至无心。比其著于两间者，千怪万状，不复有可及。至巧矣，然皆一元之所为。”[②]这种天地之间变化无穷的力量，并无自己的意志和规定，不是外在于万事万物的必然，较之朱子话语体系中的“理”显得和煦活泼。熊十力因而说：“明儒陈白沙先生亦云：‘斯理也，宋儒言之备矣，吾恶其太严也’。此言婉而深。”[③]以道易理，用心良苦。白沙先生的弟子湛若水又接着提出“随处体认天理”。不同于薛瑄等人所说的“天理”，湛若水的“天理”毫无规定性可言，说到底还要靠人发挥能动性才能认识。湛若水果然说：“斯道也者，天之理也；天之理也者，人之心也。正人之心，体天之理，信乎斯已矣。”[④]并解释说：“故良知必用天理，天理莫非良知，不相用不足以为知天。”[⑤]

另一种学说是更为高超的糅合，即承认个人的主体性，但也给规范的确定性以一定保障。这里最为典型的就是蕺山哲学。刘宗周认为，人作为一种特殊的存在，承担了认识规范的重任。人能够认识的全部规范，与生俱来，即是“天命之性”。如果说“性”是通行于人和万物的一切规范，则其专属于人时的特定称谓是“心”。[⑥]

---

① （明）王畿：《与潘笠江》，载《王畿集》，吴震编校，凤凰出版社 2007 年版，第 215 页。

② （明）陈献章：《仁术论》，载《陈献章集》，孙海通点校，中华书局 1987 年版，第 57 页。

③ 熊十力：《与友人》，载熊十力：《十力语要》，岳麓书社 2011 年版，第 17 页。

④ （明）湛若水：《赠掌教钱君之姑苏序》，载《甘泉先生文集》，董平点校，转引自董平主编：《儒藏》（精华编 · 二五三），北京大学出版社 2009 年版，第 715 页。

⑤ 同上。

⑥ 陈畅指出“心是以‘人’而言，因此‘即心而见者’是指人分上言性情之德，即人情自然，是为心宗；‘离心而见者’是指天分上言性情之德，即天道自然，是为性宗”。参见陈畅：《自然与政教：刘宗周慎独哲学研究》，上海人民出版社 2016 年版，第 22 页。

“心”和“性”是同物而异名。[①] “心”并非之前学者所想象的那样,只是全部规范的虚拟容器,当然更不是生理的官能。[②] 所谓“以心著性”正是前人肯定蕺山哲学的关键所在。[③] 在外物的刺激下,规范的内容次第展开,“夫人心有独体焉,即天命之性,而率性之道所从出也”。[④] 最为抽象的规范是“好恶”,其次是“喜怒哀乐”。更为具体的则是“礼”。在《纪过格》中,刘宗周还创造性地从反面具体列举了程度不同的种种过失。首先是“微过”或“妄”,约等于轻浮。其次是“隐过”,表现为“溢喜”“迁怒”“伤哀”“多惧”“溺爱”“作恶”“纵欲”,包括过度的喜悦、任意的愤怒、长久的痛苦、忧谗畏讥、纵容或苛刻他人、无节制地满足耳目口体的需要等。再次是“显过”,将引发种种姿态和言辞的不当。复次是“大过”和“丛过”,基本是姿态和言辞更加严重不当的导因。最后是“成过”,即以上过失已成事实,造成“祟门”“妖门”“戾门”“兽门”“贼门”。过失已成事实,其性质就从“过”变为“恶”。[⑤] 这样一来,那个曾经玄奥的“心”已经被剖析得淋漓尽致,形式化的程度一点也不逊色于朱子学倡导的纲常名教。

三、个体自洽性

不同于法律思想史念兹在兹的历史、社会、文化背景,法学新古

① 黄世明总结:“蕺山原意是以‘心’、‘性’二词指表同一实体,而专以‘性’字表明其客观的、道德的存有性。”参见黄世明:《蕺山言“性”的哲学涵义》,载《鹅湖学志:中国哲学及西方思想研究》2017 年第 6 期。

② 董平说:“形下之心在其深层结构上转化为形而上的超越存在,或者说心的形下存在乃为形而上之性的直接呈现形式。”参见董平:《论刘宗周心学的理论构成》,载《孔子研究》1991 年第 4 期。

③ 蕺山哲学中的“心”和“性”是同物而异名,各有侧重。“以心著性”这一概括似乎有将二者分析而言,当作两个实体的倾向。参见黄世明:《蕺山言“性”的哲学涵义》,载《鹅湖学志:中国哲学及西方思想研究》2017 年第 6 期。另一方面,“以心著性”并非以心取代性,性仍超越而重要,即如杨国荣所说,“刘宗周对心、情、性的以上种种辨析,所重均为性”。参见杨国荣:《刘宗周思想的历史地位》,载《中国哲学史》1996 年第 4 期。另见陈佳铭:《刘蕺山的易学中之“以心著性”型态》,载《鹅湖月刊》2009 年第 142 期;陈佳铭:《胡五峰与刘蕺山的思想型态之比较》,载《台湾中央大学人文学报》2014 年第 58 期。

④ (明)刘宗周:《人谱》,载吴光编:《刘宗周全集》(第 2 册),浙江古籍出版社 2007 年版,第 5 页。

⑤ 同上书,第 10 页以下。

典主义更加重视古代作者本人思想的个体自洽性及其与当代法律实践的可能联系，意图“从法的本体和核心价值上去认识中国传统法律”。①

早在学科意义上的“中国法律思想史”复建之初，前人就注意到这种区别。他们明确指出，法哲学乃是用“形而上学的方法抽象地研究法的一般原理、原则的学问”，而中国法律思想史“并不只是作抽象的研究”，还要探索各种原理原则的历史特质和实际作用。② 法学新古典主义正是使用分析方法，穷尽语言材料寻求概念确定内涵的法哲学研究，将历史文本视为持续论辩的交流对象，而非特定社会经济条件下产生的精神产品、符号工具，虽然第二种视角及其发现显然也具有十分重要的学术价值。③ 这一进路的基本假设是，经典作家及其话语并非博物馆中为了满足民族情感而精心陈列的故物，而是文明进步过程中时刻在场的富于启迪的新声，对于我们理解、设计、批判实定法可以发挥像当代学者一样甚至更为重要的作用。

中国法律思想史主流范式秉持强烈的爱国主义观念，力求通过严谨的学术工作揭示古典法思想之中符合现代价值的“不同程度的积极的内容”，这是毫无疑问的。④ 他们注意到商鞅、韩非所处的年代与亚里士多德、西塞罗所处的年代相当，都有著名的法学著作；董仲舒早于托马斯·阿奎那数百年就提出了影响巨大的正统法律思想；至十七、十八世纪，与霍布斯、洛克等人同一时代，明清之际的中国也出现黄宗羲、顾炎武、王夫之等杰出的启蒙思想家。这种说法虽然不无简单比附之嫌，但如果以“多元性”视角观察，则未尝不是在阐明中国学术传统及文化传统的丰富与复杂，说它与西方知识传统同样连绵不绝且浩瀚无涯。

---

① 张中秋：《中国传统法律正义观研究》，载《清华法学》2018 年第 3 期。

② 饶鑫贤：《绪论》，载张国华、饶鑫贤主编：《中国法律思想史纲》（上），甘肃人民出版社 1984 年版，第 8 页。

③ 马小红曾经提出应当研究中国传统法律文化暨黄宗羲作品中的“关键字”，类似于本书所称“分析的”方法。参见马小红：《中国传统法律文化研究中的“关键字”》，载《河北法学》2011 年第 2 期。

④ 张国华、饶鑫贤主编：《中国法律思想史纲》，甘肃人民出版社 1984 年版，第 23 页。

但也不可否认，将古典法思想完全还原于历史、社会、文化背景的方法，对“创造性转化”可能构成一定阻碍。1982 年版《中国法律思想史》教材曾经提出：“法律思想是一定社会经济基础的上层建筑。它和法律、法制一样，是有阶级性的。不同的法律思想代表着不同阶级、阶层或集团的经济、政治利益。中国历史上各个阶级、阶层或集团的法律思想，主要是通过他们的代表人物或学派的著作来表达的。”①在此认识的基础上，该教材将中国法律思想对应于奴隶社会、封建社会、半殖民地半封建社会三种社会形态。按照这一认识，结论必然是：“根深蒂固的封建专制主义和宗法思想始终是阻挠法律思想向前发展的严重障碍。不清除这一障碍，就谈不到法律思想和整个法学的繁荣昌盛。而要达到这一目的，就中国而论，只能在发扬社会主义民主的基础上来发展社会主义法学。”②尽管该教材也提到“法律思想则不限于统治阶级，被统治阶级也可以有自己的法律思想”，但是整体而言，脱胎并适应于过去社会形态的古典法思想在当代势必已经失去其主要功能。③

与中国法律思想史主流范式有所不同的法律文化研究，虽然不放弃对历史、社会、文化背景的还原，但仍希望恰当地保持古典法思想和所在社会的距离。胡旭晟区分了“描述性法史学”与“解释性法史学”。他指出：“描述性的法史学以史料的考证为根本，而解释性的法史学则以对历史现象的学理分析和文化阐释为特征。”④在他心中，解释性法史学“需要将法律史视作特定时代的生活经验，要求主体溶入其中，去理解其精神、把握其脉搏，因而，这种研究实质上是两个时代的精神接触和灵魂对话”。⑤ 将古典法思想从“特定集团的政治经济主张”提升为“人群法律经验的理论总结”，使它和当代法律实践的联系显著增强。毕竟，人群法律经验较之他们的政

① 张国华编：《中国法律思想史》，法律出版社 1982 年版，第 2 页。

② 同上书，第 13 页。

③ 同上书，第 2 页。

④ 胡旭晟：《解释性的法史学——以中国传统法律文化的研究为侧重点》，中国政法大学出版社 2005 年版，第 5 页。

⑤ 同上书，第 6 页。

治经济利益具有多得多的历史延续性，而经验的理论形态则便于重复利用。武树臣说："法律文化学是涉及理论法学和实践法学的综合性学科，它将运用宏观的、综合的方法总结古今中外法律实践活动的得失优劣，这就有利于改变理论法学与实践法学相游离、法理学与法律史学相隔膜、历史研究与现实研究相脱节、各部门法学'老死不相往来'的状况，从而为当前法律文化建设提供总体性、策略性的可资参考的东西。"①

1990年代以来，法律文化研究引导我们发现了中国"习惯法"，即"是由乡民长期生活与劳作过程中逐渐形成的一套地方性规范"；②注意到"中国民族的传统法心理"，毕竟"这种民族性的群体的心理是立体的、多角度的，其中关于法价值、法行为、法意识，以及法的认知态度、认知方法等法文化心理是一个重要的层面"；③铺展开古代中国民众的法律观念，包括人情、清廉、平等、孝顺、节烈、侠义等。④ 在研究大众法律观念的过程中，他们又精湛地判断，具体的法律知识是确立"古代中国民众的法律观念、法律意识"的必要媒介，⑤使我们认识到中国文化对传统社会私法运作在意义和价值层面的影响和塑造。⑥

法学新古典主义受惠于上述两种范式研究者所作出的巨大知识贡献。法学新古典主义与他们的差异则在于，这两种范式或多或少地尚有"存孔子，去理学"倾向，忽视理学对儒家传统的发展。⑦

---

① 武树臣：《中国传统法律文化》，北京大学出版社1994年版，第14页。

② 梁治平：《清代习惯法：社会与国家》，中国政法大学出版社1996年版，第166页。

③ 俞荣根：《儒家法思想通论》（修订本），广西人民出版社1998年版，第13页。

④ 马小红：《礼与法》，经济管理出版社1997年版。

⑤ 尤陈俊：《法律知识的文字传播：明清日用类书与社会日常生活》，上海人民出版社2013年版，第195～196页。另见徐忠明、杜金：《传播与阅读：明清法律知识史》，北京大学出版社2012年版。

⑥ 王帅一：《明清时代的"中人"与契约秩序》，载《政法论坛》2016年第2期。

⑦ 可以比较蒙培元的观点，他认为理学是"具有理性主义特征的新儒学"。参见蒙培元：《理学的演变：从朱熹到王夫之戴震》，文津出版社1990年版，第1页。侯外庐等也指出，理学"提出的范畴、命题，所讨论的问题，是新的，它探究的学术理论的广度和深度，是前所未有的"。参见侯外庐等主编：《宋明理学史》（上），人民出版社2005年重印版，第20页。

这一倾向在梁启超、杨鸿烈那里就存在了。杨鸿烈说："两千年来在儒家思想支配下的中国法律内容全体的根本原理，实在没有什么重大改变和冲突的地方。"[①]1982年的《中国法律思想史》教材仅提及朱熹和王守仁两个理学家，此外就是明清之际的顾炎武、黄宗羲、王夫之。张国华、饶鑫贤的《中国法律思想史纲》也是如此。张国华的《中国法律思想史新编》则只保留黄宗羲，连朱熹、王守仁都不再作为章节主要内容。[②] 此后的中国法律思想史著作即保存朱熹或王阳明作为独立章节，也主要论述他们作为官僚所提出的政治统治和社会治理方案，少有涉及他们的理学思想。[③] 作出这种处理的原因之一是，自清代乾嘉时期以来的汉宋之争仍对历史学者有潜移默化的影响。另一个原因则可能是篇幅所限，仅透露一线光影。比如，崔永东就提及朱熹的二元人性论实际上支持了他某种意义的"严刑"主张。[④] 武树臣指出，朱熹将德礼政刑四种统治方法和人性的"浅深厚薄"联系起来，各有对症。[⑤] 何勤华注意到，王守仁重视"内心的良知、道德、仁政"，所以"特别强调德治和教化，反对专任刑杀"。[⑥] 李贵连和李启成也说："由于王阳明以每个人内在的良知作为判断是非的标准，促进了个体的自觉和思想的解放。……在一定程度上可缓解纲常名教的僵化教条及其严酷，同时也极大地冲击了对包括法制在内的外在规范。"[⑦]这些学者均准确洞见到所谓"心性之学"和理学官僚治理方案的内在关联，只是未能充分展开而已。

遗憾的是，这种关联在特别重视"心性之学"的"新儒家"著作中同样看不到。与"法律思想史"不同，这批著作的倾向则是将理

---

① 杨鸿烈：《中国法律思想史》，中国政法大学出版社2003年版，第96页。

② 张国华：《中国法律思想史新编》，北京大学出版社1998年版。

③ 武树臣：《儒家法律传统》，法律出版社2003年版，第158页以下；刘广安：《中国法律思想简史》（第3版），高等教育出版社2011年版。

④ 崔永东：《中国传统司法思想史论》，人民出版社2012年版，第153～161页。

⑤ 武树臣：《中国法律思想史》（第2版），法律出版社2017年版，第198页。参见侯欣一编：《中国法律思想史》（第4版），中国政法大学出版社2012年版，195页。

⑥ 何勤华：《中国法学史》（第2卷·修订本），法律出版社2000年版，第476页。

⑦ 李贵连、李启成：《中华法史三千年：法律思想简史》，中国民主法制出版社2016年版，第123页。

学移译为一套“宗教”式的话语。彭国翔指出:“如果说1958年唐君毅、徐复观、牟宗三、张君劢联名发表的《为中国文化敬告世界人士宣言》是当代新儒学的纲领,那么,这篇宣言所特别强调的一点,可以说就是儒家传统的宗教性。”①新儒家大体上将“宗教性”等同于“精神性”。杜维明说:“儒家确实是哲学,跟希腊有关;儒家也是社会伦理,我们一般对儒家的了解就是从社会伦理上来理解的;但是儒家也有精神性。”②他说:“如果把儒家当作有宗教性的传统,与西方思想发展来比较,儒家的宗教性和天道有关,而又是人伦日用不可或缺的。”③新儒家对“宗教性”“精神性”的强调,意在将儒学传统提炼升华为一个“价值信仰系统”,再依凭这个系统和其他世界观、价值观体系对话,并指导人们的日常生活实践。④ 当然,这种日常生活实践除了包括杜维明等人所重视的“内在的超越”意义上的“终极关怀”,⑤也包括不那么“新儒家”的余英时等所重视的在“私领域”中努力使未来的政治和社会领导者“道德上和知识上具备一定程度的修养”。⑥ 余英时说:“从‘日用常行’的观点看,儒学传统中所蕴藏的精神资源,尚有待于深入的发掘。我曾称现代儒学为‘游魂’,然后‘魂’即是‘精神’,从传统建制中游离出来之后,儒学的精神可能反而在自由中获得了新生。”⑦对于余英时而言,心性之

---

① 彭国翔:《儒家传统与中国哲学:新世纪的回顾与前瞻》,河北人民出版社2009年版,第57页。

② 杜维明:《二十一世纪的儒学》,中华书局2014年版,第273页。

③ 同上书,第274页。

④ 彭国翔说:“现当代新儒学认为,尽管儒学传统在不同的时空条件下有各种现实形态,但儒学之为儒学,或者说儒学之所以能在历史的因革损益中保持其连续性,关键在于儒学的内核是一套精神性的价值信仰系统,可以为人们提供一种安身立命的一贯之道。”参见彭国翔:《儒家传统与中国哲学:新世纪的回顾与前瞻》,河北人民出版社2009年版,第41页。

⑤ 杜维明提出所谓“内在的超越”,即“超越一方面是完全的外在,一方面则是超越自我并不否定自我,逐渐从家庭社会天下中超越人的自我,这种类型的超越和内在是没有矛盾乃至冲突的,甚至可以定义这种超越是内在的超越”。参见杜维明:《二十一世纪的儒学》,中华书局2014年版,第281页。

⑥ 余英时:《现代儒学的回顾与展望》,生活·读书·新知三联书店2013年重印版,第185页。

⑦ 同上书,第183页。

学和治理方案均非现代“日用常行”真正需要之道德和知识的主要内容，二者的关联更被他忽视。他说：“儒家的价值必求在‘人伦日用’中实现，而不能仅止于成为一套学院式的道德学说或宗教学说。”①他所重视的主要是社会伦理观念。

问题在于，无论如何，超越信仰、伦理观念、治理方案三者在价值上应当具有融贯性。② 任何成熟的哲学、社会、政治理论都不可能要求一个人信一套、说一套、用一套。一个要求个人精神分裂的理论也不可能被广泛接受为成熟的。余英时其实认识到了这一点，他的解决之道是“以身作则”。他说：“儒家千言万语无非是要我们把做人的道理溶化在‘日用常行’之中。综观历史，儒学的起信力量往往系于施教者的人格感召和受教者的善疑会问。一往一复之间，新信仰才能迸出火花。”③也就是说，通过坚持儒家伦理观念者的个人魅力，吸引全社会对儒学价值系统的认同乃至信仰。这是在超越信仰和伦理观念之间建立联系。至于治理方案，彭国翔说：“儒学作为一种宗教传统发挥作用，不必意味着只能退居个人修养的‘私领域’”，“不同品质的政治领导人仍然会在同样的政治组织结构下导致不同的政治结果”。④ “新儒家”们认为：“作为价值信仰或宗教传统的儒学，其功能恰恰在于德性与智慧的培养。虽然德性与智慧的培养并不仅仅有赖于儒学传统。由此我们应当看到，即便儒学在将来主要体现为一种价值信仰系统或宗教性传统，儒学同样可以曲折地在政治、社会和经济等公共生活中作出贡献。并且，经由心灵的间接方式，较之以往直接进入政治等公共领域，儒学或许能避免异化而更好地发挥作用。”⑤但是，

---

① 余英时：《现代儒学的回顾与展望》，生活·读书·新知三联书店 2013 年重印版，第 266 页。

② 王凌皞正确地指出：“每一种法律与政治理论都以对人性的根本看法为起点。”参见王凌皞：《孟子人性发展观及其法理意义》，载《法学研究》2013 年第 1 期。

③ 余英时：《现代儒学的回顾与展望》，生活·读书·新知三联书店 2013 年重印版，第 186 页。

④ 彭国翔：《儒家传统与中国哲学：新世纪的回顾与前瞻》，河北人民出版社 2009 年版，第 44 页。

⑤ 同上书，第 44～45 页。

既然进路如此“曲折”而“间接”，价值的融贯性就无法保证。毕竟，现代实定法内含一套高度融贯的价值体系，对于在边缘观望的其他价值系统具有排他性。这也是为什么新儒学范式在创立之初就那么注重探索“内圣”和“新外王”的勾连，这根本就是不可回避也不能“曲通”的。

在以往的黄宗羲研究中，上述割裂的现象特别明显。虽然思想史和法政思想研究都试图给黄宗羲准确定性，但前者关心的是梨洲在明清之间的偏向，而后者关心的则是他在古今之间的偏向。前者会讨论黄宗羲究竟是王学的总结者还是清代学术的开创者。[①] 后者会讨论黄宗羲的制度设计究竟是批判君主专制的启蒙之声，还是儒家传统中结出的一枚畸异的果实。[②] 当然，在法政思想研究领域还有一些调和的论调，认为黄宗羲的“民本”主张虽然并未突破传统的局限，但在晚清的历史机缘下成为了中国社会接受现代观念的榫

---

① 第一种观点参见章炳麟：《訄书》，华夏出版社2002年版，第41页；侯外庐、邱汉生、张岂之主编：《宋明理学史》(下)，人民出版社2005年重印版，第815～822页；刘述先：《黄宗羲心学的定位》，浙江古籍出版社2006年版，第108页；陈祖武：《黄宗羲、顾炎武合论》，载《贵州社会科学》1984年第5期。第二种观点参见江藩：《汉学师承记》，中西书局2012年版，第141页；梁启超：《梁启超论清学史两种·清代学术概论》，复旦大学出版社1985年版，第16页。法学界的观点见张晋藩：《明末清初的实学与进步的法律观》，载《法制与社会发展》2016年第2期。

② 第一种观点参见萧萐父、许苏民：《明清启蒙学术流变》，人民出版社2013年版，第226页；吴光：《论黄宗羲新民本思想的性质、内容、渊源及其现代意义》，载《孔子研究》2009年第2期。法学界的观点参见张国华主编：《中国法律思想史》，法律出版社1982年版，第373页；张国华、饶鑫贤主编：《中国法律思想史纲》，甘肃人民出版社1987年版，第201页；马小红：《礼与法》，经济管理出版社1997年版，第182页；张国华：《中国法律思想史新编》，北京大学出版社1998年版，第234页；李本森：《黄宗羲的法哲学及其法制论》，载《法商研究》1995年第1期；武树臣：《中国法律思想史》，法律出版社2017年版，第259页；时亮：《民本自由说：黄宗羲法政思想再研究》，中央编译出版社2015年版，第355页。第二种观点参见萧公权：《中国政治思想史》，商务印书馆2015年重印版，第585页；南炳文：《黄宗羲肯定封建君主专制制度的思想》，载吴光主编：《黄宗羲论：国际黄宗羲学术讨论会论文集》，浙江古籍出版社1987年版，第355页。法学界的观点参见刘广安：《中国法律思想简史》，高等教育出版社2011年版，第115页；张师伟：《中国传统贤能政治的民本价值与君主专制逻辑——兼论黄宗羲的君主论》，载《学术界》2017年第7期。

卯或津梁。[①] 细读这些研究成果，可以说，他们所描绘的黄宗羲几乎是两个完全无关的人。作为哲学家的黄宗羲，像一个理论物理学家或者科学史家，而作为法政学人的黄宗羲，则像一个软件工程师。[②] 问题的关键就在于，他们把黄宗羲的天人心性之说完全转译为西方式的宗教学或思辨哲学，忽视了传统法哲学的创造性转化，因此当然无法与黄氏的制度设计建立有效联结。实际上，若按照法学新古典主义方法研究他本人，贯通其天人、心性与制度之学，则可以发现，黄宗羲法哲学的主旨是，凝聚个人的精神力量，使思维和行为受到自己而非外在因素的控制，通过精神力量的自由表达，生成并维持人文界的内在秩序。他所谓设君、置相、学校、科举等一系列制度安排，都是围绕着这一个中心服务的。也正因如此，黄宗羲既是一个坚信自律的王学殿军，也同时是一个不折不扣的启蒙主义者，这本是一体之两面。黄宗羲提出的制度设计确乎有助于，在君主世袭的条件下，尽可能限制权力的恣意妄为。他为中国社会提供的不仅是榫卯或者津梁，而是一套相当完整的法哲学论述，仍然可以作为今人行动的直接理据。

四、文本代表性

最后，相对于新经学念兹在兹的"微言大义"，法学新古典主义更加重视文本的表面意思，要向经典的权威求解放。

饶宗颐是重建"新经学"的主要提出者。他主张："'经'的重要性自不待言。因为它讲的是常道，树立起真理标准，去衡量行事的

---

① 参见蔡尚思：《黄宗羲反君权思想的历史地位》，载《文史哲》1987 年第 2 期；张学智：《明代哲学史》，中国人民大学出版社 2012 年版，第 482 页；冯天瑜：《文明近代进路的共通性与特异性：从〈明夷待访录〉"新民本"诉求说开去》，载《武汉大学学报》2015 年第 1 期；方祖猷：《黄宗羲〈明夷待访录〉对孙中山民主思想的启蒙》，载《北京大学学报》（哲学社会科学版）2011 年第 5 期；张海晏：《公私之辨：黄宗羲〈明夷待访录〉的思想主线》，载《浙江社会科学》2016 年第 12 期。法学界的观点参见俞荣根：《儒家法思想通论》，广西人民出版社 1998 年版，第 650 页。

② 自秦晖提出所谓"黄宗羲定律"后，黄氏也有些像个社会科学家。参见张守文：《政府与市场关系的法律调整》，载《中国法学》2014 年第 5 期。

正确与否。”[1]实际上，这里的“常”与其说是“恒常”，不如说是“经常”，正所谓“经者常也，常读必读的为经”。[2] 李学勤指出：“中国传统文化里面，儒学是主流……如果在儒学中我们再说有什么中心的话，那我说是经学。”[3]儒家经典具有历史和现实的重要性，需要整理和温习，这毋庸置疑。“从文献学的角度看，历代汗牛充栋的经的注疏论说都是对经的诠释，今天我们由现代的学术知识出发，可以对经书作出新的研究、新的诠释。这些研究和诠释只要不以经具有神圣权威为前提，便不会落入传统经学的窠臼。”[4]但是，诚如李学勤所说，“传统经学的特点就在于经书的权威性，而其权威又集中在孔子身上”。[5] 这个传统经学的窠臼对于很多宣传“新经学”的人士来说仍然难以跳脱。刘增光就强化了饶宗颐所谈“经”的范畴中“真理标准”的特征，不同意经学只是“对于经典的注解和诠释”。他说：“经学，极重要的一点在于对经所采取的态度和立场。经者，常也，其中载有圣人代天所立之大法，不刊之恒道，亘天塞地、万古不易。对于经在一定程度上的尊信和崇奉，是经学得以安立的前提。”[6]这个认识更能体现当代“新经学”的主流倾向。

当代“新经学”的主流范式力图从古典经典及其作者那里直接获取制度和意识形态资源。蒋庆坦言：“政治儒学，源自儒家的经学，主要源自《礼》与《春秋》。最能发挥《礼》与《春秋》精神的是春秋公羊学，故儒家的政治儒学主要指春秋公羊学。”[7]得到公羊学背书的“中国文化特色的政治礼法制度”当然是汉代的政治制度。[8] 所谓“儒家在汉建立的礼乐刑政的政治法律制度在当时的世界范围

---

① 饶宗颐：《中国梦当有文化作为》，郑炜明整理，载《人民日报》2013 年 7 月 5 日，第 5 版。

② 李学勤：《国学与经学的几个问题》，载《湖南大学学报》（社会科学版）2006 年第 2 期。

③ 同上。

④ 同上。

⑤ 同上。

⑥ 刘增光：《当前经学复兴的起因、表征和意义》，载《学术月刊》2018 年第 2 期。

⑦ 蒋庆：《政治儒学：当代儒学的转向、特质与发展》，福建教育出版社 2014 年版，第 31 页。

⑧ 同上书，第 13 页。

内是相当先进的,只有罗马帝国在地中海沿岸建立的政治法律制度才能与之相比。因此,可以说,汉家制度是中国历史上儒学开出的最辉煌的外王事业。而开出这一外王事业的正是政治儒学”。[①] 刘小枫的说法也差不多。刘小枫自承:“古典学问的根底即在经典文本的注解和释读,中西皆然。注疏古学经典,国学有汉宋经学的解经传统……从文本的表面(整体结构、形式)入手,并按照作者自己来理解作者(探求作者的意图)。”[②]又说:“公羊学诞生于中华帝国法统遭遇第一次危机的时代(晚周时代),并在中华帝国法统的第二次奠立时代(汉代)发挥了积极且有效的建构作用……从性质上讲,公羊学承负着守护华夏政制传统的使命。”[③]

问题在于,这种制度“资源”本身已经被现代制度所淘汰。诚如干春松所总结,儒家作为“一个在汉代以后一直扮演着社会精英角色的群体”,“不但利用统治的权威将孔子和儒家经典神圣化,而科举考试作为制度化儒家的核心的制度设计,将儒家和权力联系起来,由此而建立起了一整套的儒家传播系统。不仅如此,他们依据自己的独尊地位,在现实的政治设计中灌注儒家理想”。[④] 但是这一整套安排,已经自清末新政开始彻底瓦解。与此同时,那种意识形态“资源”也在这一过程中扫地无遗。[⑤] 就法学领域而言,“西方法理论是‘在中国的’,这意味着它已经构成了我们思考世界的重要组成部分”。[⑥] 更为严峻地说,事实是“西方法学的汉语翻译担当着‘汉语的文化符码’之改造和转换的使命,而且这项工作在相当长的时间内注定成为中国法学知识成长中不可或缺

---

① 蒋庆:《政治儒学:当代儒学的转向、特质与发展》,福建教育出版社 2014 年版,第 37 页。

② 刘小枫:《关注我们这个时代的哲学:经典与解释》,载《求是学刊》2008 年第 3 期。

③ 刘小枫:《儒家公羊派与历史哲学——对现代公羊学问题的一个简扼回顾》,载《甘肃社会科学》2015 年第 6 期。

④ 干春松:《制度化儒家及其解体》,中国人民大学出版社 2012 年版,第 392 页。

⑤ 陈壁生:《经学的瓦解:从“以经为纲”到“以史为本”》,华东师范大学出版社 2014 年版,第 10 页。

⑥ 朱振:《在中国的西方法理论》,载《师大法学》2017 年第 1 辑。

的因素”。①

此外,“新经学”的解经方法也很成问题。② 为了“探求作者的意图”,而“整体”地把握文本,似乎更加贴近“作者自己的理解”。实则,“作者自己的理解”往往只是解释者结合所谓文本“整体”结构、形式,对历史语境所作的想象,“作者的意图”不过是超越表面意思的过度演绎。借用宪法学对“原旨主义”解释方法的分类可以说,“新经学”是追求“起草者意图”的原旨主义。法学新古典主义并非放弃了对“原旨”的追求,只是更接近“原初公共含义”的原旨主义。③ 将作者对同一语词在多个句子、场合中的使用摊开罗列,其在自然语言中的表面意思通常清晰确定,所谓“原旨”不过如此。葛兆光犀利地指出,今文经学家们“是把古代经典当做改制的文本,当做当下政治哲学依据,其实有点儿瓦解古代经典的神圣性,因为经典的神圣就是因为它有古今一以贯之的真理,可是你太明显地用它当标签当证据,它就只是随人使用和打扮的象征和标签,不那么神圣,也不那么古典了”。④ 就此可以说,如果古代经典作品作者的“意图”居然能够任由现代人重新诠释以引导两千年后的政制改革,那么作者的权威也就变成依赖于解释者的权威而存在,而一个普通解释者面对实定法是没有任何合法权威可言的。

再者,以文献学的态度和方法研究经典虽然无比可贵,但对经典并非只能做文献学式的研究,不能做哲学层面的创造性转化。因为顾炎武的确说过“理学,经学也”这样的话,所以后世很多人会举

---

① 舒国滢:《中国法学之问题——中国法律知识谱系的梳理》,载《清华法学》2018年第3期。

② “新经学”的解经方法既不同于心学,也不同于清代的汉学。心学主张“经典为我服务,不是我为经典服务”。参见姜广辉、禹菲:《心学的理论逻辑与经学方法——以陆九渊、杨简、王阳明为例》,载《哲学研究》2017年第2期。汉学是“借助字义澄清义理”。参见陈少明:《由训诂通义理:以戴震、章太炎等人为线索论清代汉学的哲学方法》,载《中国社会科学》2018年第7期。

③ 侯学宾:《含义、原初性与宪法忠诚——原旨主义的三种基本共识性命题》,载《法制与社会发展》2010年第6期。

④ 葛兆光:《经学史的研究方法》,载《中国典籍与文化论丛》2007年第1期。

起顾炎武的旗帜来否定理学，希望恢复经学。实际上，顾炎武绝不仅仅是一个考据学家，他的著作中也藏有丰富的哲学思考。赵俪生就说，顾炎武在“哲学上仍然是一整套的……只不过他这方面的话少些，简括些”。[①] 陈祖武也说：“社会政治思想，这是顾炎武思想的核心。”[②]有人更直接点明：“只要认真读过《日知录》并加分析，就会得出这样的结论，《日知录》是一部用考证的方法来体现顾炎武政治思想的理论著作。”[③]学术界普遍注意到，顾炎武是用“博学于文”和“行己有耻”这两个短语来概括自己宗旨的。遗憾的是，前人讲“博学于文”多，而“行己有耻”似乎只是简单的“道德底线”“民族气节”而已。[④] 即便是对“博学于文”，他们也基本上理解为只是一种治学方法，跟顾炎武的政治思想仿佛没有什么关系。其实，如果赋予顾炎武的古典思想以现代的分析的形式即可发现，“博学于文”确立了体现古人经验的制度的重要性，而“行己有耻”指以“耻”——个人的主观方面来甄别这些已有的经验和制度。进一步讲，顾炎武所谓“耻”，实际上即对名誉及公共评价的重视。“博学于文”和“行己有耻”的有机结合，才是顾炎武提出判断是非对错的标准，亦即其法哲学的核心。也正因如此，像亭林先生这样的“考据学家”其实不必成为经学复兴的一张神主牌，而完全可以成为法学新古典主义的重要研究对象。近代以来的顾炎武研究者，均承认亭

---

① 赵俪生：《顾炎武〈日知录〉研究》，载《兰州大学学报》1964 年第 1 期。

② 陈祖武：《顾炎武研究中的几个问题》，载《学习与思考》（中国社会科学院研究生院学报）1981 年第 6 期。

③ 郝润华：《从〈日知录〉一书看顾炎武的政治思想》，载《甘肃理论学刊》1991 年第 6 期。

④ 许苏民：《“行己有耻”的道德底线与中国伦理学的近代转型：论顾炎武道德伦理思想中的近代性因素》，载《吉首大学学报》（社会科学版）2006 年第 4 期；王俊义：《顾炎武与清代考据学》，载《贵州社会科学》1997 年第 2 期。另见魏长宝：《论顾炎武的理学思想》，载《河北师范大学学报》（哲学社会科学版）2000 年第 4 期；刘梦溪：《论知耻》，载《北京大学学报》（哲学社会科学版）2017 年第 6 期。比较周予同、汤志钧：《从顾炎武到章炳麟》，载《学术月刊》1963 年第 12 期；陈祖武：《顾炎武研究中的几个问题》，载《学习与思考》（中国社会科学院研究生院学报）1981 年第 6 期；董平：《顾炎武与清代学术之转向》，载《学海》2010 年第 2 期。

林先生"清学的开山祖师"地位。[①] 既然对顾氏可以做这样的创造性转化,那么等而下之的朴学诸家也均可照此办理。[②]

五、结语

如前所述,历史社会学、法律思想史、新经学以类似于生物学、物理学、神学的眼光看待学术传统,以为学术传统像独木、浊水、烛火,它的发展或是细胞生长,或是物质蒸发凝结改变形态,或是圣言在代际间传递。但是,法学新古典主义看待学术传统的眼光则像化学,以为它是一方精金,始终需要增减成分、脱胎换骨,浇铸锻造、随方就圆。与此同时,也必须承认,法学新古典主义只是"传统法哲学"创造性转化的一种方法,绝非"法理论"或者狭义"法理学"所谓"转化"的恰当方法。诚如雷磊正确指出的,当代法学中的"法理论"以基本法律概念和实定法为研究对象,充当法教义学的总论及其与相邻学科的接口,它对法律体系、法律渊源、权利义务、法律方法的探讨完全是19世纪末以来逐步展开的。[③] 这两种"转化"的区别就好比,利玛窦和徐光启在古籍中寻找"上帝"的工作对于今天的比较宗教学研究和文明对话仍有意义,但他们并不会试图在中国历史上"发现"欧几里得,也没有严肃的当代学者会需要"比较数学"那种东西。

法学新古典主义的工作和近现代的"中国哲学史"学科范式比较接近,但就精神追求上而言,梁思成、林徽因所创造的"中国建筑史"研究典范才真正贴合无间。梁思成曾经说:"研究中还有一步不可少的工作,便是明了传统营造技术上的法则。这好比是在欣赏一国的文学之前,先学会那一国的文字及其文法结构一样需要。所

---

① 于省吾:《从古文字学方面来评判清代文字、声韵、训诂之学的得失》,载《历史研究》1962年第6期;张晋藩:《清初经世致用的思想与实学的学风》,载《安徽师范大学学报》(人文社会科学版)2007年第3期;王坚:《明清学术转换的桥梁与清初学术主流:论清初新理学》,载《文史哲》2017年第6期。

② 魏长宝:《论顾炎武的历史哲学》,载《南昌大学学报》(社会科学版)1999年第4期。参见郭康松:《论清代考据学的学术宗旨》,载《三峡大学学报》(人文社会科学版)2002年第5期;许苏民:《顾炎武与浙西史学》,载《东南学术》2004年第1期。

③ 雷磊:《法理论及其对部门法学的意义》,载《中国法律评论》2018年第3期。

以中国现存仅有的几部术书,如宋李诫《营造法式》、《清工部工程做法则例》乃至坊间通行的《鲁班经》,等等,都必须有人能明晰地用现代图解译释内中工程的要素及名称,给研究者以方便……知己知彼,温故知新,已有科学技术的建筑师增加了本国的学识及趣味,他们的创造力量自然会在不自觉中雄厚起来。这便是研究中国建筑的最大意义。"①

与此同理,也可以这样说,法学新古典主义研究者试图通过赋予古典法思想以现代的分析的形式,作成新型且系统的表述,给研究者以方便。充实了中国古典内容的现代法学话语,一定可以增加本国法律人的学识及趣味。他们将更好地融入四千年来的文化传统和学术传统,创造力量自然会在不自觉中雄厚起来。

---

① 梁思成:《为什么研究中国建筑》,载《中国建筑史》,三联书店 2016 年重印版,第 11 页。

李　贽

李贽，字宏甫，号卓吾，别号温陵居士、百泉居士，福建泉州人，生于明世宗嘉靖六年(1527 年)，自杀于明神宗万历三十年(1602 年)，其时七十六岁。李卓吾曾经中举，担任些微末职务，如南京国子监博士、北京国子监博士等。万历九年，他辞去云南姚安知府，到湖北黄安和挚友耿定理相聚论学，这当是他一生比较愉快的岁月。后耿定理不幸早逝，李贽和定理之兄、致仕大官耿定向产生比较激烈的冲突，遂避居麻城，建立芝佛院，在其中读书写作。①万历十六年，正式落发，从此不避以"异端"面目示人，声名卓异。李贽为人张扬狂放，鄙视乡愿虚伪，"性甚卞急，好面折人过"。② 因而满朝满野，对他崇拜欣赏者虽多，但忌恨憎恶者尤众。万历三十年，

① 此事是学术思想史上的一段著名公案。前人多认为李贽是二人中的进步者，而耿定向乃一虚伪的假道学，但近年有研究表明二人之争主要是认识的不同，均是真诚的。参见罗福惠：《两舍则两从，两守则两病：耿定向于李贽"论道相左"新解》，载《江汉论坛》2002 年第 10 期；周素丽：《李贽与耿定向学术人格的对比：耿李论战的原因分析》，载《中国哲学史》2012 年第 3 期；谭春生、张斯珉：《论李贽与耿定向的"不容已"之争》，载《社会科学战线》2013 年第 6 期。

② (明)袁中道：《李温陵传》，载(明)李贽：《焚书》，中华书局 2009 年版，第 3 页；(明)李贽：《自赞》，载《焚书》，中华书局 2009 年版，第 130 页。

明廷以乱道之罪将李贽逮捕，下狱通州。一日，李卓吾借侍者前来剪发之机，用刀割喉，且书“七十老翁何所求”而绝。[①] 明廷本决定焚毁李贽的所有著作，毕竟以《焚书》为代表，其中“大抵多因缘语、忿激语，不比寻常套语”。[②] 但正如他的朋友焦竑所说，“然则此书之焚，其布之有火浣哉”，查禁反促之大行于世，更提升了李贽的影响。[③]

李贽思想的背景十分复杂。他的家庭有穆斯林血脉，这从他为自己预备的葬制也可见一斑。[④] 但李卓吾本人落发后一直以“和尚”自居。李贽曾与来华多年的天主教耶稣会士利玛窦有几次对谈，十分倾心。[⑤] 他以为利氏“是一极标致人也”，但自承“毕竟不知到此何干也”。[⑥] 从学术传承来说，李贽与阳明后学中的王艮一系交好。[⑦] 李贽说他们“一代高似一代”，所谓“大海不宿死尸，龙门不点破头”。[⑧] 李贽尤善邓豁渠，因邓某对李氏实有危难之时“一粒一金一青目”之恩。[⑨] 他曾经对邓某说：“如其迹，则渠老之不同于大老（赵贞吉），亦犹大老之不同于心老（王艮），心老之不同于阳明老（王守仁）也。若其人，则安有数老之别哉！知数老之不容分别，此数老之学历以能继千圣之绝，而同归于‘一以贯之’之旨也。”[⑩]而对其他流派，李卓吾则多有批评，不以为然，直至孔孟也不吝褒贬。

近代以来国内外各学科对李贽的关注始终不绝，对其思想的内

---

① （明）袁中道：《李温陵传》，载（明）李贽：《焚书》，中华书局 2009 年版，第 5 页。

② （明）李贽：《答焦漪园》，载《焚书》，中华书局 2009 年版，第 7 页。

③ （明）焦竑：《李氏焚书序》，载（明）李贽：《焚书》，中华书局 2009 年版，第 2 页。实际上，及至盛清时期李贽的作品仍很流行。参见赵刚：《善本藏家之外的清代书籍和思想世界》，载《读书》2017 年第 2 期。

④ 叶国庆：《李贽先世考》，载《历史研究》1958 年第 2 期。

⑤ 李珺平：《李贽与利玛窦会面的次数及意义》，载《民族文学研究》2010 年第 1 期。

⑥ （明）李贽：《与友人书》，载《续焚书》，中华书局 2009 年版，第 35 页。

⑦ 李贽与阳明学中王艮一系的关系，参见左东岭：《顺性、自适与真诚：论李贽对心学理论的改造与超越》，载《首都师范大学学报》（社会科学版）2000 年第 1 期。

⑧ （明）李贽：《为黄安二上人三首之大孝一首》，载《焚书》，中华书局 2009 年版，第 80 页；（明）李贽：《与焦漪园太史》，载《续焚书》，中华书局 2009 年版，第 27 页。

⑨ （明）李贽：《复邓鼎石》，载《焚书》，中华书局 2009 年版，第 50 页。

⑩ （明）李贽：《又答石阳太守》，载《焚书》，中华书局 2009 年版，第 5 页。

容及性质也有多种认识。① 严复和鲁迅敏锐地判断,李贽最重要的特征是不驯服于纲常名教。② 朱谦之称李贽是“一位出色的反封建到老到死的战士,在政治生活上是叛逆,在文化生活上是异端之尤”,是小地主阶级和自由市民意识的结合体。③ 傅衣凌、任继愈等亦指出,他是晚明社会变革的产物,其思想具有反封建反传统的进步性。④ 还有学者认为,李贽与西方同期人物的思想可以兼容,代表了中国自己的人文主义和自由传统。⑤ 许苏民认为李贽是“中国16世纪伟大的早期启蒙思想家”,称他表现出鲜明的自由精神和批判精神。⑥ 以上这些观点在法律思想史学界也有回响。学者普遍认为晚明至清初中国出现了反对专制主义的时代强音。张晋藩认为通过与来华传教士交流,在批判心学、崇尚实学的过程中,时人的“法律思想已达到封建时代所能允许的高度”。⑦ 孙国华专门提及,李贽和何心隐是明清之际启蒙思想家中的先驱。⑧

实际上,拨开表面上那层虚无主义和相对主义的迷雾,李贽仍

---

① 白秀芳:《近百年李贽研究综述》,载《首都师范大学学报》(社会科学版)1994年第6期。

② 张建业编:《李贽研究资料汇编》,社会科学文献出版社2013年版,第295、307页。

③ 朱谦之:《李贽:十六世纪中国反封建思想的先驱者》,湖北人民出版社1956年版,第11页。

④ 傅衣凌:《从明末社会论李贽思想的时代特点》,载《厦门大学学报》(哲学社会科学版)1975年第1期;张建业:《论李贽的民主思想及其社会基础》,载《福建论坛》(经济社会版)1982年第2期;苏双碧:《李贽和思想解放》,载《天津社会科学》1993年第4期;任继愈:《李贽思想的进步性》,载《首都师范大学学报》(社会科学版)1994年第5期。

⑤ 邱少华:《李贽:晚明人文主义新思潮的先驱者》,载《首都师范大学学报》(社会科学版)1995年第4期;盛瑞裕:《李贽论》,载《江汉大学学报》(自然科学版)2000年第4期;孟广林:《李贽“人文主义”人性论评析:兼与西欧人文主义思想比较》,载《河南大学学报》(社会科学版)2003年第5期;李光福:《李贽与中国的自由传统》,载《南开学报》(哲学社会科学版)2003年第2期。

⑥ 许苏民:《论李贽思想的历史地位和历史命运》,载《福建论坛》(人文社会科学版)2006年第4期。此外,王记录认为李贽与其后的中国“启蒙”思想虽有断裂,但仍保持深层的一致性。参见王记录:《论清初三大思想家对李贽的批判:兼谈早期启蒙思想问题》,载《河南师范大学学报》(哲学社会科学版)2002年第6期。

⑦ 张晋藩:《明末清初的实学与进步的法律观》,载《法制与社会发展》2016年第2期。

⑧ 孙国华:《中国法律思想史新编》,北京大学出版社1998年版,第234页。

然相信有是非对错或者终极的规范性存在，只不过永恒变化，难以言说。与此同时，人人具有把握这一终极规范性的天然能力，即与生俱来的“童心”。因而，强人所难、自以为是是荒谬的。做人，应当自知自立自安。在这个意义上，李贽确实是一个平等主义、民主主义者，属于中国式的自由传统。对于应用规范的判断，李贽强调必须考虑当下情境，行随事迁，不执一定。他不反对常人的功利倾向和实用态度，只是憎恶不放过一切权力、富贵、名声的机会主义者。对于政治秩序，李贽期待君臣相交、各得其所，希望政治人物具有执行力、判断力和意志力。尤为难能可贵的是，李贽把两性关系及其规范视为一切规范的基础，改变了由男性定义、主宰女性的话语。也正因如此，赞扬他为前现代中国一位卓异的反传统之士，终究无可厚非。

一、规范性的有无

表面上，李贽对于“规范性”（是非对错）似乎持一种相对主义的态度。他认为，归根结底，苦乐、美丑、古今之别都可泯灭，于是“更无有许多物事及虚实高下等见解也”。① 就苦乐而言，“乐者苦之因，乐极则苦生矣”；“苦者乐之因，苦极则乐至矣”；“苦乐相乘，是轮回种；因苦得乐，是因缘法”。② 就美丑而言，“夫所谓丑者，亦据世俗眼目言之耳。俗人以为丑则人共丑之，俗人以为美则人共美之。世俗非真能知丑美也，习见如是，习闻如是”。③ 及至古今之别，李卓吾说：“然以今视古，古固非今；由后观今，今复为古。故曰文章与时高下……所不同者一时之制耳。”④因而四言五言本无所谓，八股时文亦是良方。李贽认为，师法秦汉或者唐宋的文艺主张之争没有意义，盖因“今之近体既以唐为古，则知万世而下当复以我为唐无疑也”。⑤ 推而广之，则各种生活方式均可算符合规范性的

① （明）李贽：《又答石阳太守》，载《焚书》，中华书局 2009 年版，第 6 页。

② （明）李贽：《复丘若泰》，载《焚书》，中华书局 2009 年版，第 9 页。

③ （明）李贽：《答周柳塘》，载《焚书》，中华书局 2009 年版，第 261 页。

④ （明）李贽：《时文后序》，载《焚书》，中华书局 2009 年版，第 117 页。

⑤ 同上。

要求：

第各人各自有过活物件。以酒为乐者，以酒为生，如某是也。以色为乐者，以色为命，如某是也。至如种种，或以博弈，或以妻子，或以功业，或以文章，或以富贵，随其一件，皆可度日。独余不知何说，专以良友为生。故有之则乐，舍之则忧，甚者驰神于数千里之外。[①]

李贽也给人虚无主义的印象。他说："夫世间是与不是，亦何尝之有。"[②]在李贽哲学中，规范多半是虚假的。所谓"善与恶对，犹阴与阳对，柔与刚对，男与女对。盖有两则有对。既有两矣，其势不得不立虚假之名以分别之，如张三、李四之类是也。若谓张三是人，而李四非人，可欤"？[③] 一切人为之拟制均属此类，"世间万事皆假，人身皮袋亦假也"。[④] 李贽说：

均此一人也，初生则有乳名，稍长则有正名，既冠而字，又有别号，是一人而三四名称之矣。然称其名，则以为犯讳，故长者咸讳其名而称字，同辈则以字为嫌而称号，是以号为非名也。若以为非名，则不特号为非名，字亦非名，讳亦非名。自此人初生，未尝有名字夹带将来矣，胡为乎而有许多名？又胡为乎而有可名与不可名之别也？若直曰名而已，则讳固名也，字亦名也，号亦名也，与此人原不相干也，又胡为而讳，胡为而不讳也乎？[⑤]

一方面，李贽并非狭义的虚无主义或者相对主义者，因为他仍然相信有真理或终极的规范性。另一方面，这一真理本身即神妙的"不执一定"，因而，具体规范永恒变化，存在却不可言说。李卓吾说："经可解，不可解。解则通于意表，解则落于言诠。解则不执一定，不执一定即是无定，无定则如走盘之珠，何所不可。解则执定一说，执定一说即是死语，死语则如印印泥，欲以何用也？"[⑥]这当然和

① (明)李贽：《答周友山》，载《焚书》，中华书局2009年版，第26页。
② (明)李贽：《与曾中野》，载《焚书》，中华书局2009年版，第52页。
③ (明)李贽：《又答京友》，载《焚书》，中华书局2009年版，第22页。
④ (明)李贽：《与耿楚倥》，载《续焚书》，中华书局2009年版，第18页。
⑤ (明)李贽：《又答京友》，载《焚书》，中华书局2009年版，第22页。
⑥ 同上。

他所受到的佛学影响有关。有固然无，连“无”也是无，确定固然被否定，但完全不确定也同样被否定，即“心本无有，而世人妄以为有；亦无无，而学者执以为无。有无分而能、所立，是自挂碍也，自恐怖也，自颠倒也，安得自在”？① 这就是汉地佛教的真空妙有之说。李贽解释：“弃有着空，则成顽空矣，即所谓断灭空也，即今人所共见太虚空是也。此太虚空不能生万有。既不能生万有，安得不谓之断灭空，安得不谓之顽空？顽者，言其顽状如一物然也。”②如果认为“并无任何规范”，则这也是一条规范，反成自相矛盾。更高明的说法则是确有规范，无法表述。

同样因为佛学的影响，李贽认为把握终极规范性的能力是每个人所固有的。他说：“人人皆菩萨而不自见也，故言菩萨，则人人一矣，无圣愚也。言三世诸佛，则古今一矣，无先后也。”③但毕竟事实上并非人人皆菩萨，这是因为“菩萨岂异人哉，但能一观照之焉耳”，“奈之何可使由而不可使知者众也？可使知则为菩萨；不可使知则为凡民，为禽兽，为木石，卒归于泯泯尔矣”！④ 这个道理李贽在另一处也用儒家的说法表述过。他说：“孔子直谓圣愚一律，不容加损，所谓麒麟与凡兽并走，凡鸟与凤皇齐飞，皆同类也。所谓万物皆吾同体是也。而独有出类之学，唯孔子知之，故孟子言之有味耳。然究其所以出类者，则在于巧中焉。”⑤这种把握终极规范性的能力在佛家而言即由所谓阿赖耶识转出，是终极目的，“盖人人各具有是大圆镜智，所谓我之明德是也”，“是故要必有至善而为吾人所止之归焉，特人未易知此至善之止耳”。⑥ 一切规范均从此呈现，好像沧溟泛起涟漪，即“夫诸相总是吾真心中一点物，即浮沤总是大海中一点泡也”。⑦

人的这种把握终极规范的能力不可简单等同于意识。李贽对

---

① (明)李贽：《心经提纲》，载《焚书》，中华书局2009年版，第100页。
② (明)李贽：《观音问之答明因》，载《焚书》，中华书局2009年版，第175页。
③ (明)李贽：《心经提纲》，载《焚书》，中华书局2009年版，第101页。
④ 同上。
⑤ (明)李贽：《答耿司寇》，载《焚书》，中华书局2009年版，第33页。
⑥ (明)李贽：《与马历山》，载《续焚书》，中华书局2009年版，第3页。
⑦ (明)李贽：《念佛答问》，载《焚书》，中华书局2009年版，第137页。

马历山说："如公所言神，正所谓识，神千万劫被伊拖累，轮转六道，未尝暂歇者，顾反宝藏而快乐之耶？孰若一超直入如来地，庆幸何如！"[①]这种神秘的能力据李贽说乃是三教都有发现的："'囫地一声'，道家教人参学之话头也；'未生以前'，释家教人参学之话头也；'未发之中'，吾儒家教人参学之话头也。同乎？不同乎？唯真实为己性命者默默自知之，此三教圣人所以同为性命之所宗也。"[②]稍微具象一些，即所谓"童心"。《童心说》本是李贽重要的一篇文论。他写道："夫童心者，真心也。若以童心为不可，是以真心为不可也。夫童心者，绝假纯真，最初一念之本心也。若失却童心，便失却真心，失却真心，便失却真人。"[③]

既然是童心，就是与生俱来的，谁也不比谁更多更好。运用童心不待孔子，"夫天生一人，自有一人之用，不待取给于孔子而后足也。若必待取足于孔子，则千古以前无孔子，终不得为人乎"？[④] 不待天子，"且夫理，人人同具，若必天子而后祭大地，则是必天子而后可以祭理也，凡为臣庶人者，独不得与于有理之祭，又岂可欤"？[⑤]李贽最反感强人所难、强人从己。他说孔子从来不责人必能，总是取人为善。[⑥] 对想要矫正他的耿定向，李贽抗议"公不知何故而必欲教我"，[⑦]奉劝对方"公既深信而笃行之，则虽谓公自己之学术亦可也，但不必人人皆如公耳"。[⑧] 一定要强迫别人，更证明其"自以为是"。[⑨] 而讽刺的是往往：

试观公之行事，殊无甚异于人者。人尽如此，我亦如此，公亦如此。自朝至暮，自有知识以至今日，均之耕田而求食，买地而求种，架屋而求安，读书而求科第，居官而求尊显，博求风水以求福荫子

① (明)李贽：《复马历山》，载《续焚书》，中华书局2009年版，第3页。
② (明)李贽：《答马历山》，载《续焚书》，中华书局2009年版，第1页。
③ (明)李贽：《童心说》，载《焚书》，中华书局2009年版，第98页。
④ (明)李贽：《答耿中丞》，载《焚书》，中华书局2009年版，第16页。
⑤ (明)李贽：《鬼神论》，载《焚书》，中华书局2009年版，第92页。
⑥ (明)李贽：《答耿司寇》，载《焚书》，中华书局2009年版，第31页。
⑦ 同上书，第29页。
⑧ 同上书，第18页。
⑨ 同上书，第30页。

孙。种种日用,皆为自己身家计虑,无一厘为人谋者。①

无论对谁,要害在于自知自立自安。李卓吾告诫众人说:"且既自谓不能成佛矣,亦可自谓此生不能成人乎?吾不知何以自立于天地之间也。既无以自立,则无以自安。无以自安,则在家无以安家,在乡无以安乡,在朝廷无以安朝廷。吾又不知何以度日,何以面于人也。"②

二、行动中的规范

因为对于具体规范不执一定,所以李贽强调应用规范当考虑当下情境,行随事迁。李卓吾说:

若夫当行之言,则虽今日言之,而明日有不当行之者,而况千百世之上下哉!不独此也,举一人而言,在仲由则为当行,而在冉求则为不当行矣,盖时异势殊,则言者变矣。故行随事迁,则言焉人殊,安得据往行以为典要,守前言以效尾生耶?是又当行之言不可以执一也。③

而作出判断,李卓吾并不讳言"趋利避害,人人同心"。④ 功利倾向是不可避免的,"谓身在是之外则可,谓身在非之外即不可,盖皆是见得恐有非于我,而后不敢为耳。谓身在害之外则可,谓身在利之外即不可,盖皆是见得无所利于我,而后不肯为耳。如此说话,方为正当,非漫语矣"。⑤ 规范判断完全可以出于实用。李贽说:"就此百姓日用处提撕一番,如好货,如好色,如勤学,如进取,如多积金宝,如多买田宅为子孙谋,博求风水为儿孙福荫,凡世间一切治生产业等事,皆其所共好而共习,共知而共言者,是真迩言也。"⑥李卓吾还讲了一个吃饱饭的故事,说得更加真切:

盖尝北学而食于主人之家矣。天寒,大雨雪三日,绝粮七日,饥

① (明)李贽:《答耿司寇》,载《焚书》,中华书局2009年版,第30页。
② (明)李贽:《答周四岩》,载《焚书》,中华书局2009年版,第1页。
③ (明)李贽:《先行录序》,载《焚书》,中华书局2009年版,第116页。
④ (明)李贽:《答邓明府》,载《焚书》,中华书局2009年版,第41页。
⑤ (明)李贽:《复麻城人书》,载《焚书》,中华书局2009年版,第67页。
⑥ (明)李贽:《答邓明府》,载《焚书》,中华书局2009年版,第40页。

冻困碚,望主人而向往焉。主人怜我,炊黍饷我,信口大嚼,未暇辨也。撤案而后问曰:"岂稻粱也欤!奚其有此美也?"主人笑曰:"此黍稷也,与稻粱埒。且今之黍稷也,非有异于向之黍稷者也。惟甚饥,故甚美,惟甚美,故甚饱。子今以往,不作稻粱想,不作黍稷想矣。"①

他总结说:"食之于饱,一也。南人食稻而甘,北人食黍而甘,此一南一北者未始相羡也……至饱者各足,而真饥者无择也。"②这是非常朴实的哲学。

既然实用为先,那么李贽也不反对什么人什么对待:

夫彼专谈无善无恶之学,我则以无善无恶待之;若于彼前而又谈迁善去恶事,则我为无眼人矣。此专谈迁善去恶之学者,我则以迁善去恶望之;若于彼前而不责以迁善去恶事,则我亦为无眼人矣。世间学者原有此二种,弟安得不以此二种应之也耶!③

李贽憎恶的是假道学的机会主义。机会主义并非实用主义,机会主义本质上是无视一切规范的。他描述机会主义者:"展转反覆,以欺世获利,名为山人而心同商贾,口谈道德而志在穿窬。"④他叱骂他们如"恶狗思想隔日屎"。⑤ 这句话的犀利之处就在于,隔日屎屎并非此狗当下的需要,而是侪辈永不满足的欲求。李贽把这种算计称为"两头照管":

弟尝谓世间有三等人,致使世间不得太平,皆由两头照管。第一等,怕居官束缚,而心中又舍不得官。既苦其外,又苦其内。此其人颇高,而其心最苦;直至舍了官方得自在。弟等是也。又有一等,本为富贵,而外矫词以为不愿,实欲托此以为荣身之梯,又兼采道德仁义之事以自盖。此其人身心俱劳,无足言者。⑥

李贽揭露假道学"阳为道学,阴为富贵,被服儒雅,行若狗彘然

① (明)李贽:《子由解老序》,载《焚书》,中华书局 2009 年版,第 110 页。
② 同上。
③ (明)李贽:《复周柳塘》,载《焚书》,中华书局 2009 年版,第 42 页。
④ (明)李贽:《又与焦弱侯》,载《焚书》,中华书局 2009 年版,第 49 页。
⑤ 同上。
⑥ (明)李贽:《复焦弱侯》,载《焚书》,中华书局 2009 年版,第 46 页。

也”，真是绘声绘色。[①] 他说：

夫世之不讲道学而致荣华富贵者不少也，何必讲道学而后为富贵之资也？此无他，不待讲道学而自富贵者，其人盖有学有才，有为有守，虽欲不与之富贵，不可得也。夫唯无才无学，若不以讲圣人道学之名要之，则终身贫且贱焉，耻矣，此所以必讲道学以为取富贵之资也。[②]

又说：“夫容止可观，则异日必定富贵；天资聪伟，则早年必有文词。定交者贵图其始，是故讲道学者最识此机。”[③]还有：“夫相为标榜，正所以自抬声价；先期阴诋，正所以杜绝刺讥。好生羽毛，恶生疮疣，孰敢违之。世人多愚，致使此等坐握重权耳。”[④]李贽嘲笑：“何以孝友云，官高自有声。”[⑤]又笑：“说甚金友玉昆，只是五龙一门。”[⑥]假道学热衷权力的滋味，权力也带给假道学富贵和名声。在李贽看来，甚至周公的故事也不过如此：

周公欲以身代兄之死，既已明告于神矣，而卒不死何耶？然犹可委曰：“神不许我以死，我岂敢自死乎？我直以明我欲代兄之心云耳，非以祈人之知我欲代兄死也。”则册祝之词，坛之设，璧之秉，金匮之纳，何为者哉？谚曰：“平地上起骨堆。”此之谓也。无风扬波，无事生事，一人好名，毒流万世，卒使管叔流言，新莽藉口。圣人之所作为，道学之所举动，吾不知之矣，不有陈贾乎？陈贾曰：“周公使管叔监殷，管叔以殷畔。知而使之，是不仁也；不知而使之，是不智也。”此千古断案也。不仁不智，从公择其一者可矣。[⑦]

在应用规范的问题上，李贽的时代还有泰州学派走街串巷宣讲太祖高皇帝教民榜文。对于这种唯“孝悌”两字是从的做法，李贽也不完全同意。他说：

夫所贵乎讲学者，谓讲此学耳。今不讲此学，而但教人学好，学

① (明)李贽：《释教》，载《初谭集》，中华书局2009年版，第144页。
② 同上。
③ (明)李贽：《少年》，载《初谭集》，中华书局2009年版，第353页。
④ (明)李贽：《诋毁》，载《初谭集》，中华书局2009年版，第356页。
⑤ (明)李贽：《兄弟上》，载《初谭集》，中华书局2009年版，第108页。
⑥ 同上书，第110页。
⑦ (明)李贽：《兄弟下》，载《初谭集》，中华书局2009年版，第113页。

孝学悌，学为忠信，夫孝悌忠信等岂待教之而能乎？古人即孝悌等指点出良知良能以示人，今者舍良知而专教人以学孝学悌，苟不如此，便指为害人，为误后生小子，不知何者为误害人乎！①

根本上，李卓吾不在乎形式化的规范，即便“孝悌”也包括在内。李卓吾点出世间只有真情能够动人：“言出至情，自然刺心，自然动人，自然令人痛哭。”②如果孝悌不出于真情，那也就失去了意义。

三、政治秩序

对于政治秩序，李贽期待君臣相交、各得其所。这里的“各得其所”，意味着每个人都有价值，“无一人之不中用”。他说：

夫天下之民物众矣，若必欲其皆如吾之条理，则天地亦且不能。是故寒能折胶，而不能折朝市之人；热能伏金，而不能伏竞奔之子。何也？富贵利达所以厚吾天生之五官，其势然也。是故圣人顺之，顺之则安之矣。是故贪财者与之以禄，趋势者与之以爵，强有力者与之以权，能者称事而官，愞者夹持而使。有德者隆之虚位，但取具瞻，高才者处以重任，不问出入。各从所好，各骋所长，无一人之不中用。③

执政者对每个人都要据其特点安排措置，即“自古圣贤，原无恶也。曰‘举直错诸枉’，错非舍弃之，盖错置之错也。即诸枉者亦要错置之，使之得所，未忍终弃也”。④ 这样做的前提是兼容并包、兼收并蓄。李贽点名：“夫道者，路也，不止一途；性者，心所生也，亦非止一种已也。”如果不明此理，就会强人从己、事倍功半。他说：

有仕于土者，乃以身之所经历者而欲人之同往，以己之所种艺者而欲人之同灌溉。是以有方之治而驭无方之民也，不亦昧于理欤！且夫君子之治，本诸身者也；至人之治，因乎人者也。本诸身者取必于己，因乎人者恒顺于民，其治效固已异矣。夫人之与己不相

---

① （明）李贽：《与焦弱侯太史》，载《续焚书》，中华书局 2009 年版，第 16 页。

② （明）李贽：《读若无母寄书》，载《焚书》，中华书局 2009 年版，第 141 页。

③ （明）李贽：《答耿中丞》，载《焚书》，中华书局 2009 年版，第 17 页。

④ （明）李贽：《复京中友朋》，载《焚书》，中华书局 2009 年版，第 20 页。

若也。有诸己矣，而望人之间有；无诸己矣，而望人之同无。此其心非不恕也，然此乃一身之有无也，而非通于天下之有无也，而欲为一切有无之法以整齐之，惑也。于是有条教之繁，有刑法之施，而民日以多事矣。①

李卓吾在讨论政治秩序时，特标“才”的概念，反复论其重要性。这当然和他的实用主义倾向相互吻合。李贽所谓“才”，其实包括了才、识、胆三个品质，即执行力、判断力和意志力。他说：

有二十分见识，便能成就得十分才，盖有此见识，则虽只有五六分才料，便成十分矣。有二十分见识，便能使发得十分胆，盖识见既大，虽只有四五分胆，亦成十分去矣。是才与胆皆因识见而后充者也。空有其才而无其胆，则有所怯而不敢；空有其胆而无其才，则不过冥行妄作之人耳。盖才胆实由识而济，故天下唯识为难。有其识，则虽四五分才与胆，皆可建立而成事也。然天下又有因才而生胆者，有因胆而发才者，又未可以一概也。然则识也、才也、胆也，非但学道为然，举凡出世处世，治国治家，以至于平治天下，总不能舍此矣。②

李贽认为，执行力、判断力和意志力是相互配合、激发的，而通常判断力（“见识”）的作用更为可观，即便知识和技能稍嫌不足，只要判断得当，自信满满，也能有上佳表现。他还把这些品质说成就是儒家最高的德性，即“故曰‘智者不惑，仁者不忧，勇者不惧’。智即识，仁即才，勇即胆”。③

可惜的是，“天之生才实难”，④而且即便有才也不得其用。李卓吾感慨：“今人尽知才难，尽能言才难，然竟不知才之难，才到面前竟不知爱，幸而知爱，竟不见有若己有者，不啻若自其己出者。呜呼！无望之矣！”⑤有才能的人往往有各种不足，世俗所谓人无完

① （明）李贽：《论政篇》，载《焚书》，中华书局2009年版，第87页。

② （明）李贽：《二十分识》，载《焚书》，中华书局2009年版，第155页。

③ 同上。

④ （明）李贽：《八物》，载《焚书》，中华书局2009年版，第160页。

⑤ （明）李贽：《寄答京友》，载《焚书》，中华书局2009年版，第51页。

人,“天下未有才能而无过者”。[①] 甚至,“吾见在小人者更为伶俐可用也”。[②] 李卓吾不吝夸赞当时纵横南洋的海盗林道乾:

夫道乾横行海上,三十余年矣。自浙江、南直隶以及广东、福建数省近海之处,皆号称财赋之产,人物奥区者,连年遭其荼毒,攻城陷邑,杀戮官吏,朗廷为之旰食。除正刑、都总统诸文武大吏外,其发遣囚系,逮至道路而死者,又不知其几也,而林道乾固横行自若也。今幸圣明在上,刑访中,倭夷远遁,民人安枕,然林道乾犹然无恙如故矣。称王称霸,众愿归之,不肯背离。其才识过人,胆气压乎群类,不言可知也。[③]

李贽向往说:“设使以林道乾当郡守二千石之任,则虽海上再出一林道乾,亦决不敢肆。”[④]但是,事与愿违,明廷并无一个才识胆气压乎群类的“林道乾”,以至于:

盖天下之平久矣,今者非但所用非所养,所养非所用已也。自嘉、隆以来,余目击留都之变矣,继又闻有闽海之变,继又闻有钱塘兵民之变,以及郧阳之变矣。当局者草草了事,招而抚之,非谓招抚之外无别智略可以制彼也。彼桀骜者遂欲以招抚狃我,谓我于招抚之外,的无别智略可为彼制,不亦谬乎！今者若循故习,大不诛杀,窃恐效尤者众,闻风兴起,非但西夏足忧也。[⑤]

明廷虽然平定哱拜之乱,但是后来果然因为“无别智略”亡于闯军。这样看来,李贽真是一语成谶,他显然是个见识卓绝之人。

是啊,“君之难,难于得臣;臣之难,难于得君”。[⑥] 那么,君臣相得之难的症结出在谁身上呢?李贽曾留有这样一段话:

夫于传之曰:“干父用誉,承以德也。”言父所为皆破家亡身之事,而子欲干之,反称誉其父,反以父为有德,如所云“母氏圣善,我无令人”者。如是则父亲喜悦,自然入其子孝敬之中,变蛊成治无难

① (明)李贽:《铨选诸臣》,载《初谭集》,中华书局2009年版,第466页。
② (明)李贽:《八物》,载《焚书》,中华书局2009年版,第159页。
③ (明)李贽:《因记往事》,载《焚书》,中华书局2009年版,第156页。
④ 同上。
⑤ (明)李贽:《西征奏议后语》,载《续焚书》,中华书局2009年版,第69页。
⑥ (明)李贽:《史阁叙述》,载《续焚书》,中华书局2009年版,第52页。

矣。倘其父终不肯变,亦只得随顺其间,相几而动。夫臣子之于君亲,一理也。天下之财皆其财,多用些亦不妨;天下民皆其民,多虐用些亦则得忍受。[①]

李贽还奉劝他的朋友说:“但有大贤在其间,必有调停之术,不至已甚足矣。只可调停于下,断不可拂逆于上。”[②]而且“再不可多事也”![③] 原来,对于不怎么样的君主,李贽也并没有什么办法。也许,他只是相信“朝廷之法”能够约束君王不为已甚吧。毕竟,遇到对他自己的人身威胁,李贽就义正词严地说:

朝廷之法:死有死律,军有军律,边远充军有边远充军律,口外为民有口外为民律。非军非民,只是递解回籍,则有递解回籍律;年老收赎则又有收赎律。我今只知恭奉朝廷法律也。要如律,我乃听。如律必须奏上请旨,虽有司道官,不请旨而敢自擅天子之权乎?[④]

因此他才“往往徒能言之以自快耳,大言之以贡高耳,乱言之以愤世耳”,[⑤]而“见世之桎梏已甚,卑鄙可厌,益以肆其狂言”。[⑥] ——他又是多么的幼稚。

四、性别的规范性

李贽哲学中还有一处不同凡响,即他的性别观。李卓吾把两性关系及其规范视为一切规范的基础,并且通过把两性并列,改变了由男性定义、主宰女性的话语。他说:

夫妇,人之始也。有夫妇然后有父子,有父子然后有兄弟,有兄弟然后有上下。夫妇正,然后万事无不出于正。夫妇之为物始也如此。极而言之,天地一夫妇也,是故有天地然后有万物。然则天下万物皆生于两,不生于一,明矣。而又谓“一能生二,理能生气,太极

---

① (明)李贽:《复晋川翁书》,载《焚书》,中华书局2009年版,第73页。

② 同上。

③ 同上。

④ (明)李贽:《与马伯时》,载《续焚书》,中华书局2009年版,第26页。

⑤ (明)李贽:《与友人书》,载《焚书》,中华书局2009年版,第75页。

⑥ 同上。

能生两仪”,不亦惑欤?夫厥初生人,惟是阴阳二气,男女二命,初无所谓一与理也,而何太极之有!以今观之,所谓一者果何物,所谓理者果何在,所谓太极者果何所指也!若谓二生于一,一又安从生也?一与二为二,理与气为二,阴阳与太极为二,太极与无极为二。反覆穷诘,无不是二,又乌睹所谓一者,而遽尔妄言之哉![1]

否认“一”,坚持“二”,贬低“太极”和“理”,置换为“夫妇”“阴阳二气”,这是道学家中绝无人敢言的。一如他盛赞《拜月》《西厢》“其工巧自不可思议尔”,并借之说明其他的伦理关系和规范均可通过夫妇男女求得理解:

当其时必有大不得意于君臣朋友之间者,故惜夫妇离合因缘以发其端……今古豪杰,大抵皆然。小中见大,大中见小,举一毛端建宝王刹,坐微尘里转大法轮。此自至理,非干戏论。倘尔不信,中庭月下,木落秋空,寂寞书斋,独自无赖,试取《琴心》一弹再鼓,其无尽藏不可思议,工巧固可思也。”[2]

李贽落发,所以人们可能怀疑他背弃伦常。但他在怀念亡妻的信中其实倍见真情。李贽说:

相聚四十余年,情境甚熟,亦犹作客并州既多时,自同故乡,难遽离割也。夫妇之际,恩情尤甚,非但枕席之私,兼以辛勤拮据,有内助之益。若平日有如宾之敬,齐眉之诚,孝友忠信,损己利人,胜似今世称学道者,徒有名而无实,则临别犹难割舍也。何也?情爱之中兼有妇行妇功妇言妇德,更令人思念尔。[3]

他叮嘱亡妻在天之灵:“须记吾语,莫忘却,虽在天上,时时不忘记取,等我寿终之时,一来迎接,则转转相依,可以无错矣。或暂寄念佛场中,尤妙。或见我平生交游,我平日所敬爱者,与相归依,以待我至亦可。幸勿贪受胎,再托生也。”[4]真令人动容。大概也是因

---

① (明)李贽:《夫妇篇总论》,载《初谭集》,中华书局2009年版,第1页。

② (明)李贽:《杂说》,载《焚书》,中华书局2009年版,第97页。他还说《拜月》是“自当与天地相终始,有此世界,即离不得此传奇”。参见(明)李贽:《拜月》,载《焚书》,中华书局2009年版,第194页。

③ (明)李贽:《与庄纯夫》,载《焚书》,中华书局2009年版,第45页。

④ 同上书,第46页。

为有此亲身经历,李卓吾决然认为“有好女子便立家,何必男儿”。① 又痛苦地陈述:“婚娶未几,丧亡继之,娶之何难而丧之何易也!”② 既然婚姻意味着“择配之审,合聚之难,苦切之痛,欢乐之极”,蕴藏了无比丰富的情感和意义,那么以夫妇理解君臣乃至一切规范又有何不可。③

李贽以许多故事说明女性中有道学、有豪杰,从来不让须眉。杨慎曾有一篇《唐贵梅传》,记载烈妇唐贵梅被婆婆教唆去和婆婆的姘夫卖淫取利,唐坚决不从,反被恶婆以不孝的罪名告到官府,加以箠楚,继以炮烙,体无完肤,但唐始终不说出内情,并最终自杀以完护这婆婆,也许还有丈夫的名誉。李贽评价说:“先王教化,只可行于穷乡下邑,而不可行于冠裳济济之名区;只可行于三家村里不识字之女儿,而不可行于素读书而居民上者之君子。”④ 又如,宋太祖赵匡胤政变登基前,各处有谣言说“检点为天子”。赵很害怕,到家里说:“外间汹汹,将若之何?”结果宋太祖的姐姐当时就拿擀面杖去打他,还骂到:“丈夫临事,可否当自决,乃来家间恐怖妇女耶!”原来赵大姐比未来的天子还了不起!面对这样的女性,李卓吾当然要赞美她们:“才智过人,识见绝甚,中间信有可谓干城腹心之托者,其政事如何也。”⑤ 可见泼妇中自有好汉。⑥ 对于世间以妇人为短见的谬论,李贽说:

故谓人有男女则可,谓见有男女岂可乎?谓见有长短则可,谓男子之见尽长,女人之见尽短,又岂可乎?设使女人其身而男子其见,乐闻正论而知俗语之不足听,乐学出世而知浮世之不足恋,则恐当世男子视之,皆当羞愧流汗,不敢出声矣。⑦

正如才识胆俱全的男子汉大丈夫,“此等远见女子,正人家吉祥

---

① (明)李贽:《合婚》,载《初谭集》,中华书局2009年版,第6页。
② (明)李贽:《丧偶》,载《初谭集》,中华书局2009年版,第14页。
③ 同上。
④ (明)李贽:《唐贵梅传》,载《焚书》,中华书局2009年版,第209页。
⑤ (明)李贽:《夫妇二》,载《初谭集》,中华书局2009年版,第26页。
⑥ (明)李贽:《夫妇一》,载《初谭集》,中华书局2009年版,第17页。
⑦ (明)李贽:《答以女人学道为见短书》,载《焚书》,中华书局2009年版,第59页。

善瑞，非数百年积德未易生也”！[1] 所以何不多多养育之，“人何必不女”！[2]

五、结语

在《五死篇》中李贽发议论说：

人有五死，唯是程婴、公孙杵白之死，纪信、栾布之死，聂政之死，屈平之死，乃为天下第一等好死。其次临阵而死，其次不屈而死。临阵而死勇也，未免有不量敌之进，同乎季路。不屈而死义也，未免有制于人之恨，同乎睢阳。虽曰次之，其实亦皆烈丈夫之死也，非凡流也。又其次则为尽忠被谗而死，如楚之伍子胥，汉之晁错是矣。是为不知其君，其名曰不智。又其次则为功成名遂而死，如秦之商君、楚之吴起、越之大夫种是矣。是为不知止足，其名亦曰不智。虽又次于前两者，然既忠于君矣，虽死有荣也；既成天下之大功矣，立万世之荣名矣，虽死何伤乎？故智者欲审处死，不可不选择于五者之间也。纵有优劣，均为善死。[3]

李贽平素关心生死大事，临阵、不屈、尽忠、成功之死被他认为不错，而最佳者则是自己选择且有价值的死。李贽相信，对他自己来说，即便有死之日，只要著述能够驱魔启圣，就算有价值。他说：

百世之下，倘有见是书而出涕者，坚其志无忧群魔，强其骨无惧患害，终始不惑，圣域立跻，如肇法师所谓“将头临白刃，一似斩春风”，吾夫子所谓“有杀身以成仁”者，则所著之书犹能感通于百世之下，未可知也。则此老行也，亦岂可遂谓之徒然也乎哉！[4]

如果真如其所说，那么李卓吾在通州狱中自割，的确以迸溅的鲜血为他一生卷帙熔铸了无穷力量，春风白刃，杀身成仁，堪称天下第一等好死，百世之下，仍然震撼心魄。

---

① (明)李贽:《答以女人学道为见短书》，载《焚书》，中华书局2009年版，第60页。

② (明)李贽:《夫妇四》，载《初谭集》，中华书局2009年版，第52页。

③ (明)李贽:《五死篇》，载《焚书》，中华书局2009年版，第163页。

④ (明)李贽:《老人行叙》，载《续焚书》，中华书局2009年版，第60页。

李贽曾经说:“豪杰犹巨鱼也。”[①]他记载:

余家泉海,哼人谓余言:“有大鱼入港,潮去不得去。呼集数十百人,持刀斧,直上鱼背,恣意砍割,连数十百石,是鱼犹恬然如故也。俄而潮至,复乘之而去矣。”然此犹其小者也。乘潮入港,港可容身,则兹鱼亦苦不大也。余有友莫姓者,住雷海之滨,同官滇中,亲为我言:“有大鱼如山,初视,犹以为云若雾也。中午雾尽收,果见一山在海中,连亘若太行,自东徙西,直至半月日乃休。”则是鱼也,其长又奚啻三千馀里者哉![②]

——“嗟乎!豪杰之士,亦若此焉尔矣。”[③]

① (明)李贽:《与焦弱侯》,载《焚书》,中华书局2009年版,第3页。

② 同上书,第3~4页。

③ 同上书,第4页。

耿定向

耿定向，字在伦，号楚侗，湖北黄安人，生于明世宗嘉靖三年（1524 年）十月初十日，殁于明神宗万历二十四年（1596 年）六月廿一日，得寿七十三岁。[①] 耿定向于嘉靖三十五年中进士，登上仕途。据他的学生焦竑记述，耿定向在此时期经过其弟耿定理的引介，了解到王守仁的心学，并和当时的心学人物如罗汝芳、胡直等，建立起深厚友谊。[②] 这一选择对耿定向的影响无疑是决定性的，此后他加入朝廷中以徐阶为首的集团，一生沉浮均与此有关。他曾由衷称赞徐阶的核心作用说："乃今中外仔肩黼大遞为国桢者，故皆先生所树材也。"[③]针对严嵩，耿定向向明世宗上《劾吏部尚书吴鹏书》，对其党羽宣战；[④]针对高拱，耿定向攻击他"褊心戆气，无大臣度"；[⑤]针对徐阶的衣钵继承人张居正，耿定向则尽

---

① （明）焦竑：《天台耿先生行状》，载（明）耿定向：《耿定向集》，傅秋涛点校，华东师范大学出版社 2015 年版，第 897、906 页。

② 同上书，第 898 页。

③ （明）耿定向：《奉贺元辅存斋先生八十寿序》，载《耿定向集》，傅秋涛点校，华东师范大学出版社 2015 年版，第 447 页。

④ （明）耿定向：《劾吏部尚书吴鹏疏》，载《耿定向集》，傅秋涛点校，华东师范大学出版社 2015 年版，第 29 页。

⑤ （明）焦竑：《天台耿先生行状》，载（明）耿定向：《耿定向集》，傅秋涛点校，华东师范大学出版社 2015 年版，第 901 页。

力协助,甘当臂膀,也成为少数最得张氏信赖的大僚。他被张居正委为福建巡抚后,努力推行“条鞭”之法,并联结柬埔寨、暹罗共同打击纵横南洋的林道乾。[①] 张居正执政末期,耿定向颇识时务,离开仕途,返回故里,讲学于天台山中,故世人又称为“天台先生”。[②]

耿定向为人瞩目,与他和李贽爆发的激烈冲突、学术公案有莫大关系,对他的评价因而也两极分化。支持李贽的前人一般认为二人之中,一个代表了市民阶层、人文主义的思想萌芽,另一个代表了大地主大官僚、封建礼教的卫道意识。[③] 有些人甚至全盘接受李贽对耿定向的人身攻击,指斥其为两面派、伪道学。[④] 在新兴的学术潮流中,耿定向的形象日趋好转,李贽思想的进步性则经受重审。[⑤] 一方面,有人认为耿定向属于阳明后学泰州学派,只不过较为平实稳健。[⑥] 另一方面,有人提出李贽也并没有真正摆脱传统意识的束缚。[⑦] 因而,耿李的争论也就从立场水火不容转为学派内部分歧。有人认为二人之中,一个的出发点是抗议仗势欺人,一个是维护家族利益。[⑧] 一个是政治乌托邦理想引导的革命派,一个是“对传统

---

① (明)焦竑:《天台耿先生行状》,载(明)耿定向:《耿定向集》,傅秋涛点校,华东师范大学出版社 2015 年版,第 903 ~ 904 页;(明)耿定向:《保留贤能疏》,载《耿定向集》,傅秋涛点校,华东师范大学出版社 2015 年版,第 51 页。

② (明)焦竑:《天台耿先生行状》,载(明)耿定向:《耿定向集》,傅秋涛点校,华东师范大学出版社 2015 年版,第 906 页。

③ 方祖猷:《李贽与耿定向的论争》,载《宁波大学学报》(人文科学版)1989 年第 2 期;张思珉、乔清举:《论李贽与耿定向史论之差异:以冯道为核心》,载《社会科学战线》2014 年第 3 期。

④ 丘汉生:《泰州学派的杰出思想家李贽》,载《历史研究》1964 年第 1 期;苏双碧:《李贽思想新探》,载《山东社会科学》1988 年第 4 期;武占江、董文武:《性善论的千古迷失及良知坎陷问题:从李贽与耿定向的争论谈起》,载《河北师范大学学报》(哲学社会科学版)2005 年第 5 期。

⑤ 吴震:《阳明后学研究》(增订本),上海人民出版社 2016 年版,第 413 页。

⑥ 陈鸣钟:《简论焦竑》,载《南京社会科学》1990 年第 6 期;李银安:《和而不同:李贽、耿定向思想交锋与生活交往方式及其历史启示》,载《湖北行政学院学报》2012 年第 3 期;张高元:《一贯与有无——从耿定向儒佛之辨谈起》,载《甘肃理论学刊》2014 年第 2 期。

⑦ 鲍和平:《异端乎?传统乎?——论李贽的社会政治思想》,载《青岛大学师范学院学报》1997 年第 3 期。

⑧ 左东岭:《耿、李之争与李贽晚年的人格心态巨变》,载《北方论丛》1994 年第 5 期。

意识形态和现实社会架构”的“修复倾向”。[①] 一个认为礼法制度和心性本体之间没有必然联系，一个反之。[②] 一个是非理性的，一个是理性的。[③] 由此推出，二者的争论完全是学术性质的，甚至推动了学术发展。[④]

实际上，耿定向作为王守仁的私淑后学、张居正的僚属密友，其思想比较典型地体现了“王学”这个大的传统中那些和专制主义比较贴合的政治主张。[⑤] 在规范的来源问题上，通过“不容已”概念，他最终把内心的伦理底线拉同于外在的纲常名教，重树了实定法权威；对于应用规范的判断，他欣赏高超精致的智识计算，以之排斥“良知”学说可能唤醒的个人主观意志；关于政治秩序，他推崇拥护精英集团的“大人”君相，贬低普通士绅百姓的作用，其在泰州学风影响下偶尔吐露的亲民言语实在经不起推敲。实际上，耿定向“学无常师”，和泰州学派的精神特质并不相符。[⑥] 耿氏在法哲学上的种种调和，实质是对前人形上思考近乎反智主义的整体否定。他最根本的出发点仍是维护他的政权。

一、规范的来源

耿定向所留下的文字，实际上是他和定理、定力兄弟的集体作品。因三人的思想难以完全一致，所以前后表述颇有矛盾之处。二弟之中，尤以“仲子”定理对耿定向影响更多。定向自述：“余固陋，不能为高为玄，为环玮新奇，诸所臆谭，诸所称引，大都平常言耳。故称《庸言》。且曰《耿子庸言》者，又因志感也。盖余篇中所述，多

① 罗福惠：《两舍则两从，两守则两病——耿定向与李贽“论道相左”新解》，载《江汉论丛》2002年第10期。

② 谭春生、张思珉：《论李贽与耿定向的“不容已”之争》，载《社会科学战线》2013年第6期。

③ 许建平：《中国人学美学思想从理性到非理性的异变——以明万历年间李贽与耿定向的笔战为论述中心》，载《学术月刊》2006年第11期。

④ 蔡志荣：《晚明鄂东学术据点形成探源：耿定向与李贽讲学论战的文化史考察》，载《武汉大学学报》（人文社科版）2014年第3期。

⑤ 王守仁学术和张居正政治本就带有不可抹杀的一层专制主义色彩，参见刘修明：《李贽的思想历程和价值取向》，载《复旦学报》（社会科学版）1992年第2期。

⑥ 吴震：《泰州学案刍议》，载《浙江社会科学》2004年第2期。

闻诸吾仲氏子庸者。即非闻诸子庸,启于子庸,证诸子庸者也。"[①]即说明了这一情况。耿定向哲学中,最为关键的概念"不容已"也恰恰和耿定理大有联系。嘉靖四十年秋天,耿定向、耿定理和胡直聚会于"汉江之浒",届时耿定理首倡"吾学以不容已为宗"并得到胡直的首肯,耿定向这才仔细揣摩这一"新论",开始"笃信此为尧舜周孔之仁脉"。[②]

对于"不容已"之说,本有多种理解。一种是将其就认作道德情感,约略等同于孟子所谓"四端"。耿氏承认"四端"和"不容已者"的紧密联系,说过:"人有恒性,恻隐、羞恶、辞让、是非,是性真不容已者。"[③]耿定向举例说明"不容已者"的表现,也正是"四端"的流露。所谓"禹稷之犹饥犹溺,伊尹之若挞若沟,它若视亲骸而视亲骸而泚颡,遇呼蹴而不屑,见入井之孺子而怵惕"等。[④] 但是,这种道德情感的理解很容易将"不容已"引向纯粹主观的心理状态。如耿定向就注意到,刘调父说:"心弥此,故此不容已。……惟心体原自如此,故自不容已。"[⑤]王时槐说:"心贯古今,故欲与万世之人同归于善。原本心之真自不容已,只此不容已处便是生理,便是天命之不已也。"[⑥]耿定向评论他们说:"先生谓欲天下万世同归于善,由本心原自不容已。参会到此,即意而无意,念而无念,情识、思虑、照了、觉察、分别,都是好的,不必分疏也。"[⑦]如果"不容已"只是心理状态,那么在个人主观感受之中一切事物可能"都是好的",也就无

---

① (明)耿定向:《庸言序》,载《耿定向集》,傅秋涛点校,华东师范大学出版社 2015 年版,第 429 页。

② (明)耿定向:《汉浒订宗》,载《耿定向集》,傅秋涛点校,华东师范大学出版社 2015 年版,第 304 ~ 305 页。

③ (明)耿定向:《活人忠告》,载《耿定向集》,傅秋涛点校,华东师范大学出版社 2015 年版,第 314 页。

④ (明)耿定向:《汉浒订宗》,载《耿定向集》,傅秋涛点校,华东师范大学出版社 2015 年版,第 305 页。

⑤ 转引自(明)耿定向:《别刘调父》,载《耿定向集》,傅秋涛点校,华东师范大学出版社 2015 年版,第 482 页。

⑥ 转引自(明)耿定向:《读塘南先生语录》,载《耿定向集》,傅秋涛点校,华东师范大学出版社 2015 年版,第 477 页。

⑦ (明)耿定向:《读塘南先生语录》,载《耿定向集》,傅秋涛点校,华东师范大学出版社 2015 年版,第 478 页。

所谓存在任何规范了。

耿定向所谓“不容已”，并非简单的道德情感或者心理状态。实际上，耿定向反对以情感为规范之源泉，他把任情和纵欲等同起来。他认为只有“不容已”是真，而“或以一切任情纵欲为真，无可辩哉”，乃是妄。① 耿定向直斥：

顾近承学者第觑此些子光景，便自侈得最上乘法，高者躭虚归寂至于遗物离伦，卑者任性恣情至谓一切皆是，淫纵恣睢。以讼悔为轮回，以迁改为粘缀，以尽伦为情缘，至谓见景即动，既动即为者为见性，而以羞恶是非之本心为尘障，尽欲抹杀。伤风败化，戕人蠹物，蔑不至矣！乃劣质下根，乐其便于情欲，一唱百和，从之如流水，而且谓藉口文成宗旨原是如此。吁，岂非斯道之一大厄哉！②

但耿定向也不希望“矫情”。他记述了一个故事：

昔有前辈士绅，尝肫肫以道谊诲其门徒。一日，其徒反之曰：“道义误人。”曰：“何谓也？”曰：“本情要受用，只为道义不得受用；本情要快乐，只为道义不得快乐。”云。其师艴然诃之曰：“是何言哉！”晚年，其师退休林下，落然，而其徒富厚受享。师语人曰：“往吾徒之言是也，悔不听之。”③

耿定向认为：“若或病此性之难明也，而欲断缘息念，绝应离伦，以求性之见，譬如堙江壍河而欲塞水之流，不可能也。又或病此性之难制也，而欲揉情刻意、矫强惩窒以求性之定，譬则高坊固堤以制水之横，即能之，不可常也。”④

实际上，耿定向所谓“不容已者”更接近规范背后的伦理底线。⑤

---

① （明）耿定向：《与周柳塘之十八》，载《耿定向集》，傅秋涛点校，华东师范大学出版社 2015 年版，第 125 页。

② （明）耿定向：《遇聂赘言》，载《耿定向集》，傅秋涛点校，华东师范大学出版社 2015 年版，第 320 页。

③ （明）耿定向：《与周柳塘之四》，载《耿定向集》，傅秋涛点校，华东师范大学出版社 2015 年版，第 111 页。

④ （明）耿定向：《病间寤言》，载《耿定向集》，傅秋涛点校，华东师范大学出版社 2015 年版，第 317 页。

⑤ ［日］冈田武彦：《王阳明与明末儒学》，吴光等译，重庆出版社 2016 年版，第 184～185 页。

与生俱来，自然且必要，所谓“吾人受生盖载间，天与此灵明，必有形骸以舍之；有此形骸，必有此衣冠章服以蔽之；有此衣冠章服而类聚群居也，必有升降、上下、等威、物采以辨之。此实降于天而不容强，生于人心而不容自已者”。① 他把这条底线称为“礼之真体”：“盖三千三百者，礼之散见；而若愚若虚者，礼之真体。彼逐散见之仪文，而不识此真体，亦止是扮演戏剧耳。”②但“礼之真体”一说还是比较抽象。若要稍微具体化，也就是最基本的伦理。所谓“今彼言世纲者，只为些秉彝又殄灭不得，故当忠孝仁义之际，皆处于不得已”。③再具体一些，即最平常的孝悌。耿定向说：“孟子称尧舜惟曰‘孝弟’而已。至其言孝也，不称引割股尝粪等奇事，止取曾子养曾晳一节为能养志；其言弟也，未称引让肥争死等难事，又止曰‘徐行后长’一语，恨世无有能理会者。”④

至此，“不容已者”与实定的规范也完全可以当作一回事。耿定向确实说：“圣人审人性之本诸天者原自不容已，虽其发见万有不齐，而性之所止，止于至善而已。彼其所以章轨真教，敦典崇礼，敷政明刑，其术万方，无非使人同归于善而已。”⑤混同哲学之伦理底线和现实之实定伦理，可能正中耿氏下怀。耿定向讲过这样一个故事：

昔焦弱侯读《论语》志道章，为说曰：“道是没把捉的，德是没凭据的，仁是没依靠的，第于艺游之而已。”余为下一转语曰：“除却孝弟无道，除却言行无德，除却师友无仁，除却涵泳道德而辅仁者，非吾孔氏之所谓艺。”云云。莫不是拉足扯下地来耶？⑥

---

① （明）耿定向：《答友人问之一》，载《耿定向集》，傅秋涛点校，华东师范大学出版社2015年版，第254～255页。

② 同上书，第254页。

③ （明）耿定向：《明道语录辑》，载《耿定向集》，傅秋涛点校，华东师范大学出版社2015年版，第256页。

④ （明）耿定向：《别萧生言》，载《耿定向集》，傅秋涛点校，华东师范大学出版社2015年版，第483页。

⑤ （明）耿定向：《病间寤言》，载《耿定向集》，傅秋涛点校，华东师范大学出版社2015年版，第318页。

⑥ （明）耿定向：《寄白下友》，载《耿定向集》，傅秋涛点校，华东师范大学出版社2015年版，第195页。

换言之,规范就是耿定向从“不容已”之处“拉足扯下地来”的伦理规定而已,“从‘无声无臭’发根,高之不涉虚玄;从‘庸言庸行’证果,卑之不落情念”。①

二、应用规范的判断

深受王学话语影响的耿定向,也认为人作出规范判断是“良知”的运用。他自述经验说:“弟见在职业,校比评品,一循天则,不为毁誉,狥请托,暱宴安,惮烦劳;不席踈脱,驰防检……是即不昧良知,不违天则。”②因为阳明曾有“真诚恻怛”的说法,耿定向也强调“真”字,将良知称为“真心”。他说:“夫阳明所揭良知……即尔我日用之真心也。”③但阳明的“真诚恻怛”更多的是心理状态,而耿定向的“真心”已经是无形的实在,即所谓“些子”。耿定向说:“夜来伏枕,时反身内观,一无所有,唯此些子炯然在此,始信人之所为人者,唯此明哲体耳。”④又说:“乃甲午夏仲,偶感危病,手足口语倏失吾故,惟此些子幸炯然如常,因益循省往之所以能言能动者,诚非天莫能与此也。”⑤

要解释这炯然在此之物究竟如何,可以参考耿定向讲过的另一个故事:

一招提中畜犬百十数,东西兰若轮豢之,以鸣钟为号。日每东鸣钟,则犬就食东;西鸣钟,则犬就食西,习以为常。一日,诸小僧计戏犬。初东庑钟鸣,群犬将之东。西庑钟忽鸣,群犬反西未至,东钟忽鸣。群犬又欲之东,而西钟又鸣,群犬又错愕而西。顾已而东西

① (明)耿定向:《汉浒订宗》,载《耿定向集》,傅秋涛点校,华东师范大学出版社2015年版,第305页。

② (明)耿定向:《本末说》,载《耿定向集》,傅秋涛点校,华东师范大学出版社2015年版,第288页。

③ (明)耿定向:《与南中诸弟》,载《耿定向集》,傅秋涛点校,华东师范大学出版社2015年版,第216页。

④ (明)耿定向:《明哲保身说》,载《耿定向集》,傅秋涛点校,华东师范大学出版社2015年版,第288页。

⑤ (明)耿定向:《别潘詹两生言》,载《耿定向集》,傅秋涛点校,华东师范大学出版社2015年版,第484页。

两钟杂然齐鸣,群犬彷徨塀中,竟莫知所之。仲子顾谓二三友曰:“试为犬谋,若何而可?”诸友未解。浮光官子曰:“犬能一反思,昨豢东,今应豢西;昨豢西,今应豢东,自不眩瞀于钟声矣。”仲子曰:“否否。”官子默然良久,忽噱曰:“吾谋本是,子故乱撞钟也。”师晗之。①

对这个有趣的故事,耿定向的评论是:“人之所以异于禽兽,圣哲之所以异于凡民者,惟此反思耳。”②实际上,故事中耿定理和官子所谈,是人通过观察综合而推知规律、预测未来的能力,区别于群犬的条件反射。其实质是一种高超的计算能力,也可称为智识。耿定向所谓“反思”,是智识的表征,即清明的思维。

以“智识”定义“良知”是耿定向哲学的一个要点。他说:

余尝臆自古圣贤提掇宗旨,標示承学,似亦大造化循环,有莫知然而然者。惟昔三代以降,学术分裂,异学喧豗,高者骛入虚无,卑者溺于繁缛,乃夫子出而单提“为仁”之宗。夫仁者人也,欲人反求而得其所以为人者,学无余蕴矣。逮至战国,功利之习熏煽寰宇,权谋术数以智舛驰,益未知所以求仁矣。孟子出而又提一“义”。要之,义即仁,特自仁之毅然裁制者言也。下逮晋、魏、六朝,时惩东汉之以名节受祸,或清虚任放,或靡丽蔑质,德益下衰矣。宋儒出而提掇“主敬”之旨。主敬,礼也,即所以集义而存仁也。后承传者又失其宗,日束于格式形迹,析文辨句于训诂之余,而真机梏矣。乃文成出,而提掇“良知”之旨。良知,智也,欲人识其真心耳。人识其真心,则即此为仁为义为礼矣。③

如要智识发挥作用,就要排除个人意志的影响。耿定向说:“人之生也直,惟直则生,故直心为悳。直即常也,诚也,至诚之德直而已。惟意作而迂回纽捏,则曲而不诚。曲而不诚,未有能动者也。”④个人

① (明)耿定向:《观物篇之一》,载《耿定向集》,傅秋涛点校,华东师范大学出版社2015年版,第783~784页。

② 同上书,第784页。

③ (明)耿定向:《示应试生》,载《耿定向集》,傅秋涛点校,华东师范大学出版社2015年版,第193~194页。

④ (明)耿定向:《致曲说》,载《耿定向集》,傅秋涛点校,华东师范大学出版社2015年版,第281页。

意志会扭曲规范判断，即所谓“以邪径为坦途，见也，非知也”。[①] 意志之所以不是智识，缘于它起于情感、情绪，化为意见、意气。耿定向在《读慈湖先生语录》中把这种联结解释得十分清晰：

夫意缘情识而生者也，意至违拂，不能不伤神而漓性矣。夫人各以识起意，一家之内人各异意也，能齐一而无违拂耶？无论一家，即人自每先横一意，其违拂而不遂者十常八九，岂不重伤而戾兹性真哉……从心者，即欲即心，即心即矩，故曰不逾矩。世学者从意识耳，意见耳，意气耳，非从本心也，矩安得不逾！矩逾矣，其中心必有不自安者。不安处即心之矩，是天则不容自违者。而故犹悍然不顾，是则丧失其本心而可哀者也。[②]

耿定向反对意志对伦理底线、天则心矩的“悍然不顾”。他的这一主张以生活经验为基础。所谓“今日士绅，九列以上似是一班议论，一班意见；九列以下庶僚又是一班议论，一班意见。从旁观之，南北议论意见，似亦隐隐不同”。[③] 又说：“所谓近日九列以上意见，大都以调停保和为长厚，而后生或见以为怯，为比，为固位。九列以下大多以慷慨激烈为英杰，而老成或见以为躁，为锐，为钓奇。殆犹人病噎膈，上下不相通矣。”[④]在耿定向的时代，晚明党争之风已经显露端绪，这不得不令他深感忧虑。人人争意见，争意气，则上下隔、到处堵塞，政治系统将无法运行。他奉劝士人说：“顾如因人之谨也而中微有喜意存，则人承吾意而誉言至，誉至而日积焉，或间指其瑕，吾耳将亦或逆矣；因人之慢也而中微有嗔意存，则人承吾意而毁言至，毁至而日积焉，或间称其贤，吾耳将亦逆矣。”[⑤]的确，意

---

① （明）耿定向：《病间寤言》，载《耿定向集》，傅秋涛点校，华东师范大学出版社 2015 年版，第 315 页。

② （明）耿定向：《读慈湖先生语录》，载《耿定向集》，傅秋涛点校，华东师范大学出版社 2015 年版，第 474 页。

③ （明）耿定向：《与焦弱侯之五》，载《耿定向集》，傅秋涛点校，华东师范大学出版社 2015 年版，第 101 页。

④ （明）耿定向：《与王相公之一》，载《耿定向集》，傅秋涛点校，华东师范大学出版社 2015 年版，第 228 页。

⑤ （明）耿定向：《知天说之一》，载《耿定向集》，傅秋涛点校，华东师范大学出版社 2015 年版，第 283 页。

志本就可能摇动判断,加之“吾党往多过于自信,耻于谐俗”,就更可怕。[①] 耿定向讲了一个这样的故事。“市有不贞之妇,初蒙帷薄之诟,赧然内愧欲死已。或诟之,则犹俯首至羞涩也。久之,抗颜与人閧诟,悍然不顾已。或挑之以目,或蹑足而拊其股,则犹嘻嘻自明曰:‘吾心自贞,畴能浼我’。”[②]这个故事形象地说明,强调意志而不顾伦理,久而久之,自甘堕落而大言不惭,便是必然结果。

三、政治秩序

也许是因为和泰州学派的人物多有接触,耿定向哲学中有亲近平民的一面。[③] 他承认普通人可以作出正确的规范判断,曾在见到乡里老妇的书信后评论说:“按张媪止子远游书,大略谓:修佛业者,取静不在境而在心。心安则随处皆静,此心不安,无有静处,云云。吁!此孔子愓宰予短丧、孟子格夷之二本指。媪智何能及之?原此慈爱本心,愚妇可与知能者。”[④]但这种对普通人判断能力的肯定是受到严格限制的。耿定向绝不认为正确的判断是现成的、见在的,可以不费吹灰之力得到。他说:“吾侪欲臻此理,须是从山穷水尽处寻讨,刀口锋尖上识取,临境对阵时证验。着些儿意识情与不得。参着些子,便有更换,便非不改之真头面矣”[⑤]又举出阳明本人的例子,说:“看阳明那豪杰,往时自负有文章,有气节,可以名世矣。到了龙场,便才晓得都没用了,只此能视能听能言这些子良知,便是一生依靠的灵丹耳。”[⑥]

---

① (明)耿定向:《与胡庐山书之一》,载《耿定向集》,傅秋涛点校,华东师范大学出版社2015年版,第82页。

② (明)耿定向:《湔习篇之六》,载《耿定向集》,傅秋涛点校,华东师范大学出版社2015年版,第775页。

③ (明)耿定向:《与同志之四》,载《耿定向集》,傅秋涛点校,华东师范大学出版社2015年版,第251页。其中有:“近王心斋谓满街皆圣人,盖会得此意者。”

④ (明)耿定向:《读李卓吾与僧若无书》,载《耿定向集》,傅秋涛点校,华东师范大学出版社2015年版,第479页。

⑤ (明)耿定向:《与赵汝泉之二》,载《耿定向集》,傅秋涛点校,华东师范大学出版社2015年版,第242页。

⑥ (明)耿定向:《与陶左山之一》,载《耿定向集》,傅秋涛点校,华东师范大学出版社2015年版,第184~185页。

耿定向哲学中的另一面是坚持“大人”与凡人的不同。他所谓“大人”，是有真知、真智者。要想获得真知、真智，则必须懂得采用客观的视角、超然的立场。《置身说》在此特别重要：

盖通贯天地万物而无古今人我者，吾心之真体故然也。顾视自置身为何如耳。尝试验之，世人身不出间闬，念不越身家，所暱者惟妇子耳，一垣之外皆胡越也。试举其身孑然游于百里外，途遭里之人犹戚矣。又试举其身孑然游于千里外，途遭邑之人犹戚矣。又试举其身孑然游穷荒绝域万里之外，第见似人者亦跫然而喜矣。此何以故？身之所置异处也。古之人超然物表，视其身为天下万世公共之身，天下万世故皆度内也，岂缘境所能移，名利所能障哉？①

由此，既然伦理底线人人皆有、整齐划一，那么“大人”与凡人的差别就成了前者知其然且知其所以然，而后者则懵然不知。正所谓“日用处，圣人原与百姓同；其所用处，圣人自与百姓异”。② 这个局面，被善喻的耿定向比作演戏。他说：“比睹长安道中，日迎新科进士，大都若酬金为戏者。切思此辈从此升沉显晦，得失赞毁，景态轮转，百态万状。彼身此为戏者不能当下一览，一生悲欢苦乐，日波没于戏场中耳，岂不可慨乎哉！然自古帝王经纶天下，全凭此戏。由此类推言之，凡辨等威，章物采，制礼作乐，皆此意也。”③可惜的是，人群中只有少数是“作家”，绝大多数成了“演员”，“今吾侪业已在范围曲成中，即欲自外而不得，特日用而不知耳”。④ 如果不幸做了演员，其行为的性质便是模拟比划、手舞足蹈一番而已。耿定向说：“大人通天下为一身也。吾人只苦不识得自家这个身，便去身外觅道。卑卑者只为此假躯壳，终生汩没于声色势利场中，无论矣；即

---

① (明)耿定向：《置身说》，载《耿定向集》，傅秋涛点校，华东师范大学出版社 2015 年版，第 285 页。

② (明)耿定向：《与焦弱侯之三》，载《耿定向集》，傅秋涛点校，华东师范大学出版社 2015 年版，第 100 页。

③ (明)耿定向：《与周柳塘之七》，载《耿定向集》，傅秋涛点校，华东师范大学出版社 2015 年版，第 113 页。

④ (明)耿定向：《与周柳塘之三》，载《耿定向集》，傅秋涛点校，华东师范大学出版社 2015 年版，第 110 页。

高明者亦只在名行格式上模拟，与语曰‘天下通一身’，亦如说梦矣。”①

那么，现实之中谁是作家谁是演员呢？本来，依照《置身说》的逻辑，人人立时转换视角和立场便都可成为作家，但是，也许太过于担心普通人可能任情恣意的危害，耿定向并不允许对人生和社会的“自由创作”。他错误地把“思维试验”和实际情境等同起来，认为只能在身居鸟瞰天下位置者中寻找“大人”。耿定向把孟子关于“善士”的讨论演绎成一个威权体系。他说：“夫一乡之善士，是一乡之灵秀所钟，进之而善；盖一国则萃一国之灵秀矣，乡固不得而囿也。一国之善士是一国之灵秀所钟，进之而善；盖天下则萃天下之灵秀矣，国不得而囿也。”②耿氏不是没有意识到这个几乎和科举若合符契的体系具有弊端，他懂得“一庠之中岁举十数人止矣，未必人人举也。况士不志仁而惟荣肥之棘，即令岁举十数辈，亦祇为乡国丛蠹、宫墙增羞耳”。③ 但实质上，很难让人相信，这个哲学上的威权体系不是在支持吹捧紫禁城中的当轴者。——请看他的这番感叹：“嗟夫！天下之生久矣，为民立命者君乎！而君所与共理，非相耶？由余所览记，上下几千年间，乃相业之炳然著者，仅仅可几手指数。如此而犹为尽纯者也，又用之有竟，有不竟矣。抚今思往，能不怀乎？”④

有趣的是，耿定向在抬高当世“伊尹”的过程中每每不忘贬低其下的官绅。他的做法是把士绅和普通百姓对立起来。在解释“民之所好好之，民之所恶恶之”时，他提出问题：“顾唯一邑之中必有缝掖，尤有荐绅，是民之秀而杰者，抑岂无好恶之情，而第曰民？民云者，彼蚩蚩横目之概称也。乃当父母称者，好恶惟此之同，而荐绅

① （明）耿定向：《格物解》，载《耿定向集》，傅秋涛点校，华东师范大学出版社2015年版，第291页。

② （明）耿定向：《繁昌重迁儒学记》，载《耿定向集》，傅秋涛点校，华东师范大学出版社2015年版，第459页。

③ 同上书，第460页。

④ （明）耿定向：《硕辅宝鉴序》，载《耿定向集》，傅秋涛点校，华东师范大学出版社2015年版，第425页。

而缝掖，释《诗》者咸不及何也？”①然后自己回答说：“尝观世长人者，或荐绅交誉，缝掖豫附，而民不见德，德音为损。籍第令此蚩蚩横目之民群然而安之若父母，而缝掖而荐绅或然或否，即有违言，德音亦自不已也。”②这便是所谓“心恺悌而后好恶能与民同，足称父母云尔”。③ 耿定向不但不喜欢士绅，也对言官不满。他给言官写信说：“窃怪近日弹章欲去一人，不极其丑诋不已。是以房帷媟亵之语，市进谣诼之言，俱为采摭，行之奏牍……当此清明之时，公议自明，何须如此！”④

耿定向曾经讲过这样一个故事，还是和戏场有关：

余往游京国，于燕会中见优人之扮古王公大人为戏者，其謦欬色笑、揖让周旋多俨然似之，且其讴音清越优柔，所以形写古昔之悲欢慨慕以为忠节孝义状者，亦足兴矣。缘彼多出大方，居都会之日久，其于朝贵荐绅习耳而目之者稔也。比见吾里河口柳巷之优，亦常被冠服，饰须髯，东涂西抹，扮古王公大人状也者。乃其启口举止，动露村俗，令人厌观。而讴声之叫噪嚣喧，既厉且麤，殆若村妇诅鸡然者，余甚不欲耳之。乃甿隶市儿环拥而观者如睹，啧啧欣赏焉。盖荒陬僻邑，局于所见然耳。⑤

如此，则村里士绅与朝堂言官在耿定向极尽精英主义的眼中大概也就是东涂西抹、叫噪嚣喧的一幅丑态吧，如何比得上王公大人的清越优柔、忠节孝义状呢。

四、结语

从耿氏留下的文字看，他应有系统梳理此前明代思想的计划，

---

① （明）耿定向：《贺李邑侯膺台奖序》，载《耿定向集》，傅秋涛点校，华东师范大学出版社 2015 年版，第 455 页。

② 同上书，第 456 页。

③ （明）耿定向：《牧要编序》，载《耿定向集》，傅秋涛点校，华东师范大学出版社 2015 年版，第 647 页。

④ （明）耿定向：《与北台谏》，载《耿定向集》，傅秋涛点校，华东师范大学出版社 2015 年版，第 207 页。

⑤ （明）耿定向：《优喻示儿侄》，载《耿定向集》，傅秋涛点校，华东师范大学出版社 2015 年版，第 495 ~ 496 页。

并为主要人物撰写了传记。但和后来的黄宗羲相比,耿定向本人并非顶尖的哲学家,因而完全不具备准确理解、品评前贤的能力。耿定向在薛瑄文中找到一些稍具玄理的话头,便说敬轩夫子“非直矫然以名节自树者,读其书,讽诵其绪言,盖亦有原本矣”。[①] 对于陈献章,则曰:“一如白沙先生,其学术谓即孔孟正脉固未能谓然,顾当此俗学沉溺之余,而挺然崛起,欲求自得于心,故亦我明创开眼孔人也。”[②]至如吴与弼,耿定向说:“亦尝读其《日录》暨诸咏,盖亦卓然自立、笃行守道人也。”[③]他还为湛若水辩护:“甘泉先生或谓其事行或多弘阔,不满俗眼,顾其一生任道、兴起斯文之志,尚可想见。”[④]总之,“明兴,弘、正间巨儒辈出,其奥论闳议,无论汉、唐,即宋理学称盛,亦远轶矣”。[⑤]

耿定向基本上以紫阳、阳明,宋学、王学的调人面目出现。对于宋学,他一方面批评其“似亦少失孔孟宗本”。[⑥] 所谓“终日辟佛,辟仙,实落未脱二家蹊径。如何成德,如何达材,所谓议论多,成功少,无怪也”。[⑦] 另一方面,若是遇到王畿等人的“讥刺宋学议论”,耿定向也会破口说他们“甚是混账”,因为他“自对证此心不过”,感到那些子“不容已者”的要求。[⑧] 关于朱熹和王守仁的差异,耿定向主张“明白说出”。所谓“盖自阳明致良知之说一出,近世但是谈学者都知驳刺朱子即物穷理之说之为支。今考其青天白日之履,泰山乔岳之气,继往开来之心,如此豪杰,顾曾见几人哉……夫朱子即物穷

---

① (明)耿定向:《薛文清公传》,载《耿定向集》,傅秋涛点校,华东师范大学出版社2015年版,第513页。

② (明)耿定向:《与内翰习豫南》,载《耿定向集》,傅秋涛点校,华东师范大学出版社2015年版,第209页。

③ 同上。

④ (明)耿定向:《与刘中丞》,载《耿定向集》,傅秋涛点校,华东师范大学出版社2015年版,第211页。

⑤ (明)耿定向:《题泾野先生语录》,载《耿定向集》,傅秋涛点校,华东师范大学出版社2015年版,第471页。

⑥ (明)耿定向:《与胡庐山之一》,载《耿定向集》,傅秋涛点校,华东师范大学出版社2015年版,第83页。

⑦ 同上。

⑧ (明)耿定向:《与霍邱田生之二》,载《耿定向集》,傅秋涛点校,华东师范大学出版社2015年版,第196页。

理,其说虽若支离,然此老所穷者如此,其率而循之者便亦如此”。[①]这便是以朱子的伦理实践对应阳明的深湛学思,也预告着朱子学在晚明的回潮。毕竟,“彼骛外而遗内者固非,执内而遗外者亦非也”。[②]

而如若希望弥补两方的缺陷,只有回到孔孟。耿定向说:“乃近世学术无论虚浮者流,即负真志、称有得者,类拾伯阳之余唾;称妙悟者,类剿《楞》《坛》之半解;笃修者,类守先儒之格式。于尧舜周孔真血脉,原已辽邈。”[③]那么孔孟之学又是什么呢?耿定向在《学象》中以洋洋千言否定了一切功利、文词、货殖、注脚、力行之学,而最终归诸《中庸》之“宜兄弟、和妻子、顺父母”,《大学》之孝、弟、慈。[④] 他又说:“余胞中伎俩只识得高皇帝教民榜中一二语……夫此入孝出弟,就是穿衣吃饭的这个。”[⑤]原来,所谓孔孟之学还是实定之伦理规范而已。

由此可知,耿定向那个“巨儒辈出,奥论闳议”的说法其实只是漂亮的修辞。在他内心深处,估计将此前理学家关于关键概念的辨析视为徒劳。他记述:

蔡文忠公曰:生而眇者不识日,问之有目者,或告之日之状如铜盘,扣盘而得其声。他日闻钟,以为日也。或告之曰日之光如烛,扪烛而得其形。他日揣籥,以为日也。日之与钟、籥亦远矣,而眇者不知其异,以其未尝见而求之人也。道之难见也甚于日,而人之未达也无以异于眇。达者告之,虽有巧譬善导,亦无以过于盘与烛也。自盘而之钟,自钟而籥,转而叩之,岂有既乎?故世之言道者,或即

① (明)耿定向:《与赵汝泉之三》,载《耿定向集》,傅秋涛点校,华东师范大学出版社2015年版,第243~244页。

② (明)耿定向:《内观说》,载《耿定向集》,傅秋涛点校,华东师范大学出版社2015年版,第277页。

③ (明)耿定向:《与张阳和之一》,载《耿定向集》,傅秋涛点校,华东师范大学出版社2015年版,第235页。

④ (明)耿定向:《学象》,载《耿定向集》,傅秋涛点校,华东师范大学出版社2015年版,第349、354页。

⑤ (明)耿定向:《与周柳塘之十五》,载《耿定向集》,傅秋涛点校,华东师范大学出版社2015年版,第120页。

其所见而名之，或莫之见而意之，皆求道之过也。[1]

在此，前贤的工作好像盲人描述太阳一样，注定事倍功半，而且，耿定向可能还不仅是从推崇实践即所谓"慎术"的角度否定他们的。[2] 他大概觉得一切分析都等于翻译，不过是围绕着词语打转，即"世之贸贸然傍人口吻，争辩于名义字句间者"。[3] 耿定向说：

乃世之言道，有譬之以管窥天者，第知一隙之为天，不知触处皆天也。亦有知触处之皆天者，而躭虚执见，不自反身理会，知视听言动之皆天也。或亦有能自己反身理会，寔知吾身视听言动之皆天也者，而乃混账卤莽，诐僻恣睢，是又不知视听言动之礼之为天则也。苟实知天，即命曰撑犁，于天何病？[4]

如此一番嘲笑之下，又不知几位学人能免于张居正和耿定向一起祭出的"哺糟拾余，无裨实用，徒以惠奸宄，贼良民"冠冕呢。[5]

明人中，耿定向服膺的是邹守益，也受到王艮的一些影响，时常肯定罗洪先，但和王畿的分歧比较大。相与论学者，他欣赏罗汝芳，厌恶何心隐，憎恨李贽。最得意之弟子，乃是焦竑。[6] 这些好恶的根源，恐怕还在于诸君学说和纲常名教、政治秩序的距离。[7] 耿定向作为一个权力核心圈内的通天人物、当世显宦，他不可能反对这个塑造其人生地位的政治秩序，至多根据自身经验，期待出现一个更加优秀的领袖（徐阶或者张居正）来维持之。与此同时，就其著述而言，耿定向也明显缺乏形上思考的能力，因此，普通纲常的确定性可

---

① （明）耿定向：《徽蔀篇之三》，载《耿定向集》，傅秋涛点校，华东师范大学出版社2015年版，第759页。

② （明）耿定向：《慎术解》，载《耿定向集》，傅秋涛点校，华东师范大学出版社2015年版，第300页。耿定向说："学有三关：初解即心即道，已解即事即心，其究也须慎术云……皆事，故皆心也……心剖判于此，事亦剖判于此；事剖判于此，人亦剖判于此矣。"

③ （明）耿定向：《与焦竑之七》，载《耿定向集》，傅秋涛点校，华东师范大学出版社2015年版，第103页。

④ 同上。

⑤ （明）张居正：《答福建巡抚耿楚侗言致理安民》，载（明）耿定向：《耿定向集》，傅秋涛点校，华东师范大学出版社2015年版，第840页。

⑥ （明）耿定向：《与焦弱侯之一》，载《耿定向集》，傅秋涛点校，华东师范大学出版社2015年版，第98页。焦竑高中状元，耿定向"闻贤大魁报喜，而不寐者终夕"。

⑦ 吴震：《阳明后学研究》（增订本），上海人民出版社2016年版，第391页。

以让他感觉舒适安稳,而晚明心学中的概念辨析、神秘体验无疑会威胁、颠覆此老的虚荣心和认同感。

用当时流行的话本笔调,耿定向讲述了这样一个故事:

齐奄家蓄一猫,自奇之,号于人曰:“虎猫”。客说之曰:“虎诚猛,不如龙之神也,请更名‘龙猫’。”又客说之曰:“龙固神于虎也,龙升天须浮云,云其尚于龙乎?不如名曰‘云’。”又客说之曰:“云霭蔽天,风倏散之,云故不敌风也,请更名曰‘风’。思不可尚矣。”又客说之曰:“大风飚起,维屏以墙,斯足蔽矣,风其如墙何?名之曰‘墙猫’可。”又客说之曰:“维墙虽固,维鼠穴之,墙斯圮矣,又如鼠何?即名‘鼠猫’可也。”东里丈人嗤之曰:“噫嘻!捕鼠者固猫也,猫即猫耳,胡自失本真哉!”①

耿定向对此的评论是:“世谈道者此为说是矣,彼故为一说以高之;彼为说是矣,此又为一说以高之。繄瓦窳句,遞极要渺而后已,所谓以友人为实而欲以胜人为名耳。曷思庸德之实,庸言之谨,是尼父之所为至道而未能者与?”②——“庸德之实,庸言之谨”,耿定向终究是这样一个“庸”者,或者说,这日益喧腾的齐奄之家中主人公的一只巧谲狸猫吧。

① (明)耿定向:《砭痼篇之四》,载《耿定向集》,傅秋涛点校,华东师范大学出版社2015年版,第769~770页。

② 同上书,第770页。

焦 竑

焦竑，字弱侯，号漪园、澹园等，祖籍山东日照，明世宗嘉靖十九年(1540年)生于南京，殁于明神宗万历四十七年(1619年)他八十寿诞之夜，据载"然本年冬十一月，行年八十，士大夫方歌颂为寿，夜啣杯而晓闻易箦矣"。[①] 焦竑的家族在南京世袭旗手卫千户，是明代的中下层军官，饱暖无忧，他因而具备基础的学习条件。待二十三岁时，焦竑遇到以监察御史身份到南京督学的耿定向，此后一直师事耿氏，也得其提携跻身晚明王学人士的行列，并陆续和罗汝芳、李贽等均有交往。[②] 焦竑中举很早，但自二十五岁后会试屡屡落第，几乎"蹉跎"一生，而终于在万历十七年，时届五秩，高中殿试第一甲第一名，大魁天下。声名带给焦竑新的际遇。万历二十二年，皇长子朱常洛出阁读书，焦竑被委任为讲官之一，授课和编绘图文并茂的教材皆倾注心血。也

---

① 李剑雄:《焦竑年谱(简编)》，载(明)焦竑:《澹园集》，李剑雄点校，中华书局1999年版，第1310页。参见陈鸣钟:《简论焦竑》，载《南京社会科学》1990年第6期;龙晓英:《焦竑生卒年及其他》，载《南京师范大学文学院学报》2006年第1期。

② 焦竑与耿定向、李贽的复杂关系，参见邬国平:《〈复焦竑〉异文与李贽、焦竑、耿定向关系》，载《中华文史论丛》2010年第4期;刘海滨:《焦竑与晚明会通思潮》，华东师范大学出版社2009年版，第26页。

正因如此,他不可避免地加入了明末的国本之争,既不可能受到对立之朱常洵系的欢迎,也同时遭到朱常洛系同僚的嫉妒。万历二十五年,神宗皇帝越序钦点焦竑担任顺天乡试的副主考。焦竑的敌人们便借口科场舞弊,诬蔑焦竑收受贿赂、所举非人。[①] 这场构陷的结果是焦竑被贬至福建任职"同知"。至六十岁时,焦竑辞官归里,在江南园林的山水间读书写作。在南京家居时,焦竑的学生徐光启还介绍利玛窦前去拜访他。焦竑一生著述甚为宏富,如《澹园集》等,且这些著述无论内容和风格都充分体现出状元公的雍容风度。

诚如林桐城所说,"焦竑以学识宏博见称,所涉及之研究领域极广,包括有阳明心学、老庄哲学、史学、考据学、文学、声韵学与目录学,乃明代阳明后学当中成就最为卓越者。其学术思想有承先启后之功。"[②]既往对焦竑的研究集中于对他思想性质的判断以及与后世的关系,学者普遍认为焦氏乃晚明向清代乾嘉之学嬗变的关键。[③] 容肇祖曾称焦竑是"王守仁、王艮一派的后劲",指出他与李贽之学十分接近。[④] 张学智则分析焦竑实有别于王艮、李贽,乃至其师耿定向,总体而言持一种温和态度,"其学有极浓的学院气息"。[⑤] 当然,焦竑的这种折中倾向,也难免引起李剑雄所谓的"两截"之感。[⑥] 于后世学术,余英时提出"明中叶以后考证学的萌芽"是"儒学在反智识主义发展到最高峰时开始向智识主义转变的一种表示",焦竑透露出这一内在转向的消息。[⑦] 钱新祖则建议把"比较明显的焦竑,

---

① (明)焦竑:《谨述科场始末乞赐查勘以明心迹疏》,载《澹园集》,李剑雄点校,中华书局 1999 年版,第 15 页。

② 林桐城:《序》,载《焦竑及其学术研究》,花木兰文化出版社 2010 年版,第 1 页。

③ [新加坡]李焯然:《从清谈到经世:晚明思想变迁的再检讨》,载《学海》2010 年第 3 期;赵树廷:《心学的绝唱,实学的序曲:焦竑学术递嬗的个案探析》,载《山东大学学报》(哲学社会科学版)2008 年第 1 期。

④ 容肇祖:《明代思想史》,河南人民出版社 2016 年版,第 257 页。

⑤ 张学智:《明代哲学史》,中国人民大学出版社 2012 年版,第 277 页。

⑥ 李剑雄:《焦竑评传》,南京大学出版社 1998 年版,第 314 页。

⑦ 余英时:《论戴震与章学诚:清代中期学术思想史研究》,三联书店 2000 年版,第 313 页。对此说的不同意见,参见黄熹:《试论晚明儒学转向说的理论缺陷——以焦竑思想为中心》,载《孔子研究》2011 年第 2 期。

以及不那么明显的戴震与章学诚都放置在陆王传统之中”。[①] 这一分别的要害在于，清代考据学究竟是朱子学还是阳明学泛衍的结果，是理学的新波还是反理学的异流。无论如何，焦竑显然已经成为寻求中国学术思想内在连续性者必须发掘的重要环节。

概言之，焦竑认为规范首先来自寓于人类个体的“性”，其次才是“心”，虽然在身份上属于王学后劲，但在思想上预示了朱子学式他律倾向的回潮。[②] 他反对道德相对主义的观念，坚持仁孝敬慈等价值，这和王艮一系显有距离。在应用规范的问题上，焦竑强调向内用力，去除情欲和意见对判断能力的牵扯。但是，正心复性的结果并非获致具体的伦理规范，而是一种毫无偏颇的心理状态。此说又和阳明学的自律倾向保持了一致。焦竑相信历史经验的现实作用，鼓励研究经典文本，包括解析其中的名词字句，似乎重视权威。但是，他的具体政治主张又带有比较浓重的自由色彩，希望由民自治，量入为出，反对内外战争。焦竑真不愧为后世和晚明学术之间极为重要的一个榫卯，是保持中国思想学术内在连续性不可或缺的节点。

一、规范的来源

明代自曹端、吴与弼开始，“心”在人们各自哲学体系中的地位即持续上升，及至王畿和罗汝芳，终成最高本体。与此相对，原本十分重要的“性”则渐渐少被提及。但在焦竑哲学中，“性”之概念再次夺回至尊宝座。

具体而言，在讨论心性之别时，焦竑说：“心性原无分别。然既有此一字要说，分别亦得。古人谓‘性如水，心如波’。又云：‘静谓之性，心在其中矣；动谓之心，性在其中矣。心生性灭，心灭性

---

① 钱新祖：《焦竑与晚明新儒思想的重构》，宋家复译，台大出版中心 2014 年版，第 302 页。

② 白静：《下学上达，学以复性：焦竑思想研究》，中国传媒大学出版社 2014 年版，第 138 页。

现。’”[①]盖焦竑认为，心和性本属一体，但如需予以分辨，则心还是第二位的。他的这一构想在《大学言心不言性，中庸言性不言心，孟子兼言心性解》一文中阐述得特别清楚：

盖人生而静，天之性也；感于物而动，心始生焉。忧患、忿懥、爱恶、哀矜，皆心也。心既动，性斯隐矣；心不作，性斯见矣……圣人非无心也，如鸟游空，如影涉水，有心而实无心也。众人非无性也，心之所动，交相攻未始有穷，终憧憧莫睹其性焉。[②]

但这个“性”过于抽象以至于无法定义。焦竑承认：“顾知性亦难言矣。《记》曰：‘人生而静，天之性也。感于物而动，性之欲也。’譬之于水有源有流，圣人所为教者多其支流，而于源则罕言之。非不欲言，不能言也。”[③]

焦竑哲学中这一不可言说的“性”其来有自，深受释家的影响。有时，他比之为大海。所谓“佛与众生，自心常寂。妄计有心，遂成河汉。岂知清净海中，有一微尘，可作修证，不思议解，犹为说梦”。[④] 有时，又比之为圆镜。所谓“然此大圆镜中，死生去来，不啻如过影然。知道者非其轻视之，盖世有睹溟渤之全，而谓一沤之起灭，能为窒碍者，未之有也”。[⑤] 但更多的时候，人之“性”是所谓“本地风光”“本命元辰”。焦竑说：

因此一片本地风光，无径可寻，无门可入，才有所重，便成禀白。故曰：“非有道不可言，不可言即道；非有道不可思，不可思即道。”学者于口耳俱丧之余，言思路绝之际，瞥地一下，任伊说有说无，说无为真空，说有为妙有，信手拈来，何所不可？未曾实证此理，若靠

① （明）焦竑：《明德堂答问》，载《澹园集》，李剑雄点校，中华书局 1999 年版，第741 页。

② （明）焦竑：《大学言心不言性，中庸言性不言心，孟子兼言心性解》，载《澹园集》，李剑雄点校，中华书局 1999 年版，第 34 ~ 35 页。

③ （明）焦竑：《王顺渠先生集序》，载《澹园集》，李剑雄点校，中华书局 1999 年版，第 763 页。

④ （明）焦竑：《书金刚经解》，载《澹园集》，李剑雄点校，中华书局 1999 年版，第285 页。

⑤ （明）焦竑：《答金宁国》，载《澹园集》，李剑雄点校，中华书局 1999 年版，第 858 ~859 页。

些子知解，为本命元辰，不知此知头出头没，时灭时生，生死流浪，辗转不休，于所谓无生法忍，还相契否？[①]

这一拒绝流浪生死、辗转不休的所谓“本命元辰”，在王畿哲学中也出现过，而龙溪使用的说法是“历劫不坏先天之元神”。不过王龙溪是把此物和良知等同起来的，而焦竑句中“此知头出头没，时生时灭”的表述似有不同。毕竟，王畿的良知“一念灵明”太过活跃，而焦竑的“性”则永远静谧。焦竑说：“人性湛然，本无一物，不知者至多以意识以蔀之，蔀去而性子若，非能有增也。”[②]

焦竑既然想挽救“性”这一范畴，就必须对作为阳明学核心的“心”有妥当安排。首先，焦竑继承了将“心”抽象化的传统，区别“血肉心”和“真心”。焦竑在回应“心只在方寸间”的说法时，明确表示“此血肉心，非真心也”。[③] 那么，到何处去寻找这一真心呢？焦竑一方面宣扬，“盈天地之间皆心也”，[④]另一方面也指示了真心的所在。第一，超越时空。他说：“此心不为尧存，不为桀亡。”[⑤]第二，与生俱来。“盖赤子之心，人所有也。”[⑥]焦竑描摹之说：“如婴儿之未孩。”[⑦]又说：“婴儿之始生也，不以目求乳，不以耳向明，不以手任行，不以足探物，此岂待于外索哉？”[⑧]在强调心的这一特征时，真心也可称为初心，所谓“吾之初心是已”。[⑨] 此外，心还自我呈现，特

① （明）焦竑：《书唐子张卷》，载《澹园集》，李剑雄点校，中华书局1999年版，第289页。

② （明）焦竑：《答蔡崑石》，载《澹园集》，李剑雄点校，中华书局1999年版，第96页。

③ （明）焦竑：《古城答问》，载《澹园集》，李剑雄点校，中华书局1999年版，第728页。

④ 同上。

⑤ 同上书，第729页。

⑥ （明）焦竑：《刻小学序》，载《澹园集》，李剑雄点校，中华书局1999年版，第757页。

⑦ （明）焦竑：《古城答问》，载《澹园集》，李剑雄点校，中华书局1999年版，第731页。

⑧ （明）焦竑：《宗儒语略序》，载《澹园集》，李剑雄点校，中华书局1999年版，第130页。

⑨ （明）焦竑：《宗儒语略序》，载《澹园集》，李剑雄点校，中华书局1999年版，第130页。

别是在适当的条件下。焦竑说:“即夜气未亡,亦自有不安且信者,良心固在也。”[①]他自述:“近于五更睡醒时,觉万籁俱寂,独此知在耳。因思万形有迁改,而此知不灭。即《楞严》波斯匿王论见恒河性也。乃或流浪转徙,自失其本心,岂不哀哉!”[②]显而易见,这种心又名良心、本心。如此看来,焦竑哲学中的“性”不可言说,只可比喻,而“心”业经体验,稍显具象。心的“第二位”促使它更容易发挥作用,“性”反倒完全隐藏于帷幕之后了。正所谓“人总三才,厥资也深。旁魄变幻,皆君于心”。[③]

在此框架下,焦竑才讨论“善恶”的问题。焦竑认为规范性是自最高存在派生的,但最高存在本身无所谓什么规范性。他说:“论性之本体,善亦无有,何有于恶?《孟子》为战国时人心驰骛功利,丧失其良心,特提掇一‘善’自以示之,终不如先师‘性相近,习相远’之语,更觉浑然。”[④]规范性展现了最高存在。焦竑说:“《易》云:‘继之者善。’继如子之继父,绳绳一脉,然因子以见父则可,谓子即是父则不可。善学者当自得之。”[⑤]那么,继性而生的善恶是什么呢?焦竑借用他人的话说:“若论其实,凡起心动念,但欲利人皆善也;但欲利己皆恶也。事或利人,虽怒詈摈斥,皆善也;事止利己,虽安舒承顺皆恶也。”[⑥]他并且特意指出:“余友袁了凡著书,尝推此类具言之,最当参看。”[⑦]以利人利己之念头区别善恶,这像是回到了明初的说法,而以《了凡四训》作为最重要的事例,则更趋于简化,近似罗汝芳等人的方便法门。

---

① (明)焦竑:《天目书院记》,载《澹园集》,李剑雄点校,中华书局 1999 年版,第 832 页。

② (明)焦竑:《明德堂答问》,载《澹园集》,李剑雄点校,中华书局 1999 年版,第 744 页。

③ (明)焦竑:《原心亭铭》,载《澹园集》,李剑雄点校,中华书局 1999 年版,第 45 页。

④ (明)焦竑:《古城答问》,载《澹园集》,李剑雄点校,中华书局 1999 年版,第 728 页。

⑤ 同上。

⑥ 同上书,第 732 页。

⑦ (明)焦竑:《古城答问》,载《澹园集》,李剑雄点校,中华书局 1999 年版,第 732 页。

但是,要用这些老生常谈的教条定义最高存在,无疑严重缺乏想象力和说服力。焦竑当然深知其弊,所以还要向抽象的方向说回去:“善,自性也;而性,非善也。谓善为性则可,谓性为善,则举一而废百矣。”①为了求得他律和自律之间的一种动态平衡,焦竑坚持此说绝不等于当时通常所说的“无善无恶”话头。他区别了自己坚持的“至善”概念和所谓“无碍禅”:

“至善”是绝好处所,“止”是安顿之意。如邦畿千里,是百姓安顿至善处,丘隅是黄鸟安顿至善处,仁孝敬慈信是学者安顿至善处。悟后之人安身立命,得此归宿,方式好结果。近世一种谈无碍禅者,一知半解,自谓透脱,至其立身行己,一无可观,毕竟何益?此正小人而无忌惮者。②

须知,耿定向深恨这种人,焦竑在和乃师交流时果然又重复说:

彼其以多欲之心,假道于“无碍”之语,而不知其不可假也。某请有以诘之:为恶无碍也,为善独有碍乎?为善惧有着心也,为恶不惧有着心乎?以彼所托,意出禅宗。顾禅宗无是也,内典云:“无我无作无受者,善恶之业亦不亡。”“无作无受”者,言于有为之中,识无为之本体云耳。未尝谓恶可为,善可去也。又云:“善能分别诸法相,于第一义而不动。”言分别之中,本无动摇云耳,未尝谓善与恶漫然无别也。③

盖焦竑完全识破相对主义的自我悖论,若一切均为相对,则此相对主义的主张亦当以相对主义视之。他还釜底抽薪,说明即便禅宗希求无作无受者,也承认善恶之业并不落空,决不允许去善为恶,多欲无碍。可见,焦竑与“无善无恶”之“谈无碍禅者”恰恰相反,仍然提醒儒者应当在仁孝敬慈处安顿至善。

二、应用规范的判断

既然善恶不废,如何应用之呢?虽然焦竑谈到《了凡四训》,但

① (明)焦竑:《古城答问》,载《澹园集》,李剑雄点校,中华书局1999年版,第737页。

② 同上书,第736页。

③ (明)焦竑:《答耿师》,载《澹园集》,李剑雄点校,中华书局1999年版,第80页。

是并没有走向那种以因果报应强制人循规蹈矩的道路。在讨论规范判断问题时，他更强调向内用力、复性正心的工夫。焦竑认为，干扰人进行规范判断的因素是情欲和意见。焦竑说："性自明也，自足也……故明也而妄以为昏也，足也而妄以为歉也，于是美恶横生而情见立焉。情立而性真始梏，故性不能以无情，情不能以无妄。"①关于情欲，焦竑比之为对本体的搅动。所谓"性，水也；情，波也。波兴而水浑，情炽而性乱。波生于水，而混水者波也；情生于性，而害性者情也。故曰：'君子性其情，小人情其性'"。② 关于意见，焦竑则讲了一段禅家故事："思虑未起，鬼神莫知。一落思为，便是后天境界。昔一僧雪中下山，失足将坠，得伽蓝神以手托之，因大愧曰：'老僧修行无力，为鬼神觑破。'故知此向上一着，是鬼神觑不破之机，生死不相干之路。"③既然情欲和意见为害如此，便当清除之。焦竑此处用了"洗"字以表述这个过程。他说："日用间有少执滞处，少窒碍处，总是习见之累，徐徐涤除之，当下了即当下彻。"④此说无疑有吴与弼、陈献章的影子，但更是佛家法门。正所谓"一弹指洗千劫障，同证妙明寂灭海"。⑤

去除情欲和意见之后，人之规范判断能力便不再受到牵扯，达到复性正心的结果。对于"性"，焦竑说："今人情欲意见，牵缠不休，何以复性？人情易溺者莫如床第，故言剥第以足、以辨、以肤，剥之又剥，至于剥肤，所谓吾丧我也。可剥的尽力剥去，只到不可剥处，真实自见，所谓硕果不食也。"⑥对于"心"也是如此。焦竑说：

---

① （明）焦竑：《原学》，载《澹园集》，李剑雄点校，中华书局1999年版，第18页。

② （明）焦竑：《古城答问》，载《澹园集》，李剑雄点校，中华书局1999年版，第728页。

③ 同上书，第737页。

④ （明）焦竑：《崇正堂答问》，载《澹园集》，李剑雄点校，中华书局1999年版，第726页。

⑤ （明）焦竑：《题维摩画像》，载《澹园集》，李剑雄点校，中华书局1999年版，第291页。

⑥ （明）焦竑：《古城答问》，载《澹园集》，李剑雄点校，中华书局1999年版，第733页。

"情计两忘,不为谋府。冥心一观,胜负都捐。故心志保安,合同于道。"[①]又说:"观有所恐惧,有所好乐,为不得其正,即知无心为正心。"[②]但是,在焦竑哲学中,复性和正心的层次是不同的。焦竑申论之曰:

性犹水也,心犹波也。水至清,波能摇之;澄其波而水自定矣,然不可谓波非水也。性至静,心能扰之,澄其心而性自复矣,然不可谓心非性也。至《孟子》而其说长,彼以谓无不善之性,而有不正之心也,特别白而言,不欲以人化物者,而毂性真也。故由恻隐以识性,仁;由羞恶以识性,义;由辞让、是非以识性,礼、智。约心归性,即恻隐羞恶无之而非性,奚根杪之辨焉。夫心曰正,犹得而倪之,正与不正,性皆无有,则善不善,二皆离矣。[③]

在焦竑哲学中,正心复性的结果并非获得什么具体的伦理规则,而是一种空洞寂静、毫无偏颇的心理状态。焦竑肯定地说:"吾性空洞,本无一物,只是自生意见,捏目生华,迷头认影,转觅转远。今欲深入,知地别无奇,特惟取从前一切知解,尽情休歇,直下便归家乡。"[④]又说:"盖此心空洞无物,即名为道,名为极,非无偏无党之外,更有王道也。"[⑤]

一旦获得这种心理状态,自可随时随地得到正确的判断。焦竑说:"吾人应事,虽属纷纭,乃其枢纽之者却是一物。所谓'随事体验'云者,于纷纭中,识取此一物而已。得此入手,如马有衔勒,即纵横千里,无不如意,此颜子之所谓礼也。"[⑥]又说:"斯视听言动,靡不

---

① (明)焦竑:《古城答问》,载《澹园集》,李剑雄点校,中华书局1999年版,第731页。

② 同上书,第728页。

③ (明)焦竑:《大学言心不言性,中庸言性不言心,孟子兼言心性解》,载《澹园集》,李剑雄点校,中华书局1999年版,第35页。

④ (明)焦竑:《答王兵部仔肩》,载《澹园集》,李剑雄点校,中华书局1999年版,第859页。

⑤ (明)焦竑:《崇正堂答问》,载《澹园集》,李剑雄点校,中华书局1999年版,第719页。

⑥ (明)焦竑:《答陈景湖》,载《澹园集》,李剑雄点校,中华书局1999年版,第83页。

中礼,心空矣。斯三千威仪、八万细行,弥不具足。”[①]这种作出规范判断的过程好似灵感来临时的作者,所谓“心之所契,身之所履,无丝粟之疑。而其为言也,如倾囊出物。借书于手,而天下之至文在焉”。[②] 焦竑又说:“古之艺,一道也。神定者天驰,气全者调逸,致一于中,而化形自出,此天机所开,不可得而留也。”[③]所以焦竑对明代以来的文学复古运动不怎么认同,他说:“余观弘、正一二作者,类遗其情,而模古之词句;迨其下也,又模模之者之词句。”[④]除了写作,正确的规范判断过程也像名家书法,“夫神定者天驰,气完者材放。时一法不立而众伎随之,不落世检而天度自全。譬之云烟出没,忽乎满前,虽旁歧诘曲,不可以为方,卒其所以为法者,丙丙如丹”。[⑤]

焦竑的这种理解当是深受到其时“良知现成”说的影响。在论断狱时,焦竑讲了这段话:“人能反求,如窭人骤还富家,一旦取之无尽,用之不竭,何乐如之?盖此理不离人伦庶物,能明察之,则信手拈来,无非仁义,所谓‘由仁义行’也。若不著不察,不免挨傍格式,所谓‘行仁义’也。”[⑥]焦竑又说:

今人劳劳攘攘,似件件都欠缺的一般,岂知性中无所不有,所以孟子说:“万物皆备于我。”我实备之,我不能受用,却逐逐然向外寻求,此所谓“抛却自家无尽藏,沿门持钵效贫儿”也。果能回光返照,瞥地一下,见得现现成成,原无亏欠,是大小快活。故曰:“反身

① (明)焦竑:《答耿师》,载《澹园集》,李剑雄点校,中华书局1999年版,第85页。

② (明)焦竑:《与友人论文》,载《澹园集》,李剑雄点校,中华书局1999年版,第93页。

③ (明)焦竑:《刘元定诗集序》,载《澹园集》,李剑雄点校,中华书局1999年版,第173页。

④ (明)焦竑:《题谢康乐集后》,载《澹园集》,李剑雄点校,中华书局1999年版,第275页。

⑤ (明)焦竑:《陈石亭翰讲古律手抄序》,载《澹园集》,李剑雄点校,中华书局1999年版,第164页。

⑥ (明)焦竑:《古城答问》,载《澹园集》,李剑雄点校,中华书局1999年版,第732~733页。

而诚,乐莫大焉。"①

但与一般所谓"良知现成"之说不同,焦竑深知完善的心理状态是很不容易得到的,所谓"理须顿悟,事则渐修。顿悟易,渐修难"。② 要维持之,则必须"学"。所谓"夫圣人之道,性自有之,然必驯扰磨揉,从容迟久,至于礼让与行,风俗纯美,而后为学之成"。③焦竑说:"先师所谓讲学者,大约在知性。性未易知,须假方便以通之。博学、审问、慎思、明辨、笃行,皆知性之方便法也。"④"学"的目的也正是达到完善的心理状态而非其他。他说:"夫学,知性而已。性之弗知,即博闻强识,瑰行尊伐,衒耀千古而不能当达者之一盼。"⑤学习的内容,主要是伦理规则。焦竑说:"人伦明则良心固,机智不生,然后能外成败而自信其守,故古荐绅先生抗志权奸,乃心王室,有废锢摧抑而其操弥厉者。"⑥又说:"学须有根本。根本既得,便要存养。如种树者,已有生意,灌溉之功亦何可废?古人耳之于药,目之于礼,左右起居,盘盂几杖,有铭有戒,动息皆有所养。今已无之,独有理义可以养心耳。"⑦不过,焦竑之学也包含了实践。他说:"先儒言,才学便有着力处,既学便有得力处,不是说了便休。如学书者,比执笔临池,伸纸行墨,然后为学书;学匠者,比操斧运斤,中钩应绳,然后为学匠。如何学道,只是口说,口说不济事,要须

① (明)焦竑:《明德堂答问》,载《澹园集》,李剑雄点校,中华书局1999年版,第744页。

② (明)焦竑:《崇正堂答问》,载《澹园集》,李剑雄点校,中华书局1999年版,第714页。

③ (明)焦竑:《应天府重修庙学记》,载《澹园集》,李剑雄点校,中华书局1999年版,第248页。

④ (明)焦竑:《古城答问》,载《澹园集》,李剑雄点校,中华书局1999年版,第727页。

⑤ (明)焦竑:《王顺渠先生集序》,载《澹园集》,李剑雄点校,中华书局1999年版,第763页。

⑥ (明)焦竑:《繁昌县重修儒学记》,载《澹园集》,李剑雄点校,中华书局1999年版,第249页。

⑦ (明)焦竑:《崇正堂答问》,载《澹园集》,李剑雄点校,中华书局1999年版,第721页。

实践。”①这是焦竑的可贵之处。

三、经世之学

焦竑相信历史经验对当下的作用，尤其留心“经世之学”。焦竑说：“余惟学者患不能读书，能读书矣，乃疲精力于雕虫篆刻之间，而所当留意者，或束阁而不观，亦不善读书之过矣。夫学不知经世，非学也，经世而不知考古以合变，非经世也。”②经世之学的重点即“考古合变”，古为今用。他希望做一个真正的医国者，研究古方，发挥功效。所谓：

古之善医者，于神农、黄帝之经方，秦越人之《离经》《灵枢甲乙》，葛洪、陶隐居之所缀缉，咸洞其精微。其于简策纷错，《黄》《素》朽蠹，老师或失其读，与曲士或篡其文者，无不贯穿而辨析之矣。又必乐义耐事，急于生人，而亡虞主人之夺精，斯能动而得意，攻邪起仆，如承蜩而掇之也。藉令不由经论，而以情撰疾，曰：“古法新病，不相能也。”而第多其药以幸有功，则相率以趋于毙而已。③

理论上讲，如同古方收于医书，治国理政的经验教训、原则方法当载于经典，即“技近于道，道载于经”，而且“夫道非一圣人所能究，前者开之，后者推之，略者广之，微者阐之，而其理始著，故经累而为六也”。④ 遵循经典，就像遵循医方，也像遵循法律，不能任意更改。焦竑说：

盖经之于学，譬之法家之条例，医家之难经，字字皆法，言言皆理，有欲益损之而不能者。孔子以绝类离伦之圣，亦不能释经以言学，他可知已。汉世经术盛行而无当于身心，守陋保残，道以寖晦。近世谈玄课虚，争自为方。而徐考其行：我之所崇重，经所诎也；我之所简斥，经所兴也。向道之谓何？而卒遗经相刺谬。此如法不禀

---

① （明）焦竑：《崇正堂答问》，载《澹园集》，李剑雄点校，中华书局1999年版，第715页。

② （明）焦竑：《荆川先生右编序》，载《澹园集》，李剑雄点校，中华书局1999年版，第141页。

③ 同上。

④ （明）焦竑：《刻两苏经解序》，载《澹园集》，李剑雄点校，中华书局1999年版，第751页。

宪令,术不本轩、岐,而欲以臆决为工,岂不悖哉!①

但是,要想真正学到经典所载的经验教训、原则方法,首先必须读懂其中名词、字句,否则岂非"世无一物不识与书,而实无一人能谙其义,良可叹也"。② 焦竑进一步说明:

昔圣人虑人溺于物而莫之寤也,故亦上下为道器之别,然离器而语道,舍下而言上,又支离之见,而道所不载矣。故制器备物,多识于鸟兽草木之名,往往为学者言之。岂非通其理则器即为道,溺于数则道亦未器,顾人所心契谓何耳。③

焦竑促人识字,所谓"未有不通古人之字而能知其经者"。④ 他说:"盖自籀篆变,分隶兴,学者骛其支裔,迷厥本根,而柄文者亦复泾渭同流,淄渑莫辨,至于今而灭裂甚矣。"⑤焦竑促人知音,所谓"《诗》必有韵,夫人而知之。乃以今韵读古诗,有不合辙归之于叶,习而不察,所从来久矣"。⑥ 他说:"韵之于经,所关若浅鲜。然古韵不明,至使《诗》不可读,而正得失、动天地、感鬼神之教,或几于废,此不可谓之细事也。"⑦总之,研究音义,"足以订经疑,识乱始,其益非浅鲜也"。⑧ 这即是孔子所谓"博文约礼"的真意:"孔子之博学于文,正以为约礼之地。盖礼至约,非博无以通之。"⑨

除了经典之外,历史经验当然也可向历史著作本身寻求,"盖赋

---

① (明)焦竑:《邱潜谷先生经绎序》,载《澹园集》,李剑雄点校,中华书局 1999 年版,第 759~760 页。

② (明)焦竑:《六书本义序》,载《澹园集》,李剑雄点校,中华书局 1999 年版,第 784 页。

③ (明)焦竑:《天都载序》,载《澹园集》,李剑雄点校,中华书局 1999 年版,第 783 页。

④ (明)焦竑:《书文音义便考序》,载《澹园集》,李剑雄点校,中华书局 1999 年版,第 147 页。

⑤ 同上书,第 146 页。

⑥ (明)焦竑:《毛诗古音考序》,载《澹园集》,李剑雄点校,中华书局 1999 年版,第 128 页。

⑦ 同上。

⑧ (明)焦竑:《策问》,载《澹园集》,李剑雄点校,中华书局 1999 年版,第 43 页。

⑨ (明)焦竑:《古城答问》,载《澹园集》,李剑雄点校,中华书局 1999 年版,第 733 页。

事行刑,必问遗训,而咨故实,史职尚已”。[①] 而且,有时候历史比经典好用。焦竑说:“唐宋以来,斟酌损益,代有不同,而适物观时,类有救于崩敝,亦何必身及商周,揖让登降于其间,乃为愉快乎哉!”[②] 但是遗憾的是,一如经典本身,历史同样晦暗不明,“史之难言久矣”。[③] 可以为后世提供经验教训的历史写作,本当择人专任。焦竑说:“史之职重矣,不得其人,不可以语史;得其人不专其任,不可以语史。故修史而不得其人,如兵无将,何以禀令?得人而不专其任,如将中制,何以成功?”[④]如此方能最终达到“可逭于王诛,而卒莫逃于史笔”的效果。[⑤] 最后,也还有当代的制度可以研究。有时候焦竑也会说起:“居官以明习国朝典制为要,衙门一切条例既能洞晓,临事斟酌行之,滑胥自无所措其手矣。”[⑥]或者:“士大夫学问,以国朝制度典章为第一。近世宋文宪之外,郑端简、雷司空皆其人也。后生学文,徒猎古人唾余,以相贲饰,而实用微矣。”[⑦]但这似乎主要是针对一般官吏的要求,较之经史还稍逊一筹。

四、政治秩序

关于现实政治秩序,状元公焦竑的主张带有比较浓重的“自由”色彩,讲求“无为”。他说:

古圣人之治,非吾有以为之,而能不为也;非吾无以为之,而能有为也。吾无以为之,而民亦无庸于吾为之也。故伯乐之治马,烧剔刻雒,羁馽而皁栈之,则马毙十三;驰骤整齐,橛饰而鞭策之,则马毙十五。而襄城童子之论养马也,曰:“去其害马者而已。”以彼劬

---

① (明)焦竑:《经籍志论》,载《澹园集》,李剑雄点校,中华书局1999年版,第306页。

② 同上书,第308页。

③ (明)焦竑:《刻子由古史序》,载《澹园集》,李剑雄点校,中华书局1999年版,第815页。

④ (明)焦竑:《论史》,载《澹园集》,李剑雄点校,中华书局1999年版,第19页。

⑤ 同上。

⑥ (明)焦竑:《答乐礼部》,载《澹园集》,李剑雄点校,中华书局1999年版,第123页。

⑦ (明)焦竑:《书愧郯录》,载《澹园集》,李剑雄点校,中华书局1999年版,第899页。

与除，设采色，繁科指，举吾民而羁馽橛饰之，岂不治理为兢兢，而孰知皆害马也。[1]

焦竑此说当然有感而发。他观察道：

格物致知，知然后好恶形焉。好恶无节于内，知诱于外，而大乱乃作。圣人独持无为之柄，而还民于朴。以谓朴者，性之固然，而为之者之无以为也。试观五都之衢，好恶相倾，巧伪蠭起，而郡邑之小则朴矣；去而疏逖阻深则有益朴矣。譬之于水，扰之则浊，而澄之则徐清；譬之于木，摇之则伤，而委之则日茂。圣人知其然，故因人性而遂至，体纯素，尚宽简，不眩聪察，不役智能，尸居而天下自化。[2]

焦竑对于四方之士反复叮嘱不要扰民，由民自治。他说："岂不能毕其智力，取斯民而磨厉之，以市赫赫之声哉？不知赫赫之声至，而民之病已甚矣！君不居赫赫之声，而宁为闷闷之政，盖知民固自治，而毋吾治之以也。"[3]正所谓"治憔悴之民，独持太阿之柄"。[4]

关于财政，焦竑赞成"量入为出，岁有恒度，一切漏卮旁出者无所容"。[5] 焦氏不支持万历朝派遣太监四处征税的做法，在"今民若商困"的局面下，欣赏友人"一意以宽商惠民为计，力言于抚巡，尽改中人苛税，归之有司。已而宽减其科条，爬梳其瘢垢，苟可便人，盖不汲汲于取盈然者"。[6] 在他看来，急于聚敛的做法无异于有病乱投医。焦竑说："夫善为医者，比识病情。识病既真，故药之所投，应手而差。后人不能识病，徒多其药物以求中，如猎不知兔，广络原

① （明）焦竑：《送温守卫淇竹公入觐序》，载《澹园集》，李剑雄点校，中华书局 1999 年版，第 185 页。

② （明）焦竑：《古史序》，载《澹园集》，李剑雄点校，中华书局 1999 年版，第 753 页。

③ （明）焦竑：《环碧斋稿叙》，载《澹园集》，李剑雄点校，中华书局 1999 年版，第 158 页。

④ （明）焦竑：《贺大郡伯腾江余公考最序》，载《澹园集》，李剑雄点校，中华书局 1999 年版，第 801 页。

⑤ （明）焦竑：《梁端肃公奏议序》，载《澹园集》，李剑雄点校，中华书局 1999 年版，第 761 页。

⑥ （明）焦竑：《督理扬州榷政户部尚书郎游公去思碑记》，载《澹园集》，李剑雄点校，中华书局 1999 年版，第 259 页。

野以幸一获,鲜能济矣。”[①]

但是,众所周知,万历朝中后期的经济危机有着复杂的世界历史成因,至少,四方多事必定要多费国帑。焦竑看到了这一点,所以反对在边疆用兵。针对援朝战争,他评论说:

倭夷自国初以来,垂三百载,然闽、广、浙、直屡罹其毒,至一至辽海,尝尽其类歼焉。登莱闽浙,其濒海等耳,何东南祸频年不已,西北一入寇而不能也?顷平秀吉篡逆,权使洲岛,辄欲并吞朝鲜,蹂躏其国主,上特令将吏往援之。自平壤一战,倭奴遁迹,其于摧强卹小,几无遗憾。乃议者棼棼,求多而未已,此果何说欤?吉以羁旅篡人国,众未服,得无虑人之乘其后乎?何议者犹恐其远出为边鄙牟也?[②]

焦竑认为丰臣秀吉倾巢出动,国内反对者定会螳螂捕蝉黄雀在后,发生内乱,至于朝鲜半岛只要收复平壤,其国究竟何人统治,无关紧要。针对南方土司,焦竑则认为“向日土官应袭者,皆教养于沐氏,异时承袭,自有臂指相使之势,恩威兼摄,此妙机也”。[③] 对于任意更改明廷对沐氏的安排之举,焦竑也很不以为然,担心“沐氏轻,人心解”。[④]

仅凭上文判断,焦竑也可能是个抱残守缺的书呆子,只是讨厌多事而已。但恰恰相反,焦竑乃是真正的战略家。和对援朝战争的消极态度完全不同,焦竑反复呼吁明廷重视备荒弭盗、俺答封贡、早定国本三大问题。焦竑说:“天下事有见以为缓,而其实不可不蚤为之计者,此狃目前者之所狎视,而深识玄览之士所蒿目而忧也,则今之备荒弭盗是已。”[⑤]所谓“国富民殷,善良自众;民穷财尽,奸宄易

---

① (明)焦竑:《墨宝斋集验方序》,载《澹园集》,李剑雄点校,中华书局 1999 年版,第 785 ~ 796 页。

② (明)焦竑:《策问》,载《澹园集》,李剑雄点校,中华书局 1999 年版,第 41 页。

③ (明)焦竑:《答方佥宪》,载《澹园集》,李剑雄点校,中华书局 1999 年版,第 114 页。

④ 同上书,第 113 页。

⑤ (明)焦竑:《备荒弭盗议》,载《澹园集》,李剑雄点校,中华书局 1999 年版,第 25 页。

生。盖天下大势,往往如此”。[①] 但令人震惊的是,“乃吴楚之东西,大江之左右,近而宛洛,远而闽蜀,饥馑频仍,赤地万里,山岨水涯,群不逞之徒钩连盘结,时戢而时动,此非盛世所宜有也”。[②] 如果说“备荒弭盗”还是一般才能之臣所共知的,那么对俺答封贡之后北方边防问题的关注就是焦竑的远见了。他感慨:“自虏酋款塞,中国藉以息肩者二十年所,当时固谓可乘时修备,非欲其因循堕怀,一至此也。”[③]又说:“国家九边,皆属重地,而宣云密迩畿辅,尤称要害。自虏款塞以来,或阑入杂居,驱之不能,留之不可,识者抱辛有之叹。乃当事者,往往奉法循理,取营目前,自非度外之士,靡能消来釁收长册也。”[④]作为当事人,焦竑更懂得“国本未定,上深居法宫,诸事稍稍萌芽矣”。[⑤] 皇位继承顺序遭到破坏,人心不稳,便是“上册储命未下,怀奸窥伺者四出”的无尽乱象。[⑥] 加之,后金取道蒙古绕过榆关直达北京城下,反复蹂躏华北各省。天灾民变,明社乃屋。在哲学家中,焦公可能是预言出这幕历史悲剧的第一人。

五、结语

焦竑在作品中经常回顾有明一代的前哲,并对他们有相当准确的评价,说明焦竑非常熟悉薛瑄、陈献章以来的学术传统,这当然和他本人深具历史感也不无关系。耿定向是焦竑的老师,二人的哲学本当最为接近。焦竑后来回顾师学也说:“国朝白沙、阳明二公,特起于千载之外,明孔子之学,以寤后之学者,可谓盛矣。而承学之士,浸失其真,溺清虚之旨而荡于检柙,守循习之辙而迷其宗趣,贸

① (明)焦竑:《备荒弭盗议》,载《澹园集》,李剑雄点校,中华书局1999年版,第25页。

② 同上。

③ (明)焦竑:《策问》,载《澹园集》,李剑雄点校,中华书局1999年版,第39~40页。

④ (明)焦竑:《答张侍御》,载《澹园集》,李剑雄点校,中华书局1999年版,第110页。

⑤ (明)焦竑:《元辅荆石王先生七十寿序》,载《澹园集》,李剑雄点校,中华书局1999年版,第203页。

⑥ (明)焦竑:《先师许文穆公集序》,载《澹园集》,李剑雄点校,中华书局1999年版,第779页。

贸焉非一日也。"[①]耿定向的做法则是"取简书所云崇正学、迪正道者,准为功令,赏殿罚最,一奉无私以行之",有其肃杀的一面,也有其还于质朴的一面。[②] 焦竑哲学继承了耿定向对伦理和威权的重视,但较之耿氏毕竟显得深邃、宽和而灵动。耿定向之外,对于王艮一系,焦竑也感到亲切。他说:"国朝之学,至阳明先生深切著明,为一时之盛。是时法席大行,海内莫踰于心斋先生。传心斋之学者,几与其师中分鲁国。而维德罗先生衍其余绪,则可谓横发直指,无复余韵矣。"[③]但焦竑似乎不如罗汝芳那么急切地宣传仁道,那么集中地鼓吹孝悌,焦竑是学者、官员,而不是讲师、使徒。焦竑肯定王艮"盖其人不由文字,超悟于鱼盐之中,可谓旷代之伟人",但焦竑本人则不废名物,约礼和博文始终相辅相成。[④] 在阳明学的周遭,焦竑称赞"自整庵以至双江,其于名理多所悟入",[⑤]认可"甘泉门人满天下,大都多谨守先儒之矩矱"。[⑥] 但焦竑之哲学,既不主张脱离社会,也不主张随事体察,一个过于消极,一个过于累赘,他自己仍然属于阳明学的范畴。倒是对薛瑄,焦竑评价说:"人知敬轩公职笃行而已,然其学以'复性'为宗,非浅浅者。"[⑦]这显然是因为"性"之一字,在明中期后已经消退色彩,而薛敬轩乃是焦竑难得的隔代先声。

焦竑有一首《自题小像》:"几人高阁画麒麟,丘壑翩翩四十春。宿世不贪调御位,应缘聊见净名身。梦残白日双眸豁,老去清风两

① (明)焦竑:《先师天台耿先生祠堂记》,载《澹园集》,李剑雄点校,中华书局 1999 年版,第 243 页。

② 同上。

③ (明)焦竑:《罗杨二先生祠堂记》,载《澹园集》,李剑雄点校,中华书局 1999 年版,第 245 页。

④ (明)焦竑:《明德堂答问》,载《澹园集》,李剑雄点校,中华书局 1999 年版,第 746 页。

⑤ (明)焦竑:《书甘先生家藏先贤手札卷》,载《澹园集》,李剑雄点校,中华书局 1999 年版,第 273 页。

⑥ (明)焦竑:《神交馆集序》,载《澹园集》,李剑雄点校,中华书局 1999 年版,第 790 页。

⑦ (明)焦竑:《崇正堂答问》,载《澹园集》,李剑雄点校,中华书局 1999 年版,第 722 页。

袖新。皁帽窥园吾愧否,依稀重睹汉天民。”①——这德高才硕的状元公,当然无愧为世所罕见的麒麟之比。而且,他所处的历史节点及其博雅的学术研究已然注定,包括法哲学在内,任何寻求中国思想学术内在连续性的努力都必须持续关注之。

① (明)焦竑:《自题小像一首》,载《澹园集》,李剑雄点校,中华书局1999年版,第655页。

刘宗周

刘宗周，字起东，号念台，世称念台先生，又称蕺山先生，浙江绍兴人，生于明神宗万历六年（1578年）。南明弘光元年（1645年），清军渡江，先后俘虏弘光帝朱由崧、监国潞王朱常淓，刘宗周痛惜“国破君亡”，从容绝食二十三日而死，时年六十八岁。刘宗周是乃父的遗腹子，幼年时随母依附外祖父章颖生活，因而得到章颖的开蒙教育，所谓“从先外祖父章南洲先生授《易》”是也。[①] 万历二十九年登进士，但遗憾的是，一直艰辛养育刘宗周的章氏没有听到这个消息即已去世。[②] 刘宗周回乡丁忧后出仕，但立刻就卷入了当时朝堂上激烈的政治斗争。他选择站在东林党人一边，告假而归。明熹宗天启元年，刘宗周回到北京政坛，但因上书弹劾魏忠贤和客氏的乱政，终于罢官为民。明思宗崇祯二年，阉党暂时失势，刘宗周复起，本书所称刘宗周与崇祯帝朱由检多次争论就发生在这一时期。

对于刘宗周与朱由检的争论以及刘氏之学的品质，过去存在两极化的评价。一种可谓是当代朱

---

① （明）刘宗周：《易经古文钞义小引》，载吴光编：《刘宗周全集》（第1册），浙江古籍出版社2007年版，第1页。

② （明）刘宗周：《遵例陈情恳赐侍养以全子道疏》，载吴光编：《刘宗周全集》（第3册），浙江古籍出版社2007年版，第1页。

由检式的观点：刘宗周之学实属“迂阔”，不能解决现实问题，是“无事袖手谈心性，临危一死报君王”的反面典型。① 另一种可谓当代刘宗周式的观点：充分肯定刘宗周作为宋明理学殿军和集大成者的学术地位及其忠君殉道的人格楷模。② 问题在于，如果刘宗周真的只在所谓“心性之学”方面取得成功，那么他的自杀便只具有悲剧意义上的审美价值，连带他在心性之学方面的复杂构造也将沦为与古今现实无关的冗辞。③ 反之，如果朱由检真的较之刘宗周更加通权达变、明察决断，那么他又为何走向国破身死的命运呢？难道是

---

① 谢国桢说：“但我们看崇祯一代，钱谦益、周延儒的相争，周延儒、温体仁的相倾，袁崇焕的被戮，郑鄤的获罪，姜采、熊开元的廷杖，他们的背景都脱不了两党的暗斗，而把东酋的侵略，仿佛形若无事一样。……这真是又可悯、又可笑了。”参见谢国桢：《明清之际党社运动考》，北京出版社 2014 年版，第 5～6 页。顾诚说：“东林—复社人士孜孜以求的止是一派掌权，达不到目的就破口大骂。被东林—复社人士奉为圭臬的刘宗周就是抱着这种态度行事的。”参见顾诚：《南明史》，光明日报出版社 2017 年版，第 52 页。商传说：“其与‘现实恶劣政治势力’斗争时，表现了政治上的软弱无力，因为他们的政治对手不仅是阉党，而且是皇权支持的恶劣政治势力。”参见商传：《走进晚明》，商务印书馆 2014 年版，第 97 页。

② 牟宗三说：“蕺山生当明朝末年亡国之时，年六十八岁……殉国而死。彼是最后一位理学家，亦是为此学作见证者，殊不易也，不能不令人起钦敬之心。”参见牟宗三：《从陆象山到刘蕺山》，吉林出版集团有限责任公司 2010 年版，第 29 页。参见张学智：《明代哲学史》，北京大学出版社 2000 年版，第 458 页；李振纲：《证人之境——刘宗周哲学的宗旨》，人民出版社 2000 年版，第 158 页；张瑞涛：《心体与工夫——刘宗周〈人谱〉哲学思想研究》，人民出版社 2014 年版，第 403 页；高海波：《慎独与诚意：刘蕺山哲学思想研究》，生活·读书·新知三联书店 2016 年版，第 546 页。

③ 东方朔（林宏星）说：“刘宗周敢于冒死陈言，说明了他的忠诚和勇气。不过，这种忠诚和勇气在一个非理性的、权力至上的君主面前并不能获得多大的作用，这是中国整个传统的政治格局所内在地注定的。”参见东方朔：《刘宗周评传》，南京大学出版社 2014 年版，第 43 页。何俊、尹晓宁说：“如果我们结合当时晚明危机四伏的时局来看，就不能不认为刘宗周的想法是有些不合时宜，他把养生之道当成了治病之方了。儒家的思想如果不开出新的内容，是很难应付日益复杂的环境的。”参见何俊、尹晓宁：《刘宗周与蕺山学派》，中国人民大学出版社 2009 年版，第 19 页。董平说：“当晚明衰世，刘宗周一生在政治上并无大的作为，但在学术上却有相当高的造诣。”参见董平：《论刘宗周心学的理论构成》，载《孔子研究》1991 年第 4 期。夏维中：《关于东林党的几点思考》，载《南京大学学报》（哲学·人文·社会科学）1997 年第 2 期。杨国荣说：“作为理学中人物，刘宗周一生关注的重心，大致不离心性之域。”参见杨国荣：《刘宗周思想的历史地位》，载《中国哲学史》1996 年第 4 期。

朱由检的那套“逻辑”更具历史和实践的正当性吗?[①] 陈畅曾经正确地提出:“自崇祯皇帝批刘宗周为迂腐的观点见载史书以来,刘宗周历来被视为儒家迂阔之代表;但是把刘宗周思想奉为圭臬的黄宗羲,将刘氏形上学观点转换成政治学构架表述,却往往被视为开‘民主’先声的中国‘启蒙’第一人。这种价值判定之差异足以说明……刘门学术思想史研究大有进一步检讨的必要。”[②]

上述对立认识,很大程度上受到史学和哲学两个学科视角的影响,特别难以相互理解。为了打破僵局,本章拟在前人的基础上,引入法哲学的视角,赋予刘宗周的古典思想以现代的分析形式,以图在他的哲学思考和政治实践之间建立起更加紧密的联系,并加入他们的讨论。杜维明指出:“宗周虽然是一个心性义理学家,但他不反对人要兼通历史和世事,这是与宗周反对徒托空言,重视贱履实行、有用于世的精神相联系的,同时,也跟宗周与东林的关系分不开……宗周表现为‘万物一体’的情怀和济世入世的风格、一种经世之学,其哲学基础应当有其必然的道理。”[③]实际上,这里所谓“哲

① 朱由检本人不必承担主要政治责任,明帝国的覆亡就只好归因于对外战争负担、世界金融危机或者自然气候变化等。参见刘志刚:《时代感与包容度:明清易代的五种解释模式》,载《清华大学学报》(哲学社会科学版)2010 年第 2 期;万明:《万历援朝之战与明后期政治态势》,载《中国史研究》2001 年第 2 期;倪来恩、夏维中:《外国白银与明帝国的崩溃:关于明末外国白银的输入及其重新检讨》,载《中国社会经济史研究》1990 年第 3 期;章典等:《气候变化与中国的战争、社会动乱和朝代变迁》,载《科学通报》2004 年第 23 期;王景泽:《明末东北自然灾害与女真族的崛起》,载《西南大学学报》(社会科学版)2008 年第 4 期。比较樊树志:《崇祯:攘外与安内的两难选择》,载《学术月刊》1996 年第 7 期;王家范:《明清易代的偶然性与必然性》,载《史林》2005 年第 1 期;陈生玺:《明清之际的历史选择》,载《文史哲》2006 年第 3 期;李治亭:《明亡于神宗辨》,载《史学集刊》1998 年第 2 期。

② 陈畅:《刘宗周慎独哲学的政教义蕴》,载《集美大学学报》(哲学社会科学版)2014 年第 4 期。唯陈畅对蕺山哲学义理结构之“政教义蕴”的阐发是围绕黄宗羲的《明夷待访录》展开的,尚非直接针对刘宗周与朱由检之争。类似的观点,如李宪堂说:“以刘宗周为代表的王学修正派一直没有得到后人应有的重视,他们的观点卑之无甚高论,很快就被顾、黄、王等人的光芒所遮蔽,然而,他们在思想史上承前启后的作用时不容忽视的:正是他们,于沧海横流中孤标自振,以严肃的思考与坚韧的修行收拾旧山河,为浮荡已久的社会重新奠定了思想与学术的根基。”参见李宪堂:《明末清初王学修正派社会政治思想述要》,载《史学集刊》2014 年第 2 期。

③ 杜维明:《刘宗周〈人谱〉的道德精神世界:杜维明教授访谈》,载《学术月刊》2001 年第 7 期。

学”的恰当形式应是“法哲学”，即关于善恶是非或“规范性”问题的系统表述，也只有通过法哲学转化，刘宗周话语“心性论即政论”的实质才能凸显。[①] 具体而言，刘宗周在坚持自律的前提下，已经最大限度地调和了自律和他律的紧张关系，建立起高度体系化和精密化的法哲学构造，以指导实践。刘宗周及其法哲学的政治失败归根结底还是因为不能摆脱对专制君主本人道德自觉的严重依赖。但是这一“光荣失败”的历史悲剧，当然只能由愚蠢的专制君主来负责，且在新的制度条件下也不再成为问题。

一、以心著性：获得规范

刘宗周坚持一元论。[②] 他以物质性的“气”为根本的存在，所谓“天地之间，一气而已，非有理而后有气，乃气立而理因之寓也”。[③] 而规范性的“理”并非独立的存在，“理即是气之理，断然不在气先，不在气外”。[④] 在此前提下，一切规范都是物质变化的产物和表现，所谓“盈天地间一气而已矣，气聚而有形，形载而有质，质具而有体，体列而有官，官呈而性著焉，于是有仁义礼智之名”。[⑤]

人作为一种特殊的存在，承担了认识规范的重任。人能够认识的全部规范，与生俱来，即是“天命之性”。所谓“人生而有此形骸，蠢然者耳。有气以运行其间，而形骸之发窍始灵。此一点灵气无所不有，而实无一物之可指，这便是天命之性”。[⑥] 既然是全部规范，当然和宇宙万物所遵循者无往而不一致。刘宗周说：“天命流行，物

① 鲍博：《简论刘宗周的心性思想》，载《孔子研究》1988 年第 4 期。

② 这一点已为劳思光、牟宗三等很多前人所注意。参见张瑞涛：《心体与工夫——刘宗周〈人谱〉哲学思想研究》，人民出版社 2014 年版，第 366～367 页。另见高海波：《慎独与诚意：刘蕺山哲学思想研究》，生活·读书·新知三联书店 2016 年版，第 531 页。

③ （明）刘宗周：《圣学宗要》，载吴光编：《刘宗周全集》（第 2 册），浙江古籍出版社 2007 年版，第 230 页。

④ （明）刘宗周：《学言》，载吴光编：《刘宗周全集》（第 2 册），浙江古籍出版社 2007 年版，第 410 页。

⑤ （明）刘宗周：《原旨》，载吴光编：《刘宗周全集》（第 2 册），浙江古籍出版社 2007 年版，第 280～281 页。

⑥ （明）刘宗周：《学言》，载吴光编：《刘宗周全集》（第 2 册），浙江古籍出版社 2007 年版，第 480 页。

与无妄,天之道也。人得之以为性。天不离人,性不离形也。推之日用、动静,以至纲常伦理之大,溲渤瓦砾之小,无往而非性,则无往而非天道。"[①]这也是理学家们的常见假设。

如果说"性"是通行于人和万物的一切规范,则其专属于人时的特定称谓是"心"。[②]"心"和"性"是同物而异名。[③]"心"并非之前学者所想象的那样,只是全部规范的虚拟容器,当然更不是生理的官能。[④]所谓"以心著性"正是前人肯定蕺山哲学的关键所在。[⑤]蕺山论述:

夫性,因心而名者也。盈天地间一性也,而在人则专以心言。性者,心之性也。心之所同然者理也。生而有此理之为性,非性为心之理也。如谓心但一物而已,得性之理以贮之而后灵,则心之与性断然不能为一物矣,吾不知径寸中从何贮得如许。[⑥]

此种人自初生即获得的规范集合,包涵万有也不可名状。蕺山曰:"人生七尺坠地后,便为五大伦关切之身。而所性之理,与之一

---

① (明)刘宗周:《论语学案》,载吴光编:《刘宗周全集》(第1册),浙江古籍出版社2007年版,第328页。

② 陈畅指出,"心是以'人'而言,因此'即心而见者'是指人分上言性情之德,即人情自然,是为心宗;'离心而见者'是指天分上言性情之德,即天道自然,是为性宗。"参见陈畅:《自然与政教:刘宗周慎独哲学研究》,上海人民出版社2016年版,第22页。

③ 黄世明总结:"蕺山原意是以'心'、'性'二词指表同一实体,而专以'性'字表明其客观的、道德的存有性。"参见黄世明:《蕺山言"性"的哲学涵义》,载《鹅湖学志:中国哲学及西方思想研究》2017年第6期。

④ 董平说:"形下之心在其深层结构上转化为形而上的超越存在,或者说心的形下存在乃为形而上之性的直接呈现形式。"参见董平:《论刘宗周心学的理论构成》,载《孔子研究》1991年第4期。

⑤ 蕺山哲学中的"心"和"性"是同物而异名,各有侧重。"以心著性"这一概括似乎有将二者分析而言,当作两个实体的倾向。参见黄世明:《蕺山言"性"的哲学涵义》,载《鹅湖学志:中国哲学及西方思想研究》2017年第6期。另外,"以心著性"并非以心取代性,性仍超越而重要。即如杨国荣所说,"刘宗周对心、情、性的以上种种辨析,所重均为性。"参见杨国荣:《刘宗周思想的历史地位》,载《中国哲学史》1996年第4期。另见陈佳铭:《刘蕺山的易学中之"以心著性"型态》,载《鹅湖月刊》2009年第142期;陈佳铭:《胡五峰与刘蕺山的思想型态之比较》,载《台湾中央大学人文学报》2014年第58期。

⑥ (明)刘宗周:《原旨》,载吴光编:《刘宗周全集》(第2册),浙江古籍出版社2007年版,第280页。

齐俱到。"[①]与此同时,"此中无一切名相……只是维玄维默而已"。[②]此一规范之总集合虽然不能抽析出任何特定价值和规范,但在刘宗周看来,其存在本身即可判断为"善","则虽一善不立之中,而已具有浑然至善之极"。[③] 毕竟,既然特定价值和规范均从此一集合而来,总集的性质应当与其衍生元素的性质一致。蕺山说:"天命之性而善具焉。性者,万物之一原;善者,物理之一致。……从浑然至善中时,见此端绪于外,而知其所性之善如此。"[④]

在经验层面有特定价值和规范显现,是外物对"心"刺激的结果。"心"是个无形之实在,即"心体"。"心体浑然至善。"[⑤]这一实在,是人身生理机制产生的,因而会受到外物的影响。"夫性,本天者也。心,本人者也。天非人不尽,性非心不体也。心也者,觉而已矣。觉故能照,照心常寂而常感,感之以可喜而喜,感之以可怒而怒,其大端也。"[⑥]这个过程也可以类比于钟鸣,"钟虚则鸣,叩之以大则大鸣,叩之以小则小鸣,以为别有一物主所以鸣者,非也。盈天地间,道理不过如此"。[⑦]

在外物的刺激下,规范的内容次第展开,"夫人心有独体焉,即天命之性,而率性之道所从出也"。[⑧] "只是一心,而心所散见处便

---

① (明)刘宗周:《人谱》,载吴光编:《刘宗周全集》(第2册),浙江古籍出版社2007年版,第7页。

② (明)刘宗周:《求放心说》,载吴光编:《刘宗周全集》(第2册),浙江古籍出版社2007年版,第304页。

③ (明)刘宗周:《人谱》,载吴光编:《刘宗周全集》(第2册),浙江古籍出版社2007年版,第5页。

④ (明)刘宗周:《大学古文约义》,载吴光编:《刘宗周全集》(第1册),浙江古籍出版社2007年版,第645页。

⑤ (明)刘宗周:《学言》,载吴光编:《刘宗周全集》(第2册),浙江古籍出版社2007年版,第410页。

⑥ (明)刘宗周:《读易图说》,载吴光编:《刘宗周全集》(第2册),浙江古籍出版社2007年版,第138~139页。

⑦ (明)刘宗周:《学言》,载吴光编:《刘宗周全集》(第2册),浙江古籍出版社2007年版,第419页。

⑧ (明)刘宗周:《人谱》,载吴光编:《刘宗周全集》(第2册),浙江古籍出版社2007年版,第5页。

是义，便有无穷境界。”[1]规范从抽象到具体有一个过程。刘宗周说：“规矩，方圆之至也。君子本一中而建极，而规矩出焉。存之为好恶，发之为七情，措之为百行，殺之为三千三百。一规万规，以有天下之至圆。”[2]最为抽象的规范是“好恶”。“《大学》之言心也，曰‘愤愤、恐惧、好乐、忧患’而已。此四者，心之体也。其言意也，则曰‘好好色，恶恶臭’。好恶者，此心最初之机，即四者之所自来，所谓意也。”[3]继续展开则为“喜怒哀乐”。所谓“凡仁与义，皆天理之名相，而不可即以名相为天理”。[4] 而“喜怒哀乐”就是天理的名相。“喜怒哀乐即仁义礼智之别名。以气而言，曰‘喜怒哀乐’；以理而言，曰‘仁义礼智’是也。理非气不着。”[5]

需要注意，蕺山哲学中的喜怒哀乐作为规范的载体并非一般所谓情欲。“《中庸》言喜怒哀乐，专指四德言，非以七情言也。”[6]情欲则反而是恶的来源，“凡天下之祸，未有不生于情欲者也，而饮食为甚。饮食不已，继之以宴乐；宴乐不已，继之以骄奢；骄奢不已，继之以死亡。若是者，起于有争心，而或失则躁，是以圣人制为礼以品节之。”[7]“礼”是更为具体的规范，正是针对情欲而发。所谓“礼本以节人情之流，主于严胜。第当行礼之际，则委蛇进反，稍以人情为迁就，而未尝斤斤焉桎梏于尺寸之间，使人望而知畏。故人乐从之，亦

---

① （明）刘宗周：《论语学案》，载吴光编：《刘宗周全集》（第1册），浙江古籍出版社2007年版，第438页。

② （明）刘宗周：《读易图说》，载吴光编：《刘宗周全集》（第2册），浙江古籍出版社2007年版，第142页。

③ （明）刘宗周：《学言》，载吴光编：《刘宗周全集》（第2册），浙江古籍出版社2007年版，第389页。

④ （明）刘宗周：《求放心说》，载吴光编：《刘宗周全集》（第2册），浙江古籍出版社2007年版，第303页。

⑤ （明）刘宗周：《读易图说》，载吴光编：《刘宗周全集》（第2册），浙江古籍出版社2007年版，第138页。

⑥ （明）刘宗周：《学言》，载吴光编：《刘宗周全集》（第2册），浙江古籍出版社2007年版，第414页。

⑦ （明）刘宗周：《周易古文钞》，载吴光编：《刘宗周全集》（第1册），浙江古籍出版社2007年版，第54页。

礼意原是如此”。[①] 但刘宗周并不着眼于规范的形式化,“直之理,无定形。其发于本心而无违忤者是”。[②] 所谓“礼者,理也。所行当乎理而后无弊,非徒调剂乎节文之间者”。[③]

时人往往把“孝悌”的价值直接当作终极规范,刘宗周则自两面分辨之:“‘孝弟’是后天最初一脉,为万行之所从出。故‘学以务本’者本此。然孝弟又有本,‘孩提之童,无不知爱其亲者,及其长也,无不知敬其兄者’是也。是为良知,是为良能,于此而反求其本,其为天命之性乎!”[④]一方面,“‘孝’是人最初一念天理流动处,才达之第二念,便是弟。以孝弟推之,便得刑寡妻、御臣仆之道。自此而九族、而百姓、而昆虫草木,皆即此一本而推之裕如者。此孝所以为百行之原,而万化之本也”。[⑤] 另一方面,“学以务本,正要在人生最初处着力始得,非即以孝弟为本也”。[⑥] 也就是说,刘宗周虽然承认“孝悌”的重要性,但绝不认为以这两条伦理就可约束个人型塑社会,这也使他和那些主张通过完全他律挽救颓荡世风的时人拉开明显距离。

二、诚意:应用规范

获得规范后乃有应用的问题。刘宗周认为,得到正确判断的关键在于摆正心中思维的方向,这就是所谓“诚意”。如前所述,蕺山之“心”乃是宇宙之“性”的异名同物,即全部规范之集合。但是,“心”这一无形实在要具体发挥作用,则必须借助“意”。蕺山最常用的比喻是“子午”,即“意”是“心”的方向。他说:“心体只是一个光明藏,谓之明德,就光明藏中讨出个子午,见此一点光明原不是荡

---

① (明)刘宗周:《论语学案》,载吴光编:《刘宗周全集》(第1册),浙江古籍出版社2007年版,第275页。

② 同上书,第452页。

③ 同上书,第381页。

④ 同上书,第271页。

⑤ 同上书,第287页。

⑥ (明)刘宗周:《证人社语录》,载吴光编:《刘宗周全集》(第2册),浙江古籍出版社2007年版,第561页。

而无归者,愚独以意字当之。”[①]但是,所谓思维的方向,只不过是那个无形实在的灵光一现而已。“心只是径寸虚体耳。着个意字,方见下了定盘针,有子午可指。然定盘针与盘子,终是两物。意之于心,只是虚体中一点精神。”[②]

要害在于,思维在心体的引导下本该时时刻刻保持正确的方向。[③] 可惜,人的思维无法不受到外物刺激而产生的杂念的影响。“意”和“念”是刘宗周哲学中的一个重要区别。通过由意向念的转化,那个作为全部规范之集合的无形实在具备了时空属性,和经验世界发生了联系。[④] 他说:“今心为念,又转一念焉。转转不已,今是而昨非矣。又屏一念焉,屏之不得,今非而愈非矣。”[⑤]刘宗周所谓“念”就是偏颇的“意”。所谓“人心先横着私意,则遇事茫然,愈思愈乱,势必辗转计较,终以遂其自私一念而已”。[⑥] 而且,这种外物刺激而来的念头,日积月累可能干扰甚至破坏掉心体原有的引导机制。蕺山感慨:“毋意、毋必、毋固、毋我,此心体也。人心与太虚同体,不惹纤毫物累。才有物累,四者便循环而起。始焉无中生有,忽起一意,已而执意不化,必然如此;而辗转一意,如坚垒之莫破,则固矣;究也以客为主,认贼作子,成为我矣。”[⑦]

那么,如何辨别“诚意”和杂念呢?第一个具体标准是“公私”之别。刘宗周说:“惟是公私一关,则所系学术甚大,诸君不可不察。”[⑧]

---

① (明)刘宗周:《答董生心意十问》,载吴光编:《刘宗周全集》(第2册),浙江古籍出版社2007年版,第342页。

② 同上书,第337页。

③ 所以张学智认为“意”的内容是好善恶恶的潜在意向。参见张学智:《论刘宗周的“意”》,载《哲学研究》1993年第9期。

④ 董平说:“意是属于主体结构之超越的层面,是形而上的;念则是个体在经验世界中由外物之感而生起的某种念虑识见,它可起可灭,可真可妄,可善可恶,它是属于经验的、形而下的。”参见董平:《论刘宗周心学的理论构成》,载《孔子研究》1991年第4期。

⑤ (明)刘宗周:《治念说》,载吴光编:《刘宗周全集》(第2册),浙江古籍出版社2007年版,第316~317页。

⑥ (明)刘宗周:《论语学案》,载吴光编:《刘宗周全集》(第1册),浙江古籍出版社2007年版,第331页。

⑦ 同上书,第397页。

⑧ (明)刘宗周:《与陈纪常》,载吴光编:《刘宗周全集》(第3册),浙江古籍出版社2007年版,第371页。

出于"公"者即正确,"义即天理之公者是也。即心为理,在事为义"。[①] 所谓"公",意味着每个人与生俱来所能"普遍"接受者,"人生而有气质之性,故理义载焉,此心之所为同然者也"。[②] 因而,"公"是服从这种人之为人的普遍要求,"私"则违反之。刘宗周说:

人人有好恶之性,而用之于人,或爽其则,甚则好其所恶、恶其所好者有之,则以好恶出于我而不公乎人故也。夫好恶既出于我而不公乎人,则好以天下而不谓之能好,恶以天下而不谓之能恶。必也仁者乎!仁者无我。无我之好,取人之当好而止;无我之恶,取人之当恶而止。[③]

要理解这种要求,可以换个角度来观察,推及至整个宇宙的视角,则"公"可言。[④] 蕺山说:"天理人欲,本无定名,只争公私之间而已。学者常将此己放在天地间,做个公共一物看。己是天地间大家主人翁,四面八方,到处玲珑,随感而应,因物付物,是甚次第。由家、由国而推之,莫不皆然,方可堂堂地做个人。"[⑤]

辨别意念的第二个标准是"义利"之别。所谓"义利一关,正是良知当判断处。……良知安处便是义,不安处便是不义"。[⑥] 具体而言,"利"在刘宗周哲学中作"利害"解,所谓"人情爱护自己,无所不至"。[⑦] 他举了"非鬼而祭"的例子绘声绘色地描述了这种"邀福分外"的情形:

---

① (明)刘宗周:《曾子章句》,载吴光编:《刘宗周全集》(第1册),浙江古籍出版社2007年版,第557页。

② (明)刘宗周:《证学杂解》,载吴光编:《刘宗周全集》(第2册),浙江古籍出版社2007年版,第271页。

③ (明)刘宗周:《论语学案》,载吴光编:《刘宗周全集》(第1册),浙江古籍出版社2007年版,第306页。

④ 姚星指出,刘宗周"强调是万物的共性,以及我对万物的共感"。参见姚星:《从"天理"到"公理":东林学派"合并为公"思想解析》,载《孔子研究》2018年第1期。参见雷静:《刘宗周基于恕道的"公"的哲学》,载《广东社会科学》2014年第5期。

⑤ (明)刘宗周:《读书要义说》,载吴光编:《刘宗周全集》(第2册),浙江古籍出版社2007年版,第313页。

⑥ (明)刘宗周:《寻乐说》,载吴光编:《刘宗周全集》(第2册),浙江古籍出版社2007年版,第290页。

⑦ (明)刘宗周:《论语学案》,载吴光编:《刘宗周全集》(第1册),浙江古籍出版社2007年版,第327页。

非鬼而祭，见义不为，斯二者皆有惑心焉。惑者何？利害是也。人苟利害之为见，则方寸日流于邪僻，苟可以邀福分外，一切奴颜婢膝，皆将不顾名义而为之，虽非鬼可祭。至于顾忌心一生，却又畏首畏尾，每事退托，虽义所当为者，亦有所不敢为矣。两项事只是一项，人能为非鬼之祭者，必见义不为，趋利者必避害也。曰"谄"，曰"无勇"，画出小人情状，若合符节。可见世人终身营营苟苟，行径不同，总只是一副柔肠脆骨，其究总为身家计耳。夫唯超然于利害之途者，有所不为，而后可以有为。力破谄渎之情，养成刚大之气，富贵不淫，贫贱不移，威武不屈，庶几可进道矣。①

问题在于，什么算是"分内"？什么算是"分外"？"义利"标准不能与"公私"标准相脱离，二者之中"公私"的标准更为关键。刘宗周说："须知功名富贵亦不是全然不好题目，只为私作一己看了，所以做成种种，是乱臣贼子家当；若通彼君父身上，又不成个忠臣孝子家当乎？此昔贤所以不容已于进取之念，良有是说，而天理人欲之几，亦可燎然而自决矣。"②因而，"公私义利之辨，非格物致知之极，不足以语此"。③

在外物的刺激下，人的意思违背公义，追逐私利之处甚多，于是过失纷至沓来。刘宗周说："天命流行，物与无妄，人得之以为心，是谓本心。何过之有？惟是气机乘除之际，有不能无过不及之差者。有过而后有不及，虽不及，亦过也。"④刘宗周的高明之处正在于，他在《纪过格》中创造性地具体列举了程度不同的种种过失，将应用道德自律所作判断的结果林林总总地展示出来。具体而言，首先是"微过"或"妄"，约等于轻浮。其次是"隐过"，主要即心理上的"七情"反应，表现为"溢喜""迁怒""伤哀""多惧""溺爱""作恶""纵

① （明）刘宗周：《论语学案》，载吴光编：《刘宗周全集》（第1册），浙江古籍出版社2007年版，第289页。

② （明）刘宗周：《答祁生文载》，载吴光编：《刘宗周全集》（第2册），浙江古籍出版社2007年版，第307页。

③ （明）刘宗周：《学言》，载吴光编：《刘宗周全集》（第2册），浙江古籍出版社2007年版，第452页。

④ （明）刘宗周：《人谱》，载吴光编：《刘宗周全集》（第2册），浙江古籍出版社2007年版，第17页。

欲”,包括过度的喜悦,任意的愤怒,长久的痛苦,忧谗畏讥,纵容或苛刻他人,无节制地满足耳目口体的需要等。再次是“显过”,将引发种种姿态和言辞的不当。复次是“大过”和“丛过”,基本是姿态和言辞更加严重不当的导因。最后是“成过”,即以上过失已成事实,造成“祟门”“妖门”“戾门”“兽门”“贼门”。过失已成事实,其性质就从“过”变为“恶”。[①] 在蕺山哲学中,过失和错误是一体两面,日积月累,则本可通过道德自律调整的过失终于变为无可挽回的恶行。所谓“凡过生于误,然所以造是误者,必过也。恶生于过,然所以造是过者,亦误而已。故过与恶每相因,而过尤易犯。过而不已,卒导于恶”。[②]

三、慎独:遵守规范

除了在思维层面完成的“诚意”,刘宗周也十分重视行为层面的实践。但是,刘宗周之所谓实践绝非与世沉浮,而是通过艰苦的训练,养成作出正确规范判断的能力,还要回到思维。这种作出正确判断的能力即“独”。[③] 所谓“独”,和宇宙、人生所藏全部规范之集合的无形实在是同一的,换用一字,以强调其引导心理和行为的功能而已。[④] 蕺山说:“独,一也。形而上者谓之性,形而下者谓之心。”[⑤]又说:“‘天命之谓性’,此独体也。”[⑥]刘宗周在讨论实践时不用“心”,正如讨论人生社会问题时不用“性”,是有考虑的。刘宗周

---

① (明)刘宗周:《人谱》,载吴光编:《刘宗周全集》(第2册),浙江古籍出版社2007年版,第10页。

② (明)刘宗周:《学言》,载吴光编:《刘宗周全集》(第2册),浙江古籍出版社2007年版,第425页。

③ 张岂之早已指出,刘宗周讨论的“意”不是认识论而是伦理学意义上的,“即封建道德观念以及以此为标准去判断善恶是非的能力”。参见张岂之:《论蕺山学派思想的若干问题》,载《西北大学学报》(哲学社会科学版)1980年第4期。但就结合实践角度而言,“慎独”比“诚意”在蕺山哲学中更为关键。

④ 廖名春说:“刘宗周以‘独’为‘心’,以‘独’为‘良知本体’可谓凿破混沌。”参见廖名春:《“慎独”本义新证》,载《学术月刊》2004年第8期。

⑤ (明)刘宗周:《学言》,载吴光编:《刘宗周全集》(第2册),浙江古籍出版社2007年版,第390页。

⑥ 同上书,第396页。

哲学大书特书“慎独”二字，乃是试图通过这个概念将本体论和实践论统一起来，避免偏重一方的弊病。[①] 蕺山说：“乃知圣贤千言万语，说本体，说工夫，总不离‘慎独’二字。”[②]

刘宗周所谓“慎独”，并非拿设想的行为与实定的规范相互比对，毋宁是排除外物刺激对人发挥规范判断能力之干扰。[③] 他说：“慎独之功，只向本心呈露时随处体认去，便得全体莹然，与天地合德，何谦如之！”[④]蕺山也把这个过程说成是克己。“学以为己，己以内又有己焉。只此方寸之中作得主者是，此所谓真己也。”[⑤]所谓“只是不从己起见便是克，故即克即复”。[⑥] “问：克，胜也。是以仁胜不仁否？曰：非先有个仁去胜不仁，只胜不仁处便是仁也。曰：毕竟有主人翁可胜盗贼。曰：此头上安头之见也。仁体湛然，不容一物。才有物，不论善恶是非，都是不仁。为仁者正就此处销镕，还他个湛然本体。此克己正当时也。”[⑦]有时他也称之为证性。“全体之照在性体，一察之明在億见；性体愈约而愈该，億见愈多而愈障，始知君子之学有在此而不在彼者。”[⑧]所谓“夫一闲居耳，小人得之为

---

① 董平说：“心体与性体的双层开展及独体范畴的提取，乃为宗周的道德本体论；诚意与慎独学说则是其道德实践论。前者是后者的理论基础，后者则是前者的现实归结。”参见董平：《论刘宗周心学的理论构成》，载《孔子研究》1991 年第 4 期。参见衷尔钜：《蕺山学派的慎独学说》，载《文史哲》1986 年第 3 期。黄敏浩因此认为牟宗三总结的“以心著性”和“归显于密”二者中，后者可以含摄前者。参见黄敏浩：《牟宗三对刘宗周思想的衡定：以“归显于密”为中心的检讨》，载《国学学刊》2018 年第 3 期。

② （明）刘宗周：《圣学宗要》，载吴光编：《刘宗周全集》（第 2 册），浙江古籍出版社 2007 年版，第 258 页。

③ 张学智说：“‘慎独’，即保护此意根不被遮蔽，时时精微。”参见张学智：《论刘宗周的“意”》，载《哲学研究》1993 年第 9 期。

④ （明）刘宗周：《证学杂解》，载吴光编：《刘宗周全集》（第 2 册），浙江古籍出版社 2007 年版，第 262 页。

⑤ （明）刘宗周：《圣学吃紧三关》，载吴光编：《刘宗周全集》（第 2 册），浙江古籍出版社 2007 年版，第 200 页。

⑥ （明）刘宗周：《论语学案》，载吴光编：《刘宗周全集》（第 1 册），浙江古籍出版社 2007 年版，第 432 页。

⑦ 同上书，第 433 页。

⑧ 同上书，第 324 页。

万恶渊薮,而君子善反之,即是证性之路”。[①] 证性即是“慎独”,如上所述,是那个作为全部规范之集合的无形实在整体而至,而非从中抽析出若干规范来作指导。[②]

人若是得到了这个能力,则实践无往而不是。“发心真,自歇手不住。”[③]刘宗周说:

> 吾求之自焉,使此心常知、常定、常静、常安、常虑而常得,慎之至也。慎则无所不慎矣,始求之好恶之机,得吾诚焉,所以慎之于意也;因求之喜怒哀乐之发,得吾正焉,所以慎之于心也;又求之亲爱、贱恶、畏敬、哀矜、敖惰之所之,得吾修焉,所以慎之于身也;又求之孝、弟、慈,得吾齐焉,所以慎之于家也;又求之事君、事长、使众,得吾治焉,所以慎之于国也;又求之民好、民恶,明明德于天下焉,所以慎之于天下也。[④]

所以,“至于工夫只一慎独。独者把柄在我,此处最易为力,一拨便转,不费手,不沾滞,简易直截,莫过于此”。[⑤] 因而“慎独”也就远远超越了独处时不肆无忌惮的那种伦理解释。蕺山说:“小人无独,君子无闲居。学不知本,即燕居独处,犹存表暴之迹。学苟知本,即大廷广众,总归黯淡之神。固知独不以地言也。”[⑥]“圣心之慎,是天理凝注处,非鳃鳃畏忌也。”[⑦]这个过程可以发生在任何时

---

① (明)刘宗周:《人谱》,载吴光编:《刘宗周全集》(第2册),浙江古籍出版社2007年版,第5页。

② 董平说:“以经验领域为直接切入点的诚意之学,尽管最后仍可达于彻上彻下的化境,即了达于性体之第一义谛,然其本身却非第一义谛。而在刘宗周看来,慎独则不然,它本身即了义。”参见董平:《论刘宗周心学的理论构成》,载《孔子研究》1991年第4期。

③ (明)刘宗周:《论语学案》,载吴光编:《刘宗周全集》(第1册),浙江古籍出版社2007年版,第377页。

④ (明)刘宗周:《大学古文约义》,载吴光编:《刘宗周全集》(第1册),浙江古籍出版社2007年版,第650页。

⑤ (明)刘宗周:《证人社语录》,载吴光编:《刘宗周全集》(第2册),浙江古籍出版社2007年版,第567页。

⑥ (明)刘宗周:《大学杂言》,载吴光编:《刘宗周全集》(第1册),浙江古籍出版社2007年版,第662页。

⑦ (明)刘宗周:《论语学案》,载吴光编:《刘宗周全集》(第1册),浙江古籍出版社2007年版,第363页。

空条件下。"若一志仁时,发心既真,直从命脉处讨归宿,归宿在此,杜尽游移出入之路,更从何处容得恶念在？太阳一出,魑魅岂有昼啸之理？"[①]刘宗周又说:"人能知己之不知,正是无所不知的本体呈露时,如金针一拨,宿障全消。"[②]

显而易见,这完全是一个道德自律的自我实现过程。[③] 杜维明指出,蕺山哲学"一方面是意志自由,一方面是道德实践的很高层次的自我认识和自觉。从动机纯正下手,比较接近康德的道德理念即善良意志"。[④] 但结合上文所说,刘宗周对种种过失的细致研究,又使他十分强调"讼过法"的运用,虽然并未走向他律,但是也并非完全放任个人主观意志去自由选择。[⑤] 他说:"自古无现成的圣人,即尧舜不废兢业。其次只一味迁善改过,便做成圣人……一迁一改,时迁时改,忽不觉其入于圣人之域,此证人之极则也。"简单地说,即每日反思自己的行为举止,不断地自科心理和生理的惩罚。"乃夫子则曰:'内自讼',一似十分用力,然正谓两造当庭,抵死仇对,正求个十分明白,才明白便无事也。如一事有过,直勘到事前之心果是如何？一念有过,直勘到念后之事更当如何？如此反复推勘,讨个分晓,当必有怡然以冰释者矣。"[⑥]刘宗周的这一设计,"使得儒家传统的明心见性过程似一条非常真实可寻的途径展现在世人面前,让人循此而行"。[⑦] 这样一来,刘宗周就在相当程度上调和了自律和他律的矛盾,使自行发现规范、应用规范的主体仍然可以也必须遵守规范。

---

① (明)刘宗周:《论语学案》,载吴光编:《刘宗周全集》(第1册),浙江古籍出版社2007年版,第306~307页。

② 同上书,第285页。

③ 张申说:"'慎独之说'的精华是它强调伦理主体(我、心)在道德实践中的自主性和能动性。"参见张申:《刘宗周"慎独之说"浅议》,载《社会科学战线》1990年第1期。

④ 杜维明:《刘宗周"人谱"的道德精神世界:杜维明教授访谈》,载《学术月刊》2001年第7期。

⑤ (明)刘宗周:《人谱》,载吴光编:《刘宗周全集》(第2册),浙江古籍出版社2007年版,第15页。

⑥ 同上书,第19页。

⑦ 何俊:《刘宗周〈人谱〉析论》,载《中国哲学史》1998年第1期。

四、结语

如上所述,刘宗周在坚持自律的前提下,建立起高度体系化和精密化的法哲学构造,以求指导实践。但是在当时的制度条件下,他依照自己的理论又不可避免地还要强调专制君主本人的道德自觉,毕竟,"盖独体者,用人行政之本"。① 按照诚意慎独的一贯逻辑,一方面是君主自己按照"慎独"的要求训练其心。刘宗周说:"为政以德,只是笃恭而天下平气象。君子学以慎独,直从声臭外立根基。一切言动事为,庆赏刑威,无不日见于天下。而问其所从出之地,凝然不动些子,只有一个渊默之象,为天下立皇极而已,所谓北辰居所而众星共也。"②另一方面,因为君主本人不一定已经训练出那种作出正确判断的高超能力,所以也需要将政权信赖给由"丞相"统率的大小官僚,让他们一起参与治理。这种信赖按照蕺山哲学的要求,应当是符合"公"的标准的,而非计算利害,与臣下竞赛智谋。他强调:"从廓然大公中流出,非私智小惠也。"③又说:"人主以一身托天下臣民之上,未可以机权控驭之也。奉天道之无私,以顺民心而已。"④

问题在于,刘宗周所面对的那个君主,少年天子朱由检从来不能接受蕺山的劝告,一切用心恰似故意相反。刘宗周主张垂拱而治,而崇祯帝却是一个师心自用迷恋帝王权术的人。蕺山说:"臣闻天下大矣,而以一人理,非徒以一人理天下也。"⑤甚至直接指斥朱由检:"以天纵之聪明,留心治道,事事躬亲。日所裁决万几,动越群臣意表。"⑥而且朱由检只知操弄刑罚,"夫皇上所持以治天下者法

① (明)刘宗周:《再申皇极之要以端治本疏》,载吴光编:《刘宗周全集》(第3册),浙江古籍出版社2007年版,第122页。

② (明)刘宗周:《论语学案》,载吴光编:《刘宗周全集》(第1册),浙江古籍出版社2007年版,第277页。

③ 同上书,第444页。

④ 同上书,第286页。

⑤ (明)刘宗周:《微臣不能以身报主敬竭报主之心终致主于尧舜疏》,载吴光编:《刘宗周全集》(第3册),浙江古籍出版社2007年版,第156页。

⑥ 同上书,第157页。

也,而非所以法者也。所以法者则道也”。[①] 于是“邪臣遂日导陛下以申、韩之术,致讼狱繁兴,犯者日众,传染海内,遍是杀机。兵刑交毒,上干天和,无岁不罹灾沴。至此民生国命,内治边防,次第决裂,岌岌乎有不可收拾之势”。[②] 归根结底,“夫天下可以一人理乎”?[③] 但崇祯帝一次对刘宗周的回答也有意思,实实在在道出朱由检的心态。朱由检质问刘氏说:“大臣论事,须体国度时,不当效小臣图占地步,尽归咎朝廷。如流寇静听其穷,中原岂堪盘踞?方谋窥逞,虚文何以剿除?……以后还宜虚心酌虑,毋自误以误国家。”[④]

就这样,在崇祯朝,刘宗周反复奉告其君不要“操之过急”,但皇帝朱由检总以为多是“迂阔”之见,不能听从。身为都察院左都御史的刘宗周和朱由检的最后一次直接冲突发生于刘氏欲申救言官姜埰、熊开元之时。刘宗周坚持认为:“朝廷待言官有体,其言可用则用之,不可用则置之,即有应得之罪,亦当敕下法司,原情定罪。遽下诏狱,终于国体有伤。”朱由检质问他:“三法司、锦衣卫,皆朝廷刑官,何公何私?且朕处一二言官,如何遂伤国体?假有贪赃坏法,欺君罔上,俱不可问乎?”急切争论之际,刘宗周大胆说出:“掌卫刑者,多膏粱子弟,未必读书知礼义者也。每听寺人之役使,势不容于不私矣。即皇上欲问贪赃坏法欺君罔上者,亦不可不付之法司也。”刘宗周的这番言辞彻底激怒了朱由检。在诸臣的劝慰下,崇祯帝仍将刘宗周革职,免于刑戮,逐出京师。[⑤] ——实际上,刘蕺山是真知明思宗的,朱由检在那种危殆的政治局面下早已难以缓解焦虑,在这种身心状态下必然急于求成,举止失措,遇到困难就大开杀

---

① (明)刘宗周:《痛切时艰直陈转乱为治之机以仰纾宵旰疏》,载吴光编:《刘宗周全集》(第3册),浙江古籍出版社2007年版,第115页。

② (明)刘宗周:《微臣不能以身报主敬竭报主之心终致主于尧舜疏》,载吴光编:《刘宗周全集》(第3册),浙江古籍出版社2007年版,第159页。

③ (明)刘宗周:《面恩陈谢预矢责难之义以致君尧舜疏》,载吴光编:《刘宗周全集》(第3册),浙江古籍出版社2007年版,第55页。

④ (明)朱由检:《圣旨》,载吴光编:《刘宗周全集》(第3册),浙江古籍出版社2007年版,第116~117页。

⑤ (明)黄宗羲:《子刘子行状》,载吴光编:《刘宗周全集》(第6册),浙江古籍出版社2007年版,第28页。

戒,君臣之间始终无法和衷共济。而被明思宗认为是“迂阔”的慎独之学,恰恰可能是医治朱由检本人心理苦痛乃至明廷的一剂良方。

后世有人因刘宗周有一番反对利玛窦和西洋火器的议论,总以为他站在了历史潮流的对立面,只好沉淀于层层的泥沙之下。[①] ——颇具讽刺意味的是,他们却和明思宗在“知人善任”方面取得了高度的共识。[②] ——他们难以理解,刘宗周在其法哲学构造的基础上已经提出了相当完整的政治解决方案。[③] 如果允许我们大胆设想,刘宗周真的能够换一个制度环境,他不必面对朱由检,而是民主社会的每一个公民,诚意慎独之学完全可能焕发出新的生机。[④] 徐复观为了解决中国历史上始终存在的“二重主体性”矛盾——君主和人民都是政治主体,而前者往往具有意识形态和现实的支配地位——提出使儒家和民主政治相结合,使视角和服务对象从统治者变为被统治者。[⑤] 实际上,近代自刘师培于1903年讨论阳明学和民主政治的关系以来,一直有人认为“在儒家传统主导下的中国文化过去虽未开展出民主制度,但这不能证明儒家传统在本质上与民主政治相扞格”。[⑥] 就蕺山哲学而言,通过“以心著性”获得规范,通过好恶、喜怒哀乐向仁义礼智、礼逐层展开,最终从负面彻底否定种种过失和恶行的正当性,通过“诚意”以“公私”为标准应用规范,通过“慎独”使自律的主体仍能严格遵守普遍的规范,和强调个人主体

① 该事的概况参见刘耘华:《清初宁波文人的西学观:以黄宗羲为中心来考察》,载《史林》2009年第3期。

② (明)刘宗周:《辟左道以正人心以扶治运疏》,载吴光编:《刘宗周全集》(第3册),浙江古籍出版社2007年版,第204、235~236页。

③ 诚如赵园所说,“‘做人’的迫切性,正是在时代危机关头被感觉到的。‘证人’则被刘氏作为了对危机的直接回应,尽管这思路显得玄奥,涉及的是功利论者那里不能见功效于目前的不急之务。”参见赵园:《〈人谱〉与儒家伦理道德秩序的建构》,载《河北学刊》2006年第1期。

④ 但如果认为在刘宗周的时代,这种制度条件已经具备,或者说刘宗周的主张在思想现代性之外同时具备制度现代性,这未免有些急于求成了。

⑤ 黄俊杰:《“儒家民主政治”如何可能?——从当代新儒家出发思考》,载《开放时代》2012年第9期。

⑥ 李明辉:《阳明学与民主政治》,载《浙江社会科学》2002年第4期。

性和法律公共性的民主政治并无根本冲突,反而可以成为民主政治的一套本土化的正当性论证。在绝食归去的那个时刻,这个杰出的哲学家也已经自证其人。

孙奇逢

孙奇逢，字启泰，号钟元，世称夏峰先生，河北徐水县人，生于明神宗万历十二年（1584 年），殁于清康熙十四年（1675 年），得年九十二岁。孙奇逢曾中举，但并不谋求仕进。他唯一参与的重要政治活动，是于明熹宗天启年间奔走募款，营救被魏忠贤逮捕入狱的左光斗、魏大中等人。兵燹之际，夏峰先生设法组织宗族守御容城；鼎革以后，则隐居并讲学于辉县苏门山夏峰村。可以说，于明于清他都采取了不甚激烈的不合作态度，经十一次征辟而不出。[①] 孙奇逢一生精力勤于著述，正所谓“移家夏峰，每怀思往哲，怅微言之未泯，念绝学之当传”。[②] 终于撰成《理学宗传》等巨制。他自述：“某幼读书，谨守程、朱之训，然于陆、王亦甚喜之。三十年来，辑有《宗传》一编。识大识小莫不有，孔子之道，小德之川流也。”[③]

前人对于夏峰之学的研究主要集中于两个方

---

① 梁贵晨：《孙夏峰著述手稿简介》，载《中州学刊》1984 年第 3 期。

② （明）孙奇逢：《洛学编序》，载《夏峰先生集》，朱茂汉点校，中华书局 2004 年版，第 147 页。

③ （明）孙奇逢：《寄张蓬轩》，载《夏峰先生集》，朱茂汉点校，中华书局 2004 年版，第 61 页。

面。第一个方面是夏峰之学的性质问题。有人认为他属于陆王学派范畴，有人认为他调和折中于程朱陆王之间，也有人认为他已有超越理学的新思想。第二个方面则是作为清初北方最重要的学者，他的地位和影响问题。在众多前人中，将夏峰之学明确归入陆王学派范畴的有吴雁南、李之鉴等。① 李之鉴还曾形象地描绘说："孙奇逢把心学推向极端，直达于雏鸡破壳的程度。"②与此相对，史革新则明确指出，孙奇逢"生平论学大致出入于程朱陆王之间"。③ 姜金顺甚至认为："与一般的理学史论著不同，孙奇逢在《理学宗传》中加入并且肯定了汉代学术成就等内容。这些内容本来并不应该出现在正统的理学史论著中。"④针对前人研究的第二个方面，李之鉴仍认为孙奇逢是"宋明道学阵营里的一个悲剧角色"，"大量沿袭传统哲学的旧观念，在哲学最高范畴的使用上，是较为混乱的"。⑤ 但张显清已经转引梁启超的话称之为"北学重镇"。⑥ 王俊才定位孙奇逢是"明清之际理学正统流派的主要代表"。⑦ 孙聚友，以及卢子震、赵春霞等则更进一步，在夏峰之学和清代"实学"之间建立联系。⑧ 其后，王坚、雷戈，以及王记录等已经将"夏峰北学"的历史波澜充分展现在世人面前。⑨

---

① 吴雁南：《明末清初的反理学潮流》，载《贵州师范大学学报》（社会科学版）1984 年第 5 期；李之鉴：《论孙奇逢的心学宇宙观》，载《黄淮学刊》（社会科学版）1991 年第 1 期。

② 李之鉴：《论孙奇逢的心学宇宙观》，载《黄淮学刊》（社会科学版）1991 年第 1 期。

③ 史革新：《孙奇逢理学思想综论》，载《郑州大学学报》（哲学社会科学版）2007 年第 4 期。

④ 姜金顺：《试论孙奇逢〈理学宗传〉的政治理念》，载《齐鲁学刊》2014 年第 2 期。姜氏将此归因于"孙奇逢试图修正宋儒的政治理念"，因为"宋儒强调的是一种对抗式的君臣关系，而孙奇逢强调的是一种合作式的君臣关系"。

⑤ 李之鉴：《论孙奇逢的哲学逻辑结构和特点》，载《河南师范大学学报》1987 年第 4 期。

⑥ 张显清：《杰出教育家孙奇逢述论》，载《清史研究》1993 年第 2 期。

⑦ 王俊才：《试论孙奇逢的理学思想》，载《河北学刊》1995 年第 5 期。

⑧ 孙聚友：《论孙奇逢的学术思想》，载《齐鲁学刊》2000 年第 1 期；卢子震、赵春霞：《孙奇逢的实学方法论》，载《河北学刊》2004 年第 4 期。

⑨ 王坚、雷戈：《论夏峰北学（续完）》，载《辽宁大学学报》（哲学社会科学版）2009 年第 4 期；王记录：《百余年来孙奇逢及夏峰北学研究的回顾与前瞻》，载《清史论丛》2016 年第 1 期。

实际上，孙奇逢的法哲学心理并重。夏峰先生所说的“理”，并没有形式化固定化，只是抽象假设的“无字”之理、“不定”之理。夏峰先生所说的“心”，实际上是人之连续不断的自我意识。此自我意识可以联结超验世界，但本身仍存在于经验世界，不同于前人所空谈之超验的神秘存在。人之自我意识生来完整，全部规范已然齐备。这种等同于全部规范的自我意识，即“吾”。真“吾”在自我意识本身的流变中时隐时现。有了真诚的自我意识，则正确的规范判断自然可得。但与一般所谓“真诚恻怛”不同，夏峰之真诚的自我意识颇有内容，即“无愧怍”。在经验世界连续不断的自我意识，与环境处于相互作用之中。为了保持自我意识的正常状态，孙奇逢最大限度地降低环境对自我意识的干扰和干涉，实质则是不与他人产生直接冲突。孙奇逢基于道统、治统、学统的辨析，深信儒者一生理当肩负重要的政治使命，而改变政治秩序的关键就在于改变在位者的自我意识。总体而言，夏峰之学比较接近他一直推崇的罗洪先，虽然正向明初回归，但仍应归入阳明学的范畴。其所谓真“吾”，虽然在经验世界之中，但并不能通过经验型塑，由此而言，很难说和重视行为修养、经验材料的“实学”有什么联系。孙奇逢法哲学的最大价值，可能是将此前日益神秘化的“心体”拉回到可以在经验层面把握的愧怍心理，这对于批判泰州学派的极端偏激之论十分有益。

一、规范的来源

总体而言，在孙奇逢的时代，阳明学已现末流，而朱子学正在复兴。对于这两个传统，他本人的态度是求同存异。他说：“学人不宜有心立异，亦不必着意求同。若先儒无同异，后儒何处着眼。……闲尝思之，固不敢含糊一家之言，亦不敢调停两是之念。”[①]夏峰先生认为程朱陆王均属探求真理的正途。所谓“中州之学，传紫阳者有人，传文成者有人，两路俱足以证圣”。[②] 他们的一切学术分歧不过是

---

① （明）孙奇逢：《寄张蓬轩》，载《夏峰先生集》，朱茂汉点校，中华书局2004年版，第62页。

② （明）孙奇逢：《尤西川要语序》，载《夏峰先生集》，朱茂汉点校，中华书局2004年版，第128页。

求知路径和人生经验的不同,目标是一致的:

大凡儒者立论,以不谬于圣人为极诣,而所入之途,不必尽同。如适邦畿,从山、从水、从陆,途各不同,期归于邦畿而已矣。从山者所见皆山,从水者所见皆水,从陆者乌得而非之?从陆者所见皆陆,从山、从水者又乌得而非之?及抵邦畿,则同一邦畿之见而已矣,蹊径迂曲,俱可相忘也。①

相应地,夏峰先生所认识的规范来源是,亦心亦理,心理并重。夏峰先生重视理,盖缘于理自有其永恒性、普遍性、规定性,恰恰能纠正王学末流无所忌惮的弊病:

仆尝谓世界之坏,人心为之也。试观今日之世界,不必问今日之人心;观今日之人心,固应有今日之世界耳……迩来人心何如哉?素不良于行,不习父兄之教者不必言,所称礼义之家、诗书之子而不亲不逊之极,满腔恣睢,百事乖谬,比比而是。目击心伤,真可痛哭。②

遵从这永恒、普遍、具有规定性的理,方得自由而非放肆。夏峰先生评论:"东坡讥伊川云:'何时打破敬字。'故迩来学人,每欲打破'理'字,总是苦'敬'字'理'字为束缚,为单板,不打破,不得洒脱自在。岂知洒脱生于天理之常存,天理之常存生于敬畏之无间,离此则成无忌惮矣。"③夏峰先生主张:"一衷于理而已矣。理者,乾之元也,天之命也,人之性也。得志,则放之家国天下者而理未尝有所增;不得志,则敛诸身心意知者而理未尝有所损。……舍是,天莫属其心,人莫必其命,而王路道术遂为天下裂矣。"④

如前所述,夏峰先生对儒家学说的统一性有期待有追求。但是,人心不同正如其面,夏峰先生期待由"理"来统摄之前之后的全

---

① (明)孙奇逢:《题白鹿洞聚讲四条后》,载《夏峰先生集》,朱茂汉点校,中华书局2004年版,第316页。

② (明)孙奇逢:《与杜君异》,载《夏峰先生集》,朱茂汉点校,中华书局2004年版,第46页。

③ (明)孙奇逢:《语录》,载《夏峰先生集》,朱茂汉点校,中华书局2004年版,第541页。

④ (明)孙奇逢:《理学宗传序》,载《夏峰先生集》,朱茂汉点校,中华书局2004年版,第135页。

部贤哲。他论断:“尝思之,颜子死而圣学不传,孟氏殁而闻知有待。汉、隋、唐三子衍其端,濂、洛、关、闽五子大其统。嗣是而后,地各有其人,人各鸣其说,遂见有偏全,识有大小,莫不分圣人之一体焉。余因是知理未尝一日不在,天下儒者之学乃所以本诸天也。”①又说:“学者不能有此大见识,切不可专执一偏之见。正宜于古人议论不同处着眼理会,如夷尹惠不同,微箕比不同,朱陆不同,岂可相非?正借有此异以证其同,合知廉勇艺而文之以礼乐,愈见治铸之手。”②可这些贤哲的不同又是如此明显。夏峰先生遂放弃形式化固定化之理,而退向作为抽象假设的“无字”之理、“不定”之理。他解释:“前贤议论,语语当活看,稍一执着,便成滞碍,所谓:读有字书,要识无字理。”③又说:

学者要识得一定之理,又要识不定之理。一定之理易有执滞,不能免非礼之礼,非义之义。不定之理最善解脱,所谓鸢飞鱼跃,与必有事焉而勿正。恍然无疑者,此非心思之可度也,非训诂之可解也。会得此意,则经书中任拈一句,无不可升堂入室。后则宗庙之美,百官之富,受享无穷,天地间何乐足以喻之。④

与此同时,夏峰先生也重视,甚至更加重视心。然夏峰先生说心,实际上是人之连续不断的自我意识。此自我意识可以联结超验世界,但本身仍存在于经验世界,似乎不同于前人所空谈之超验的神秘存在。夏峰先生说:“日在天之上,心在人之中,天与日月不可学,亦学吾之心而已。”⑤夏峰先生自述他感到前人所说那种神秘心体实在难以把握,所谓“某从事于学有年矣,知其不可不敢强蹈之,知其可不能允蹈之,如澄心定气,亦迫思与真性相见。然静坐时,未

① (明)孙奇逢:《理学宗传序》,载《夏峰先生集》,朱茂汉点校,中华书局2004年版,第135页。

② (明)孙奇逢:《语录》,载《夏峰先生集》,朱茂汉点校,中华书局2004年版,第537页。

③ (明)孙奇逢:《答赵宽夫》,载《夏峰先生集》,朱茂汉点校,中华书局2004年版,第83页。

④ 同上书,第77页。

⑤ (明)孙奇逢:《四书近指序》,载《夏峰先生集》,朱茂汉点校,中华书局2004年版,第130页。

免有朋从之扰，所云恍有一不发之体，凝然于无声无臭之地，发未发皆见之，殆星渊矣。明知此处他人难以着力，而神情扞格，岂容冒认”？[①]

人之自我意识正如人的身体，生来是完整的，全部的规范已然齐备。夏峰先生说：

父母生此身，元来无坏，修亦修其本无坏者而已。此心元来不偏，正亦正其本无偏者而已。此意元来无欺，诚亦诚其本无欺者而已。此知元来无蔽，致亦致其本无蔽者而已。元来者斲丧殆尽，认后来添入之情识意想以为元来，皆自失其宝，所谓罔之生也，可哀也。[②]

这种等同于全部规范的自我意识，即“吾”的概念。就此，夏峰先生有一篇度越前说的绝大文字：

吾与吾周旋久，初不识吾也，乃今恍惚识之，犹未能遽认也。谓人不识人，人易信。谓吾不识吾，吾亦难信。初不识吾，实不识吾也。吾有身，天人参焉者也。仰焉而无愧于天者何在，俯焉耳无怍于人者何在，不能令此身之不愧不怍也，而谓识吾乎？吾有身，志气合焉者也，帅焉而无恶于志者何在，充焉而无馁于气者何在，不能令此身之无恶无馁也，而谓识吾乎？……吾敢言识吾乎哉？静言思之，吾不识吾。人负吾耶，吾负吾耶，仍乞灵于夫子。“从吾所好”此识吾之路也。不识吾，恶能从吾？能从吾，不患不识吾矣。诸子各有吾，吾各有好，亦第各从所好焉耳。[③]

真“吾”在自我意识本身的流变中时隐时现。夏峰先生说：“克己之己，由己之己，总是一个己，非另有一个己代替此一个己也。人心之心，道心之心，总是此一个心，非又有一个心换去此一个心也。

---

① （明）孙奇逢：《寄张蓬轩》，载《夏峰先生集》，朱茂汉点校，中华书局 2004 年版，第 63 页。

② （明）孙奇逢：《语录》，载《夏峰先生集》，朱茂汉点校，中华书局 2004 年版，第 544 页。

③ （明）孙奇逢：《识吾说》，载《夏峰先生集》，朱茂汉点校，中华书局 2004 年版，第 301 页。

克复而天下归仁,精一而允执厥中,正非有二意。”[①]他还把这种变幻比作水在不同温度下的物理变化。所谓“水遇寒凝结成冰,冰遇暖消融成水,水之与冰原非二物,人心者一念之迷,道心者一念之觉,迷如寒之凝为冰,觉如暖之融为水,亦非有二物也。觉时即非迷,更无两候”。[②] 这种等同于全部规范的自我意识是具有时间维度的,只能存于区别于过去和未来的“现在”一刻。夏峰先生感慨:“人生最系恋者过去,最冀望者未来,最悠忽者见在。夫过去已成逝水,勿容系也;未来茫如捕风,无可冀也。独此见在之顷,或穷或通,时行时止,自有当然之道、应尽之心,乃悠悠忽忽,姑待之异日,诿责于他人,岁月虚掷,壮怀空老,良可浩叹。”[③]此自我意识既然属于经验世界的“现在”,也就难以永恒呈现,这就和王畿等人所主张的“良知现成”有了根本区别。[④] 像龙溪那样蚌育“玄珠”甚是无谓。如果说有什么能够超越生死,那也是人之一生给他人及其自我意识造成的影响而已。夏峰先生论断:

学问之事,能堪透死生一关,则富贵功名便无难割舍。或曰:“有生必有死,谁不知之?何难堪透?”愚以为知生之所以生,死之所以死,又知生而未尝生,死而未尝死,恐未可轻与世人言也。生之所以生,能不失天之所以与我者,为世间不可少之人。此辅相天地,裁成万物之人也,其生也荣矣。死之所以死,是于父母全而生之者全而归之,无丝毫亏欠,所谓朝闻夕可,其死也哀矣。生而未尝生,是饮食醉饱,从开辟到今不知有几多呆人,憧憧往来于时行物生之中,所谓罔之生也,幸而免耳。死而未尝死,则生前一点灵明,昭揭日月,天地且借此以撑拄,从来大圣大贤,为君、为相、为师、为忠臣、为孝子,家传户诵,思慕不忘者,其灵爽何尝不至今在也。愚所谓堪透死生者,盖吾儒尽性至命之实地。若如二氏之论则非愚之所

① (明)孙奇逢:《语录》,载《夏峰先生集》,朱茂汉点校,中华书局2004年版,第577页。

② 同上书,第569页。

③ 同上书,第596页。

④ 同上书,第572~573页。

知也。①

二、应用规范的判断

关于应用规范的判断，孙奇逢认为要害在于让“真吾”之自我意识发挥作用，而妨碍其发挥作用的仍然是作为外在环境的“气”。与前人相比，夏峰先生其实比较肯定经验世界的物质基础，所谓“盈天地间，知觉、运动、聚散、流峙，皆气之为也，而知觉有知觉之理，运动有运动之理，聚散、流峙，有聚散、流峙之理，就中正可体认”。②但相对于气，理还是占据优越地位的。所谓“浑沌之初，一气而已。其主宰处为理，其运旋处为气。指为二不可，混为一不可”。③ 因此，对于人而言，气是不可或缺的，也是需要驾驭的。夏峰先生说：“窃念元灯一线，生人之根系焉，纵运会剥蚀，此点生气常布沪偏满六合八荒之内，随寓于日用饮食，偶露于鸢飞鱼跃。”④而“激烈不平之气，皆人心之天理，贤者发之，不肖者绝焉，众人偶触而辄散。所贵乎学者，常令此心之天理，既不至绝而散，亦不可过为奋激。过为奋激，便流入于侠人节士。凭理不凭气，任性不任情，此不可不解”。⑤

气会造成各种各样的情绪、欲望，并最终表现为心思。夏峰先生将这类不佳的气称为习气、胜气、志气。有人问什么是习气，夏峰先生回答：“有物过眼必看，有声入耳必听，小小如意即喜，小小拂意即怒，小小利害即恐惧，其根源总以声色货利为着落，故抵挡习俗，豪杰之士。”⑥他又说：

学人不能入道，病在褊见未融也，执念未化也，胜气未降也，名

---

① (明)孙奇逢：《语录》，载《夏峰先生集》，朱茂汉点校，中华书局 2004 年版，第 543 ~ 544 页。

② 同上书，第 543 页。

③ 同上书，第 540 页。

④ (明)孙奇逢：《答尹见知》，载《夏峰先生集》，朱茂汉点校，中华书局 2004 年版，第 81 页。

⑤ (明)孙奇逢：《语录》，载《夏峰先生集》，朱茂汉点校，中华书局 2004 年版，第 578 页。

⑥ 同上书，第 543 页。

心未破也。褊见未融，则一隙之明，乌能窥其大全？执念未化，则胶固之守，乌能语于变动？胜气未降，则浮动之气，乌足语于静深？名心未破，则的然之好，乌足语于黯淡？好学者深思而自得之。①

还有所谓"思虑纷乱，此心无主，总因志气龌龊，识趣卑暗，瞻顾远而系恋深。卓识高明之士看破一切龌龊卑暗之习，知水火之必不可蹈，必不肯思量蹈水火，邪思杂虑，不期省而自省矣"。②

夏峰先生承认，各种心思的出现是不可避免的。人的自我意识无时无刻不在变化之中，所谓"人岂能无意？倏忽间念起念灭，不知凡几。纯乎天而人不与，圣人也。天人参焉者，贤知也。庸愚则知故萌生，情识横出，间有善念，不能自认，终归汩没"。③ 而一般人要获得正确的规范判断，还是要在自我意识本身上下功夫。在这个意义上，夏峰先生认同阳明之教，所谓"向来看《传习录》者绝少。……欲做真实学者，须从此书默自理会，字字句句对照身心，直到毫无藏躲处，浑身汗流，方是本性出头时候"。④ 众所周知，"王与朱不同，大段在格物"。⑤ 夏峰先生申论，朱子本人也并不主张向外物寻求真理，同样是内向之说：

今就格物而论，朱子谓穷理，阳明谓为善去恶是格物。某常思之。朱子谓："理有未明，则知有未尽，若偏以穷理属知也。"又曰："凡物必有当然之则，而自不容[已]。所谓理也，外而至于人，则人之理不异于己；远而至于物，则物之理不异于人。"由此言之，亦是求理于心，非就事物而求其理也，岂如后人向一草一木而求其理乎？阳明谓："格，正也。物之得其正，而理始极明。如事父不成，向父上寻个事的道理，只尽吾心之孝。"此固是求理于心，然欲为善去恶，舍穷理又何由辨乎？穷理正为善去恶功夫。总之，穷理者，圣学之首

① （明）孙奇逢：《语录》，载《夏峰先生集》，朱茂汉点校，中华书局2004年版，第545页。

② 同上书，第567页。

③ 同上书，第597页。

④ （明）孙奇逢：《示望儿》，载《夏峰先生集》，朱茂汉点校，中华书局2004年版，第42页。

⑤ （明）孙奇逢：《复魏莲陆》，载《夏峰先生集》，朱茂汉点校，中华书局2004年版，第70页。

事;正物者,圣学之结局。[①]

但是,要害在于,夏峰先生认同的为善去恶,不是厘定修剪自我意识的具体内容,而是努力保持自我意识的正常状态。这种状态,夏峰先生常称为“慊”。他说:“大抵学问一事,只是求慊此心。此心得慊,无限悦,无限荣,然须紧紧防一‘愠’字。枯寂冷淡,熬煞不过,便起怨尤,废半途、败末路者,大率坐此。”[②]所谓慊,即真实、诚实。夏峰先生说:“今之真实为令者几人?江河日下,脂韦情深,每工欺世之小术,遂讬时中之大道。一开口,一举足,不问己慊不慊,但问人喜不喜,幼学谓何,壮行谓何,枉为造物笑耳。”[③]又说:“学者立身先辨雅俗,存心贵审欺慊。自真儒道丧,欺诈相高,慎独诚意之功,绝无过而问焉者,且不知辨雅俗为何事。认世情纷逐为不可少,厌澹穆萧寂为不足观,间有一二略脱尘网,而诋毁非笑者众矣。所谓抵挡流俗,必豪杰之士。”[④]有了真实诚实的自我意识,则正确的规范判断自然可得,所谓“然无时非当下,穷通得丧无一可以错过,便是无人不自得家法。……总之,此心无愧怍,则得固得,失亦得;此心有愧怍,则败固败,成亦败”。[⑤]

得此慊心,方能应对外在环境的无穷变化和各种挑战,所谓“无事,则一饮食日用,悠乎无知之民耳,乌能行所无事哉?必有事者集义而心慊,到得心慊时,自能行所无事矣,先自必有事始”。[⑥] 孙奇逢曾坦承,一生学问的根基正是这个“慊”字。他说:“忆辛丑予游成均时,司业杨荆岩先生,予庚子座师也。一见辄谓曰:‘子少年登

---

① (明)孙奇逢:《答常二河》,载《夏峰先生集》,朱茂汉点校,中华书局2004年版,第70~71页。

② (明)孙奇逢:《寄董正谊》,载《夏峰先生集》,朱茂汉点校,中华书局2004年版,第51页。

③ (明)孙奇逢:《复贾太公衔怙》,载《夏峰先生集》,朱茂汉点校,中华书局2004年版,第6页。

④ (明)孙奇逢:《语录》,载《夏峰先生集》,朱茂汉点校,中华书局2004年版,第548页。

⑤ (明)孙奇逢:《复王天锡》,载《夏峰先生集》,朱茂汉点校,中华书局2004年版,第35页。

⑥ (明)孙奇逢:《语录》,载《夏峰先生集》,朱茂汉点校,中华书局2004年版,第548页。

贤书，此来岂为入官地耶？京师天下英才所萃，吾为新学宫数楹，子等肄业于斯，作一事有一事之慊心，历一境觉一境之得力，方见友天下、友千古之意。'"[①]而能以此刻坚强的自我意识对抗外在环境的压迫，才可称为真正的自主和自由。夏峰先生说："圣人无思，贤人无邪思，中人以下憧憧往来无所不思。能猛然提醒，破除邪思，思虑渐少，便是超凡入圣之路。善念只在当境，过去留滞与未来参详，总之耗我心神耳。慎思、近思与何思，止争安勉。"[②]否则，人即成了环境的奴隶，毕竟"人生所历之境，富贵而外，皆逆也。余谓贫贱何逆之有？当贫而贫，当贱而贱，则贫贱有余荣；不当富而富，不当贵而贵，则富贵有余辱"。[③]

可以想象，夏峰先生此说来自一己的苦乐经验。他曾经记述："霜寒淫雨，颇为减兴。弟村居独喜得一暖榻，两稚子共眠食。忆城中绝薪时，正尔不能得者，今偶得之，便有无限受享，乃知士不长饥长寒不知一饱一暖之乐，则饱暖亦岂有一定分数哉？"[④]又说："人知病之苦，不知乐之苦。乐者苦之因，乐极则苦生矣。人知病之苦，不知病之乐。苦者乐之因，苦极则乐生矣。"[⑤]此外，"夫世人之病大约从忧郁生，而忧郁之根正在于贫。然此可以困庸流，而不可以困豪杰"。[⑥] 夏峰先生一生在乱世，长饥长寒长病长贫，为了平复身体的痛苦，尤其需要得到独特的心理安慰。他说："人不分穷达，事不论常变，在家者以此，居官者亦以此。然须认以此是何物，天地生人之根，人得之便有无穷生趣，所谓把柄在手，触处皆灵。不在境遇上讨

---

① （明）孙奇逢：《王显又入国学序》，载《夏峰先生集》，朱茂汉点校，中华书局2004年版，第112页。

② （明）孙奇逢：《示奏儿》，载《夏峰先生集》，朱茂汉点校，中华书局2004年版，第39页。

③ （明）孙奇逢：《张郎鸿勋举秀才序》，载《夏峰先生集》，朱茂汉点校，中华书局2004年版，第115页。

④ （明）孙奇逢：《柬三无道人》，载《夏峰先生集》，朱茂汉点校，中华书局2004年版，第55页。

⑤ （明）孙奇逢：《与管时可》，载《夏峰先生集》，朱茂汉点校，中华书局2004年版，第43页。

⑥ （明）孙奇逢：《复刘菖石》，载《夏峰先生集》，朱茂汉点校，中华书局2004年版，第75页。

效验，要在方寸内求自尽，时时如临深履薄，便时时康庄乐土也。”[①]

而与一般所谓“真诚恻怛”不同，夏峰先生之真实、诚实的自我意识状态颇有内容。夏峰先生就此常提及的概念是“无愧怍”。他说：“只求当下无欠缺，无愧怍，便是深造自得之学。”[②]无愧就是真实。“如果无愧，何难坦衷当之。此等世界，骨脆胆薄，一日立脚不得。尔等从未涉世，做好男子须经磨炼。生于忧患死于安乐，千古不易之理。”[③]无愧就意味着战胜了环境。所谓“存其人，则贫寠可也，富厚可也，卑贱可也，荣贵可也，总之不忝于先世而无愧于为人”。[④]

三、自我与环境

孙奇逢深刻地认识到，经验世界连续不断的自我意识，与环境处于相互作用之中。为了保持自我意识的正常状态，孙奇逢最大限度地降低环境对自我意识的干扰和干涉。第一，是找到干扰的源头，所谓“无念中忽起一念，而此念遂燎原，不可扑灭，皆缘平昔贪妄杂虑多，思路惯熟，遂不能自主。法当究诘其何以发端，何以归结，真是以身试法，自当惊汗无地，杂虑渐少，则此心清明渐复。困勉之功多如此”。[⑤] 第二，若已经受到干扰，则不要再增加环境的刺激，所谓“人情难平。恶其不平也，极欲平之，相激相搏，其不平也转甚，何如静以俟之？骇浪排天，因风作势，风恬则浪寂矣”。[⑥] 第三，一旦自我意识进入正常状态，则务必巩固强化之，所谓“吾心偶得一时之沉静，便生一时之虚明，此际全无不善念头，纯是一团天理，但善念初发，几布微眇，游移莫定，急宜培养扩充之，务令固执，莫使感遇

---

① （明）孙奇逢：《复李松友》，载《夏峰先生集》，朱茂汉点校，中华书局 2004 年版，第 81 页。

② （明）孙奇逢：《语录》，载《夏峰先生集》，朱茂汉点校，中华书局 2004 年版，第 542 页。

③ （明）孙奇逢：《示奏儿》，载《夏峰先生集》，朱茂汉点校，中华书局 2004 年版，第 43 页。

④ （明）孙奇逢：《赠魏庆堂序》，载《夏峰先生集》，朱茂汉点校，中华书局 2004 年版，第 93 ~ 94 页。

⑤ （明）孙奇逢：《语录》，载《夏峰先生集》，朱茂汉点校，中华书局 2004 年版，第 568 页。

⑥ 同上书，第 596 页。

摇撼得动”。[①]

当然,夏峰先生此说并不是要隔绝自我意识和环境,他对于静坐就既肯定又不完全赞成:

今岁炎热之甚,念从烽火场中得此数日,思欲静坐数时,调摄例病,不意却又不得不出门之事,欲静反不得静。昨自郡中归,甫入座而家园头绪,郡中光景,一一在念,逐事检点安插,此念稍清,便忽忽入梦。夫绪烦非静也,多睡岂静乎?尔伯父尝谓尔只是闭门静坐,我云静坐良非易事。心气浮杂之人逐日奔忙,魂梦为扰,即质近安闲,非有学力操得把柄在胸中,亦未能神闲而气定也。程子见人静坐,辄叹其好学,谓与未发之中相近。中人而下,既无中和之节,安得有未发之中,此须有养心工夫。得丧炎凉,一丝不挂,朋从扰攘,自然一念不起,则无意求静,无非静境。[②]

人的自我意识持续流变,方有规范的展现。夏峰先生说:

人心寂然不动之初,浑然一《易》也。有感而发使生出许多爻、象来,千变万化不可究诘,而总归于至当不易之理,所以《礼》曰:“洁净精微,《易》教也。”如《书》便真个有这政事谋谟,《诗》便真个有这人情风俗,《易》却无这已往底事,只是悬空做出来,千古不出其范围,此所以灵。[③]

如果自我意识全无活动,岂不成了土鸡瓦犬一般。人的生理存在恰恰丰富了这个世界,使之有价值。夏峰先生说:“人心虽浇漓之极,而醇气犹在。以弟所经之地,所阅之人,有品行之人,有学问之人,有平易近人之人,有孤意绝俗之人,有迁善改过之人,有能诗文善议论之人。种种皆与古昔不殊,而欢然相接,蔼然相亲,临路低徊,每切眷恋。”[④]

---

① (明)孙奇逢:《语录》,载《夏峰先生集》,朱茂汉点校,中华书局 2004 年版,第 596 页。

② (明)孙奇逢:《示立儿》,载《夏峰先生集》,朱茂汉点校,中华书局 2004 年版,第 38~39 页。

③ (明)孙奇逢:《语录》,载《夏峰先生集》,朱茂汉点校,中华书局 2004 年版,第 561 页。

④ (明)孙奇逢:《寄三无道人》,载《夏峰先生集》,朱茂汉点校,中华书局 2004 年版,第 71~72 页。

所以，关键在于找到防御环境干扰和干涉的方法和姿态。此处，夏峰先生继承了罗洪先的说法，强调一番“戒慎恐惧”的心理调适。“念庵云：‘知止所以归静也。’非用戒惧功夫，乌能知所止乎？能知止则勿忘勿助。”[①]罗洪先之止，较之夏峰先生之吾为抽象，但与性理相对应则一致。而夏峰先生所说戒惧，实质是保持自我意识不与他人产生直接冲突。他解释念庵的戒惧的“大把柄”在于尊重天地、圣贤、王法乃至所有人：

君子三畏：首曰畏天命。天命不已，是无一事一时可不戒惧。大人以身体之，圣贤以言传之。自尧兢舜业以至诸儒之居敬穷理，无非畏惧一念流衍于无穷，此正天命之不已也。小人不知，故不怕天地，不怕王法，不怕先圣垂训励世之戒，顽冥放逸，其所以异于禽兽者几希。君子不独畏大人，而匹夫匹妇不敢忽，不独畏圣言，而刍荛工瞽可采，皆所以畏此天命耳。天命在日用常行之中，成汤顾諟天之明命，亦只在此处顾諟。[②]

孙奇逢这种倾向于使自我意识与环境相脱离（尽管并非隔绝）的主张，和王畿那种以神秘主义心体取代整个宇宙的夸诞当然针锋相对。夏峰先生认为自己理解的念庵，才是阳明学的真谛，因为与环境共舞的绝不是自主且自由的自我意识，只是它并不符合规范的形态。夏峰先生说：“阳明良知之说，着力在‘致’字，故自谓龙场患难死生之后良知方得出头。龙溪时而放下‘致’字，专言良知。其究也，遂有认食色为性者，言不可不慎也。念庵每提戒慎恐惧，为龙溪忠告，见良友切磋之益。”[③]具体而言：

念庵，阳明功臣、龙溪益友也。阳明“良知”之说，本之孟子“不虑而知”。龙溪遂以为：“一念灵明，无内外无寂感，吾人不昧此一念灵明，便是致知，或以良知不足以尽天下之变，必加见闻知识补益而助发之，便是俗学。此以一念之明为极，则一觉之顷为实际也。”

---

① （明）孙奇逢：《答王五修》，载《夏峰先生集》，朱茂汉点校，中华书局 2004 年版，第 65 页。

② （明）孙奇逢：《语录》，载《夏峰先生集》，朱茂汉点校，中华书局 2004 年版，第 545 页。

③ 同上书，第 537 页。

念庵曰:“不然。阳明常以‘入井怵惕,孩提爱敬,平旦好恶’三言为证,盖以一端之发见,未能即复其本体。故言怵惕,必以扩充继之;言好恶矣,必以长养继之;言爱敬矣,必以达之天下继之。孟子之意可见,阳明得其意者也,故亦不以良知为足,而以致知为功。”念庵集中多以此立论,故曰阳明功臣、龙溪益友。①

因此,夏峰先生说:“念庵之学近里着己,痛除将就冒认,姚江后,万不可少之人。龙溪太廓大,亦佛亦仙,正借此缜密谨严以抵此流派耳。”②

众所周知,念庵自己避居洞中生活。夏峰先生与世交接,毕竟“必欲随俗,入同流合污一路;必不随俗,入索隐行怪一路,均非特立独行之士”。③ 他的态度是对所有人敬而远之。孙奇逢信奉“能生君子之敬者,自能祛小人之侮。非诚悫端重,不苟于言动者不能”。④ 又说:“待君子宜尽吾敬事之礼,待庸众亦尽吾接引之心,待小人则诚笃谨密,莫示以狎侮之渐,总之要以我包裹人,则可以位置乎人,而转移乎人。”⑤他常常说遇到矛盾多从自己身上找原因。所谓“善居己之长者切不可露人之短,不露人短则人人皆长矣,集众长为一长,则其所长也不亦大乎?彼沾沾以长自见,而故以形人,薄道也,非享福之气”。⑥ 他把这一点上升到很高的地位,即“人生第一吃紧,只不可见人有不是。一见人之不是,便只是求人。则亲疏远近,以及童仆鸡犬,到处可憎,终日落坑堑中矣。臣弑君,自弑父,亦只是见君父有不是处耳,可畏哉”。⑦

于此不能作乡愿观。夏峰先生实在是针对自己的性格特点有

① (明)孙奇逢:《题念庵集后》,载《夏峰先生集》,朱茂汉点校,中华书局 2004 年版,第 315 页。

② (明)孙奇逢:《报张湛虚》,载《夏峰先生集》,朱茂汉点校,中华书局 2004 年版,第 54 页。

③ (明)孙奇逢:《语录》,载《夏峰先生集》,朱茂汉点校,中华书局 2004 年版,第 571 页。

④ 同上书,第 568 页。

⑤ 同上书,第 564 页。

⑥ 同上书,第 582 页。

⑦ 同上书,第 551 页。

感而发。他自述:“范景龙昔为予题一联云:‘乐道人之善,恶称人之恶。’今逾三十年矣。默自循省,扬善庶其自勉,而隐恶甚愧未能。盖赋性褊急,是非之心不能混淆,故多不能容。即强为容矣,非其中之所恬也……君子一于求己,故不暇责人也。”①夏峰先生可以接受委屈,但并不即成妥协。他说:

日用食息间,每举一念,行一事,接一言,不可有违天理拂人情处,便是学。问于天理似无违而于人情却有拂者,应如何?曰:理求其在我,一念违,难以自慊情,则问之于人,不拂,亦是天理中之人情。若天理外之人情,即拂也庸何伤?一味拂人,以拗成性,一味不拂人,以顺为正,士君子自立之道,政宜辨之于此。②

夏峰先生避世,归根到底是追求无愧无悔的自我意识,即“人人有亢而悔之时,一言之亢即招尤也,一事之亢即招悔也。圣人庸行,终日乾乾,无亢无悔”。③ 与人争斗,则自我意识时时动摇,已成环境之奴隶。夏峰先生说:“能处人所不能处之事,能忍人所不能忍之辱,能堪人所不能堪之忧,其中必有大过人者。遇事便束手,被辱即动心,逢忧辄短气,人可得而颠倒之,驱役之,儒生俗士之浅浅者耳。”④只有反其道而行之,才能真正战胜缺陷世界、苦趣人情:“世界多缺陷,人情多苦趣,不知如何方是圆满,方得快乐?曰:若求无缺陷之时,天地有所不能。时有穷通,岁有丰俭,身有老少,随缘顺应,不作非分之想,任世界之缺陷而我不见有缺陷也,人见为苦趣而我不见为苦趣也,如斯而已矣。”⑤能人所不能,在夏峰先生自己看来,实乃大丈夫也:

凡为男子,皆称丈夫。而孟子之论丈夫有三:曰小丈夫,曰贱丈夫,曰大丈夫。居广居,立正位,行大道,此是大丈夫面目,尧、舜、汤、文、周、孔一流人。小丈夫则悻悻然不能容人,究不能自容,此曲

---

① (明)孙奇逢:《语录》,载《夏峰先生集》,朱茂汉点校,中华书局2004年版,第574页。

② (明)孙奇逢:《语录》,载《夏峰先生集》,朱茂汉点校,中华书局2004年版,第547页。

③ 同上书,第555页。

④ 同上书,第560页。

⑤ 同上书,第569页。

拘之士也。若贱丈夫,则奸术、巧虑、谀辞、佞容,不独射利,足以簸弄操纵人者,识者直等于妾妇。学术不明,大丈夫家业荒废迷失,自隘其室,自撤其坐,自塞其途,而反寄妾妇,无不怫然怒至。究其存心行事,其不为妾妇之所羞者几希。①

四、政治秩序

夏峰先生基于道统、治统、学统的辨析,深信儒者一生理当肩负重要的政治使命。他直言:“三代以前治统即道统也,三代以后有治统而无道统,道统于是乎归之儒。”②在历史演变中,规范世界和政治秩序由统一走向分离,而儒者成为规范世界的承载者和宣谕者,也应当成为政治秩序的规训者。夏峰先生说:

文、武以前,道统在上,治统即道统也。孔子以后,道统在下,学统寄治统也。大人之实事,圣人之训述,显晦殊途,本源一致,总不出“圣学本天”一语,不本于天,则异端耳。天一命也,命一性也,性一善也,达而在上与穷而在下,同一命也,性也,则同一善也。君道以此治天下,师道以此觉天下,理一而已。穷理尽性至命,一以贯之。③

当然,在具体环境中,政治秩序和规范世界的缠结可以有多样形态,正如儒者对规范世界的揭示也不尽相同。夏峰先生说:

道原于天,故圣学本天。本天者愈异而愈同,不本天者愈同而愈异。夫天,大之而元会运世,小之而春夏秋冬,至纷纭矣,然皆天之元气也。诸大圣、诸大贤、诸大儒各钟一时之元气,时至事起,汤武自不能为尧舜之事,孔孟自不能为汤武之事,而谓朱必与陆同,王必与朱同耶?④

---

① (明)孙奇逢:《丈夫说》,载《夏峰先生集》,朱茂汉点校,中华书局2004年版,第301页。

② (明)孙奇逢:《圣学录序》,载《夏峰先生集》,朱茂汉点校,中华书局2004年版,第144页。

③ (明)孙奇逢:《答魏石生》,载《夏峰先生集》,朱茂汉点校,中华书局2004年版,第86页。

④ (明)孙奇逢:《道一录序》,载《夏峰先生集》,朱茂汉点校,中华书局2004年版,第137页。

所谓“道之一，正于至不一处见一，所谓殊途而同归，一致而百虑耳。流水之为物也，万派千溪，总归于海。适邦畿者，由陆、由山，由水，及其成功，一也”。[①]

此外，晚明以罗汝芳为代表的儒者常常以明太祖为神主牌宣扬自己的学术和政治主张，孙奇逢也便有了类似的看法。所谓“明代有大文字三篇，人人知之，而人人忽之。太祖高皇帝《卧碑》一记，成祖文皇帝《性理》一序，世祖肃皇帝《敬一》一箴，咸符心学之秘，直接一中之传”。[②] 他甚至说：“盖缘明二祖列宗心学之密，直接一中之传，真以身行道于天下者也。……学者知诸儒之兴起由作君作师者之钧陶，其所系岂浅鲜哉。”[③]这就把治统学统关系似乎又在理论上颠倒了过来，和前说不无矛盾之处。当然，总体上仍然只有真正伟大的自我意识才能提挈起政治秩序的纲领。夏峰先生说：

有包举一世之意，然后可以尚论一世之人，有包举千古之意，然后可以尚论千古之人。九德为天子，六得为诸侯，三德为大夫。须九德可位置六德，六德可位置三德，三德可位置一节一艺。如以不忠不孝之人而位置真忠真孝之事，岂能明是非而定功罪乎？[④]

所以，不同于刘宗周，夏峰先生并不那么寄希望于个别的君主。他将君臣视为一对主客。夏峰先生说：“况功名之际，昔人谓之会。会者，聚也。天下岂有聚而不散之理哉？譬诸宾宴，宾有三爵而去，进以礼，退以义，泾渭不淆，主客两受其福者。”[⑤]既然是主客相待，那么当各自履行其职责：

盖谓君之于臣，不但存于名与分也，存于义与道焉耳。时有否

---

① （明）孙奇逢：《道一录序》，载《夏峰先生集》，朱茂汉点校，中华书局 2004 年版，第 138 页。

② （明）孙奇逢：《致田华石》，载《夏峰先生集》，朱茂汉点校，中华书局 2004 年版，第 75 页。

③ （明）孙奇逢：《圣学录序》，载《夏峰先生集》，朱茂汉点校，中华书局 2004 年版，第 145 页。

④ （明）孙奇逢：《语录》，载《夏峰先生集》，朱茂汉点校，中华书局 2004 年版，第 579 页。

⑤ （明）孙奇逢：《与张星所》，载《夏峰先生集》，朱茂汉点校，中华书局 2004 年版，第 3 页。

泰,道无隆污。时乎道存各尽,则后克艰厥后,臣克艰厥臣。时乎道存交儆,则臣都君俞,君吁臣咈。或时君焉蒙难,臣焉匪躬,而靖献不陨于颠隮;或时君务含章,臣曲遇巷,则天泽不倒于屯蹇。其分与义,天地虽剥,而不受剥于天地;人事虽否,而不受否于人事。[①]

如果相待不便,那么无须勉强。所谓"三代而下安得君尧舜相伊周,百执尽寅恭无我者乎?孔子有志东周,究竟只成空愿。今日之事尽的一分职业,便是报的一分朝廷。我有所不能主者,亦须宽以俟之,似不必太悻悻也"。[②]

正因如此,孙奇逢面对甲申天地变色,选择了归隐而非如刘宗周那样殉国。他也说:"仆以燕南老腐儒得亲见古人,窃自幸矣。……不意时未几而鼎沸林枯,世事遂至于此。仆病困衰迟,既不能采薇西山,垂纶东海,又复不能黄冠遁世,渡江远访故人,亦足羞矣。"[③]但根本上,他还是认为"古来纯忠大义不一途,应死而死则死有攸当,应遁而遁则遁有攸当,此微、箕、比干所以同归于仁也"。[④] 实际上,夏峰先生对崇祯君臣饱有批评。于朱由检个人,孙奇逢议论:"甲申大难,人主即锐意有为,而元气销铄殆尽,欲速疗,适以促之速亡耳。……人才关气运之盛衰,士气系人才之隆替,而其原本总造于大君之一心。"[⑤]这实际上已经说出朱某刚愎好杀的过错。当然,崇祯帝实在也值得同情,所谓"从来盗贼祸人国时有之矣,然未有帝后、妃嫔、太子、诸王俱罹弑逆窜逐如甲申者也"。[⑥] 因此,更应承担责任的还是诸臣。孙奇逢说:

---

① (明)孙奇逢:《雪隐堂易注序》,载《夏峰先生集》,朱茂汉点校,中华书局 2004 年版,第 141 页。

② (明)孙奇逢:《与鹿太公成宇》,载《夏峰先生集》,朱茂汉点校,中华书局 2004 年版,第 14 页。

③ (明)孙奇逢:《寄魏交让》,载《夏峰先生集》,朱茂汉点校,中华书局 2004 年版,第 45 页。

④ (明)孙奇逢:《寄王生洲》,载《夏峰先生集》,朱茂汉点校,中华书局 2004 年版,第 53 页。

⑤ (明)孙奇逢:《畿辅人物考序》,载《夏峰先生集》,朱茂汉点校,中华书局 2004 年版,第 124 页。

⑥ (明)孙奇逢:《大难录序》,载《夏峰先生集》,朱茂汉点校,中华书局 2004 年版,第 124 页。

按先帝忧勤十七载，苦心危虑，志欲有为，而竟蹈败亡祸乱，以为天下惜。由此言之，上有失国之君，下有兴王之臣，其国欲亡不可得也；上有保治之君，下有致乱之臣，其国欲不亡亦不可得也。盖英断之主固自有神圣之谋，而内外臣工复伏心缄口，以俟上意之所存，天下岂复有臣哉？①

与此对比，真正令夏峰先生感到苦楚的是罹难的乡亲百姓。他悲叹："甲申之难，吾郡千古异惨，亦千古异烈。"②如果说君臣是主客关系，那么儒者和平民大众之间即是骨肉同胞。"民吾同胞物吾与，谁非自家屋里人？"③夏峰先生督促儒者锻炼才具，以服务乡亲百姓。他甚至把"才"提高到人之为人的标准：

人之所以成人者，亦以其卓然有适于用，然后自命为人。如无一才一德足自见于世，不亦靦为人乎……智、廉、勇、艺皆器也，文以礼乐，则无智、廉、勇、艺之可名……迩言学者舍穷理尽性，而骤言至命，皆与未成器而高谈不器者等……如士而不士，犹觚之不觚也。孔子裁狂简，正欲錬其器，以大其用耳。④

正所谓"学优而仕，仕优而学，犹歧言之，对簿书则学在簿书也，对狱讼则学在狱讼也。所谓德在民上，明新民正所以明德；己在百姓上，修安百姓正所以修己。……庶理学、经济不分二事"。⑤

夏峰先生把一切能够服务乡亲百姓的才能都赞为"经"，特别强调不可忽视维持安全的能力。他说：

诸儒有经，而精于谈兵亦称经，可见经常一脉，亘天地古今，同源而贮，文与武特分领而未可分歧，是何殊分形异名而称兄弟，追溯

① （明）孙奇逢：《大难录序》，载《夏峰先生集》，朱茂汉点校，中华书局2004年版，第124页。

② （明）孙奇逢：《寄金瑞枝》，载《夏峰先生集》，朱茂汉点校，中华书局2004年版，第60页。

③ （明）孙奇逢：《复宋小凤》，载《夏峰先生集》，朱茂汉点校，中华书局2004年版，第7页。

④ （明）孙奇逢：《汝器字说》，载《夏峰先生集》，朱茂汉点校，中华书局2004年版，第305~306页。

⑤ （明）孙奇逢：《答姜二宾》，载《夏峰先生集》，朱茂汉点校，中华书局2004年版，第65页。

及同气，又作何观。此谊不讲，文人薄刀战，武人遂薄章句，如所谓舌锋剑锷，畸轻畸重，陷阱百出，至举国家钱谷器甲、城守攻战、死生功罪，徒付一掷，可胜浩叹。①

所以，“文以经邦，武以戡乱，觭武不可，觭文亦不可”。②

改变政治秩序的关键在于改变在位者的自我意识。夏峰先生说：

一方缙绅学士、父老子弟盼盼然冀得一贤者抚循之，整顿之。既多方仰望于我，而又恐万一不副其望，以疑二顾虑揣摩尝试于我，则我之精神、肺腑、话言、起居已无不一一为人所伺而察之矣。非彼好为伺察也，盖我原于彼为最吃紧，能为造福，亦能为开祸，又何怪乎？疑二顾虑揣摩尝试，恐恐然虑不副其望耶。相机观变，随地设法，大英雄自有妙用。简僻有简僻之政，冲疲有冲疲之政。砥得一分冲，起得一分疲，民犹易为见德也。只在主者打起精神，认作自己性分事做，何事不可成。③

对于取代明廷的异族政权，孙奇逢比较认同乡贤刘因的做法，毕竟道无内外，世无内外。④ 夏峰先生说：“覃怀、天雄之地久隶金、元，姚、许世世为金、元践土食毛之臣子，其为尊官也，方可以行道救民，奈何以此而苛求之？吾乡刘静修，人亦以此督过。噫，冤矣。世有今古中外，道无今古中外。旨哉斯言。”⑤但孙奇逢毕竟成长于明廷的统治之下，还不同于刘因。所以，夏峰先生最后采取了既无矜心也无热心的冷淡态度，一如他对明廷、他人，乃至整个外在环境。他告诉世人：“士志于道，非任不成，非气不至。无成而不至者，矜心

---

① （明）孙奇逢：《赠孔氏兄弟序》，载《夏峰先生集》，朱茂汉点校，中华书局2004年版，第109～110页。

② （明）孙奇逢：《中州人物考序》，载《夏峰先生集》，朱茂汉点校，中华书局2004年版，第122页。

③ （明）孙奇逢：《与崔西星》，载《夏峰先生集》，朱茂汉点校，中华书局2004年版，第25页。

④ 桂涛：《“元初—清初”的历史想象与清初北方士人对清朝入主的认识——以孙奇逢为中心的考察》，载《清史研究》2013年第3期。

⑤ （明）孙奇逢：《报白仲调》，载《夏峰先生集》，朱茂汉点校，中华书局2004年版，第73页。

与热心为之也。矜心似任而自是,喜盈而损;热心似气而未沉,暴而易折,两病未除,终非深造自得之学。"①而"不得意于世人之所趋,故不灰心于世人之所避耳。总之于天地间,另开眼界,自具肝肠,钟东海、西山之灵秀于江村一片地"。②

夏峰先生实在看穿世人一切趋避丑态:

重品格者,必观其所不取,急干济者,须视其所为。两者不可偏废,而兼擅者,实难其人。世岂无皎焉自好者,然默体其行径,细按其肺肝,非前有所慕而进,则后有所惧于罪,幸而恒处于有可慕有可惧之地,则可以终其身而不至于坏。倘可慕者既已得之,则无复有可惧于罪;或可慕者既已绝望,又将甘心冒罪而不辞。人见其然,则曰:"若人也,而今乃若是。"不知始终固此一人也……

他自己则"一无所慕,一无所惧,明自廉生,为从守见",始终如一。③

五、结语

夏峰先生晚岁曾经有一书寄与故园的子弟们。他说:

今岁淫雨过甚,茅屋风雨不避,而佣人与头畜无处安置。当此时,仁民爱物之心,勃然而动,即欲推于"皆备"之外不可得。予平日因心血太少,遂尔思虑偏多。当病时,火益盛,思益炽,梦固梦,醒亦若梦。童稚时父母膝前,兄若弟嘀笑光景,依然在目。平昔交善之人时握手追随,不知此身为七十老人也,不知此身在千里外也。因悟黄粱梦,片刻尽生平百年,旦暮千里同堂,原非谬语耳。眼前病势似平,只心跳不止,思多出位,乃知古人慎思近思为切己着里工夫。尼父忘寝食以思,姬公继日夜以思,皆非无畔岸而少溢于位之

① (明)孙奇逢:《语录》,载《夏峰先生集》,朱茂汉点校,中华书局2004年版,第541页。

② (明)孙奇逢:《鹿太公举元孙序》,载《夏峰先生集》,朱茂汉点校,中华书局2004年版,第102页。

③ (明)孙奇逢:《送徐恒山转山海理饷序》,载《夏峰先生集》,朱茂汉点校,中华书局2004年版,第91页。

外也。何思何虑，总自近与慎始，然而未易言也。[①]

此一连绵九十余年，饱经沧桑变幻的伟大意识，始终紧张而慎重地应对着近于冷酷而间或温暖的强大环境，总是保持其自主和自由。人生有尽，世界无穷，此种伟大意识又将和此后涌现的伟大意识连缀起来，构成夏峰先生念兹在兹的统绪，维持规范世界的不灭和政治秩序运转。他不时告诉我们：

当思世界如急流石火，全凭几个至诚圣人运转其中，一起一伏。通羲皇以来是一个人，是一个心，中间虽有屯厄，元气环流，上生百世，下生百世，其在一身如呼吸有息，生死有息，四时有消息，日夜有消息，而惟此至诚一念，有无夹杂，故无止息也。天之清，地之宁，日之升，月之恒，山之峙，水之流，皆一诚焉耳，不诚则乾坤熄矣。诚以事父则为孝子，不孝便是无父；诚以事君则为忠臣，不忠便是无君。聋者不闻钟鼓，盲者不见天地日月，渠自无相干涉耳。故曰不诚无物，则诚身诚意，合千古圣贤发挥此诚字不尽，愿与吾党士共勉之。[②]

夏峰先生曾有一篇《留存古槐记》，最像他自己在历史上留存的形象。老人曰：

兵燹以来，庐舍已非，云树改色，数百里相望，乔木之存焉者，寡矣……有古槐一株，历年不知几百。相传其初，庙僧自袖中携来，手植祠前。日蕃月盛，渐至十余围，高可数丈，荫可数十丈，俨然称邑中盛概焉。一日携壶榼邀余偕友坐饮其下，夷犹磅礴，既不苦日气之侵，有偏觉清风之动，倏然飞云过雨，令人忘暑且令人忘倦，乃知古来达人旷士，风景可乐，置酒言咏，终日流连而不忍去，其中之所得必有深焉者矣。[③]

夏峰先生问："数百年海田之变换，人心风俗之迁流，其能一一问诸古槐否？"[④]数百年后，黄粱梦醒，我亦欲问之夏峰先生。

---

① （明）孙奇逢：《寄故园子弟亲知》，载《夏峰先生集》，朱茂汉点校，中华书局2004年版，第59页。

② （明）孙奇逢：《答赵宽夫、钱升阶》，载《夏峰先生集》，朱茂汉点校，中华书局2004年版，第89～90页。

③ （明）孙奇逢：《留存古槐记》，载《夏峰先生集》，朱茂汉点校，中华书局2004年版，第278页。

④ 同上。

陈　确

陈确，字乾初，浙江海宁人，生于明神宗万历三十二年(1604 年)，殁于 1677 年(清康熙十六年)，[①] 得年七十三岁。陈确的青年时代，明朝已经大厦将倾，政治上再难有作为。[②] 恰值刘宗周在蕺山书院讲学，陈确便同好友祝渊“同学于山阴”。[③] 应当说，陈确能够与刘宗周相识，很大程度上是由于祝渊的关系。刘宗周和祝渊的师生之谊则始于祝氏在刘宗周被弹劾时为他辩护。陈确也曾记载了这段完整的故事。[④] 陈确自从跟随刘宗周学习后，对蕺山之教有很深入的体认，他后来曾经评价刘氏哲嗣“问其学，则学先生之学也。问其学先生之学，则由慎独而终归之诚意之学也”。[⑤] 当然，随着时间的推移，陈确自己也有了部分不同认识，在慎独和诚意

---

① 陈乾初先生自述，不愿书写弘光以后年号，并为此放弃了政治和经济上的极大利益，此处亦变换体例，以表尊重。

② 据赵世瑜研究，陈确虽为陈氏，但并非海宁的望族，他家虽世代业儒，但比较贫寒，“主要凭借经营丝绸生意维持家庭和读书”。参见赵世瑜：《试论陈确的忠节观》，载《史学月刊》1998 年第 3 期。

③ (明)黄宗羲：《陈乾初先生墓志铭》，载(明)陈确：《陈确集》，中华书局 1979 年版，第 8 页。

④ (明)陈确：《祝子开美传》，载《陈确集》，中华书局 1979 年版，第 276 页。

⑤ (明)陈确：《别刘伯绳序》，载《陈确集》，中华书局 1979 年版，第 235 页。

二者之间,他比较倾向于慎独,而对后者则持保留态度。他说:“于先生,无言不悦,惟诚意、已发、未发之说虽极精纯,然弟意欲且存而不论。”①刘宗周绝食而死,明清易代之后,乾初先生选择居乡务农,并且主动放弃了自己的官学资格,可惜晚年一直为风湿所困,近二十年卧病在床。② 对于辞去学廪儒籍一事,他曾经剖白内心说:

家自司训梅冈公而下,于今六世,为国名儒,一旦地坼天崩,逡巡向异类乞活。犬马犹恋旧主,而况人乎!革命以来,即思告退,以不忍写弘光后年号,因循未举,谓岁试不到,将自除名。今年春,学廪又已开支,而岁试未有期日,益复迁延,为疚滋深。将卜日告于先圣之庙,随呈本学,求削儒籍,终为农夫卧没世。③

但是,面对清廷严苛的薙发条令,陈确选择了接受,而非如其师般以死明志。在《告先府君文》中他指出,即便一死,在当时的情形下仍然会受到折辱和伤害,并不能保全他们的理想。

前人对陈确的研究的最关键之处就在于肯定他不同寻常的人性论和理欲观,但他们对陈确之人性论和理欲观的解释大同小异。王成福认为,陈确强调“人性表现出来是一个过程”,而且“这个过程是无止境的”。④ 陈确的“寡欲”相对于宋明理学的“无欲”,“就社会意义来说是进步的”,“并且他承认人欲、人性(义理)的客观基础,具有唯物论倾向”。⑤ 任大援认为,陈确“这种坚持从人的自身来说明人的本质的一元论立场是很可取的”。⑥ 陈确“对人欲的这种积极褒扬态度,是发前人所未发”。⑦ 陶清指出,陈确认为“人的本然之性能否完善,并不取决于自然天赋而是取决于人自身的后天习行”,“与诸家性说的根本区别在于,不承认存在着一个可以独立存在、永恒不变的性善本体”。⑧ 韩立森指出,“陈确认为人的心力

---

① (明)陈确:《于刘伯绳书》,载《陈确集》,中华书局1979年版,第471页。
② (明)陈确:《呈学请削籍词》,载《陈确集》,中华书局1979年版,第368页。
③ (明)陈确:《告先府君文》,载《陈确集》,中华书局1979年版,第311页。
④ 王成福:《进步思想家陈确评述》,载《社会科学辑刊》1981年第5期。
⑤ 同上。
⑥ 任大援:《论陈确的性理哲学思想》,载《浙江学刊》1983年第3期。
⑦ 同上。
⑧ 陶清:《陈确心性学说的实质和意义》,载《学术界》1988年第6期。

有限,而客观事物千差万别,因而知识没有穷尽,认识也不可能达到‘至善’的境界”;“陈确这一理寓欲中的理欲观,和其后著名进步思想家戴震的理欲观十分相似”,并得到梁启超的高度评价。[①] 衷尔钜概括陈确的人性论为“人性之善,有待后天培育教养,后天成就的善性,就是人性的全面”。[②] 李明友指出,陈确的理欲观“反对了天理的虚伪性,承认了人欲的合理性”。[③] 姜广辉直陈,前人的理欲观“不似陈确及后来的戴震那样透辟、斩截”。[④] 谭雄毅、黄会波等表述为:“陈确企图回避对人性作一先天的预设,认为人必须通过后天的修养扩充才能性全。”[⑤]王英表述为:“‘欲’的含义有所放大,放大到今日所讲“需要”的程度,既包括物质需要,也包括精神需要。”[⑥]

从这种不同寻常的人性论衍生出的陈确法哲学整体上也“不同寻常”。概言之,陈确认为遍在的规范只能通过实践来表现和发现,不表现、发现出来也就等于不存在。但问题在于,每个具体的人之认识判断能力又是十分有限的,所以人们对规范的认识永处于一个循环往复、无休无止的实践过程之中。为了实践中体认规范,陈确主张在“两欲相参”即偏好冲突的情形中寻找“人欲正当处”。与此同时,也应当在实践中不断减少错误,如果通过权衡选好方向,就据之反复练习,久而久之,便是心安理得的素位人生。

一、规范的来源

乾初先生认为规范是遍在的。如果把其师所谓“慎独”之“独”认作规范,那么规范同时存在于个人内心和社会外在,所谓“凡言独者,皆兼动静言。正、修、齐、治、平皆是诚,心、身、家、国、天下皆有

---

① 韩立森:《陈确思想的特质》,载《晋阳学刊》1990 年第 2 期。

② 衷尔钜:《论陈确及其哲学思想》,载《甘肃社会科学》1991 年第 5 期。

③ 李明友:《黄宗羲与陈确的性论比较——析〈与陈乾初论学书〉》,载《宁波师院学报》1994 年第 1 期。

④ 姜广辉:《陈确思想研究》,载《中国哲学史》1996 年第 3 期。

⑤ 谭雄毅、黄会波:《陈确的人性论探析》,载《齐齐哈尔大学学报》(哲学社会科学版)2007 年第 5 期。

⑥ 王英:《陈确论理欲关系》,载《船山学刊》2013 年第 3 期。

独,必不可专言诚于意,必不可专言慎独于诚意者,亦理也”。[①] 如果把规范等同于必须信守的权威之“经”,那么规范绝非停留于纸面,而是覆盖一切行动和职业。乾初先生说:

经,常也。吾之所谓经者,孝养父母,子之经也;恭事兄长,弟之经也;教子读书为善,以身先之,父兄之经也。俭勤,治家之经也;严缉家人,勿令生事,厚恤其衣食,主父之经也;缓急相周,维持匡救者,亲亲友友之经也;雝雝肃肃,不冤不严,门内之经也;谦以牧身,仁能及物,知己过,不言人过,涉世之经也。由此推之,农亦有农之经,商贾亦有商贾之经;以至星医相卜,与夫百工技艺之人,莫不各有经焉。[②]

乾初先生特别强调的是,遍在的规范只能通过实践来表现和发现。所谓“舍却日用,亦无处更觅道体。一言一动,无非道也……所谓道无定体,随时而在也”。[③] 人所奉行的规范,正如草木所具有的生理特征,不表现、发现出来也就等于不存在。乾初先生说:

虽曰天道,孰非人道?今夫一草一木,谁不曰此天之所生,然滋培长养以全其性者,人之功也。庶民皆天之所生,然教养成就以全其性者,圣人之功也。非滋培长养能有加于草木之性,而非滋培长养,则草木之性不全。非教养成就能有加于生民之性,而非教养成就,则生民之性不全。[④]

要在实践中发现规范,必须依赖于人的认识判断能力。乾初先生肯定人的这项能力,即:“夫道者,天下古今之所共由,非一人之所得而私也。论说则有是非,义理则有纯驳,亦凡有人心者所得而剖别也”。[⑤] 但是,他同时提醒我们,每个具体的人之认识判断能力又注定是十分有限的。乾初先生说:

君子之于学也,终身焉而已。则其于知也,亦终身焉而已。故今日有今日之至善,明日又有明日之至善,非吾能素知之也,又非可

---

① (明)陈确:《与吴裒仲书》,载《陈确集》,中华书局1979年版,第581页。
② (明)陈确:《金刚会问》,载《陈确集》,中华书局1979年版,第371页。
③ (明)陈确:《与祝开美书》,载《陈确集》,中华书局1979年版,第135页。
④ (明)陈确:《性解下》,载《陈确集》,中华书局1979年版,第450页。
⑤ (明)陈确:《答吴仲木书》,载《陈确集》,中华书局1979年版,第571页。

以一概而知也，又非吾之聪明知识可以臆而尽之也。清心寡欲，兢兢焉，业业焉，动谘而审察焉，而仅而知之耳。而犹惧有失也，稍息肆焉，蔑勿懵矣。是故以尧、舜之神焉而犹病，文王之圣焉而"视民如伤，望道而未之见"。此二帝一王者，岂故为此虚怀，以示宏广云尔哉！所谓犹病，则真犹病；所谓如伤、未见则具如伤、未见也。天下之理无穷，一人之心有限。①

正因为"一人之心有限"，所以人们对规范的认识和把握，就是一个在实践中循环往复、永无止境的过程。所谓"道虽一贯，而理有万殊；教学相长，未有穷尽。学者用功，知行并进。故知无穷，行亦无穷；行无穷，知愈无穷。先后之间，如环无端，故足贵也"。② 就个体来说，则是一个贯穿一生的过程，"至夫格致工夫，直与学相终始。幼不可不格致也，壮不可不格致也，老不可不格致也。奈何提作一截工夫，而谓是大学之始事乎"？③ 乾初先生把这两个过程也比喻为围棋中的连环劫，"故'知行'二字，如围棋家辗转劫，至局终方了，安分前后"。④ 但是，个体有生死，人类社会长存，因而从整体上说，认识和实践的这场博弈并没有终了之日。

因此，完整的规范世界，乃至任何具体的规范，都是很难甚至无法得到的。乾初先生说："至善，未易言也；止至善，尤未易言也。古之君子，亦知有学焉而已。善之未至，既欲止而不敢；善之已至，尤欲止而不能。夫学，何尽之有！有善之中又有善焉，至善之中又有至善焉，固非若邦畿丘隅之可以息而止之也。"⑤

根据这一判断，乾初先生惊世骇俗地彻底否定《大学》的权威及教训。他自述一生立德立言的旨归："吾生不辰，怀抱求展，遂同草木俱腐。生平笔札纷纷，了无足取。惟论葬与世俗异，论性、《大学》与诸儒异。要为不失孔、孟之旨，圣人复起，不易吾言。"⑥原因

---

① （明）陈确：《大学辨》，载《陈确集》，中华书局1979年版，第554页。
② （明）陈确：《答格致诚正问》，载《陈确集》，中华书局1979年版，第560页。
③ 同上。
④ （明）陈确：《与张考夫书》，载《陈确集》，中华书局1979年版，第584页。
⑤ （明）陈确：《大学辨》，载《陈确集》，中华书局1979年版，第554页。
⑥ （明）陈确：《示儿帖》，载《陈确集》，中华书局1979年版，第390页。

就在于,首先,《大学》的权威性全凭朱子意见而来,并无任何旁证可以支持。陈确说:"朱子对或人之问,亦云'无他左验'。"①除了文本证据缺乏,《大学》所说在逻辑上也有违陈确对规范难得的上述认识,"确与友人书辨《大学》,尝有述、理之说。谓以迹则显然非圣经也,以理则纯乎背圣经也。顾理细难明,述粗易见"。② 对于《大学》的逻辑,陈乾初批判:

且吾不知其所谓知止者,谓一知无复知者耶,抑一事有一事之知止,事事有事事之知止;一时有一时之知止,时时有时时之知止者耶?如其然也,则今日而如止,则自今日而后,定、静、安、虑、得之无不能,不待言也。脱他日又有所为知止焉,则他日之知,非即今日立所未知乎?是定、静、安、虑、得之中,而又纷然有所为未定、静、安、虑、得者存,斯旨之难通,固已不待其辞立毕矣。《大学》之所谓知止,必不然也。必也,其一知无复如者也。一知无复知,惟禅学之诞有之,圣学无是也。③

乾初先生论断,任何把真理视为脱离现象世界的假设,可以突然完全掌握之的观念,纯属佛教带来的幻想,于个人和社会都有很消极的影响。他说:"盖《大学》之意,只重知止;截言格致,亦是为知止结案。物格而知致,则知止矣。知止乃全乎禅学,即释氏所谓'大彻大悟境界',圣学绝无此也。"④陈确认为,此种以"知止"为重点的佛教化儒学话语,最大的弊端即忽视了实践:

故以其前之归重知止,而知上文明、亲、至善之言之为虚设也,以其后之归重格致,而又知上文诚、修、齐、治、平之言之皆为虚设也。惟"修身为本"一言,最为切实,然已大悖前义矣。故读《大学》之全文,而又知"修身为本"之言之亦为虚设也。弟谓大学竟是空寂之学者,盖以此也。彼二氏之学,何尝不兼言作用;听其言,若且体用兼得者,要归于靡无寂灭而已矣,《大学》之谓也。⑤

---

① (明)陈确:《大学辨》,载《陈确集》,中华书局1979年版,第552页。
② (明)陈确:《辨迹补》,载《陈确集》,中华书局1979年版,第562页。
③ (明)陈确:《大学辨》,载《陈确集》,中华书局1979年版,第554页。
④ (明)陈确:《答张考夫书》,载《陈确集》,中华书局1979年版,第586页。
⑤ (明)陈确:《答沈思朗书》,载《陈确集》,中华书局1979年版,第572页。

忽视实践，即助长空谈：

至于有宋，学者庶几近古。而程、朱又立为《大学》之教，一旦出《戴记》而尊之《论》《孟》之上，于是知行遂分，而五百年来，学士大夫复相与揣摩格致之说，终日捕风捉影，尚口黜躬，浮文失实，是何异敝晋之清言，痴禅之空悟乎？阳明子虽欲合知行，然谆谆言致良知，犹未离格致之说。传之后学，益复荒唐。非揣摩之不工，其所以揣摩者失其道也。①

而既然规范只存在于实践之中，空谈的结果自然是一切规范成为虚设，“释教非不精微，而弟正恶其精微。圣人只下学而上达，而释氏则专言上达。离下以为上，恐所为上者非上也。《大学》亦悬空说个至善，又悬空说个止至善。听其言甚好，深体之，则只是虚诞之词”。② 这样就意味着梦堕于禽兽之群：

今之学者，大抵皆舍其所已明，而日求其所未明。无论未明未必能求，藉令求得，犹只是已明故智。要皆未离乎虚知见而已。未离乎虚知见，即未离乎禅。此宋以来学者大病，弟每痛此入于骨髓，深欲与同志一洗斯惑也……此事事不放过工夫，又从一种真切向上心生来。学者立发个真切向上心，时时惟恐堕于禽兽，那敢因循，那得轻放过一事，那能不深求义理之精微！此真切向上心，即孔子所谓志学也。此志未立，但云读书穷理，无异作梦，所谓有知无行，卒归于无知者也。③

乾初先生劝告，为了真正掌握规范，必须要回到实践之中，正如写作求工也只能于下笔之后。他说：

吾兄鄙外驰之学，深求独体，最是山阴先生第一要义，而力行工夫自不可阙。譬操觚家一味穷体理，不轻下笔，终是眼高手生，鲜能入彀。力行之功，莫先改过。吾人日用，过失最多，自圣人且不能免，何但后学。细心体察，当自知之。知之即改，改而不已，功夫纯熟，渐不费力。圣贤学问，端不越此。若明知是过而不即改，曰“此

---

① （明）陈确：《揣摩说》，载《陈确集》，中华书局1979年版，第263页。
② （明）陈确：《与陆丽京书》，载《陈确集》，中华书局1979年版，第611页。
③ （明）陈确：《复吴裒仲书》，载《陈确集》，中华书局1979年版，第97页。

特在外者,不须亟亟,吾当求之独体”,此自欺欺人,不可之大者也。知过之心,即是独体,知而不改,便为有体无用,非真体矣。又于此外求独,何翅千里。亦如作文,愈改愈稳,虽一字之疵,不轻放过,方能入妙。吾兄于此道甚深,当不以弟言为甚缪也。①

陈确最喜欢举的例子还是旅行,要想周知道路,也只有依靠自己在前进中不断探索:“譬如乱后而至京师,风波荆棘,不容不访,但走在路上,虽至愚极蠢之人,必能问讯,必能到京。若终日坐在家里,虽聪明强记之人,将两京十三省路程稿子倒本烂熟,终亦何益。”②

二、于实践中体认规范

那么如何在实践中把握规范呢?延续阳明学的传统,陈确也说致良知。但是陈乾初之所谓良知、致良知,绝非一个抽象而神秘的规范集合体通过直觉发生作用。陈确指出:“观象山、阳明集中,亦并无直指心体之说。”③他说良知、致良知,只是发挥人固有的认识判断能力。“昔萝石子有云:‘所谓良知,只是能知过;所谓致良知,只是能改过。’确深韪其语。”④又说:“良知非他,即吾所谓本心是也;致良知非他,即吾所谓兢兢无负其本心是也。”⑤所谓“良知犹言良心,致良知犹言尽心”。⑥

在乾初哲学中,人的认识判断能力也不抽象而神秘,仍可还原为感性体验,即所谓“气、情、才”。规范也需自这种感性体验中发现。所谓“知才、情、气之本于天,则知所谓天命之性,即不越才、情、气质而是,而无俟深求之玄穆之乡矣”。⑦ 乾初先生批评宋儒不重视这些体验,而求规范于玄想:

盖孟子言性必言工夫,而宋儒必欲先求本体,不知非工夫则本

---

① (明)陈确:《与吴仲木书》,载《陈确集》,中华书局1979年版,第73页。
② (明)陈确:《答朱康流书》,载《陈确集》,中华书局1979年版,第474页。
③ (明)陈确:《答张考夫书》,载《陈确集》,中华书局1979年版,第601页。
④ (明)陈确:《志喜篇》,载《陈确集》,中华书局1979年版,第218页。
⑤ (明)陈确:《辑祝子遗书序》,载《陈确集》,中华书局1979年版,第239页。
⑥ (明)陈确:《答张考夫书》,载《陈确集》,中华书局1979年版,第600页。
⑦ (明)陈确:《答朱康流书》,载《陈确集》,中华书局1979年版,第472页。

体何由见？孟子即言性体，必指其切实可据者，而宋儒辄求之恍惚无何有之乡。如所云平旦之气，行道乞人之心，与夫孩少赤子之心，四端之心，是皆切实可据者。即欲求体，体莫著于斯矣。盖孟子分明指出气、才、情之善，以明性之无不善。而宋儒将气、才、情一一说坏，甚云"人生而静以上不容说，才说性，便已不是性矣"，则所谓性竟是何物？惑世诬民，无若此之甚者。犹各侈然自以其说直驾孔、孟之上，此尤可痛哭流涕长太息者也。①

陈乾初肯定人拥有感性体验本身是符合规范的。感性体验和规范世界本质上是统一的。他说：

一性也，推本言之日天命，推广言之日气、情、才，岂有二哉！由性之流露而言谓之情，由性之运用而言谓之才，由性之充周而言谓之气，一而已矣。性之善不可见，分见于气、情、才。情、才与气，皆性之良能也。天命有善而无恶，故人性亦有善而无恶，人性有善而无恶，故气、情、才亦有善而无恶。②

乾初先生洞察到，只有肯定人的感性体验，才能进一步肯定每个人的认识判断能力，进而鼓励每个人在实践中自觉地寻求和遵循规范的要求。他论述：

孟子道性善，具有至意，告子不知，横争无已，使天下之为不着皆得诿之于性，岂非万世罪人邪？诸子又纷纷言气质之性，真助纣为虐者，罪益甚焉。气情才有不善，即是性有不善，正告子意中之言，诸子发明殆尽，何其酷也！然孟子非安安道个性善，实欲胥天下为善耳。若但知性善，而又不力于善，即是未知性善。故阳明子亟合知行而一之，真孟子后一人，而学者又攻之不止，群愚相咻，千古一辙，真可恨也！言性善，则天下将无弃人；言知行合一，则天下始有实学。然孟子、阳明非姑为是言以诱人为善者，要之，性体与知行之体原自如此，圣人复起，不能易也。非然，则性非性，知行非知行矣。③

---

① （明）陈确：《原教》，载《陈确集》，中华书局1979年版，第457页。
② （明）陈确：《气情才辨》，载《陈确集》，中华书局1979年版，第452页。
③ （明）陈确：《圣学》，载《陈确集》，中华书局1979年版，第442页。

由此，乾初先生认为，个人在实践中把握规范，即充分发挥认识判断能力、如实面对感性体验：

今夫心之有思，耳目之有视听者，气也。思之能睿，视听之能聪明者，才也。必欲冥而思虑，黜而睿智，以求心之本体，收而视听，杜而聪明，以求耳目之本体，安得而不禅乎？故践形即是复性，养气即是养性，尽心、尽才即是尽性，非有二也，又乌所睹性之本体者乎？[①]

而且，这种发挥能力、面对体验是没有止境的，一时一地的认识、判断永远是不够的。乾初先生说："无论人生而静之时，黝然穆然，吾心之灵明毫末间发，未可言性；即所谓赤子之心，孩提之爱，稍长之敬，亦萌而未达，偏而未全，未可语性之全体。必自知学后，实以吾心密体之日用，极扩充尽才之功，仁无不仁，义无不义，而后可语性之全体。"[②]正因如此，个人所得的具体规范就既不可能如王畿所说是良知现成，完美无瑕，也不可能如朱学所说是伦理纲常，清晰教条。实际上，陈确能够得到的具体规范只能是从认识和体验中产生的行动倾向。在乾初哲学中，人的认识和体验正是具体规范的载体，"欲即是人心生意，百善皆从此生"。[③] 这种认识和体验不可或缺。他说：

周子无欲之教，不禅而禅，吾儒只言寡欲耳。圣人之心无异常人之心，常人之所欲亦即圣人之所欲也，圣人能不纵耳。饮食男女皆义理所从出，功名富贵即道德之攸归，而佛氏一切空之，故可曰无，奈何儒者而亦云耳哉。确尝谓人心本无天理，天理正从人欲中见，人欲恰好处，即天理也。[④]

但是，问题在于，个人的具体认识和体验，即便在乾初哲学中，也必然是有对有错的。究竟什么样的认识和体验才体现了规范的要求呢？正所谓"盖天理皆从人欲中见，人欲正当处，即是理，无欲又何理乎"。[⑤] 可究竟什么才是"人欲正当处"呢？

---

① （明）陈确：《气情才辨》，载《陈确集》，中华书局 1979 年版，第 454 页。
② （明）陈确：《于刘伯绳书》，载《陈确集》，中华书局 1979 年版，第 467 页。
③ （明）陈确：《无欲作圣辨》，载《陈确集》，中华书局 1979 年版，第 461 页。
④ 同上。
⑤ （明）陈确：《于刘伯绳书》，载《陈确集》，中华书局 1979 年版，第 468 页。

乾初先生讨论了“两欲相参”，即偏好冲突的情形。“生，所欲也，义，亦所欲也，两欲相参，而后有舍生取义之理。富贵，所欲也，不去仁而成名，以君子所欲也，两欲相参，而后有非道不处之理。”①也就是说，人的认识和体验会同时产生方向不同的偏好，应该有所选择，这种选择的结果就是规范，这种规范也就是选择的依据，两者在实践中是相统一的。那么，错误的选择是什么呢？陈确明确：“所谓居易，只是循理，所谓行险，只是从欲。欲非止一端，要之‘名利’一字其大端也。”②最起码，名利是错误的欲望。正确的选择是什么呢？陈确举了养育孩子的例子：

彼贤父母之能私其子者，则不然。见其食也常夺之，衣也常脱之。出与邻儿斗，则反右邻儿而责其子。闻人誉其子，必不敢谓已然。其毁之也，又必不敢谓不然。可谓之能私其子者乎？然饱煖不过则鲜疾患，责其子，不自贤其子，则有所惩刱而日进于德。又可不谓之能私其子者乎？③

父母表面上对邻居孩子是更加照顾袒护的，对自己孩子的现实需要是没有满足的，但是就内心而言，这一对父母显然更加偏好的是自己的孩子。由此，陈确总结说正确的偏好也就是真诚实在的偏好，即“是故君子之心私而真，小人之心私而假；君子之心私而笃，小人之心私而浮”。④ 推而广之，这种真诚实在的偏好是一切规范的起点：

有私所以为君子。惟君子而后能有私，彼小人者恶能有私乎哉！夫君子之于人，无不敬也，然敬其兄与敬乡人必有间矣。君子之予人无弗爱也，然爱其兄之子与邻之赤子亦必有间矣。如是，则虽曰爱己之子又愈于兄之子，奚为不可！故君子之爱天下也，必不如其爱国也，爱国必不如其爱家与身也，可知也。惟君子知爱其身也，惟君子知爱其身而爱之无不至也。曰：焉有吾之身而不能齐家者乎！不能治国者乎！不能平天下者乎！君子欲以齐、治、平之道

---

① （明）陈确：《于刘伯绳书》，载《陈确集》，中华书局1979年版，第468页。
② （明）陈确：《治怒》，载《陈确集》，中华书局1979年版，第417页。
③ （明）陈确：《私说》，载《陈确集》，中华书局1979年版，第258页。
④ 同上。

私诸其身,而必不能以不德之身而齐之治之平之也。则虽欲不正心以脩身,得乎?故曰:“自天子以至于庶人,壹是皆以修身为本。”此非忘私之言,深于私立言也。①

与此同时,乾初先生当然也深知片面强调个体偏好会导致恣肆无涯的弊端,所以他也每每提出这种偏好本身在量上需要十分精确才可称为规范,即“道止一中,过一分即是过,不及一分亦是过”。②陈确在这里提到“停当”。他说:

文章入妙处,无过是停当;学道入妙处,亦无过是停当。无不停当,即是可与权、不踰矩境界,穷神知化又何加乎!或问停当之说。曰:“即理道之正者。”“于何取诸?”曰:“取之于吾心。吾心停当,道理自无不停当,故曰‘先正其心’,故曰‘从心所欲不踰矩’。从心不踰,正吾心极停当时也。”③

当然,由个体来掌控自己,全不可靠。所以陈确更依赖所谓的“志”,以干脆将一般的行动倾向预先确定下来。他说:

若乃正心之于格致,则正心为指南之针,格致乃辨方之盘,铁摇不定,虽盘星灿然,度分刻画又安所取正乎?故学莫先定志,志为圣贤,而后有圣贤之学问可言。格物致知,犹言乎学问云耳。故曰:志于功名者,富贵不足以移之;志于道德者,功名不足以移之。故志于富贵,则所格所致皆富贵边事矣;志于功名,则所格所致皆功名边事矣;志于道德,则所格所致皆道德边事矣。此非格致之异,而吾心立异焉也。④

先有志,就不会根据具体的认识和体验动摇本应采取的行动方向。陈乾初曾举过与友共赏西溪之梅的例子,因为无志,所以始终未能成行,如果有志,则定然风雨不避。他说:“要惟无实为圣贤之志,故有此病。亦如吾人终日说西溪梅好,未始决一日之行,安得亲切若真!志于学,则一言一动自然真实,岂肯漫然!”⑤

① (明)陈确:《私说》,载《陈确集》,中华书局1979年版,第257页。
② (明)陈确:《闻过》,载《陈确集》,中华书局1979年版,第416页。
③ (明)陈确:《近言集》,载《陈确集》,中华书局1979年版,第425页。
④ (明)陈确:《答格致诚正问》,载《陈确集》,中华书局1979年版,第559页。
⑤ (明)陈确:《与沈思朗书》,载《陈确集》,中华书局1979年版,第115页。

而有了坚定的方向之后,更要在日常实践中依据已有的选择反复练习。乾初先生将这个过程称为"揣摩"。他说:

"揣摩"二字,可谓极妙。天下事孰能逃有心者之揣摩乎哉!书摩锺王则锺王矣,诗摩李杜则李杜矣,文摩韩柳则韩柳矣。学者之心,无微不入,顾所揣摩为何如耳。虽农工商贾,莫不皆然,而岂独纵横家之所绝乎!故夫货殖者之揣摩物情,乡原之揣摩世情,鄙夫患失者之揣摩朝情,莫不神明默成,不言而喻。使移此心于道,虽坐而至于圣人,可矣。昔者尧、舜揣摩道心而道心精,禹、汤、文、武揣摩民心而民心得,孔、孟揣摩学心而学心至。要之,此三心者,一心也,易地则皆然。①

经此一番锻炼,则日后再遇到冲突的偏好,也会自然而然地得到正确的规范及其判断了。乾初先生说:

孔子大圣,自云敏求。造物无为,昼夜不息,而欲尽废思勉,以几至道,岂其然乎!其谓不思而得者,盖不思而思、思而不思之为不思,而非一无所思之谓也。其谓不勉而中者,盖不勉而勉、勉而不勉之为不勉,而非一无所勉之谓也。尧曰"文思",非无思也。舜曰:"孳孳",非无勉也。是故择执之中必有从容,从容之中不废择执,天与人交相用之谓道。②

而且,正如孟子性善论所欲,这种由志定欲,从容择执的方法可以为每一个人所采纳,引导现世日趋美好。宋儒哲学中那种规范世界和现实世界的尖锐对立,不但未能造成规范世界的落实,反而彻底破坏了人们的认识、体验乃至生活的现实世界。乾初先生反复说:

人欲不必过为遏绝,人欲正当处,即天理也。如富贵福泽,人之所欲也;忠孝节义,独非人之所欲乎?虽富贵福泽之欲,庸人欲之,圣人独不欲之乎?学者只时从人欲中体验天理,则人欲即天理矣,不必将天理人欲判然分作两件也。虽圣朝不能无小人,要使小人渐变为君子。圣人岂必死人欲,要能使人欲悉化为天理。君子小人别

① (明)陈确:《揣摩说》,载《陈确集》,中华书局1979年版,第262页。
② (明)陈确:《答性教问》,载《陈确集》,中华书局1979年版,第549页。

辨太严,使小人无站脚处,而国家之祸始烈矣,自东汉诸君子始也。天理人欲分别太严,使人欲无躲闪处,而身心之害百出矣,自有宋诸儒始也。[1]

三、于实践中减少错误

如前所述,个人于实践中得到的认识和体验,不只是规范,往往是错误。如果说气、情、才本应是规范的体现,那么错误的载体则是习气、私情。所谓习气,就是个体行动给他人的不佳体验,陈确比之为败酒。他说:

友言:"径山龙井茶亦无甚味,松萝香味自佳,论者何反劣之?"确曰:"惟香味佳,故劣之。昔锡山有一绅老善作酒,忽一日于瓮边大呼曰:'吾酒败矣。'人问:'酸耶?'曰:'否。''然则甜耳?'曰:'否。''太苦耳?'曰:'否。''三者皆无之,何故言败耶?'曰:'但满口是酒气也。'"善哉言酒!故酒之至者,无酒气者也;茶之至者,无茶气者也。此龙井、松萝之所以上下也。非惟茶酒为然也,今之时文、诗、古文,其工者吾未尝不欲呕也。非惟诗文为然也,其所为名士,所为善知识,人必皆望而知之矣,有气故也。[2]

正如正确的实践可以转化为自然的举止,错误的行动也会酿成顽固的习惯。陈确说:

圣人辨性习之殊,所以扶性也。盖相近者性也,相远者习也。虽相远之极,至于不移,而性固未始不相近也,焉可诬乎?夫子若曰:人之性,一而已,本相近也,皆善者也。乌有善不善之相远者乎?其所以有善有不善之相远者,习也,非性也,故习不可不慎也。习相远矣,虽然,犹可移也。[3]

众人错误的行动日积月累则成为与规范相悖的习俗。所谓"道之与俗,相反也。道则不俗,俗则非道。今士往往言道而行俗,则亦真俗而已矣,又何道之言乎"![4] 陈确讽刺那些为习俗所传染的"儒

---

① (明)陈确:《近言集》,载《陈确集》,中华书局1979年版,第425页。
② (明)陈确:《去气说》,载《陈确集》,中华书局1979年版,第268页。
③ (明)陈确:《子曰性相近也二章》,载《陈确集》,中华书局1979年版,第458页。
④ (明)陈确:《道俗论上》,载《陈确集》,中华书局1979年版,第169页。

者”说:“彼俗士营营苟苟,名虽为儒,实叛儒教,固宜为兄所厌弃,独不有真儒自得之学在乎?弟观今之善知识,悉染时士习气,题笺写扇,狼藉人间。高座伎俩,不过如此,弟深鄙之贱之。至于贪嗔秽鄙,更甚俗辈者,往往而有,又不足言矣。”①可惜的是,“以怪为常,以常为怪,世人眼孔,大率类此”。② 陈确提醒,于此尤其需要改正。他说:

知过改过,便是圣学。下愚不知过,知亦不改;中人不能尽知,亦不能尽改;上智则无过不知,无过不改。圣愚之分,在此而已。但吾辈学力未深,或宥于气质,或牵于习俗,日用动静,何处非过,何时无过?苟不细心体察,亦何由知之?古人所谓认贼作子者,往往而是。③

除了习气、习俗,错误的另一个根源则是私情,或者说,自以为是。既然是在个人有限能力下得到的认识和体验,当然不一定符合规范,如果认为自己完全正确,则注定就是错误,即“故知过天理一分,便是人欲。学者往往自以为善,而不知已入于恶,皆此类也”。④可惜即便是学人也往往会犯这种错误,“‘吾无不是’四字,真陷入阬阱,其毒甚深,自非大智,希不犯手”。⑤ 自以为是,实际上已经把个人直接推向规范的对立面。陈确说:“人非尧、舜,安能无过?过而能改,且改之又改,即是圣贤功夫。……所谓君子,只是戒慎恐惧时若有过而已矣。所谓小人,只是无忌惮时自以为是而已矣。”⑥为了防止自以为是,谦虚是个办法,但是谦虚必须有原则。乾初先生说:“所谓虚心亦有辨。果心如太虚,不着一物,惟善是取,如大舜之若决江河,则善矣。苟漫无主张,不辨是非可否,而惟人言之唯唯,此全是浮气,而世儒误以为虚心,则大害事矣。且人心学术之坏,甚

---

① (明)陈确:《与老友董东隐书》,载《陈确集》,中华书局 1979 年版,第 86 页。
② (明)陈确:《与张元岵前辈书》,载《陈确集》,中华书局 1979 年版,第 487 页。
③ (明)陈确:《与祝凤师书》,载《陈确集》,中华书局 1979 年版,第 122 页。
④ (明)陈确:《撤主议》,载《陈确集》,中华书局 1979 年版,第 195 页。
⑤ (明)陈确:《雨窗漫笔》,载《陈确集》,中华书局 1979 年版,第 420 页。
⑥ (明)陈确:《遗祝凤师兄弟书》,载《陈确集》,中华书局 1979 年版,第 99～100 页。

有以诡随为无执着,以两可为能虚公。"[①]如果一味谦虚,反而成了乡愿。他说:"谓圣人之心固虚,然虚心于道,非虚心于俗也。虚心于俗者,是乡原之学也。道之所然,而吾不敢不然,夫是谓之真虚心。苟唯是调停道俗之为见,几何而不流为乡原之学乎!"[②]又说:

谆谆进以"妥贴"二字,伏而思之,最难体认。苟诣其极,即是"可与权"、"不踰矩"境界。某贱儒也,何足以知之!顾其中有大分别。有妥贴于俗者,有妥贴于道者。盖妥贴于俗者未必妥贴于道,而妥贴于道者亦未必妥贴于俗,二者相非,莫能衡断。然而由前之言则为乡愿,由后之言则为圣贤,何翅毫厘而千里乎!要之,真妥贴于道者,自无不妥贴于俗;由俗人观之,觉得未妥贴耳。妄见及此,敢以正之有道。[③]

乾初真正主张的解决办法是"小心",即谨慎而已,遇事擅于分析。所谓"盖小心与虚心相类,而'小'字较有持循。心小则析理深而赴义必,故心之小者必虚,而虚者未必能小"。[④] 他也以此解"敬"。陈确说:

敬于父母则孝顺,敬于夫妇则肃和,敬于兄弟则友爱,敬于朋友则丽益,敬于僮婢则从【令】,敬于一切世俗则无辱,敬于言则不妄,敬于事则有成,敬于讲诵则有得,敬于作书临文则法日进。《记》曰"无不敬",尽之矣。能敬之人,时时见得自己不是,不敬之人,时时见得自己是。[⑤]

具体而言,为了发现错误,要努力避免由功利偏好引发的认识和体验,即"成心"。乾初说:

诸过皆从欲念起,无欲即无过。是以善学者不在随处弭禁,而在闲居慎独。慎独之功,要在去私。今人动念,无不为私心所蔽。喜怒哀乐,本各自有中,则一以私心处之,便多偏驳。即如文字妍媸,平心以观,无不立辨,一视其姓名,则必以平日毁誉为转移。凡

---

① (明)陈确:《近言集》,载《陈确集》,中华书局 1979 年版,第 427 页。
② (明)陈确:《致查静生书》,载《陈确集》,中华书局 1979 年版,第 80 页。
③ (明)陈确:《与张元岵书》,载《陈确集》,中华书局 1979 年版,第 87 页。
④ (明)陈确:《近言集》,载《陈确集》,中华书局 1979 年版,第 427 页。
⑤ (明)陈确:《书示仲儿》,载《陈确集》,中华书局 1979 年版,第 383 页。

此皆成心未破，私之至也。诸子既当以慎独为心，尤须时时验之实事。相会气象，月有不同，乃妙。不然，日史纪过，总虚文也。性情各有不同，各因其不足处为救治，自知病根所在，须用一番坚忍力，痛除之，务使其旧习勿复见，然后谓之能改过入道耳。①

如果任由成心前见主导，则一切错误都在偏好的名目下得以掩饰。其实，这正是乾初哲学缺乏外在规定性必然导致的结论。陈确说：

以非为是，以是为非；以私为公，以公为私；以贤为不肖，以不肖为贤，以法古为戾时，以倍道为能权；以苛细为察，以阘茸为宽；以忿争为刚正，以谄伪为恭谦；以忘身为慷慨，以遗物为自全；以党恶为忠谋，以怙不肖为包含；以大愚为智，以妄取为廉；以俗为礼，以诡为圆。虽百其口，曾不可与之言也。盖彼之所谓是非可否者，皆吾耳中之风雨雷鼓也。虽与辨诸，曷得而辨诸！故与心聋者办理，犹与耳聋者辨声。②

但是，乾初先生高明之处在于，正如在多变的“人欲”之上加了“志学”的指南针，他也在“成心”之外修筑了“公义”的篱笆墙。乾初哲学把“私情”和“公义”对立起来。他特别举出明孝宗为周太皇太后立庙的故事来说明之：

弘治十七年二月，太皇太后周氏崩，群臣引成化间学士议祔葬祔庙文。上曰：“事须师古，末世之事不足学。”李东阳对曰：“皇上当以尧、舜为法。”上曰：“然。宗庙事关系极重，岂可毫发僭差！太皇太后鞠育朕躬，恩德深厚，朕何敢忘！但一人之私情耳。钱太后乃皇祖册立正后。我朝以来，祖宗唯一帝一后，今若并祔，乃从朕坏起，恐后来杂乱无纪极耳。且孝穆太后，朕生身母，止尊称皇太后，别祀于奉慈殿。今仁寿宫前殿尽宽，意欲奉太皇太后于此，而以孝穆太后祔，岁时享祭，一如太庙，不敢步缺。”东阳奏曰：“皇上言及孝穆太后，尤见大公至正之心，可以服天下矣。”上曰：“此事却难处。行之则礼有未安，不行则违先帝之意，又违群臣会议。会议犹

① （明）陈确：《寄诸同志》，载《陈确集》，中华书局1979年版，第379页。

② （明）陈确：《聋说》，载《陈确集》，中华书局1979年版，第261页。

可,奈先帝何!朕尝思之,夜不能寐。先帝固重,而祖宗之制为尤重耳。”于是卒定别庙之议,中外翕然,称得礼云。史臣称孝皇此举,抑情遵礼,反覆详慎,务求至当,以昭一代之彝典,而陋唐、宋诸君于不居。所谓惟圣尽伦,惟王尽制,惟孝子为能享亲,惟天子建中和之极。呜呼!孝皇,吾无间然矣。①

如果只是将规范判断归结为个人的偏好,则明英宗到明孝宗祖孙三代的选择不可谓不重要,甚至可以说重要之至,无可挑战。但是,明孝宗自觉地认识到行动还要符合公义的标准,也因此得到李东阳、朝臣乃至陈乾初的称赞。

那么,如何避免错误呢?在乾初哲学中,毫无疑问仍要回归实践。陈确把它比喻为一个学习语言的过程。他说:

圣人非人耶?亦人也。使圣而非人也则可,圣亦人也,则人亦尽圣也,何为不可至哉!虽圣乎,于人之性曾无毫末之加焉;则人之未至于圣者,犹人之未完者耳。人之未完者且不可谓之人,如器焉,未完者亦必不可谓之器也。然则以非人为人则安之,以是人为人则疑之,是何异齐人而疑其不能齐语乎?夫齐人之为齐语也,直不学楚语已矣。人之为圣人也,直不为禽兽已矣。以齐人而学楚语尚可,以齐人而学齐语反不可,其谁信之?以人而入于非人尚可,以人而完其为人反不可,又谁信之?②

这种学习不仅仅是在书本中寻求教条:

学未始废读书,而不止读书;读书未始非学,而未可谓学。读书而不知学,与博弈何异?而今之士者,但知以读书为学,深可痛也。举子之学,则攻时艺;博士之学,则穷经史,搜百家言;君子之学,则躬仁义。仁义修,虽聋瞽不失为君子;不修,虽破万卷不失为小人。士果志学,则必疑,疑必问,曾之刍荛勿遗,而况煌煌古训乎!③

如果仅仅信守一些教条,反而会削弱破坏个人本有的认识判断能力。陈确说:

---

① (明)陈确:《嫡庶丧服议》,载《陈确集》,中华书局1979年版,第188页。

② (明)陈确:《圣人可学而至论》,载《陈确集》,中华书局1979年版,第151页。

③ (明)陈确:《学解》,载《陈确集》,中华书局1979年版,第462页。

窃尝验之,虽是事从心生,然心亦从事生。如人有善念,始有善事,此何待言。假如吾人日行善事,又安得复有恶念乎?昼之所为,即夜之所梦,不可不察也。所以古人用功,贵内外交养。如心体一时未得干净,更外考之于事;行事一时求得安稳,又内求之于心。如是养去,吾身吾心渐有体段,不可强制也。强制之早,如盗贼革面,终防窃发。孟子不动心工夫,只是养气,养气工夫,只是集义。此外岂别有待志之法乎?……大约吾心吾身要使时留余地,使得舒展为佳,所谓生趣也。若过于桎梏,其弊正与放心等。①

在陈确看来,一时一地的判断与古礼相冲突,则从礼的规定。比如火葬:

吾闻子以纳亲于道为孝,不闻以从令为孝也。观父母之必不忍化王父母,则我之不忍化我父母,乃所以从亲也。奚违之与有!……且古人遇大事,必有相。凡礼,皆相者主之,而人子无预焉。虽违之,是相违之也,子何罪?子知有父命而已,相知有礼而已。命有礼则从父,无礼则从相,所以全孝也。②

比如厚葬:"盖人子之于亲,爱敬之诚无所不至,然亦有限制,不可逾越。故曰:'死葬之以礼。'礼也者,不可不及,亦不可过也。"③陈确举了三桓的例子:

三家祖桓,故祭桓;祭桓,故用桓所尝享之礼乐,于是歌雍而舞佾。夫祖桓而祭桓者,亲之也;祭桓而用天子礼乐,尊之也。尊尊亲亲,律以今世俗之所谓孝,三家亦可以无愧矣,而夫子深诛之,何也?故子孙之情靡穷,而先王之礼有节。故礼行则情有所绌矣。④

世俗标准和古礼相冲突也可从礼进而符合规范。所谓"非礼之礼,懵俗恬不知怪,而学古之君子所不敢出也……若以礼,则自有先圣王之令典在,非确之愚所得自增损也"。⑤ 陈确说:

世俗啧啧称夸,有所谓在行者,有所谓筋节者,有所谓便宜

---

① (明)陈确:《与吴仲木书》,载《陈确集》,中华书局1979年版,第137页。
② (明)陈确:《答瓮化疑问》,载《陈确集》,中华书局1979年版,第374页。
③ (明)陈确:《与张元岵前辈书》,载《陈确集》,中华书局1979年版,第487页。
④ (明)陈确:《士祭议》,载《陈确集》,中华书局1979年版,第197~198页。
⑤ (明)陈确:《俗误辨》,载《陈确集》,中华书局1979年版,第506页。

者,有所谓公道者,苟不虚心体察,流毒无已。试以道眼观之:所谓在行,即市侩之别名;所谓筋节,即刻薄之转语;所谓便宜,即攘夺之招词;所谓公道,即自是之写照也。随常交易,要占便宜,此得便宜,则彼失便宜,非攫夺而何?人谓我公道,还未必公道,况自谓公道,必将有大不公道者存其间。略一反照,此等字便一一不敢出口矣……宾昏丧祭,循礼而不循俗;日用饮食,从理而不从欲。以公道为未公道,失便宜处讨便宜。此乃吾之所谓在行、筋节者也。①

又如暂厝而不葬:“古人之葬亲,有悬棺而窆者。今必择地、择年、备物而后葬,非然,则久停而不葬。夫择地、择年、备物而后葬之于亲,非不厚也,未若悬棺而窆之可速安亲魄也。”②

但有时候,礼也要反过来服从实际的需要,“视理之曲直、势之缓急大小而权衡之”。③ 陈确说:

礼所得为则为之,力所能为则为之,即力所能为而礼有所不得为,礼所得为而力有所不能为者,虽圣人弗为,如是而已。子思子之所为必诚必信云者,必尽其礼、尽其力之谓,而非能深求于力礼之外也。深求于力礼之外者,即为不用吾情,而大乖诚信之道矣。④

关于赙仪,陈确说:

又数日前,老友董昭逸过我伯儿问疾,致一金买参。伯兄固不受,仆以为于义可受也。此等馈遗,最是天理上事。特今人罕能行之,反以为过情耳。推此意而广之,则凡吾辈之所以处亲戚乡里,度吾力之所能为与吾情之必不可已者,而黾勉以将之,必有其道矣。况至亲乎!居常见董昭逸兄弟于贫亲死丧,赙赠极厚,最可师法。今人家无故会客,致损数金或数十金,浮文妄费,如此等类,不可枚举。人苟能于此等无益之费,事事裁宥,以赴穷亲友之急,不其绰然耶!⑤

---

① (明)陈确:《近言集》,载《陈确集》,中华书局 1979 年版,第 431 页。
② (明)陈确:《丧实议》,载《陈确集》,中华书局 1979 年版,第 178 页。
③ (明)陈确:《与吴仲木书》,载《陈确集》,中华书局 1979 年版,第 139 页。
④ (明)陈确:《养生送死论下》,载《陈确集》,中华书局 1979 年版,第 157 页。
⑤ (明)陈确:《示友帖》,载《陈确集》,中华书局 1979 年版,第 377 页。

关于嫁妆,他说:“聘积德有礼、贫士之家、工蚕织者为上。六礼钗币茶果之费,虽有力,不过廿金。钗钏皆银,不得用金。币不过四,不用绫纻。此大明士庶礼也。”①关于葬地,他说:“今之坟茔,父不可公之于子。每一拭目,平原旷野,垄树弥望,率皆沃壤,耕夫拱手,民业日促,可为寒心。”②又说:“今观人家旧坟,往往芜旷。倘得修族葬之法,自今而后,当可数十世不造坟茔,德莫加焉,利莫大焉。”③他建议:

弟尝谓先王之仁政,自封建井田之类,揆之时势,终未易复;惟族葬之法,决宜修行。而今天下葬师如织,残民以逞,贤愚胥溺,罕能出头,某诚私心痛之。今人弃粒米于秽土,便共以为不仁。若迺良田连亩,岁出米麦豆数十斛,耕夫一家之命,戚仰于此,一旦夺为坟茔,永废农业,较弃粒米之罪,已相去几万万亿,莫可推算。自非大不得已,何忍议此?而民之狂惑,以为旧茔决不可祔,葬师决不可废。“王之地有限而秦之割无已”,遵斯道也,必复反上世之不葬矣,真可为痛哭流涕长太息者也。故拳拳之心,欲悬此书以俟明王之作。④

归根结底,虽然受到调节和限制,真正发生决定作用的还是人的偏好和选择,“夫事未有有利而无害者,惟君子为能权利害之多寡轻重,而不蔽于一偏,斯已矣。故利一而害百,君子不趋其利;害一而利百,君子不辞其害”。⑤ 正如那个旅行赴京的比喻所揭示的,虽然多方查访,但是最终知道正确道路的还是旅行者本人,而非途中的指路者。在这个意义上,陈乾初仍然是一个不折不扣的阳明后学。⑥

---

① (明)陈确:《丛桂堂家约》,载《陈确集》,中华书局 1979 年版,第 515 页。

② (明)陈确:《与同社书》,载《陈确集》,中华书局 1979 年版,第 484 页。

③ 同上书,第 486 页。

④ (明)陈确:《与吴仲木书》,载《陈确集》,中华书局 1979 年版,第 83 ~ 84 页。

⑤ (明)陈确:《深葬说下》,载《陈确集》,中华书局 1979 年版,第 494 页。

⑥ 正如徐令彦所说,“其所谓的现实生活和实践也不是真正意义上的人民群众的社会生活实践,而是个人在日常生活中行善的道德实践。所以,他所谓的人性仍然是脱离时代和具体社会生活的抽象的人性,只不过这种人性是要通过人的实际行为来实现、完善的所谓‘善性’”。参见徐令彦:《试析陈确对“人性善”理论的修正和补充》,载《河南社会科学》1999 年第 5 期。

四、规范、个人与社会

虽然几经努力，陈乾初也尽可能说明了在实践中把握规范、避免错误的方法，但是这种只能在实践中具体作出的判断总是显得缺乏确定性。这个问题，陈确的友人实际上已经向他指出。不过陈确自己认为，只要问心无愧也就可以了，毕竟这也是一种利害的权衡。他说："拈'无依傍'三字，尤快……有依傍固是腐，无依傍者，亦何遽非腐？学固不容有依傍，然亦须着实。如置物然，必着实地，始无欹倾之患；虽着实地，亦未始无欹倾之患，要于置物之心可以无憾矣。"①心安理当，即乾初先生每每提出的"素位之学"。乾初先生说："惟'素位'二字，各宜承认。昔贤所谓坐下功夫，在家言家，在馆言馆，各求心安理当。且于既安中求未安，已当中求未当，乃是真学问，用力于此，始知阳明子合知行之妙。彼空言学问，未足与语此。"②事事以心安理当为标准衡量，则实践无碍。陈确说：

《中庸》学问莫精于一"素"字，此他言所未及者。尧、舜之揖让，汤、武之征诛，周公之制礼作乐，孔子之笔削，皆是素位之学。素位是戒惧君子实下手用功处。子臣弟友，字字著实，顺逆常变，处处现成，何位非素，何素非道，虽欲离之，不可得矣。所谓慎独者慎此，所谓致良知者致此。知得素位彻，是明善，行得素位彻，是诚身。精微细密，孰过此乎？学者惟不肯切实体验于日用事为之间，薄素位而高谈性命，故卤莽粗浮耳。行素以诚身者，宁有此病也！③

能素位而行，则安贫乐道，生计无忧。他说："生计之拙，即本于不安贫之心。安贫，即是计，又于安贫之外求生计，乌得不日拙乎！安贫故勤，安贫故俭。勤俭者，贫士之素也。不勤不俭，便是不安贫，便非素位而行，安能自得而无怨尤耶！"④不能素位，则怨天尤人，自私自利。他说：

井田既废，民无恒产，谋生之事，亦全放下不得，此即是素位而

---

① （明）陈确：《复韩子有书》，载《陈确集》，中华书局1979年版，第123页。

② （明）陈确：《与沈思朗书》，载《陈确集》，中华书局1979年版，第118页。

③ （明）陈确：《于刘伯绳书》，载《陈确集》，中华书局1979年版，第470页。

④ （明）陈确：《生计》，载《陈确集》，中华书局1979年版，第437页。

行，所谓学也。学者先身家而后及国与天下，恶有一身不能自谋而须人代之谋者，而可谓之学乎？但吾所谓谋生，全与世人一种营营逐逐、自私自利之学相反。即不越《中庸》所谓“素位”者是。玩下文“正己不求人，居易俟命”等语，可见素位中自由极平常、极切实工夫、极安稳工夫。此学不讲，便不自得，便要怨天尤人。贫可忘而不可忘，正己居易，正是不忘贫实学。到得不求人、不怨尤地位，则贫亦不期忘而自忘矣，晰真能忘贫者矣。①

可惜的是，“学者惟无意为善，果有意为善，愈不可不务实。今之学者，亦欲为善人，行善事，然往往骛外好高，莫肯切实循理，素位而行，故为善不终，而善非其善”。②

因为自求心安理当，所以乾初先生颇藐视权威。他既不与政权合作，连学阀一并打倒，乃至程朱陆王。他说：“由此观之，自曾子子思之论学，已不能无失中之弊，而况程、朱、陆、王乎！是以君子取其所长，舍其所短。”③乾初先生于陆王还少有微词，对程朱则直言指斥之。陈确说：

朱子谓“静”字稍偏，未若易以“敬”字，善矣。而伊川每见人静坐，辄叹其善学。门人问力行之要，曰：“且静坐。”朱子则教学者以半日静坐，半日读书。其体“静”字，较周子弥粗，去禅弥近矣。曰“察识端倪”，曰“须先明一个心”，曰“非全放下，终难凑泊”，曰“略绰提撕”，曰“在腔子裹”，曰“活泼泼地”，曰“常惺惺”，曰“颜子所乐何事”，曰“观未发前气象”，曰“性通极于无”，曰“才说性便已不是性”，曰“无善无恶”，曰“妄心亦照”，曰“无妄无照”，曰“心有所向便是欲”，曰“有所见便是妄”，曰“既无所何，又无所见，便是无极而太极”，如此等语，未可悉数，皆禅障也，皆尝习内典而阶之厉也。④

陈确对伊川的不满甚至上升到人格攻击。伊川曾经试图阻止

---

① （明）陈确：《井田》，载《陈确集》，中华书局 1979 年版，第 438 页。

② （明）陈确：《圣人吾不得而见之矣章》，载《陈确集》，中华书局 1979 年版，第 540 页。

③ （明）陈确：《秋游记》，载《陈确集》，中华书局 1979 年版，第 204 页。

④ （明）陈确：《禅障》，载《陈确集》，中华书局 1979 年版，第 445 页。

同僚去吊唁一位政治对手,对此乾初先生评论说:“伊川而无人心也者则可,伊川而犹有人心者,匍匐往吊,宜不待人言之毕矣。顾迺循循然为‘哭则不歌’之言。假有父兄死而子弟闻丧适当庆会,不知还变歌声为哭声耶,且徐徐俟之明日耶?伊川之言,其不通理已甚矣。”①

很容易理解,陈确对程朱的批评,显然缘于后世那些自称宗奉程朱之学的人不切实际、举止可厌,乃至要承担以伪学为害中国的责任。陈确说:“学者读得程、朱语录数十条,佥谓道已在是,一切都不须理会,斯庄生之徒所为致诮于媛妹者也。”②又说:“学失教衰,无人不昧其本心,无事不丧其本心,而犹覆之以义理之言,玄之以性命之旨,若可跨孔、孟而上之。言以近佛者为精,书以非圣者为经,晦蒙蔽塞,积五六百年。人安得不禽,而中国安得不夷狄乎!”③陈确分析,程朱静坐读书之教,乃为人豢养、无事之辈的心得,根本不切世人生活的实际。他说:

至相传要诀,以半日静坐半日读书为为学之法,然乎,否与?孟子之“必有事”,《中庸》之“须臾勿离”,读书耶,静坐耶?禅和子受施主供养,终日无一事,尝半日打坐参禅,半日诵经看语录,便了却一生。使吾儒效之,则不成样矣。学人所处,子臣弟友,不一其职,所遇,贫富顺逆,不一其境,而贫苦者恒居什七。日用工夫,各有攸宜,而欲限定半日静坐,半日读书,无论非为学之要,即衡量事理,亦云未通。④

作为老农的陈乾初,欣赏的是以稼为学。他宣称:

士力学,农力耕,二者昔本务也,而高远莫过焉。子又何病乎……樊迟请学稼,而夫子非之,何耶?盖子之所非者,以学为稼者也,当世之所赖者,以稼为学者也。以学为稼者,虽身都卿相而算入称获,吾必以小人之名归之。以稼为学者,虽终身南亩而尊德乐谊,吾必以大人之名归之。子苟能以稼为学,虽以老农终乎,吾将负耒

① (明)陈确:《洛蜀论》,载《陈确集》,中华书局1979年版,第162页。
② (明)陈确:《与张考夫书》,载《陈确集》,中华书局1979年版,第114页。
③ (明)陈确:《辑祝子遗书序》,载《陈确集》,中华书局1979年版,第240页。
④ (明)陈确:《学解》,载《陈确集》,中华书局1979年版,第462页。

而从之矣。[1]

除了权威,陈确也反对迷信超自然的力量。所谓“人之善不著,自为祸福焉,非天与地能祸福之也”。[2] 他不客气地说:“故凡书之言祸福者,皆妖书也,而葬书为甚,凡人之福者,皆妖人也,而葬师为甚。”[3]因此,那种以为葬地能够影响子孙的风水学说全是虚妄:

若夫父子祖孙,一气之相感,理不可诬者,亦有二端,而葬地不与焉。一则祖宗积德深厚,庆流苗裔,近者数世,远者至数十世尚蒙遗荫,所谓“子孙保之”是也。一则子孙之仁孝,事死如生,其大者郊事宗事,配帝配天,其下者亦祭庙祭寝,尽诚尽敬,则幽明相感,其祖考亦必来格而佑之,所谓“祭则受福”是也。二者,古之君子尝言之,而于葬地何有焉?盖人之死也,魂升而魄降,其降者终化为黄土,而升者别无所不之。故为之设重、设主,以求其神于庙寝者则有之,不闻其于块也。[4]

陈乾初为了反对迷信,竟然表现出一些科学研究的兴趣和精神。他发现:

今棺木之取于沙枋者何耶?以其久积谿沙之中,阴寒之气结而不化,其坚如石,要不复败也。则棺木之性喜阴塞,不喜和暖,可以明其理矣。故深山中尝有松化石,又松脂入土千年,化为珀,亦此理。比年吾里尖山外海沙中,坍出弘光元年淹死郑兵,衣帽完好,肤色不变。又澉山下坍出古邨落,街路井竈宛然,更多石蟹,某于祝二陶斋中索得一枚玩视之,甲螯脐眼皆具,有硃砂香。按《本草》,石蟹出南海,只是寻常蟹耳,入寒士不能转动,久化为石,性凉,能明目。又有大木横出沙中,皆不如为何代时物。凡樸木性最易朽,而在深沙中反以坚久,盖生死之理不同故也。[5]

面对外力,个人能够依靠的只有自己的认识判断能力,做好手头的事情。陈确说:“一人身上,自有一人当为之事。看得要紧,便

---

① (明)陈确:《蔡养吾二子名字说》,载《陈确集》,中华书局 1979 年版,第 251 页。
② (明)陈确:《葬论》,载《陈确集》,中华书局 1979 年版,第 477 页。
③ (明)陈确:《甚次》,载《陈确集》,中华书局 1979 年版,第 489 页。
④ (明)陈确:《复朱康流书》,载《陈确集》,中华书局 1979 年版,第 129 页。
⑤ (明)陈确:《深葬说上》,载《陈确集》,中华书局 1979 年版,第 493 页。

须各自寻头,急急为之。不为所当为,而呼朋讲学,空言过日,于本身绝无相干。”①又说:“学者日用功夫,须相其缓急而为之。度吾身上何者为第一要事,未曾干得,即尽吾心吾力而为之。为之而毕,又及其次者。如是不已,工夫渐有就绪,时使吾心泰然,有虽死无恨一段胸次,然后此生绰有余地。”②正所谓“知天者不言天,知命者不言命,脩身以俟,所以立命,而岂任命者哉!则岂任天者哉!而不惟然也,且不敢任性,不敢任心。不任心者,能尽心者也”。③ 陈乾初相信:

理与势定,虽天其孰能远之。故曰:天下,势而已矣。又曰:天者,理而已矣。犹尧、舜之爱其子也,亦百于舜、禹也,然而不得不传舜、禹者,非崇舜二心也,理也,势也……故父母也,天地也,君师也,一也,其心皆欲子、巨、弟之为善者也。然而非父母天地君师之所能为也,在我而已矣。我之心定,即天之心亦定矣。④

依靠自己的认识判断能力,才能从根本上自尊自强自立。他说“自尊”在于不自卑不自是:

人生世间,此等事固时时有之,皆极平极常,何足介意?所不胜忿怒者,只有二病:一自是,一自卑。是己则非人,故易怒。自卑则尊人,以庸众自居而以无过之君子望他人,天下安得皆无过之君子耶!则不胜其怒矣。故学者直须自尊自责,时时以圣贤之道自责,既不甘自卑,必不敢自是。天下岂有自是之圣贤耶。⑤

他说“自强”在于既勤于行动又善于思考:

乾之象曰“君子以自强不息”,朱子解之曰:不以人欲害其天德之刚,则自强而不息矣”,则可谓善言勤矣。苟为未然,则勤之流弊正与虚心等。凡是日用当行,即胼胝耕稼,尽足风流;一为习俗所移,即丙夜亲书,益形秽鄙,在义利之间而已矣。故士有所以为士,农有所以为农,商有所以为商。而士之所以为士者,又非止读书作

① (明)陈确:《寄诸同志》,载《陈确集》,中华书局1979年版,第379页。

② (明)陈确:《黏莌茂堂》,载《陈确集》,中华书局1979年版,第376页。

③ (明)陈确:《尽心章》,载《陈确集》,中华书局1979年版,第551页。

④ (明)陈确:《葬论》,载《陈确集》,中华书局1979年版,第482页。

⑤ (明)陈确:《治怒》,载《陈确集》,中华书局1979年版,第417页。

家而已也。忠节先生曰:“备百行而为士,何容恕己责人!”然则士可不勤乎?而百行之中,又有缓急先后,故又曰“君子务本”。故其心益虚,则其行益勤;其行益勤,则其事益简;其事益简,则其德益懋。①

他说“自立”则归于不“自恕”:“吾辈之绝意进取,本是极寻常事,而自世俗观之,则以为奇,必有非议之者。夫俗人非议,曾何足恤;所可恤者,恐未免有非议之实耳。苟知恤之,则莫若自立。自立之法,在于不自恕。”②不自恕,即不向世俗妥协,而一准于规范的要求。陈确说:

静生之心,君子之心也;静生之学,君子之学也。而生平立论,奉归平恕,弟不尽以为然。恕于人可也,恕于己不可也;恕于世俗可也,恕于朋友不可也。君子之立言也,惟其是而已,不忍逆计其人之能不能也。其受言也,亦惟其是而已,不必复计夫言者止能不能也。③

但这是对自己而言的,乾初先生对他人又恰恰是尽可能宽容应对。乾初先生说:

国事有是非,凡当国者不可不知,圣学有是非,凡言学者不可不知。皆须断然持之。下之,则一乡一家之中,亦有公是非。一味依违两可,乃孟子所云无是非之心非人者也。至于物我之间,有何是非,己非固非,己是亦非,则泰然无事矣。先居身于极是者,尽己之忠;后不执己之是者,循物之恕。孟子曰:“行有不得者,皆反求诸己。”此真绝顶占地位之言,非仅退让之谓也。④

乾初先生面对友人关于典权回赎是否应当的询问,回答说人家要来回赎甚至找贴,则允许之,自己却绝不要想法回赎,更不要索要找贴。他说:

自井授之泽衰,而民无恒产,则人智有巧拙,力有赢绌,惟田与宅转相买卖,虽仁人君子不能以自止也,而忠恕之论亦可得而采述

① (明)陈确:《与吴仲木书》,载《陈确集》,中华书局1979年版,第83页。

② (明)陈确:《寄诸同志》,载《陈确集》,中华书局1979年版,第378页。

③ (明)陈确:《致查静生书》,载《陈确集》,中华书局1979年版,第79页。

④ (明)陈确:《近言集》,载《陈确集》,中华书局1979年版,第432页。

焉。其交从之,则太和之世也。虽一听之,亦靡争之理也。不亦善乎……吴裒仲曰:"虽先世之产,而原主求加,甚者至求赎。遂许之,则势不可以复止也;其拒之,亦终为重财产而薄乡旧也。虽然,吾宁失财产,毋失乡旧也。"确曰:"仁哉裒子!吾于世未闻斯论也。存是心而酌处之,其可也。"吴仲木曰:"虽先世之产不得已而暂质他人,亦宁赎毋加耳。"确曰:"智哉木子,虽赎之不可而亦止耳,而况可加乎!"①

他认为这才真正发挥了认识判断能力,也就体现了此时此事的规范:"赎产是极美事,当成其美;加价是极苦事,当谅其苦。确尝称是言于人,而莫吾悦也……故产有以义赎,有以义辞;有以情赎,亦有以情辞。权客主之情义而深求其中,是未可以一言尽。故曰存是心而酌处之,其可也。"②

对另一个宠妾杀妻案件,陈确也如此这般损己利人地建议之,则显得十分迂腐。他那篇话是这样的:

宠妾杀妻,极人伦之大变,在世俗无不讼之理。然有难言者。人命抵罪,法无不检。生死一也,杀生妻固惨,检死女惨又甚焉。若谓既死复何足惜,则何不推不足惜之意,而并宥生者,以曲全夫妇之义乎?始既以夫杀妻,今又将为妻杀夫,交刃之道也。语曰:"一之已甚,其可以再。"君臣父子夫妇为三大纲,臣子之于君父,固生死惟命,从一之义,何独不然?孟子草芥寇仇之论,亦第就恒情言之,君子则否。手足视臣,固腹心报之;即犬马草芥视臣,亦有死无二,何寇仇之有。杀妻之罪,法所不赦;然仁恕君子往往留心法外,故伦全而谊至也。③

盖这种议论并没有真正着眼于当事人的认识和体验,自不能使之心安理得,全成了陈确反对的空谈。用他自己的话说:

盖兵不可谈,谈兵者即不知兵;诗不可矜,矜诗者却不知诗;禅不可逃,逃禅者却不如禅。要之,皆是腐儒之一体。后生罔议,转相

---

① (明)陈确:《产论述》,载《陈确集》,中华书局1979年版,第159页。
② 同上书,第161页。
③ (明)陈确:《与张考夫书》,载《陈确集》,中华书局1979年版,第124页。

慕效，于是腐师日多，腐徒日繁，而吾先师之门庭始阒其无人矣……大抵圣人之书，无一语入腐，俗士则无一语非腐，无一事非腐。弃圣人之言，以为非吾性之所甚便，而津津焉惟流俗人之趋，虽趋有不同，要之不离乎腐而已。形腐且不可居，况神腐乎！①

当然，乾初先生谈问题多半都是通达的，特别体现在他对主仆关系的认识和判断上。正因为坚信人人具有认识判断的能力，而规范要从实践中得来，所以在逻辑上主仆之间本不应有高低贵贱之分，甚至勤于稼穑的仆僮还要比明日"读书明理"的雇主高明些。乾初先生把家仆当作家庭的一员看待：

家仆谓之义男，即有父子之义，于父仆即有兄弟之义矣。于义女义男妇亦然。君子当一体万物，而况家人乎！男耕女织，自其职分，而衣食之计，在我固宜有以周之，此劝忠之本也。仆婢有过，切勿遽加呵怒，从容详审，灼知其失，亦且好言理谕。读书知礼之士，尚多过举，而况无知之仆乎！如再三不改，法当惩戒，必须弟禀之兄，子禀之父，一听尊长施为，不得擅自鞭朴。论待父仆礼当如是，即已仆过犯宜责，而父兄在前，亦无高声詈骂之理。夫先自处于无礼，而欲责人之有礼乎？②

乾初先生于此是真诚的。他曾对友人说："比又丧一耕仆。八口皆恃此仆以饱，今忽夺之，甚伤怀抱，几同骨肉之痛。奈何，奈何！"③乾初先生还在家规中告诫嫁入家中的新媳，唯恐她不知：

凡僕婢虽有大过当责，不可自加鞭扑，必禀公姑丈夫，请责治之。倘公姑丈夫必不肯责，亦只忍耐去，须云"尔等罪实难饶，家主法外贷汝，下次其再犯"。若再犯，亦只用此法，勿以前告不听，而擅自笞责也。盖凡事持之以正，群小自然畏服，不必鞭扑，然后可以立威。如此，则体不亵，而新妇意尊重矣。④

对于友人，则每每劝之增加家仆的待遇。乾初先生说：

顷有宗人过我，问驭仆之法曰："吾虽有群仆，而实孤立，无忠我

① （明）陈确：《复来成夫书》，载《陈确集》，中华书局 1979 年版，第 90 ~ 91 页。
② （明）陈确：《仆说》，载《陈确集》，中华书局 1979 年版，第 260 页。
③ （明）陈确：《寄刘伯绳书》，载《陈确集》，中华书局 1979 年版，第 94 页。
④ （明）陈确：《俗误辨》，载《陈确集》，中华书局 1979 年版，第 523 页。

者,奈何?"余曰:"君之仆则然矣,主人所以求忠之道奚若?"曰:"人日给米一升,不为不厚矣。"曰:"人日给米一升,不为不薄矣。"主人曰:"何谓也?"曰:"今独米贱而百物涌贵,君知之乎?"曰:"知之。"曰:"以升米易柴几何?"曰:"八觔耳。""以升米易油几何?"曰:"一两耳。""易豆腐几何?"曰:"一觔耳。""易酒几何?"曰:"淡者一升耳。"余曰:"既知之,则君何以责仆之深也?平情而言,为富者之仆而日烧柴八觔,啖豆腐一觔,用油一两,饮淡酒一升,未可以云侈也,而已去四日之粮矣。将举四者而尽去之,可以不火食乎?寒夏衣履之费安出乎?而又一升之中,以事出外则免支,疾病不能供役则免支。君之仆而曾从赤松子游,学辟谷法则可,不然,则虽使曾、史为君之仆,吾未见其能忠也。"宗人怅然自失曰:"是吾之过也。请归而益其食。"①

实质上,乾初先生是将主仆关系与君臣关系一体看待的。他说:"主仆奚为不可同坐哉?况老仆乎!不敢坐者,敬上之义;命之坐者,体下之仁。推主仆之分,至君臣而止耳。朝无坐论之臣,儒者便訾其失礼。况士庶之家,而当妄自尊大乎?推此类探求之,家庭日用之间,凡可以违俗而从道者,宜无所不用其心矣。"②因此,他甚至允许家仆对他的行为提出建议和批评。所谓"吾辈有过,虽使仆隶下人皆得开口,何等公道"。③ 又说:"但弟有他过失,岂但亲友之言不敢不从,即下至男妇仆婢,日用违言,亦不敢不默反而速改之,况良友之箴规哉!"④可惜的是,正如明末真正的忠良往往下场悲惨,乡间的普通百姓也难逃噩运。他目睹:

古之为农者官赋之,今之为农者私赋之。官赋十二,民怨其暴;私赋十五,民乐其宽。昼夜力作,以得当田主之租为快者,比屋然也。岂非所谓笃于仁义者乎!且吾谓私赋十五,犹约言之耳。吾乡中田,遇极丰之年,亩获率不过二石,田主取石焉,故曰十五,而去斛头脚米、斛手米之类,名十五而实十六矣。加以屋基场圃之亏赔,船

---

① (明)陈确:《寄祝二陶兄弟书》,载《陈确集》,中华书局1979年版,第67页。
② (明)陈确:《仆说》,载《陈确集》,中华书局1979年版,第261页。
③ (明)陈确:《闻过》,载《陈确集》,中华书局1979年版,第416页。
④ (明)陈确:《答沈思朗书》,载《陈确集》,中华书局1979年版,第120页。

夫仆役之蚕食，不如十七八，而农莫敢怨，何其愿哉！若夫瘠田俭岁，亩收不及数斗，而田主必欲取盈，是五而赋十也，况可望十五乎！故虽至鬻妻卖子，而弗遑顾也。故曰：劳苦十倍于古。①

乾初先生为此建议广泛地垦荒，以养育日益滋生的人口。他建议：

仁固无踰井田，而古今之势，已甚悬绝，田不加广，而民生日繁，一夫百亩，其能给诸？曰：不能，则半之；不能，又半之。民浮于田，则土力愈出，而何患焉！故民田相准，而王政于是行矣。遂时方艰食，而诸州尚多不垦之田，得贤君相而经理之，息无耕民，不息无耕地也。不言食而食足，不言兵而兵足，惟井田为有之。②

可是，按照乾初哲学的设想，君王和雇主的良知良能，能从他们锦衣玉食的生活实践之中自然生长出来吗？

五、结语

乾初先生曾经对他的人生理想有一番美好的说明：

使身有暇时余力，耕田读书；堂上有垂白之亲，室中无交谪之妇；兄弟和乐，子孙善良；圣明之君不苦我以官爵，直谅之友尝效我以箴规；悟已往之犹非而问学日进，觉后来者居上而英贤辈生；行所欲行，止所欲止；未忘夙夜之惧，少纾俯仰之惭。加以年谷屡登，里俗滋厚；盗贼不闻于境，疾病不作于身；官赋蚤完，私逋渐减；足迹不至于府县，杖履偶涉于林泉。虽公侯之荣，姬姜之乐，何足以加兹！若夫瘠产犓给，饘粥敝庐，略蔽风雨；省事以谢僮仆，缓步以当舟车；亲宾欢薄膳之供，妻孥甘苦身之役；则吾事既济，吾志弥康，又安能舍素位之恬愉，而慕雅流之逸豫者哉！③

令人深深遗憾的是，这位躬耕陇亩的素位君子，仍要忍受漫长的贫穷和疾病。如果他信奉《大学》"知止"之说，也许还能得到一片宁谧的心境，偏偏乾初先生又最喜劳作，痛恨颓惰。陈子说："嘻！

① （明）陈确：《古农说》，载《陈确集》，中华书局1979年版，第269页。
② （明）陈确：《王政》，载《陈确集》，中华书局1979年版，第440页。
③ （明）陈确：《广乐志论》，载《陈确集》，中华书局1979年版，第167页。

吾惟无道以至此也。夫昼卧,则颓惰之甚也。起而又废事焉,则是曾未尝起也,终日卧而已。以终日卧为有道,则夫今之耕夫终日力作,至发枯背坼而不如病者,反无道者耶?吾方欲问道于耕夫,而子顾问道于卧夫,不已悖乎!”[①]这真令人担忧,乾初先生在最后的二十年是如何度过的。

乾初先生少谈时事,仅在评论柳宗元时说起:

子厚失足当时,踣不复振。吾读其文,论其世,未尝不深痛之。意刘、柳诸子,大概如崇祯之季魏学濂、吴尔壎、周钟、陈名夏一流人,不过文彩嚣浮之士,高自标置,平时妄以功业相期,急难则以节义自负,胸气激昂,目无流辈,故流辈亦深嫉之。使其得时用事,互相煽引,其声势或更过刘、柳当年无疑也……弘光间,士大夫切齿从贼一案。如周、魏诸君,尝恨不食其肉。及名夏折节,见美顺治间,则又莫不贤之,惟恐不得于名夏也。所谓是非之公,大率如此。[②]

令人不禁感到,这真是洞彻人心和世俗的见解。陈乾初曾笑喻:“吾辈于道,未窥二一,便觉世士之可笑,一言一动,了无是处。则又安知彼圣贤者之视吾辈,不犹吾辈之视世士耶!我自不觉耳。念此,使人惊怖。辟如三等秀才,方指摘五六等之文稿为笑乐,而不知一二等者之复群然而笑己也。”[③]以此观之,这不入府县的老农,真远远胜于那风流之辈。

乾初先生关于在行动中得知京师之路的比喻实在精彩,于此不妨再复述一遍:

如适京师者,走一程问一程,日日走,日日问,时时疑,时时问,必至京师而后已。虽我之所阅者数千里之程途,彼土人所及知者不过数里数十里之境界,然此数里数十里,都是我足底最切要之路,必不容不问者也,何暇复较量于能否多寡之间哉!即使身已到京,而某衙门、某胡同、某下处,还须一一访问;虽经过数次,犹恐认未明白,尚须再问也,而何能与多之足恃乎!自起程至京,凡吾所问,不

---

① (明)陈确:《卧草序》,载《陈确集》,中华书局1979年版,第230页。

② (明)陈确:《柳柳州论》,载《陈确集》,中华书局1979年版,第165页。

③ (明)陈确:《寄诸同志》,载《陈确集》,中华书局1979年版,第377页。

知已历几十百人。此几十百人之足，必无我之辙迹，此几十百人之胸次，亦必无我之原委；然何可以此而遗彼？[1]

乾初先生就像是这样一个胸次开阔、原委分明，又饱经风霜的旅人。

① （明）陈确：《以能问于不能以多问于寡说》，载《陈确集》，中华书局1979年版，第541页。

张履祥

张履祥，字考夫，号念芝，浙江桐乡人，生于明神宗万历三十九年(1611 年)，殁于清圣祖康熙十三年(1674 年)，得年六十四岁，因为长期居住在杨园村，世称杨园先生。崇祯甲申，杨园先生在刘宗周处求学，正逢兵燹鼎革，先后遭逢君师之恸，遂携家避乱，颠沛处馆以生。[①] 杨园先生有意隐遁声名，直至清中期才因在明清之际率先提倡朱学，重获当时士林的重视和揄扬，到同治年间得以从祀孔庙。[②] 关于由王返朱的心路历程，杨园先生曾经自述：

弟自二十以后，因读《龙溪集》憬然有动于心，始知举业之外，有所为圣贤之学。进而求之阳明"致良知"之说。已而得白沙、敬轩之书，则亦读之不厌。斯时志高气盛，以为圣贤可以指日而至，然反之于心，廓然荡然，若无所依据之处。既数年，乃

---

① 关于张履祥乡居生活的概况，参见曾雄生：《隐士与中国传统农学》，载《自然科学史研究》1996 年第 1 期；蒋威：《明末清初江南地区乡村塾师的职业生涯初探——以张履祥为例》，载《甘肃社会科学》2014 年第 2 期；徐永斌：《张履祥的治生之路及治生观》，载《中国文化研究》2014 年第 2 卷。

② (清)方东树：《重编张杨园先生年谱序》，载(明)张履祥：《杨园先生全集》，陈祖武点校，中华书局 2014 年版，第 1487 页。另见户华为：《从布衣寒士到孔门圣贤——张履祥"由凡入圣"的塑造历程》，载《清史研究》2005 年第 1 期。

得《近思录》而读之，因而渐有事于濂、洛、关、闽诸书。意中窃喜，以为若涉大水之有津涯，与历溪山之有途梁也。[①]

又说：

二十四五闻"良知"之说而喜之，夙夜从事，时气高志锐，自以圣贤之域举足可至。由是信其所知以出，日常接物动多过失，甚至得罪名教，犹以心之所安，不知愧耻。天牖厥衷，寻复自疑，适得《小学》《近思录》读之，渐觉有所持循。因而进求濂、洛、关、闽诸书，由绎数年，心渐虚，理亦渐显。始悔昔者所为皇皇以求，率皆悬空想像，有同系风，枉费心力而无实益者也。非特无益而已，长傲遂非殆莫甚焉。申、酉以后，播越颠危，疾病继作，学问之事多辜初心。是以年运徒去，齿发遂衰，及今茫无所得也。[②]

张履祥对朱子学的认同十分彻底，前人对此有众口一词的判断。[③] 因此，张履祥对其师刘宗周就不能全然同意了，[④]但他罕有直接批评刘宗周的话语，只是比较客气地说"先师著述极富，不忍不传，然亦不必尽传。要当择其精要者先行，其余则存乎力与夫事势而已"。[⑤] 概言之，张履祥认为思维正常作用所发现的，就是普遍的规范。只是，对于常人而言，这套规范并不容易被发现，所以只能求

---

① （明）张履祥：《与张白方》，载《杨园先生全集》，陈祖武点校，中华书局 2014 年版，第 147 页。

② （明）张履祥：《答丁子式》，载《杨园先生全集》，陈祖武点校，中华书局 2014 年版，第 97 页。

③ 史革新说，张履祥是"清初程朱理学营垒中的一员骁将"。参见史革新：《张履祥理学思想初探》，载《徐州师范大学学报》（哲学社会科学版）2007 年第 1 期。程宝华说："张履祥是清初著名的理学家、思想家，他对明清之际的学术混乱进行了深入的反思，认为只有重倡程朱理学才能挽救时局，从而开启了清初朱子学的端绪。"参见程宝华：《张履祥著作刊行考》，载《贵阳学院学报》（社会科学版）2009 年第 1 期。张天杰、肖永明指出，张履祥被认为是"清儒中辟王学的第一人"。参见张天杰、肖永明：《张履祥由王返朱的心路历程及其对王学的批判》，载《西北大学学报》（哲学社会科学版）2010 年第 5 期；陈海红：《"井牧六经俱耕耘"的张履祥实学》，载《浙江社会科学》2013 年第 3 期。

④ 张天杰从另一个角度分析张履祥对刘宗周之学有"补救之功"。参见张天杰：《张履祥所受刘宗周思想影响及其师门补救之功》，载《湖南大学学报》（社会科学版）2014 年第 3 期。

⑤ （明）张履祥：《答吴仲木》，载《杨园先生全集》，陈祖武点校，中华书局 2014 年版，第 54 页。

诸古圣先贤已有的结论。其中最主要的就是伦理纲常，此外还有经典解释。应用规范的判断即找到那些永恒普遍，控制事物的具体规范。要害是排除愤怒和贪欲的干扰，找到快乐的心态情绪。张履祥将政治的败坏归咎于阳明学的“师心自用”，仍然相信从改造学术入手，清朗乾坤仍可期待。

一、规范的来源

对于规范，杨园先生强调其永恒普遍、人所固有的特征。在杨园哲学中，规范首先存在于人“心”即思维，“人心最灵智，道理只在目前，思则得之。一言一动，即有是非得失，吉凶悔吝无不因之”。[①]规范存在于思维，因为其为思维中所固有，所谓“天下义理，皆心所固有。学者但得心体洁净，于以观玩义理，甚优游也”。[②] 又说：“诸凡道理，皆性分之所有，当务为急，渐及其余可也。”[③]规范的发现，是思维正常作用的结果，即“从心性中流出道理，以为立身应事之本”。[④] 思维正常作用所发现的，也就是普遍的规范，世间万事万物并没有独立于人所发现规范之外的另一套规律或者规范。杨园先生说：“事事物物各有当然之天理，吾所以应之能各当其则，方为无私心而合天理。‘廓然大公，物来顺应’，盖如此也。其曰‘致吾心之天理于事事物物’，是事物与吾心有二理，非合内外之道矣。”[⑤]只是，对于常人而言，这套规范并不容易被发现。杨园先生说：“此心原自有寂然不动之际，有以具众理而应万事者。但以吾人以憧憧往

---

① （明）张履祥：《与吕无党》，载《杨园先生全集》，陈祖武点校，中华书局 2014 年版，第 431 页。

② （明）张履祥：《愿学记一》，载《杨园先生全集》，陈祖武点校，中华书局 2014 年版，第 732 页。

③ （明）张履祥：《答吴仲木》，载《杨园先生全集》，陈祖武点校，中华书局 2014 年版，第 53 页。

④ （明）张履祥：《与吴仲木》，载《杨园先生全集》，陈祖武点校，中华书局 2014 年版，第 42 页。

⑤ （明）张履祥：《备忘二》，载《杨园先生全集》，陈祖武点校，中华书局 2014 年版，第 1084 页。

来之心,急卒求之,是以未之见耳。"①

规范于常人为不可得,则只有求诸古圣先贤已有的发现。杨园先生解释:

> 夫吾人自气拘物敝以来,其与圣贤大中至正之心,相去固已远矣。一旦欲以相去圣贤既远之心,宰制事物,非失之过,即失之不及,不待言也。正使念念自信,以为尽合于天理,而不知已为人欲之私也。是以古之为教,莫先于穷理。凡人伦事物,无大无小,莫不有当然之则,吾心未之得也。圣贤先得之,以示法则于后世。今于事事物物,莫不考诸圣贤之成法,而不敢以气拘物蔽之心参之,则当然之则见矣。②

本来,规范的发现是一个过程。毕竟,古今在时间的维度上是一个相对的概念。所谓"天地间只是一个道理,更无新故。功夫只在温故,温故则能自得,自得则日新。自我观之,则古人为先觉,自后人言之,则我又为先觉,故可以为师"。③ 但是,张履祥总结实际的情况是,迄之为止,全部规范已经被古圣先贤发现无余。他说:"万事万理,俱经古人发挥,无有余胜缺欠。善学者,择而识之,以畜其德可也。偶有一得,沾沾自喜,殊不知久为简编间旧物矣。甚者前人之所唾弃,而己方宝而私之,多见其陋而已。"④又说:"经书从先儒发明已极详尽,但能择其善者而从之,优柔厌饫,期于自得。不当复有著述,徒乱人意,无益于学也。"⑤在此情况下,今人的重复劳动就实在没有必要。所谓"大抵古人著书,多因斯道不明,不得已而有言,以补天地之憾。若道理已无余剩,而吾之所学未足以信诸今

---

① (明)张履祥:《答张佩葱》,载《杨园先生全集》,陈祖武点校,中华书局2014年版,第326页。

② (明)张履祥:《与沈上襄》,载《杨园先生全集》,陈祖武点校,中华书局2014年版,第82~83页。

③ (明)张履祥:《备忘一》,载《杨园先生全集》,陈祖武点校,中华书局2014年版,第1056页。

④ (明)张履祥:《备忘二》,载《杨园先生全集》,陈祖武点校,中华书局2014年版,第1083页。

⑤ 同上书,第1087页。

而传诸后，则兢兢乎不欲发为文辞。书所谓‘非惟不敢，亦不暇’也”。[①]

古圣先贤发现的规范首先在于最基本的伦理纲常。“读圣贤书，须将圣贤之言立为规矩准绳。”[②]圣人之“规矩”在于“人伦”，即“规矩方圆之至，圣人人伦之至”。[③] 这套伦理纲常是人禽之别的关键。所谓“人之所以异于禽兽者，为其有纲常伦理也。若废纲常、败伦理，与禽兽无异，即使人不及诛，天必诛之”。[④] 又说：“三纲五常，礼之大体。人只看作治天下之经，于自家全无关涉。殊不知有此身，便有此个道理。人之所以异于禽兽者何物？《卫风》曰：‘人而无礼，胡不遄死。’”[⑤]因而，也就成为其他规范的前提和基础，“君臣父子，人纲人纪。礼自顺此生，刑自反此作”。[⑥] 张履祥说：“三纲五常，礼之大体，百世不能变易。古谓之道，后世谓之名教。命之自天，率之自性，人人具有，人人当为。全之则人，失之则入于异类。不可不敬求其义，不可不力行其事。”[⑦]

除了纲常，承载规范的还有经义。杨园先生说：

今日文弊极矣，疑谓当捄之以质行。质行者，非欲蔑弃典文，枝鹿椎鲁之谓。安定先生之教，以经义、治道为二科，今之学者，诚能修身立行，一准乎经义，平日讲求，无非先王经世之宝政，以为隐居求志之务，庶几成就一种人才，为天地间见小大功用，使斯世斯民有

---

① （明）张履祥：《与唐灏儒》，载《杨园先生全集》，陈祖武点校，中华书局2014年版，第79页。

② （明）张履祥：《初学备忘上》，载《杨园先生全集》，陈祖武点校，中华书局2014年版，第997页。

③ （明）张履祥：《愿学记一》，载《杨园先生全集》，陈祖武点校，中华书局2014年版，第708页。

④ （明）张履祥：《训子语下》，载《杨园先生全集》，陈祖武点校，中华书局2014年版，第1363页。

⑤ （明）张履祥：《初学备忘上》，载《杨园先生全集》，陈祖武点校，中华书局2014年版，第991页。

⑥ （明）张履祥：《备忘四》，载《杨园先生全集》，陈祖武点校，中华书局2014年版，第1194页。

⑦ （明）张履祥：《训子语上》，载《杨园先生全集》，陈祖武点校，中华书局2014年版，第1357页。

所赖藉。[①]

在经典之中,《四书》尤其重要。他说:“《五经》文字,是一部《四书》注释。读《四书》而天下之理毕矣,然不熟经文,则《四书》之义未能达。虽有一二明处,亦私智穿凿而已。”[②]正如伦理纲常是人之为人的必要条件,阅读诗书则近乎充分条件。他劝告友人:

令子勤习耕事,以今之时,赋敛日烦,民生穷蹙,稷穑惟宝之意,固不可忘。而子弟游闲浮薄之习,亦不可不力反。但箕裘之任,终以《诗》《书》为主,前哲如吴康斋、刘忠宣之风,可为师法也。若一意重农,恐遂至于废读。带经之事日疏,俚鄙之情日长,一传再传,将忧礼义之弗克世其家也。[③]

由此汉儒成为可以表扬的对象。张履祥感慨:“今人率诋汉儒附会经传。汉人于经之义理,虽有未当,然每事犹知准以经义。殊不如而今,一概蔑弃典文也。”[④]而历史材料则是辅助理解经义的,“史书不可不看,亦不必多看,读史只以验经而已”,[⑤]而且历史材料本身有其三大缺陷。他说:

读书,学问之一事。就读书而言,经其本根,史其枝叶也。史至后代,尤枝叶之枝叶矣。大约三患均有,事失情实,一也;是非不足劝戒,二也;淫词芜说,三也。生平惟范《唐鉴》不得一看,以为恨事。若司马史、两汉书,少壮常喜读之,今久不然矣。昔人所言鸿鹄所以高飞,六翮而已,若夫腹背毳毛,增一把不为多,减少一把不为少。窃谓人诚有之,书亦然也,又况横议妄作,非特腹背毳毛之比

---

① (明)张履祥:《与严颖生》,载《杨园先生全集》,陈祖武点校,中华书局2014年版,第93页。

② (明)张履祥:《备忘四》,载《杨园先生全集》,陈祖武点校,中华书局2014年版,第1163页。

③ (明)张履祥:《与严颖生》,载《杨园先生全集》,陈祖武点校,中华书局2014年版,第94页。

④ (明)张履祥:《备忘三》,载《杨园先生全集》,陈祖武点校,中华书局2014年版,第1154页。

⑤ (明)张履祥:《与孙尔大》,载《杨园先生全集》,陈祖武点校,中华书局2014年版,第246页。

而已。[①]

不单历史材料，和经典相比，实定法亦属次要。张履祥说：

立法贵易简而可遵，条目似不必更烦矣。总一族而论，必不能俱智而无愚，必不能俱贤而无不肖；总数世而论，亦不能俱智而无愚，俱贤而无不肖。法为愚不肖而立，贤智者无条目可也。若多其节目，繁其词说，讲解展阅，亦不易易也。[②]

又说："大明《会典》太繁碎，律亦然。然狱不厌覆，犹可也。治天下者，宏纲大政不可不举，其余疏节阔目，尽无害，文具徒繁，何益于治？大都本朝制度，重法不重道，有王者作，必能修正之。"[③]

规范，特别是伦理纲常、四书五经，既然已经被古圣先贤阐明，便不允许时人再做新的改造。"惟理不可损也，不可益也，信诸此而已。"[④]因而"大凡吾人为学，必以古人为准绳，而以流俗为切戒"。[⑤]在杨园先生看来，时人的种种发明创造，虽然惊奇可喜，但多怀哗众取宠的追名逐利之心。他说：

道理本天下万世之所公共，非一人二人之所得而私，亦百姓与能，极为平淡，初非有惊奇可喜之处，足以震耀世人之耳目。《中庸》末简所以反覆于闇然、的然之际，而以"内省不疚，无恶于志"为学者程功用力之地也。其下文所言"不动而敬，不言而信"，正践履之笃实纯粹，而非有一毫矫饰虚假之病。以是而化民成俗，至于世法世则，亦德盛自致之效，初无心期意拟于其间也。若阙此一段功夫，而亟亟以易世成名为事，窃恐贤者知尽力索，究不免于半途之

① （明）张履祥：《与何商隐》，载《杨园先生全集》，陈祖武点校，中华书局2014年版，第114页。

② （明）张履祥：《答吴仲木》，载《杨园先生全集》，陈祖武点校，中华书局2014年版，第71页。

③ （明）张履祥：《备忘一》，载《杨园先生全集》，陈祖武点校，中华书局2014年版，第1069页。

④ （明）张履祥：《答吴仲木》，载《杨园先生全集》，陈祖武点校，中华书局2014年版，第64页。

⑤ （明）张履祥：《答沈丹曙》，载《杨园先生全集》，陈祖武点校，中华书局2014年版，第245页。

废，而不肖者时穷质见，徒以露末路之耻也。[1]

这些时人的惊奇可喜之论，在张履祥看来，全非规范，而是谬误。他说："不信古先圣贤，而信此心，蔽陷离穷，何所不有？"[2]在谬误的引导下，时人距离古圣先贤所发现的规范愈发遥远。所谓"义理，人心之所固有，特放其心而不知求，是以锢蔽耳。至于锢蔽之甚，则心中口中自觉别有一种道理，而于圣贤所言所行，真有如冰炭之不可相入矣"。[3] 迁延日久，时人便连经义与纲常都不在话下。所谓"学者发轫举足，不以圣贤为准的，而先以师心自用之说入为之主。向后读书论说，止以长养其矜高好胜之心，日老日深，积重不返，流为小人之无忌惮。可痛也已"。[4] 又说："目前流辈，努力为恶，三纲九法，既不知其为何物，而远近有志于学之士，要多各成其所是，复不能逊心求夫大中至正之矩。"[5]具体而言，就是各种体用分离、三教一门、知行合一、达权通变之说的谬种流传。杨园先生抨击说：

学者但汇经书之言性者，参以先儒论说，而验之身心，以及天地万物，则有以默识其所以然者。又何必更为之解？解而同乎古之人，则可以不作，若将求异乎古之人，则已自蹈不知妄作之病，陷于惑世诬民之罪。古人有言曰："前有千古，后有万年。"不可不慎也。诚使此言与身俱朽，则亦已矣。使其身死而言传，穷乡末学无知之子，为其惑乱者有之，何足当知言君子之鄙弃诛责哉？弟尝深疾夫近代之好为异论者，如体用本一原也，而倡为有体无用、有用无体之说；三教本三门也，而倡为三教一门之说；知行本二也，故言知先行

① (明)张履祥:《与严颖生》,载《杨园先生全集》,陈祖武点校,中华书局 2014 年版,第 92 页。

② (明)张履祥:《愿学记三》,载《杨园先生全集》,陈祖武点校,中华书局 2014 年版,第 773 页。

③ (明)张履祥:《初学备忘下》,载《杨园先生全集》,陈祖武点校,中华书局 2014 年版,第 1011 页。

④ (明)张履祥:《与何商隐》,载《杨园先生全集》,陈祖武点校,中华书局 2014 年版,第 114 页。

⑤ (明)张履祥:《答吴仲木》,载《杨园先生全集》,陈祖武点校,中华书局 2014 年版,第 56 页。

后可也,知行并进可也,而倡为知行合一之说;君子反经而已矣,权亦只是经也,而世之学者,好为达权通变,经不足守之说。以是人心坏,学术害,横流所极,至于天地易位,生民涂炭,而未知其所止息。有志斯道者,不能惕厉修省,屹为百川之障,而尚将凭臆奋笔,推波而助澜何也?①

二、应用规范的判断

前文曾提到,杨园先生曾经说"事物未感,此心寂然不动,有以具众理而应万事者。但吾人以憧憧往来之心,急卒求之,是以未之见耳"。② 人生无时无刻不与外界相接触,回避在所不能,规范判断的要害是找到那些永恒普遍,控制事事物物的具体规范。他说:

吾人自有生以来,无一刻不与物接,大而君臣父子,小而事物微细,无非物也,则无非我性分之所固有而不可辞者,故曰:"万物皆备于我。"有是物,即有是物当然之理,惟圣人为能先知先觉,而于人伦庶物,莫不各副其当然之则。下此,即不免仁者谓仁,知者谓知。百姓则日用而不知,而一身之喜怒哀乐,与夫视听言动,无往而得当其可矣。是以学者始事,在即物而穷其理。穷一物则知一物,穷物物则知物物,渐积驯致,以至于无所不知,而吾德之明者,始无不明矣。止如火之德本明,而非丽乎物,则亦何以见其光哉。③

常人无法找到这些具体规范,往往是心态情绪受到干扰的结果。最主要的干扰就是不公平感引发的愤怒和功利计算潜藏的贪欲。所谓"吾人病痛,大都从'忿欲'二字发根,而此二字各因气质之偏重,以为受病之浅深。学问之益,只看此处消长分数。若克除得一分,便是一分长益也"。④ 关于愤怒,杨园先生的经验之谈是:

---

① (明)张履祥:《答陈乾初》,载《杨园先生全集》,陈祖武点校,中华书局 2014 年版,第 30 页。

② (明)张履祥:《与沈上襄》,载《杨园先生全集》,陈祖武点校,中华书局 2014 年版,第 81 页。

③ (明)张履祥:《答屠子高》,载《杨园先生全集》,陈祖武点校,中华书局 2014 年版,第 164 页。

④ (明)张履祥:《答吴仲木》,载《杨园先生全集》,陈祖武点校,中华书局 2014 年版,第 51 页。

"处今之世,康斋'君子常吃亏'之言,可三复也。吾人日用工夫,最要是惩忿窒欲。惟非理之加,故名横逆。若称情而施,是为忠恕之道,不可多望于今之世矣。"[①]关于贪欲,他则说:"只因利害心重,所以见理不明。"[②]又说:"算来是如此,到得来却不如此,从前计弄,岂不枉费了?"[③]圣贤能够发现规范,正是没有贪欲的干扰使然。所谓"圣贤学问,尽自光明正大。功利者,崎岖反侧于曲径之中;堕黜遏灭于虚无之际,其失均也"。[④] 因而:

然已为计功谋利之心,不可有也。饥食渴饮,夏葛冬裘,只此原无一事,不待安排。仔细检点,百般病症,都从"安排"二字生出。先儒有言,"随处体验天理"。天理者,天然之理,故秩曰"天秩",叙曰"天叙",不假分毫智力而成者。吾人平日种种云为,见得天理分数尚少,其所为欲虽与营营逐逐者微有不同,然其出于人之私智,而非理之本然,则一而已。[⑤]

然则维持不受干扰的心态情绪就成为作出规范判断的一种条件。"人生种种罪恶,总从声色货利发根;种种覆藏,总为声色货利渊薮。于此用力廓清,方可成个君子。"[⑥]这一思路接近王学,张履祥似乎也提及了。比如,"凡事虽当危难,唯安神定气以应之,则自然得其道理,而于事亦有济矣。如迎潮之舟一般,把得柁正,以舟迎向潮去,过了几个潮头,便平定也"。[⑦] 这一赤子操舟的比喻,乃王学人物文中所常见的。把这种心态情绪混论言之,也很像王学。他说:

心之真实无妄之谓诚,戒慎恐惧之谓敬,不偏不倚之谓中,无悖

---

① (明)张履祥:《与吴裒仲》,载《杨园先生全集》,陈祖武点校,中华书局 2014 年版,第 295 页。

② (明)张履祥:《愿学记二》,载《杨园先生全集》,陈祖武点校,中华书局 2014 年版,第 753 页。

③ 同上。

④ 同上书,第 759 页。

⑤ (明)张履祥:《答吴仲木》,载《杨园先生全集》,陈祖武点校,中华书局 2014 年版,第 46 页。

⑥ (明)张履祥:《愿学记二》,载《杨园先生全集》,陈祖武点校,中华书局 2014 年版,第 747 页。

⑦ 同上书,第 739 页。

无倾之谓正。总之,只是一心。犹之唐虞夏商周,名虽不同,只是一个天下。就其恻隐而言曰仁,羞恶而言曰义,辞让而言曰礼,是非而言曰智,亦只是一个心。犹之春夏秋冬,时有不同,只是一个天地。①

更为有趣的是,杨园先生直称这一心态情绪为快乐。他记述:

弟数年以前,患痰疾三年不愈,一医良医也,视之曰:"病在七情中有淤血矣。"求药之,医曰:"药治三分,自治七分。"请问自治之方,医曰:"快乐而已。"因之每遇忧悲哀郁之来,辄多方遣之,不终月而愈。繇此而推之,学问之道,其对治亦犹是也。②

但是,杨园哲学中规范的永恒普遍性质,决定了和个人心态情绪相比,规范判断更为可靠的依据是包括古圣先贤和平民百姓在内的他人共同判断。既然说"道犹路也。道者,日用事物当然之理;道者,天下古今之所共由,"③那么"夫学一而已矣,理义之谓也。圣人先得我心以所同然也,吾唯从事于我心之所同然"即可。④ 一方面,这个所共由、所同然的规范当然首先是圣人的发现,"以圣人为之准则,过与不及皆得就裁焉,犹陈绳墨而曲直自见,设规矩而方圆自成也。虽曰天则者心之所同然,然必圣人先得此心之所同然。若离绳墨而欲自呈曲直,规矩而欲自为方圆,窃恐巧拙均病,不足以开物成务也"。⑤ 但是另一方面,当圣人所说不甚了了时,也可求之于平民百姓的共同认识。杨园先生说:"此身立天下之中,善与恶,是与非,人皆见之,爱者不能益,恶者不能损。"⑥那么,"言满天下无口过,行

---

① (明)张履祥:《愿学记一》,载《杨园先生全集》,陈祖武点校,中华书局 2014 年版,第 733 页。

② (明)张履祥:《与吴裒仲》,载《杨园先生全集》,陈祖武点校,中华书局 2014 年版,第 288 页。

③ (明)张履祥:《答沈德孚》,载《杨园先生全集》,陈祖武点校,中华书局 2014 年版,第 84 页。

④ (明)张履祥:《答颜孝嘉》,载《杨园先生全集》,陈祖武点校,中华书局 2014 年版,第 370 页。

⑤ (明)张履祥:《愿学记三》,载《杨园先生全集》,陈祖武点校,中华书局 2014 年版,第 765 页。

⑥ (明)张履祥:《问目》,载《杨园先生全集》,陈祖武点校,中华书局 2014 年版,第 691 页。

满天下无怨恶，只是得其心之同然”。[1] 杨园先生还形象地说明规范和理据之间存在相互依靠的关系。他谈及个人经验：“每苦妄念难释，偶阅词曲，得‘没来由’三字，不觉为之涣然。”[2]又说：“凡事众人前说得出，人听去便悦服的，大约是天理之公。对人前忸怩说不出，人听去不甚悦服的，大都是人欲之私。”[3]

天理人欲，是非对错既已区别，规范判断的具体工作便是择一而行。在此，关键的概念是“择善”。[4] 杨园先生说：

《大学》之要，在于致知、诚意，《中庸》之要，在于明善、诚身。而其求端用力之处，一则曰格物，一则曰择善而固执之。要之非有二也。择善即格物之谓，知至则明乎善矣，意诚则诚乎身矣，知至意诚而德明矣，明善诚身而性尽矣。始于择善，终于止至善，而所以齐家、治国、平天下，与夫位天地、育万物者，举不越乎此矣。[5]

所谓择善，通俗而言，也就是不能首鼠两端。他说：“辱问程子‘主一’之说，诚不足以知此。或者不二为一，不迁之为主。若一心之中，天理与人欲互胜互负，则必至于一身之间动静不相得，言行不相符，始终不相应，常变不相准，昭昭冥冥不相合，此皆不一之大端也。”[6]又说：

假如吾人今日读书，一心于学问，一心于禄仕，此心固已二矣。究竟心岂有二用？一长则一消。轻重进退，势所必至。推其欲之至极，至于违禽兽不远，虽有不甚，而天理间发，亦不过小人揜着之心勃然一动，而其后卒亦归于似忠信、似廉洁而已。所以此种学问，决

---

① （明）张履祥：《愿学记一》，载《杨园先生全集》，陈祖武点校，中华书局 2014 年版，第 725 页。

② 同上书，第 714 页。

③ （明）张履祥：《备忘录遗》，载《杨园先生全集》，陈祖武点校，中华书局 2014 年版，第 1209 页。

④ 乐爱国、盛夏指出，朱子学的“择善”是“致知格物”，张履祥也坚持了这个认识，由此不同于阳明“为善去恶是格物”的说法。参见乐爱国、盛夏：《朱熹“格物”：即物穷理还是择善工夫——王阳明、张履祥的不同解读》，载《孔子研究》2017 年第 4 期。

⑤ （明）张履祥：《与沈尹同》，载《杨园先生全集》，陈祖武点校，中华书局 2014 年版，第 185 页。

⑥ （明）张履祥：《答姚林友》，载《杨园先生全集》，陈祖武点校，中华书局 2014 年版，第 211 页。

须洗心涤虑，彻底澄情，从头做起，方有向上路头。[①]

而理想状态下，自己的择执应该和古圣先贤、朋友同志求得一致。杨园先生说："理义我心之所固有，心官最灵，思索可得。然必质诸师友，无有过差，考之先喆，如合符节，然后可以自信，所谓'就正有道'也。若苟有所见，辄信不疑，其流未有无失者。"[②]

问题在于，理想状态很难得到。张履祥说：

孔子以来，其为瞑眩也多亦矣。盖人之生也，固皆具可以为圣贤之资，然而清明纯粹者，千百不一人也。入世以后，缘习俗闻见而迁者，又不知其几。其违道日远，何惑焉？抑或资之美矣，而过于此者，不及于彼；广大也，未必精微；高明也，未必中庸。自非择之精，执之固定，明善以诚其身，而徒任其所知以往，则固有自以为中道而已，不知其离道也。一二事之偶中于道而已，不知其余之皆离道也。[③]

即便在天理人欲之间有粗疏的区别，但规范判断并非只是两极之间选择的问题，更多的时候是在一个连续光谱上取样，程度难以把握。杨园先生解释：

夫所谓诚意者非他，亦不过此心之存主与所应用，一于理而不杂以欲而已。理则无有不诚，欲则无有不伪。见孺子入井而恻隐，理也，内交要誉恶声而然，欲也；呼蹴而乞人不屑，理也，为宫室妻妾所识，穷乏而受万钟，欲也。一于理之谓一，一于理之谓诚，故曰："主一乃是诚意玉匙也。"然则求其所谓一者，夫亦反求之其心而已，规矩立而方圆不可胜用也。天下方圆不可胜算，无一而非规矩之用，而规矩不以为劳。先儒所谓"大匠把得绳墨，定千门万户自在"，正此谓也。然此功夫非易非难，谓其易，则一念放弛，百邪并起；谓其难，则一念拘紧，即成助长。

---

① （明）张履祥：《答姚林友》，载《杨园先生全集》，陈祖武点校，中华书局2014年版，第212页。

② （明）张履祥：《备忘二》，载《杨园先生全集》，陈祖武点校，中华书局2014年版，第1083页。

③ （明）张履祥：《困勉斋记》，载《杨园先生全集》，陈祖武点校，中华书局2014年版，第508页。

比如，杨园先生有时直接把规范等同于“仁义”。他说：

圣贤凡说“善”字，多不下注脚。唯《孟子》“乃若其情，则可以为善矣”，下文说：“仁义礼智，非有外铄我也”；“天爵”章说：“仁义忠信，乐善不倦”两处。然则所谓善者，非他，仁义而已矣。今之所谓善者，吾不知之。①

又说：“仁义礼智，性也，尽性者，尽其仁义礼智而已矣。率其仁义礼智之性则为道，修其仁义礼智之道则为教，以正君臣，以笃父子，以和夫妇，叙长幼，交朋友，三千三百，无非是也。”②但是吊诡的是，在杨园哲学中，“仁义”和“杨墨”根本就是一线之隔。张履祥说：

然吾人自有生以来，习闻习见，固已入焉而莫觉其非，所思所行，益复放焉而弗知其反，更安所得夫道心之正而求之哉？则《孟子》所言平旦之好恶，与乍见之怵惕恻隐，与呼蹴之羞恶是也。然而仁义之良心，不难于见，而难于守之勿失。盖不徒不辨礼义而受，与夫内交要誉，恶其声而然之为失，即本乎恻隐之心而发，而或仁之过而至于墨，本乎羞恶之心而发，而或义之过而至于杨。此际争差，正不在多也。

因此，在规范判断中除了择善固守，也不可避免地存在“权度”的问题。张履祥批评象山，实即阳明学，不知“权度”，等同于“杨墨”之学之害：

象山教人以扩充四端，以孩提知爱，稍长知敬，为人皆尧、舜，学者先立乎大，则小者不能夺，未尝非孟子之指。但孟子之言心，有等、有杀之心也，故曰：“老吾老，以及人之老，幼吾幼，以及人之幼。”恩及禽兽，功不至百姓，以为失权度之甚。又曰：“圣人，人伦之至”；“遵先王之法而过者，未之有也。”象山信其心知，而谓本四端以行，即尧舜所行不过是。夫恻隐而无权度，则其弊恒至摩顶放踵而为之；羞恶而无权度，则其弊恒至拔一毛而不为。

但与此同时，张履祥又提醒人们他所谓“权度”不同于功利计

① （明）张履祥：《备忘一》，载《杨园先生全集》，陈祖武点校，中华书局2014年版，第1048页。

② （明）张履祥：《答沈德孚》，载《杨园先生全集》，陈祖武点校，中华书局2014年版，第84～85页。

算，而是在择善之后才有的微调，即“权与功利，毫厘千里，故君子慎之”。[①] 又说：“未能守经，辄言行权，势必为机变之巧，无所用耻而已。忍力疏，终不能任重致远。”[②]

三、规范与实践

虽然在规范判断的问题上，杨园哲学总体而言坚持健康心态情绪下的择善与行权，但是如前所述，这一理想的心态情绪本难以获得。杨园先生不主张与思维本身纠缠不休，恰恰相反，实践才是检验规范判断正确与否的标准。张履祥言道：

盖心之为体，原是整齐严肃，原自光明洞达，由于欲动情胜，此种体段遂至放失耳。《通书》云：“无欲故静”，此为探本穷原之论。主于敬则自无欲，无欲则不期静而静，静固静也，勤亦静也。薛敬轩先生常呼“主人翁在否”，即此意也。若胸中持一“敬”字，即已为“敬”字束缚，正如先儒所论温公之失，不得已寻个“中”字来放著也。冰释冻解，功夫做去，自有此种意思。[③]

盖“胸中”所持所放，均属次要。张履祥说：“致知，则四体五官为己有。不然，与废疾者均耳，甚者与路馑何异？”[④]又说：“致知者，所以为力行也。”[⑤]如果仅仅关注“胸中”之事，岂不等同于四体五官瘫痪无用之人？

那么，在思维中择善行权未定之条件下，又如何实践呢？杨园先生乃举出颜回的例子，说明需“克己复礼”“博文约礼”，遵从古圣先贤已经给出的规范。他说：

自颜子大贤，夫子教之，犹然博文约礼，则余可知已。夫所谓

① （明）张履祥：《愿学记一》，载《杨园先生全集》，陈祖武点校，中华书局2014年版，第713页。

② （明）张履祥：《问目》，载《杨园先生全集》，陈祖武点校，中华书局2014年版，第687页。

③ （明）张履祥：《答吴仲木》，载《杨园先生全集》，陈祖武点校，中华书局2014年版，第46页。

④ （明）张履祥：《问目》，载《杨园先生全集》，陈祖武点校，中华书局2014年版，第688页。

⑤ 同上书，第689页。

"约之以礼"者，亦曰身心尽归准绳，有所约束云尔，犹曰"非礼勿视、听、言、动"也。而今之人，辄乃以少训约，而肆其空玄诞漫之说，以为文之外似别有所谓礼者。夫天高地下，万物散殊，礼仪三百，威仪三千，少也云乎哉！入则孝，出则弟；欲为君尽君道，欲为臣尽臣道，诞也云乎哉！是以学问至于复礼，而物蔽之已尽，气拘之已亦尽矣。①

又说："《论语》一书，谨言慎行为多，不亟亟于头脑也。颜子所述善诱之功，则曰'博文约礼'而已。他日所请为仁之目，则曰'非礼勿视、听、言、动'而已。窃谓此即所谓'约礼'之实也。"②

张履祥所谓"礼"是天理自然衍生由人发现的，即"礼者，天理之节文。若人之言语行事合于天理，自然有节有文。若无节无文，则直情径行，便已不是天理。'礼仪三百，威仪三千'，自有之节文，不待安排也"。③ 而具体的发现者则是古圣先贤，书之于经典。所谓"昔者，圣人欲人之善其威仪，以定命也，是故经礼以经之，曲礼以纶之。自为童子，而随约以规矩，习焉游焉，出入恒于斯焉，使人迁善远罪，默不自知，故始而孙弟，成而化民也"。④ 这种经典之"礼"成为"礼教"的基础。张履祥说："道之显者谓之文。圣人之道，不外礼仪三百、威仪三千而已。是故夫子教颜子，亦只教其博文约礼，其问为仁之目，亦教以非礼勿视、听、言、动。姚江以异端害正道，正有朱紫、苗莠之别。其弊至于荡灭礼教。今日之祸，盖其烈也。"⑤又说："礼教明，则民德归厚。"⑥而礼教不过就是纲常。张履祥说：

---

① (明)张履祥:《与沈上襄》，载《杨园先生全集》，陈祖武点校，中华书局2014年版，第83页。

② (明)张履祥:《与何商隐》，载《杨园先生全集》，陈祖武点校，中华书局2014年版，第109页。

③ (明)张履祥:《备忘四》，载《杨园先生全集》，陈祖武点校，中华书局2014年版，第1180页。

④ (明)张履祥:《饬身仪则序》，载《杨园先生全集》，陈祖武点校，中华书局2014年版，第478页。

⑤ (明)张履祥:《答沈德孚》，载《杨园先生全集》，陈祖武点校，中华书局2014年版，第85页。

⑥ (明)张履祥:《备忘二》，载《杨园先生全集》，陈祖武点校，中华书局2014年版，第1111页。

“礼本诸天地，莫大于名分之际。尊卑上下，名分所以定也。名分一乱，未有不亡，家国一也。”①

如此一来，杨园哲学表面坚持的自律，已经转化为实际行为的他律。张履祥并不讳言这一点：

颜子不远复，似乎克即能复。但颜子之有不善，既非形显之过，而见几之明、用力之健，又非大贤以下所可及，若初学之士，方且循序渐进，克一分己，复一分礼，虽日怵惕，犹惧有失也。若遽然自以为有直截工夫，不烦俯首历阶而进，即有以造夫广大高明之域，一旦私欲净尽，天理流行，恐必流于异学之空虚矣。不然，何不直曰克己为仁，而更加复礼二字也？朱子曰：“所以唤做礼而不谓之理者，有著实处。”妄意克己是向内功夫，复礼是于外验之，程子所谓“制其外”也。盖人于视、听、言、动上，用功有所依据，自不容伪。②

毕竟，这种根据礼教纲常而来的行为具有确定性。“盖学礼则功夫有准的，身心有所持守，自初学以至成德，徹上徹下，一以贯之而已。”③而任由“自律”控制的行为，则往往成为时人的发明创造，背离古圣先贤的礼教纲常。他说：“徒信礼义之生于心，而不知气拘物蔽以后之心，所知所觉已非礼义之本然。据其一时私见，目为礼义而执持之，孰知所执之礼义者，非礼之礼，非义之义。久而渐将有闻，揆以古昔圣贤至当之矩，则已蹈终身之悔耻而莫可如何。”④

据此而言，杨园哲学当然充满保守色彩。但在规范与实践的问题上，他仍有独到的认识。杨园先生指出，在实践中坚持对行为的约束，久而久之，也会对思维产生影响，塑造人的心态情绪，甚至达到作出规范判断的理想状态。这一过程可称为“居敬穷理”。他说：“本体自是光明，缘胸中不得洒落，故多障蔽。如烛笼添一骨，则

① （明）张履祥：《训子语下》，载《杨园先生全集》，陈祖武点校，中华书局2014年版，第1363页。

② （明）张履祥：《答张佩葱质疑》，载《杨园先生全集》，陈祖武点校，中华书局2014年版，第323～324页。

③ （明）张履祥：《与何商隐》，载《杨园先生全集》，陈祖武点校，中华书局2014年版，第135页。

④ （明）张履祥：《答陈乾初》，载《杨园先生全集》，陈祖武点校，中华书局2014年版，第33页。

障一路明。去之,便通明也。洒落非主敬不可。”①在思维之中,“敬”表现为健康的心态情绪引导规范的学习和应用。他说:

盖穷理以此心为主,必须以敬自持,使心有主宰,无私意邪念之纷扰,然后有以为穷理之基。本心既有所主宰矣,又须事事物物各穷其理,然后能致尽心之功。欲穷理而不知持敬以养心,则思虑纷纭,精神昏乱,于义理必无所得。知持敬以养心矣,而不知穷理,则此心虽清明虚静,又只是个空荡荡底物事,而无许多义理以为之主,其于应事接物必不能皆当。②

但“敬”不仅仅表现于思维,更需要见之于行动。所谓“儒者功夫,居敬穷理而已。穷理所以致其知也,知之至而后行之利。敬则统乎知与行者也”。③ 杨园先生强调:“求其放心,正非空空地求,从日用行习实用其力,则心无时而不存矣。”④行动和思维是紧密联系的。他说:“严威俨恪,所以定心气也。”⑤同时,“自世儒以‘在物为理,处物为义’之言为不然,而体用、内外始判而二之矣。自世儒不明于‘动静不失其时’之义,而以堕黜聪明为静;不明于‘心存斯是敬’之义,而但以严威俨恪为敬,而人伦庶物之外,若别有一种学问矣”。⑥ 塑造思维的行动也是多种多样的。杨园先生说:

清明在躬则志气如神,平日功夫,惟在涵养其本原,以为制事酬物之主尔矣。朋友讲习,养也;独居思索,亦养也;读书考究,养也;饮食动作,亦养也。念兹在兹,释兹在兹,如伏雌之抱卵。其事不舍,其进不锐;如日月之贞恒。修其疆畔,时其耔耘,如农夫之力穑。

---

① (明)张履祥:《愿学记一》,载《杨园先生全集》,陈祖武点校,中华书局 2014 年版,第 715 页。

② (明)张履祥:《答施龙友》,载《杨园先生全集》,陈祖武点校,中华书局 2014 年版,第 350 页。

③ 同上书,第 349 页。

④ (明)张履祥:《与吴仲木》,载《杨园先生全集》,陈祖武点校,中华书局 2014 年版,第 64 页。

⑤ (明)张履祥:《问目》,载《杨园先生全集》,陈祖武点校,中华书局 2014 年版,第 688 页。

⑥ (明)张履祥:《与何商隐》,载《杨园先生全集》,陈祖武点校,中华书局 2014 年版,第 112 页。

而后可致其精也,而后可几于熟也。[①]

杨园先生认识到这一过程十分漫长,需要坚持不懈的反复训练。他说:"志无求易,事不避难,则德日进而业日新矣。"[②]如上所述,他比之为稼穑:

予也尝学稼事,请以为喻。五谷,种之美者也,春而甲坼,夏而长茂,秋而秀实,冬而敛藏,天之时也,地之利也。其自播种而往,灌之、溉之,耨之、耔之,晨而耘,午而锄者,劳苦盖不可以算,然而水旱有灾也,虫螟有害也,劳苦有加焉,弗以辞也,如是庶罔弗谷矣。弗敢自信也,必问诸老农而致其力焉,不然者力虽勤,犹鲜获也。若刀怠弃焉,作辍焉,种则犹是,而秀实不啻倍蓰矣。[③]

但是,真正经过一番训练以后,收获也是明显的。杨园先生说:

大抵功夫只一"勇"字,最急日用应接,见善便如好好色,见不善便如恶恶臭。旋见有得力处,天地之理,一长则一消,一进则一退,正如水车一般。吾人功夫,于天理分数渐增,则于人欲分数渐减,到进得几分后,意味又自不同。其于流俗种种,真有不能自安者矣。[④]

习惯成自然,真正达至接近理想的状态后,行为将和规范贴合无间。杨园先生说:"四体不言而喻,功夫纯熟后,自有不知不觉从容合节之妙。正如写字一般,其初写,仿却恁用意,到得熟后,自然动合法度也。御者得心应手,大匠运斤成风,可谓善于形容矣。"[⑤]届时,行为将像呼吸一样,不必操纵而自然正确。杨园先生说:"尝思人之一身,百凡动止,皆有心为之,唯呼吸无心为之。无心而自然

① (明)张履祥:《与何商隐》,载《杨园先生全集》,陈祖武点校,中华书局2014年版,第111~112页。

② (明)张履祥:《愿学记一》,载《杨园先生全集》,陈祖武点校,中华书局2014年版,第718页。

③ (明)张履祥:《困勉斋记》,载《杨园先生全集》,陈祖武点校,中华书局2014年版,第508页。

④ (明)张履祥:《答吴仲木》,载《杨园先生全集》,陈祖武点校,中华书局2014年版,第62页。

⑤ (明)张履祥:《备忘一》,载《杨园先生全集》,陈祖武点校,中华书局2014年版,第1074页。

者，天地之功用；有心而后然者，圣人之德业。”[①]又说：“天地之屈信，于阴阳见之；人身之屈伸，于呼吸验之，皆不知其所以然而然。不知其所以然而然，谓之自然，自然之谓道。”[②]

四、学术与政治

杨园先生对于他所处的时代有极为消极的认识，而且，这一认识也是符合实际的。他说：“《大过》之时，本未俱弱，然犹四阳居中。至于《小过》，则刚失位，而又本末重阴，不得不行过乎恭，丧过乎哀，用过乎俭矣。祝在今日，又非过之可得言乎？诸阳消剥已尽，乾坤或几乎息矣。”[③]具体而言，则“今日盗寇遍天下，朋党亦遍天下，名士遍天下，饥民亦遍天下，贪官遍天下，狐狸亦遍天下”。[④] 张履祥把秩序荡尽的原因归结于纲常紊乱、经义晦蚀。他说：

> 天之恒道，民实秉之，存亡显晦，而治乱以分。由古准今，百世无改也。故纲常者，经世之本。父子君臣之道得而国治，犹恒星不忒，而五气顺布，四时行序也。邪慝生于心，则祸乱中于世，洪水猛兽之害，胥是焉起，殆非朝夕之故矣。[⑤]

又说：“经义晦蚀，其效为夷狄之祸，自古以然。杨墨充塞仁义，而秦以西戎荼毒天下，楚汉之际死者无算；晋室清谈，以《老》乱《易》，而五胡云扰，中原沦没；王安石立新义，黜《春秋》，而靖康之祸作。”[⑥]纲常紊乱、经义晦蚀的根源则在于学术上的错误和败坏。

---

① （明）张履祥：《愿学录遗》，载《杨园先生全集》，陈祖武点校，中华书局 2014 年版，第 781 页。

② （明）张履祥：《读易笔记》，载《杨园先生全集》，陈祖武点校，中华书局 2014 年版，第 824 页。

③ （明）张履祥：《答吴仲木》，载《杨园先生全集》，陈祖武点校，中华书局 2014 年版，第 62 页。

④ （明）张履祥：《与李石友》，载《杨园先生全集》，陈祖武点校，中华书局 2014 年版，第 249 页。

⑤ （明）张履祥：《经正录序》，载《杨园先生全集》，陈祖武点校，中华书局 2014 年版，第 461 页。

⑥ （明）张履祥：《愿学记二》，载《杨园先生全集》，陈祖武点校，中华书局 2014 年版，第 747 页。

张履祥说:“学术坏而心术因之,心术坏而世道因之,古今不易之理也。”[①]而现实恰恰是,“万历以来,学术日晦,说书者多以释、老解儒书”。[②] 张履祥记述,在他所处的时代,古圣先贤的经义已经彻底丧失,形同楚汉、五胡、靖康之际的局面。他说:“《四书》、《五经》立学宫者几百年,家有师而户有塾,知其义者何人斯?下此者毋论已。《近思录》之将刻,恶必人之宝爱此书,但以昔日得见此书之幸,与今日求觅此书之难,度亦此心为人心之同然耳。”[③]不禁感慨,“百余年来,士大夫人品学术希足师法,思之浩叹”。[④]

这一切的罪魁祸首即陆王心学。张履祥极言之:

人心不同,有如其面,惟斯理,天下古今一也。推其本末,“心即理也”,陆氏之说,而王氏祖述之。亦非陆氏之说,西来直指心体之说,而陆氏符合之。此说一倡,师心自用之学大炽,推其流极,弑父与君而无不忍。何也?吾心信得过自己无有不是处也。庄周“圣人不死,大盗不止”,或亦激于文弊之言。浸淫至秦,李斯用事,废井田,开阡陌,罢封建,置郡县,焚诗书,坑儒士,举圣人之迹,一扫而无遗。是亦剖斗折衡之效也,学术之际何可不慎也?使当时学者,循循焉慎守“好古敏求”之训,处士不敢横议,何至流毒若是之烈哉?[⑤]

在张履祥看来,阳明学术的最大弊端即“师心自用”,放纵人人根据自己个别的意见而行动,不复顾忌伦理纲常乃至一切规范的束缚,以至于“生心害政”。他说:“于王氏之书,读之熟而信之深,故一种傲然自以为是,前无往圣,后无来喆。”[⑥]又说:“世之志卑气弱,利欲沉锢,不知兴起者,陆、王之书读之不无少助,但病即中于此。

---

① (明)张履祥:《愿学记二》,载《杨园先生全集》,陈祖武点校,中华书局2014年版,第759页。

② (明)张履祥:《与吴仲木》,载《杨园先生全集》,陈祖武点校,中华书局2014年版,第65页。

③ (明)张履祥:《与何商隐》,载《杨园先生全集》,陈祖武点校,中华书局2014年版,第117页。

④ 同上书,第115页。

⑤ (明)张履祥:《答陈乾初》,载《杨园先生全集》,陈祖武点校,中华书局2014年版,第31页。

⑥ (明)张履祥:《答陈乾初》,载《杨园先生全集》,陈祖武点校,中华书局2014年版,第29页。

每见人才去涉猎,必是自信过深,好为人师。”[①]如前所述,张履祥认为,这种随机产生的个别意见完全是错误的。他说:

姚江“良知”之学,其精微之言,只“吾心自有天则”一语而已。夫人性本善,以为天则不具于吾心不可也。然人之生也,有气禀之拘,有习染之迁,有物欲之蔽,此心已非性之本然,故曰:“人心之不同如其面也。”夫子之圣,必至七十,然后从心所欲不逾矩。亦谓天则未能即此心而是,故须好古以敏求耳。今以未尝学问之人,而谓吾心即是天则可乎?将恐虽无物欲之蔽,犹有习染之迁,即无习染之迁,而气禀之拘,将必不免。此仁者见仁,智者见智,而君子之道鲜也。[②]

而且,这种个别意见既然是随机产生,那么就时时不同,自我矛盾,根本无法指导实践。他说:

又如一卷之书,昨日读之所见如此,今日读之所见又如此,今年读之如此,来年读之所见又未必如此。然昨日岂无良知乎?抑有两良知乎?抑今年所知或未必良,而尚侍之来年乎?然则所谓“吾心自有天则,而满街都是圣人”者,何说也?整庵先生谓“世间岂有见成良知”是也。夫孟子之言“良知”“良能”,本谓不学不虑,岂非见成而顾谓?岂有见成?其苦心可思也已。今日邪说暴行之徒,莫非自托于“良知”之学,究其立身,寡廉耻,决名教,流祸已极。而有志于学问者,曾不之察,方将主张其说,以鼓动学徒,招来群辈,断然自信而不疑。亦难乎其为豪杰之士矣。[③]

正因如此,杨园先生才坚定地回返朱子学的苑囿。他说:“又如紫阳、阳明之学,百有余载以来,学者之论纷如聚讼,几于水火冰炭之不相得。弟两读之,私心揣度,则见以为紫阳之学纯,阳明之学驳,学者从事于此,则紫阳之学终是无弊,而学阳明而失,其弊有不

---

① (明)张履祥:《答丁子式》,载《杨园先生全集》,陈祖武点校,中华书局2014年版,第99页。

② (明)张履祥:《答沈德孚》,载《杨园先生全集》,陈祖武点校,中华书局2014年版,第85~86页。

③ (明)张履祥:《答沈德孚》,载《杨园先生全集》,陈祖武点校,中华书局2014年版,第86页。

可胜言者。”[①]对于有明一代的学术，张履祥只认同薛瑄和胡居仁。所谓“本朝人著述，概宜屏绝，惟《读书录》、《居业录》二书纯正，其他不足观也”。[②] 他还夸张地说：“批《传习录》。此等文字，屏而绝之，不接耳目者二十余年，今不得已为一展卷，每阅及一、二条，心绪辄复作恶，遂尔中止者数四。到舍，检得《读书录》以观，近日复得《敬斋先生集》看，中心差觉宁快耳。”[③]

张履祥相信，从改造学术入手，清明政治是可期的。当然，重点还是君主所信奉的学术。他说：“人主学术不可不正……夫以文帝天资之美，进之尧、舜、文、武之学，其德岂独优于汉唐诸君，抑继其世者未必止于景、武而已。黄老之弊，流为申韩，景帝天资虽远弗逮文帝，然以晁错为师傅，是亦文帝有以开之也。”[④]此时，他又不那么相信制度的外在约束了。他说：

或曰：“禹有典则以贻子孙，汤制官刑以儆有位。示之典刑，辅之以舜、禹，恶必遂覆亡与？”曰：“不观商受之事乎？微、箕、祖伊、商容、比干之属，非其世臣巨室乎？六七君之典刑，焉有不善，曾能制其恣睢傲戾否邪？夫[丹]朱亦受之伦而已。使受当日不为天子，勉守侯度以终其身，无以济其不才，稔恶宁至乎极也？”[⑤]

然后则是各级官吏的培养。他说：“自古国家乱败，未有不由人之云亡。朝廷几十年以来，人才摧折则多有之，所为长养成就而进用之者，文武两途均未之闻。今日之祸，识者久知其然。所痛中原陆沉，衣冠礼乐涂炭殆尽，然人心未复，为乱方未已也。”[⑥]又说：“祖

① （明）张履祥：《与张白方》，载《杨园先生全集》，陈祖武点校，中华书局 2014 年版，第 147～148 页。

② （明）张履祥：《答沈德孚》，载《杨园先生全集》，陈祖武点校，中华书局 2014 年版，第 87 页。

③ （明）张履祥：《答张佩葱》，载《杨园先生全集》，陈祖武点校，中华书局 2014 年版，第 318 页。

④ （明）张履祥：《汉文帝论》，载《杨园先生全集》，陈祖武点校，中华书局 2014 年版，第 561 页。

⑤ （明）张履祥：《丹朱论》，载《杨园先生全集》，陈祖武点校，中华书局 2014 年版，第 559 页。

⑥ （明）张履祥：《答唐灏儒》，载《杨园先生全集》，陈祖武点校，中华书局 2014 年版，第 74 页。

宗大法，布在方策。今日治本，惟在择人而任之。任人之重，一阁臣，一吏部尚书，一兵部尚书，一都察院，四人而已。皆贤则治，得胜失小治，失胜得小乱，皆不贤大乱。”[①]盖官僚体系对君主仍有制约作用。所谓“朝廷即有弊政，有司尚宜委曲以利民”。[②]“法虽蔽，有善人行之，亦可以为德”。[③] 而且，“古之为人臣者，道之所在，必欲致君从之，而不肯苟同于君。若道有不合，小则以去就争之，大则以死生争之。是以人主有所严惮，而远方四夷闻之亦有所畏服”。[④]张履祥知道，这种言论在当时往往被笑为不通世故、无济于事的“假道学”。他说：

至于今，越四、五百年，教化益微，风俗益败，虽穷乡妇女，三尺童竖，熟于口，惯于耳，见夫人一言一行稍异流俗也，遂以假道学为诮诋。一人始之，众人相与和之，咸指而名以假云假云。曾不问其人之躬行操履，与夫存心学术之果何如，概将推而内之假之之中。于是朝廷之上，乡曲之间，尽以是为攻正人之矛帜，而空善类之坑阱矣。[⑤]

张履祥愤慨地质问：“古今以来，为党人者何如人？为道学者何如人？斥伪学者又如何人？邪之与正，有目胥睹，有心皆知也。”[⑥]

有了君主和官僚共同构成的这一体系，就可以为世间重塑符合规范的秩序。杨园先生说：“天地间人，智愚强弱，生质各有定分。强者不能使之弱，弱者不能使之强，智者不能使之愚，愚者不能使之智。圣人为治，特使教化明而风俗美，强不至于暴寡，智不至于欺

---

① （明）张履祥：《愿学记一》，载《杨园先生全集》，陈祖武点校，中华书局 2014 年版，第 721 页。

② 同上书，第 730 页。

③ （明）张履祥：《备忘一》，载《杨园先生全集》，陈祖武点校，中华书局 2014 年版，第 1044～1045 页。

④ （明）张履祥：《愿学记二》，载《杨园先生全集》，陈祖武点校，中华书局 2014 年版，第 739～740 页。

⑤ （明）张履祥：《假道学说》，载《杨园先生全集》，陈祖武点校，中华书局 2014 年版，第 550 页。

⑥ 同上书，第 551 页。

愚,鳏寡孤独废疾者有养而已。”[①]张履祥记述:“家边习气,先生所稔知也。一曰贪,至于父子兄弟不相顾;一曰很,惟以凌弱暴寡为事。虽今日风俗人心大概如此,而此地为甚,率是以往,人道几乎息矣。”[②]有了新的秩序,这一状况就可能扭转。杨园先生认为,只要使得规范实施,恩威并用,状况的扭转并不那么难。他举了当时执行乡约,奖善惩恶的明显效果为例:

夫以今之约于乡者,特故事已尔,非有古昔教民之实也。其东西向而读者,非有至诚恻怛之辞,足以大劝勉人也。且其所赏,或未尽善良而赉之,所罚,或未尽暴子弟而惩之也。而已有泣于堂者,有道于途者,有老语其少、母戒其子者,何其入人之深,遂至此欤?然则为长上者,苟有学道爱人,视其民若父母之于子,化行俗美,岂三代之足难乎?[③]

只可惜,“而世之有司,操法以治下,其击剥于民,非不多也,辈而刑,辈而狱者,非不踵也,诚能使其逊心而畏令矣乎?然终不务彼务。此国家数百年,赤子以生,以养,以教,以育,以及于斯忧其富且繁,一假令君,贫之且死之乎”?[④] 大明也因此走向了灭亡。

五、自立的基础

面对极端严酷的政治和社会环境,杨园先生强调自立。他说:“顾予闻之,论人者必考其世,而为学者先识其时。今乾坤何时乎?阴霸塞路,百草萎黄,凡今之人,不为岁寒之松柏,庶几乎疾风之劲草,斯能自立于大冬严雪之中。不然,未见其不靡靡以偃也。”[⑤]

杨园先生认识到现实和规范的不一致乃现状甚至常态。他说:

---

① (明)张履祥:《备忘四》,载《杨园先生全集》,陈祖武点校,中华书局2014年版,第1195页。

② (明)张履祥:《与邱季心》,载《杨园先生全集》,陈祖武点校,中华书局2014年版,第106页。

③ (明)张履祥:《乡约记》,载《杨园先生全集》,陈祖武点校,中华书局2014年版,第502页。

④ 同上。

⑤ (明)张履祥:《春风草堂记》,载《杨园先生全集》,陈祖武点校,中华书局2014年版,第512页。

“古者理与势一，理之所在，势之所在也。后世理与势分，而理恒不胜势。”[①]于是，个人就要做一选择，只有站在规范一边才是正确的，因为规范才是终将胜利的，“然理之所在，势亦无如之何，在人择而取之”。[②] 又说：

是以君子生当乱世，不以人无尚德而辍其修，不以俗鲜好贤而堕其学。所居必仁，所由必义，非礼勿动而益勉其所当为，智不遍物而惟当务之为急。若乃遇之穷通，位之高下，则惟天之所置，与义之可否，而无所容心焉。其得行其志也，正君而定国，功施社稷，泽被生民，位虽极于人臣，而必不屑奔走承顺，以局脊劳悴于利达之途。其不得行其志也，古与稽而今与居，入以事其父兄，出以服勤师友，虽为庶人，召之役，则往役，而终不屈节于公侯，降心于豪右。势或偶诎，理有常伸。若此者，彼以其大，我以吾贤；彼以其强，我以吾德，吾何慊乎哉？是以君子贵之，终不以彼易此也。[③]

或者一时之间，规范的要求尚未实现，那就忍耐等待，守正以俟。杨园先生说：

譬诸草木，春至而荣，秋至而落，方其荣，孰为福之？及其落，孰为祸之？观夫众芳未歇，而荠麦已槁，群卉正谢，而荔挺方出，天地之大也，气滋而生，气尽而死，死者自死，生者自生，或几死而生，或方生而死，孰知其故？人于其间，顾义之当为、不当为如何耳。当为则为之，不当为则不为，以不贻没齿之悔，则百年可也，旦暮亦可也，孟子所谓“正命”是也。命不可知，守正以俟而已。[④]

忍耐当然不是一件容易的事，却是十分必要的。“我辈若无一种忍受志力，终不济事也。”[⑤]杨园先生说：

凡人不可以不知劳。孟子曰：“天将降大任于是人也，必先苦其

---

① （明）张履祥：《役说》，载《杨园先生全集》，陈祖武点校，中华书局2014年版，第552页。

② 同上。

③ 同上。

④ （明）张履祥：《辨惑》，载《杨园先生全集》，陈祖武点校，中华书局2014年版，第571页。

⑤ （明）张履祥：《愿学记一》，载《杨园先生全集》，陈祖武点校，中华书局2014年版，第712页。

心志,劳其筋骨,饿其体肤,空乏其身,行拂乱其所为,所以动心忍性,增益其所不能。”盖天之于人,犹父母于子,欲其他日克家,必须使其苦惯。若是爱以姑息,美衣甘食,所求而无不得,所欲而无不遂,养成膏梁纨绔气体,稼穑艰难有所不知,一与之大任,必有不克荷负者矣。所以劳苦种种,正以为动忍地也,动心忍性,所以为大任地也。吾人生此乱世,兼以孤苦忧患之心,如何不切,直须从百苦中大练出一副智力,然后此身不为无用,外可以济天下,内可以承先人。[①]

如果只说一番忍耐的功夫,祈求规范从天而降,未免让人有唾面自干的怀疑。但是,杨园哲学的新颖之处在于,他还指明了规范之外,自立的另一个基础,即个人现有的工作。杨园先生认识到:“人各有业。农有畎亩之事,工有器用之事,商贾有市肆车牛之事。废业游手,不至于失所,必入于不肖。”[②]又说:“世无无职分之人,人无无职分之日。求尽职分,自不得不忧,不得不惧。知忧知惧,必使无憾而后即安。”[③]如此一来,完成手头的工作,也就等于规范在一定范围的实现,并不完全是被动的等待而已。他说:

自天子至于庶人,各有职分当为之事。早作夜思,不离职分之内,为君便是圣明,为臣便是忠良,士则为良士,民则为良民。自幼至老,为子弟有子弟之职分,为父兄有父兄之职分,世无无职分之人,人无无职分之日。求尽其职分,自不容不朝夕乾惕。古人不敢怠荒,日有孳孳,不知年数之不足,凡以此耳。[④]

基于这个认识,他对耕作生产的价值十分重视,不仅在于满足生存的需要而已。他说:“天地之利,不在于我则在于人。以生谷之地而弃之草莱,不特可惜,窃惧非天地之心也……吾人得志,则施王

---

① (明)张履祥:《答颜孝嘉》,载《杨园先生全集》,陈祖武点校,中华书局2014年版,第367页。

② (明)张履祥:《初学备忘上》,载《杨园先生全集》,陈祖武点校,中华书局2014年版,第992页。

③ (明)张履祥:《训门人语二》,载《杨园先生全集》,陈祖武点校,中华书局2014年版,第1467页。

④ (明)张履祥:《训子语上》,载《杨园先生全集》,陈祖武点校,中华书局2014年版,第1360页。

政于中国；不得志，则亦存其义于家。不谓抚流亡、垦草莱，非今日修身力行中事也。”①又说：“能治生则能无求于人，无求于人则廉耻可立，礼义可行。”②对于不能治生的失业农民则倍感同情。杨园先生记述：

井田废而民无恒业，富者拟王侯，则贫者不得不鬻田宅。鬻田宅不已，其势不得不至于鬻身，鬻男女。鬻者逾屈，鬻之者逾亢。始焉臣妾之，继乃禽兽之矣。呜呼！天之所覆，地之所载，父母之所生，自天子至于庶人，同类也，何忍相为陵侮如禽兽哉？稍知愧耻者，宁转于沟壑，不屑为人仆隶，有以也。或者重疑之，谓衣食而君臣义也，言之毋乃过？然予所见，主人之于仆隶，盖非复以人道处之矣。饥寒劳苦不之恤无论已，甚者父母死不听其衰麻哭泣矣，甚者淫其妻女若宜然矣，甚者夺其资业莫之问矣，又甚者私杀之而私焚之莫敢讼矣。服役终身既所甘也，世世子孙不齿于乡党，齐民耻与通昏嫡，虽有贤知无能自别，甚矣！③

与这些失业农民相反，则有努力自立的残障人士孙君。杨园先生记述：

夫生而形不全者，虽古未闻甚如孙君者也。度其生时，求为哑聋、跛躃、侏儒、废疾之人已不可得。见者当必骇异，以为生儿如此，不如无生也。薄于德者，指而笑唾矣。乃其家冀传后也，举而育之。哀哀父母，蒙讥诎，忍耻诟，忧虞伤痛，思所以保而存之之心，较之生不才子，抑又远矣。及长，而才智犹是，寿考犹是，长子孙犹是，承家保世，究亦何忝所生哉？④

这其间的差别，就在于自立，在于好自为之。他说：“天之生人，一而已，其有智愚贤不肖之异，孰为之？自为之也……凡此在人自

① （明）张履祥：《与何商隐》，载《杨园先生全集》，陈祖武点校，中华书局2014年版，第118页。

② （明）张履祥：《备忘一》，载《杨园先生全集》，陈祖武点校，中华书局2014年版，第1043页。

③ （明）张履祥：《义男妇》，载《杨园先生全集》，陈祖武点校，中华书局2014年版，第575～576页。

④ （明）张履祥：《书许淮阳纪异后》，载《杨园先生全集》，陈祖武点校，中华书局2014年版，第603页。

为而已。自为之意深,而后能自主,亦在人自好而已。自好之心笃,而后能自图。孰得孰失?何取何舍?宜如之何决择焉?”①

六、结语

杨园先生曾经把人生比作“一篇文字”,当由每个人自己用言行来书写,指望留给后世若干可圈可点的笔画。他说:“人生天地间,做了一生,便如一篇文字,前人做定,后人批驳,好丑纯疵全不可掩。虽不能全美,亦须令人可以节取。假若无处下点,通篇涂抹,成甚文理?”②就他个人而言,这篇文字做得平平白白、实实在在。如他自己所说,“德之盛者,才华必敛,非独古贤志愿不及,亦其势所至也。草木花大,则实不蕃,五谷花最细,然‘实颖实栗’,千斯仓,万斯箱。人非此不养,俗非此不阜,百果草木孰有尊于是者?物理亦自如此”。③ 而说到五谷,张履祥还讲过一个故事:

吾邑四平,无山陵,川泽之间,土滋田沃,宜黄白稻,民间所植,秫一而粳十,其大较也。然每获,辄有赤米杂于其间,虽岁去之,来年复如故,越境即否。窃尝疑之,以问农叟,叟叹曰:“此须公遗爱也。”予曰:“如何?”曰:“万历戊申夏五月,大水,田畴淹且尽。民以溢告,公抚慰之,劝以力救,不得已,则弃田之已种者而存秧。浃日雨不止,度其势不遗种,乃豫遣典史赍库金若干,夙夜进告,籴种于江西。而已则行水劝谕,且请于三台御史,乞疏免今年田租以安民心。十余日,谷归,分四境粜之,教民为再植计。月余水落田出,而秧已长,民犹疑之,将种黄赤豆以接食。公曰:“无为弃谷也。”益劝民树谷。其秋,谷大熟,赋复减十之七,民以是得全其生者甚众,他郡邑弗及也。是谷晚植早熟,不刈则随落,后虽他植,厥种恒在田

① (明)张履祥:《自箴》,载《杨园先生全集》,陈祖武点校,中华书局2014年版,第614页。

② (明)张履祥:《备忘三》,载《杨园先生全集》,陈祖武点校,中华书局2014年版,第1149页。

③ (明)张履祥:《愿学记三》,载《杨园先生全集》,陈祖武点校,中华书局2014年版,第763页。

间,岁复岁不绝。[1]

张履祥就像是这样一粒赤米。它生长在家乡的田野里,其他草木的芳华争奇斗艳却被滔天洪水涤荡一空,只有它潜藏在厚实的大地中,岁复岁不绝。

① (明)张履祥:《赤米记》,载《杨园先生全集》,陈祖武点校,中华书局2014年版,第505页。

顾炎武

顾炎武，初名绛，字忠清，后更名炎武，字宁人，世称亭林先生，明神宗万历四十一年（1613 年）五月二十八日生于昆山，清康熙二十一年（1682 年）正月八日失足坠马，后一日殁，得年七十岁。顾氏为一仕宦之家，顾炎武被过继给早逝的堂叔为嗣，陪伴未婚守节的嗣母。顾炎武三十岁前，一直居乡读书，当时大明已呈风雨飘摇之势。崇祯甲申，顾炎武三十二岁，侍母避居常熟。山河板荡，顾炎武奔徙于南京、苏州等地。清兵入常熟，顾炎武嗣母绝食而死，临终前遗命顾氏不得出仕异国。后来，南明唐王政权遥授顾炎武兵部职方司主事之职。顺治三年，唐王被擒而死。但是，顾炎武仍然游走于江南各地，多次谒孝陵。其间，他的昆山家乡有人要兴讼狱将其置于死地。虽然最终脱罪，但是顾炎武决定避祸北上，于四十五岁时远赴山东。顺治十六年，顾炎武四十七岁，访北京天寿山，后又多次谒明陵。康熙二年，顾炎武五十一岁，西向太行，进入关中，此后一直在北方各地旅居，直至在曲沃逝世。在顾氏晚年，外甥徐乾学为清廷所宠信，因曾得到舅父的帮助，想要迎顾氏回乡，但顾炎武拒绝了。多年间，顾炎武“以二马二骡载书自随，所至阨塞，即呼老兵退卒，询其曲折，或与平日所闻不合，则即坊肆中发书而对堪之”。[①] 如此持之以恒，亭林先生以超凡的精力和勤勉完成《音学五书》《日知录》《肇域志》《天下郡国利病书》等绝大著作，以新的方法和风气，开始改变晚明以来学界的面貌。

近代以来的顾炎武研究者，均承认亭林先生“清学的开山祖师”地位。[②] 个中区别无非是，有的认为乾嘉之学放弃了顾炎武的经世抱负，有的则认为朴学家仍然以曲折的方式表现对官方理学的反感和抵触。比如，周予同、汤志钧说，顾炎武的“学术思想是和其政治斗争相结合的”，而那些“御用学者，无耻地企图掩盖顾氏为学的本旨意，防范而阻塞了顾氏‘行己有耻’与‘博学于文’相结合的思想的传播”。[③] 陈祖武说：“以后的乾嘉学派买椟还珠，舍其大而识其小，使顾炎武所开创的学风遭到阉割。”[④]董平说：“乾嘉‘汉学’实不足以承续顾氏的学术精神。”[⑤]与此相对，魏长宝则辩护：“顾氏引古筹今的经世思想，亦在乾嘉史学中得到了回响。赵翼、钱大昕、章学诚、洪亮吉、阮元、汪中等乾嘉学术的中坚，均具有强烈的经世意识，都强调史学经世论，而绝不像人们通常所认为的那样，他们只是一群埋首于故纸堆中的书虫。顾氏经世学风在他们那里并未中断，而是得到了新的阐发。”[⑥]

如上所述，很多前人都看到，顾炎武绝不仅是一个考据学家，他的著作中也藏有丰富的哲学思考。赵俪生说，顾炎武在“哲学上仍然是一整套的。……只不过他这方面的话少些，简括些，不像船山

---

① (清)全祖望：《神道表》，载(明)顾炎武：《顾炎武全集》(第22册)，华东师范大学古籍研究所整理，上海古籍出版社2011年版，第104页。

② 于省吾：《从古文字学方面来评判清代文字、声韵、训诂之学的得失》，载《历史研究》1962年第6期；张晋藩：《清初经世致用的思想与实学的学风》，载《安徽师范大学学报》(人文社会科学版)2007年第3期；王坚：《明清学术转换的桥梁与清初学术主流：论清初新理学》，载《文史哲》2017年第6期。

③ 周予同、汤志钧：《从顾炎武到章炳麟》，载《学术月刊》1963年第12期。

④ 陈祖武：《顾炎武研究中的几个问题》，载《学习与思考》(中国社会科学院研究生院学报)1981年第6期。

⑤ 董平：《顾炎武与清代学术之转向》，载《学海》2010年第2期。

⑥ 魏长宝：《论顾炎武的历史哲学》，载《南昌大学学报》(社会科学版)1999年第4期。参见郭康松：《论清代考据学的学术宗旨》，载《三峡大学学报》(人文社会科学版)2002年第5期；许苏民：《顾炎武与浙西史学》，载《东南学术》2004年第1期。

那样地汗漫其辞罢了”。[①] 陈祖武也说:“社会政治思想,这是顾炎武思想的核心。”[②]郝润华更直接地点明:“只要认真读过《日知录》并加分析,就会得出这样的结论,《日知录》是一部用考证的方法来体现顾炎武政治思想的理论著作。”[③]学术界也普遍注意到,顾炎武是用“博学于文”和“行己有耻”这两个短语来概括自己宗旨的。遗憾的是,前人讲“博学于文”多,而认为“行己有耻”似乎只是简单的“道德底线”“民族气节”而已。[④] 即便对“博学于文”,他们也基本上理解为只是一种治学方法,跟顾炎武的政治思想仿佛没有什么关系。实际上,如果赋予顾炎武的古典思想以现代的分析形式即可发现,“博学于文”确立了体现古人经验的制度的重要性,而“行己有耻”指以“耻”——个人的主观方面来甄别这些已有的经验和制度。进一步讲,顾炎武所谓“耻”,实际上即对名誉及公共评价的重视。“博学于文”和“行己有耻”的有机结合,才是顾炎武提出判断是非对错的标准,亦即其法哲学的核心。

一、规范的来源

顾炎武法哲学的特点之一是,强调外在制度约束,反对此前向内用功的心性之学。他说:“窃叹夫百余年以来之为学者,往往言心言性,而茫乎不得其解也。命与仁,夫子之所罕言也;性与天道,子贡之所未得闻也。”[⑤]概顾炎武认为,晚明以来诸人对“心”“性”乃至“仁”“天道”的认识和定义,模糊不清,去古甚远,毫无帮助。本此

---

① 赵俪生:《顾炎武〈日知录〉研究》,载《兰州大学学报》1964 年第 1 期。

② 陈祖武:《顾炎武研究中的几个问题》,载《学习与思考》(中国社会科学院研究生院学报)1981 年第 6 期。

③ 郝润华:《从〈日知录〉一书看顾炎武的政治思想》,载《甘肃理论学刊》1991 年第 6 期。

④ 许苏民:《“行己有耻”的道德底线与中国伦理学的近代转型:论顾炎武道德伦理思想中的近代性因素》,载《吉首大学学报》(社会科学版)2006 年第 4 期;王俊义:《顾炎武与清代考据学》,载《贵州社会科学》1997 年第 2 期。另见魏长宝:《论顾炎武的理学思想》,载《河北师范大学学报》(哲学社会科学版)2000 年第 4 期;刘梦溪:《论知耻》,载《北京大学学报》(哲学社会科学版)2017 年第 6 期。

⑤ (明)顾炎武:《与友人论学书》,载《顾炎武全集》(第 21 册),华东师范大学古籍研究所整理,上海古籍出版社 2011 年版,第 92 页。

“子罕言”的原则，顾氏自己当然也就不再详细论述“心”“性”范畴。不过，从顾炎武在《日知录》引文中对“心学”的讨论以及他的只言片语之中，我们仍然可以充分理解他所真正同意的用法。

顾炎武引用南宋黄震之《黄氏日抄》，说明古圣先贤所重视的“允执其中，四海困穷，天禄永终”这一最根本的治理之道，与心性之学并无关系，①并且指出“心不待传也，流行天地间，贯彻古今而无不同者，理也。理具于吾心，而验于事物。心者，所以统宗此理而别白其是非。人之贤否，事之得失，天下之治乱，皆于此乎判”。②可见，顾炎武同意的观念是，普遍、永恒的规范仍然是“理”，“心”不过是接受规范的载体、认识规范的官能，而尧舜相传的治理之道，是努力使最高统治者的判断符合根本的规范而已。

但有趣的是，在明确了“理”的根本地位后，顾炎武没有像明初朱子学人物那样先从中抽析出几个主要的伦常来，再对其进一步形式化。他转而强调规范的无限性，并因此否定了演绎方法的有效性。顾炎武自述写作《日知录》的经验：“盖天下之理无穷，而君子之志于道也，不成章不达，故昔日之得，不足以为矜；后日之成，不容以自限。”③因此，虽然治理之道是使判断符合规范，但是规范的内容却是丰富而复杂的，以至于顾炎武说：“若其所欲明学术，正人心，拨乱世以兴太平之事，则有不尽于是刻者，须绝笔之后，藏之名山，以待抚世宰物者之求。”④

对于这个问题，顾炎武的解决思路是以人心容量的无限性对应世间规范的无限性，正所谓“君子以广大之心而裁物制事”。⑤ 正如“理”普遍、永恒，“心”也如此。顾炎武说：“梦中之心，觉时之心也；

---

① （明）顾炎武：《日知录·心学》，载《顾炎武全集》（第19册），华东师范大学古籍研究所整理，上海古籍出版社2011年版，第717页。

② 同上书，第717～718页。

③ （明）顾炎武：《初刻日知录自序》，载《顾炎武全集》（第21册），华东师范大学古籍研究所整理，上海古籍出版社2011年版，第76页。

④ 同上。

⑤ （明）顾炎武：《答王山史书》，载《顾炎武全集》（第21册），华东师范大学古籍研究所整理，上海古籍出版社2011年版，第133页。

匹夫之心,天下人之心也。”[1]人心中本就承载着丰富而复杂的规范,“心相有三十六善”。[2] 正所谓“全者福禄令终,不全者福禄半之”。[3] 此种规范存于心中,自可供人对比而行。

顾炎武也曾说:“五品之人伦,莫不本于中心之仁爱。”[4]但是,这并非以“仁”的价值统合全部规范,更非主张寻求某种人心本体,仍然要求行为符合“仁”这一规范。[5]

人心之中不仅有规范,还有各种随时随地出现的意欲。这就需要对思维的内容予以截取固定化、提炼具体化。这一工作得到的规范首先是“礼”。顾炎武说:“礼者,本于人心之节文,以为自治治人之具,是以孔子之圣,犹问礼于老聃,而其与弟子答问之言,虽节目之微无不备悉。”[6]“礼”的出现可以把人心之中可能相互冲突的价值分别安置。就父亲健在而母亲亡故的服制争议,顾炎武说:“‘仁也……义也。品节斯,斯之谓礼。’……孟子曰:‘礼之实,节文斯二者是也。’若但曰父母之亲同,其爱同,其服同,则孩提之童无不知之者矣,何待圣人为之制哉?”[7]此外,上述工作得到的还有“律”。顾炎武说:“以汤、武之仁义为心,以桓、文之节制为用,斯之谓律。”[8]实定法可以将人心中不符合规范的内容预先剔除掉,使人周知以奉行。顾炎武说:

爱恶相攻,远近相取,情伪相感,人心之至变也。于何知之?以其辞知之。将叛者其辞惭,中心疑者其辞枝,吉人之辞寡,躁人之辞

---

① (明)顾炎武:《与人书七》,载《顾炎武全集》(第21册),华东师范大学古籍研究所整理,上海古籍出版社2011年版,第141页。

② (明)顾炎武:《菰中随笔》,载《顾炎武全集》(第20册),华东师范大学古籍研究所整理,上海古籍出版社2011年版,第110页。

③ 同上。

④ (明)顾炎武:《日知录·肫肫其仁》,载《顾炎武全集》(第18册),华东师范大学古籍研究所整理,上海古籍出版社2011年版,第298页。

⑤ (明)顾炎武:《五经同异·安仁利仁》,载《顾炎武全集》(第1册),华东师范大学古籍研究所整理,上海古籍出版社2011年版,第298页。

⑥ (明)顾炎武:《仪礼郑注句读序》,载《顾炎武全集》(第21册),华东师范大学古籍研究所整理,上海古籍出版社2011年版,第81页。

⑦ (明)顾炎武:《与友人论父在为母齐衰期书》,载《顾炎武全集》(第21册),华东师范大学古籍研究所整理,上海古籍出版社2011年版,第98页。

⑧ (明)顾炎武:《日知录·师出以律》,载《顾炎武全集》(第18册),华东师范大学古籍研究所整理,上海古籍出版社2011年版,第61页。

多，诬善之人其辞游，失其守者其辞屈。听其言也，观其眸子，人焉廋哉！是以圣人设卦，以尽情伪。夫诚于中必形于外，君子之所以知人也；百物而为之备，使民知神奸，先王之所以铸鼎也。故曰："作《易》者，其有忧患乎？"周身之防，御物之智，其全于是矣。①

无论是"礼"还是"律"，都是古人念兹在兹已经整理的。顾炎武说：

古之圣人所以教人之说，其行在孝悌忠信，其职在洒扫、应对、进退，其文在《诗》、《书》、《礼》、《易》、《春秋》，其用之身在出处、去就、交际，其施之天下在政令、教化、刑罚，虽其"和顺积中而英华发外"，亦有体用之分，然并无用心于内之说。②

为了得到这些规范，古圣先贤曾经付出艰辛的身心努力。顾氏说：

享天下之大福者，必先天下之大劳；宅天下之至贵者，必执天下之至贱。是以殷王小乙使其子武丁旧劳于外，知小人之依。而周之后妃亦必服浣濯之衣，修烦缛之事。及周公遭变，陈后稷、先公王业之所由者，则皆农夫、女工、衣食之务也。古先王之教，能事人而后能使人。其心不敢失于一物之细，而后可以胜天下之大。舜之圣也，而饭糗茹草；禹之圣也，而手足胼胝，面目黧黑。③

他们得到的认识往往被实践检验为有效，即"古人于人事也信其有功"。④ 认识到的内容也足够丰富而复杂。所谓"古之圣人，或上而为君，或下而为相，其知周乎万物而道济天下，固非后人之所能测也"。⑤ 载体亦确实，表达亦充分，即"博学审问，古人与稽，以求

---

① （明）顾炎武：《日知录 · 凡易之情》，载《顾炎武全集》（第 18 册），华东师范大学古籍研究所整理，上海古籍出版社 2011 年版，第 81 页。

② （明）顾炎武：《日知录 · 内典》，载《顾炎武全集》（第 19 册），华东师范大学古籍研究所整理，上海古籍出版社 2011 年版，第 715 页。

③ （明）顾炎武：《日知录 · 饭糗茹草》，载《顾炎武全集》（第 18 册），华东师范大学古籍研究所整理，上海古籍出版社 2011 年版，第 333 ~ 334 页。

④ （明）顾炎武：《日知录 · 卜筮》，载《顾炎武全集》（第 18 册），华东师范大学古籍研究所整理，上海古籍出版社 2011 年版，第 88 页。

⑤ （明）顾炎武：《日知录 · 巫咸》，载《顾炎武全集》（第 19 册），华东师范大学古籍研究所整理，上海古籍出版社 2011 年版，第 957 页。

其是非之所在,庶几可得十之五六"。[①] 而且,古今的人生经验、社会现象很大程度上又有着明显的延续性。所谓"古之天下犹今也。崔呈秀、魏广微,天下之人无字之者,言及之,则名之,名之者,恶之也,恶之则名之焉,尽之矣"。[②] 又如"以后世之事言之,如刘石之十六国之辈,略之而已,至魏、齐、周,则不得不成之为国而列之为史。辽、金亦然。此夫子所以录楚、吴也。然于备书之中而寓抑之之意,圣人之心盖可见矣"。[③] 因此,参考古人已经获得的认识,再结合当下的实际情况,就能够应对现象及其规范的无限性。在这个意义上,历史经验和规范认识是统一的。以《易》为例,顾炎武认为:"圣人所闻所见,无非《易》也……六十四卦三百八十四爻,皆所以告人行事,所谓'拟之而后言,议之而后动'者也。"[④]那么,熟悉了这些"故"智就可以真正言规范("性")言判断("逆数")。他说:

造化人事之迹有常而可验,顺以考之于前也;知来者逆,变化云为动日新而无穷,逆以推之于后也。圣人神以知来,知以藏往,作为《易》书,以前民用。所设者,未然之占;所期者,未至之事,是以谓之逆数。虽然,若不本于八卦已成之迹,亦安所观其会而系之爻象乎?是以"天下之言性也,则故而已矣"。[⑤]

由此一来,在顾炎武法哲学中一部分真正重要的规范来源就转换为经过再次甄别的历史经验,即他所理解的"名物"。所谓"博之于名物制度",二者并列而言,"名物"也就是"制度"。[⑥] 顾炎武说:

---

① (明)顾炎武:《与人书一》,载《顾炎武全集》(第21册),华东师范大学古籍研究所整理,上海古籍出版社2011年版,第138页。

② (明)顾炎武:《日知录·滕子薛伯杞伯》,载《顾炎武全集》(第18册),华东师范大学古籍研究所整理,上海古籍出版社2011年版,第174页。

③ (明)顾炎武:《日知录·楚吴书君书大夫》,载《顾炎武全集》(第18册),华东师范大学古籍研究所整理,上海古籍出版社2011年版,第179页。

④ (明)顾炎武:《与人书二》,载《顾炎武全集》(第21册),华东师范大学古籍研究所整理,上海古籍出版社2011年版,第138页。

⑤ (明)顾炎武:《日知录·易逆数也》,载《顾炎武全集》(第18册),华东师范大学古籍研究所整理,上海古籍出版社2011年版,第81~82页。

⑥ (明)顾炎武:《吕氏千字文序》,载《顾炎武全集》(第21册),华东师范大学古籍研究所整理,上海古籍出版社2011年版,第89页。

昔者武王之访箕子之陈;曾子、子游之问,孔子之答,皆是物也。故曰:“万物皆备于我矣。”惟君子为能体天下之物,故《易》曰:“君子以言有物而行有恒。”《记》曰:“仁人不过乎物,孝子不过乎物。”以格物为多识于鸟兽草木之名,则末矣。知者无不知也,当务之为急。听讼者,“与国人交”之一事也。[①]

顾炎武坚持“其于世儒尽性至命之说,必归之有物有则,五行、五事之常,而不入于空虚之论”。[②] 又说:“致知者,知止也。知止者何?为人君止于仁,为人臣止于敬,为人子止于孝,为人父止于慈,与国人交止于信,是之谓止,知止然后谓之知至。君臣、父子、国人之交,以至于‘礼仪三百,威仪三千’,是之谓物。”[③]可见历史经验之中要紧的还是前人的具体制度。

但是,不要忘记,顾炎武法哲学也强调今人再次甄别的工作,对于历史经验的使用并非完全教条和机械。这里重要的概念是“耻”。亭林先生说:

愚所谓圣人之道者如之何?曰“博学于文”,曰“行己有耻”。自一身以至于天下国家,皆学之事也;自子臣弟友以至出入往来、辞受、取与之间,皆有耻之事也。耻之于人大矣!不耻恶衣恶食,而耻匹夫匹妇之不被其泽,故曰:“万物皆备于我矣,反身而诚。”呜呼!士而不先言耻,则为无本之人;非好古而多闻,则为空虚之学。以无本之人而讲空虚之学,吾见其日从事于圣人而去之弥远也。[④]

可见对于历史检验的研究和对“耻”的坚持是密不可分的一体两面。顾炎武又说:

《五代史·冯道传论》曰:“礼义廉耻,国之四维;四维不张,国乃灭亡,善乎!管生之能言也,礼义,治人之大法;廉耻,立人之大

---

① (明)顾炎武:《日知录·致知》,载《顾炎武全集》(第18册),华东师范大学古籍研究所整理,上海古籍出版社2011年版,第289~290页。

② (明)顾炎武:《与友人论学书》,载《顾炎武全集》(第21册),华东师范大学古籍研究所整理,上海古籍出版社2011年版,第199页。

③ (明)顾炎武:《日知录·致知》,载《顾炎武全集》(第18册),华东师范大学古籍研究所整理,上海古籍出版社2011年版,第289页。

④ (明)顾炎武:《与友人论学书》,载《顾炎武全集》(第21册),华东师范大学古籍研究所整理,上海古籍出版社2011年版,第93页。

节,盖不廉则无所不取,不耻则无所不为。人而如此,则祸败乱亡亦无所不至,况为大臣,而无所不取,无所不为,则天下其有不乱,国家其有不亡者乎?”然而四者之中,耻尤为要。故夫子之论士,曰“行己有耻”;《孟子》曰“人不可以无耻,无耻之耻,无耻矣”,又曰“耻之于人大矣,为机变之巧者,无所用耻焉”。所以然者,人之不廉而至于悖礼犯义,其原皆生于无耻也。故士大夫之无耻,是谓国耻,吾观三代以下,世衰道微,弃礼义,捐廉耻,非一朝一夕之故。然而松柏後雕于岁寒,鸡鸣不已于风雨,彼昏之日,固未尝无独醒之人也。①

可见,已有的制度化礼义,还需要个人主观方面的廉耻来予以甄别、巩固。那么,顾炎武所谓“耻”是指什么呢?在讨论廉耻时,顾炎武谈到一个具体的例子:

顷读《颜氏家训》,有云:“齐朝一士夫尝谓吾曰:‘我有一儿,年已十七,颇晓书疏。教其鲜卑语及弹琵琶,稍欲通解。以此伏事公卿,无不宠爱。’吾时俯而不答。异哉,此人之教子也!若由此业自致卿相,亦不愿汝曹为之。”②

而后他评论说:“嗟乎,之推不得已而仕于乱世,犹为此言,尚有《小宛》诗人之意。彼阉然媚于世者,能无愧哉?”③那么,这里的“耻”约略等同于内心的惭愧之情。但顾炎武并不信任这种纯然内在的心理活动,他说“耻”还和“名”有关。所谓“汉人以名为治,故人材盛。今人以法为治,故人材衰”。④ 具体而言:

司马迁作《史记·货殖传》,谓:“自廊庙朝廷岩穴之士,无不归于富厚。等而下之,至于吏士舞文弄法,刻章伪书,不避刀锯之诛者,没于赂遗。”而仲长敖《核性赋》谓:“倮虫三百,人最为劣。爪牙皮毛,不足自卫;唯赖诈伪,迭相嚼啮。等而下之,至于台隶僮竖,唯盗唯窃。”乃以今观之,则无官不赂遗,而人人皆吏士之为矣;无守不

① (明)顾炎武:《日知录·廉耻》,载《顾炎武全集》(第18册),华东师范大学古籍研究所整理,上海古籍出版社2011年版,第536~537页。

② 同上书,第537页。

③ 同上。

④ (明)顾炎武:《日知录·名教》,载《顾炎武全集》(第18册),华东师范大学古籍研究所整理,上海古籍出版社2011年版,第535页。

盗窃，而人人皆僮竖之为矣。自其束发读书之时，所以劝之者，不过所谓千钟粟、黄金屋，而一日服官，即求其所大欲。君臣上下怀利以相接，遂成风流，不可复制。後之为治者宜何术之操？曰：唯名可以胜之。名之所在，上之所庸，而忠信廉洁者显荣于世；名之所去，上之所摈，而怙侈贪得者废锢于家。即不无一二矫伪之徒，犹愈于肆然而为利者。《南史》有云："汉世士务修身，故忠孝成俗。至于乘轩服冕，非此莫由，晋、宋以来，风衰义缺。故昔人之言曰名教，曰名节，曰功名，不能使天下之人以义为利。而犹使之以名为利，虽非纯王之风，亦可以救积污之俗矣。"①

如果说"名"是名誉，即公共的评价，那么顾炎武所谓"耻"，实际上即对名誉及公共评价的重视。而且，此种名誉并非一时一地的舆论所能决定的，具有超越历史语境的永恒价值。顾炎武说：

子曰："有朋自远方来，不亦乐乎？"古之人学焉而有所得，未尝不求同志之人，而况当沧海横流、风雨如晦之日乎？于此之时，其随世以就功名者固不足道，而亦岂无一二少知自好之士，然且改行于中道，而失身于暮年，于是士之求其友也益难。而或一方不可得，则求之数千里之外；今人不可得，则慨想于千载以上之人；苟能有一言一行之有合于吾者，从而追慕之，思为之传其姓名而笔之书。呜呼，其心良亦苦矣！②

正因为如此重视这种千载之名，所以才要广为传颂，使之成为历史经验的一部分，也正因为千载之名超越历史语境，才可以之甄别历史经验。二者相辅相成，"故名节以之而立，学问以之而成，忠义之人，经术之士出乎其中矣"。③

二、应用规范的判断

在作出具体的规范判断时，顾炎武也认为，首先要遵循前人基

---

① （明）顾炎武：《日知录·名教》，载《顾炎武全集》（第 18 册），华东师范大学古籍研究所整理，上海古籍出版社 2011 年版，第 533 页。

② （明）顾炎武：《唐宋遗民录序》，载《顾炎武全集》（第 21 册），华东师范大学古籍研究所整理，上海古籍出版社 2011 年版，第 83 页。

③ （明）顾炎武：《莱州任氏族谱序》，载《顾炎武全集》（第 21 册），华东师范大学古籍研究所整理，上海古籍出版社 2011 年版，第 88 页。

于历史经验提出的制度。他说："道二，仁与不仁而已矣。出乎吉，则入乎凶。"①而"人苟循乎诗书，执礼之常而不越焉，则自天佑之，吉无不利矣"。② 除了"礼之常"以外，当下的实定法也同样重要。顾炎武在《日知录之余》"国史律令"条下抄录了三则小故事。其一，"楚相柏举之战，蒙穀入大宫，负鸡次之典，以浮于江，逃于云梦中。昭王返郢，五官失法，百姓昏乱。蒙穀献典，五官得法，百姓大治。蒙穀之功，与存国相若"。③ 其二，"陈咸，哀、平间以明律为侍御史。王莽篡位，归乡，至闭门不出。乃收家中律令文书壁藏之，以俟圣主"。④ 其三，"唐庄宗灭梁，御史台奏：'朱温篡逆，删改本朝律令格式，悉收旧本焚之。今台司及刑部大理寺所用皆伪庭之法，闻定州敕库独有本朝律令格式具在，乞下本道录进。'从之"。⑤

但是，顾炎武同时指出，前人制度内容的含义不易确知，正所谓"六艺之精微罔析，群言之浩博靡穷"。⑥ 其原因在于，文字本身已有巨大的变化。顾炎武指出："自唐以后，文字日繁，不得不归一律，而古书之不复通者多矣。"⑦即便文字本身没有变化，由于语音的变化，后人也不再理解前人文字的真义，乃至产生肆意曲解、擅自改经等种种问题。顾炎武说："三代六经之音，失其传也久矣，其文之存于世者，多后人所不能通，以其不能通，而辄以今世之音改之，于是乎有改经之病。"⑧又说："《诗》三百篇即古人之韵谱。经之与韵，本

① (明)顾炎武：《日知录·不齿之服》，载《顾炎武全集》(第18册)，华东师范大学古籍研究所整理，上海古籍出版社2011年版，第279页。

② (明)顾炎武：《日知录·孔子论易》，载《顾炎武全集》(第18册)，华东师范大学古籍研究所整理，上海古籍出版社2011年版，第86页。

③ (明)顾炎武：《日知录之余·国史律令》，载《顾炎武全集》(第19册)，华东师范大学古籍研究所整理，上海古籍出版社2011年版，第1407页。

④ 同上书，第1408页。

⑤ (明)顾炎武：《日知录之余·国史律令》，载《顾炎武全集》(第19册)，华东师范大学古籍研究所整理，上海古籍出版社2011年版，第1408页。

⑥ (明)顾炎武：《与友人书》，载《顾炎武全集》(第21册)，华东师范大学古籍研究所整理，上海古籍出版社2011年版，第243页。

⑦ (明)顾炎武：《日知录·古文》，载《顾炎武全集》(第19册)，华东师范大学古籍研究所整理，上海古籍出版社2011年版，第819页。

⑧ (明)顾炎武：《答李子德书》，载《顾炎武全集》(第21册)，华东师范大学古籍研究所整理，上海古籍出版社2011年版，第122页。

无二也。病在后之学者执韵而论经，其不能通，则改经而就韵。夫道若大路然，安用此多歧乎……乃援今而议古，焉得不圆凿而方枘乎？”①

此外，只根据文本解读，而全无感性认识，也无法真正理解前人所说的内容。顾炎武批评很多人，说他们“皆据经史之文而未至其地……无惑乎俗书之所传焉。”②

因此，传承经学就显得非常重要。经学，顾炎武认为，相较于后世的所谓“理学”更蕴藏了前人的历史经验。他说：“然愚独以为理学之名，自宋人始有之。古之所谓理学，经学也，非数十年不能通也。故曰：‘君子之于《春秋》，没身而已矣。’今之所谓理学，禅学也。不取之《五经》而但资之《语录》，校诸帖括之文而尤易也。”③可惜的是，经学的传统已经遭到破坏。顾炎武特别指出明初的情形，他说：

当日儒臣奉旨修《四书五经大全》，颁餐钱，给笔札，书成之日，赐金迁秩，所费于国家者不知凡几。将谓此书既成，可以章一代教学之功，启百世儒林之绪，而仅取已成之书抄誊一过，上欺朝廷，下诳士子，唐宋之时有是事乎？岂非骨鲠之臣已空于建文之代？而制义初行，一时人士尽弃宋元以来所传之实学，上下相蒙，以饕禄利，而莫之问也，呜呼！经学之废，实自此始，往之君子欲扫而更之，亦难乎其为力矣。④

自明初以来，“经学日衰，人趋简便”。⑤ 流衍而下，“自万历以

---

① （明）顾炎武：《与人书四》，载《顾炎武全集》（第21册），华东师范大学古籍研究所整理，上海古籍出版社2011年版，第139页。

② （明）顾炎武：《北岳辨》，载《顾炎武全集》（第21册），华东师范大学古籍研究所整理，上海古籍出版社2011年版，第53页。

③ （明）顾炎武：《与施愚山书》，载《顾炎武全集》（第21册），华东师范大学古籍研究所整理，上海古籍出版社2011年版，第109页。

④ （明）顾炎武：《日知录·四书五经大全》，载《顾炎武全集》（第19册），华东师范大学古籍研究所整理，上海古籍出版社2011年版，第714页。

⑤ （明）顾炎武：《日知录·古人不以甲子名岁》，载《顾炎武全集》（第19册），华东师范大学古籍研究所整理，上海古籍出版社2011年版，第769页。

还,是非之途,樊然淆乱”。[①]

在这种局面下,就要摆脱近代的恶习,向前人寻求他们真正的认识。顾炎武认为,这一工作先要从掌握语言文字的正确意义入手,即“小学”。他说:“夫小学,固六经之先也,使人读之而知尊君亲上之义,则必自其为童子始。”[②]为了学习语言文字的真义,还需要参考前人已有的研究和整理。顾炎武比较推崇东汉的成绩,特别提及许慎:“自隶书以来,其能发明六书之指,使三代之文尚存于今日,而得以识古人制作之本者,许叔重《说文》之功为大。”[③]此外,要明白前人著作的体例。顾炎武提示说:“圣人立言取譬,固与后之文人同其体例。”[④]就《易》经来说,“《彖》、《象传》犹今之笺注者,析字分句以为训也;《系辞》、《文言》以下犹今之笺注于字句明白之後,取一章一篇全书之义而通论之也,故其体不同”。[⑤] 如此这般,“后之君子,因句读以辨其文,因文以识其义,因其义以通制作之原,则夫子所谓以承天道而治人之情者,可以追三代之英,而辛有之叹,不发于伊川矣”。[⑥]

顾炎武的高明之处还在于,他虽然主张学习前人的历史经验,却始终反对教条地运用之。盖顾炎武法哲学深刻地理解世间万事万物始终处于变化之中。他说:

日往月来,月往日来,一日之昼夜也。寒往暑来,暑往寒来,一岁之昼夜也。小往大来,大往小来,一世之昼夜也。子在川上曰:“逝者如斯夫,不舍昼夜!”通乎昼夜之道而知,则“终日乾乾,与时

---

① (明)顾炎武:《答汤荆岘书》,载《顾炎武全集》(第21册),华东师范大学古籍研究所整理,上海古籍出版社2011年版,第104页。

② (明)顾炎武:《吕氏千字文序》,载《顾炎武全集》(第21册),华东师范大学古籍研究所整理,上海古籍出版社2011年版,第89页。

③ (明)顾炎武:《日知录·说文》,载《顾炎武全集》(第19册),华东师范大学古籍研究所整理,上海古籍出版社2011年版,第819页。

④ (明)顾炎武:《日知录·卦爻外无别象》,载《顾炎武全集》(第18册),华东师范大学古籍研究所整理,上海古籍出版社2011年版,第58页。

⑤ (明)顾炎武:《日知录·易韵》,载《顾炎武全集》(第19册),华东师范大学古籍研究所整理,上海古籍出版社2011年版,第804页。

⑥ (明)顾炎武:《仪礼郑注句读序》,载《顾炎武全集》(第21册),华东师范大学古籍研究所整理,上海古籍出版社2011年版,第82页。

偕行”，而有以尽乎《易》之用矣。[①]

正因如此，像前人一样，必须注重历史经验本身的发展。顾炎武指出：“‘垂衣裳而天下治’，变质而之文也，自黄帝、尧、舜始也，故于此有通变宜民之论。”[②]对于经典而言，需要不断阐发。所谓“是故《六经》之业，集君圣之大成，而无所创矣。虽然，使有始之作之者，而无终之述之者，是耕而弗获，菑而弗畬也，其功为弗竟矣”。[③] 对于“礼”而言，需要因地制宜。所谓“古之帝王，其立五岳之祭，不必皆于山之巅；其祭四渎，不必皆于其水之源也”。[④] 而事实上，“礼”也在发生变化。顾炎武指出：“三年丧毕，而后践天子位，舜也，禹也。练而祔，祔而即位，殷也。逾年正月即位，周也。世变愈下，而柩前即位，为后代之通礼矣。”[⑤]对于实定法而言，更是如此。顾炎武明确：“法不变，不可以救今。已居不得不变之势，而犹讳其变之实，而姑守其不变之名，必至于大弊。”[⑥]

既然变化不可避免，就应当提出主张，使人们向正确的方向转化而前进。所谓“天下之生久矣，一治一乱。盛治之极而乱萌焉”。[⑦] 因而，顾炎武提出：“天下之事，盛衰之形，众寡之数，不可以一定。而君子则有以待之。所以抚盛而合众者，众人以上之所能，若夫为盛于衰，治众于寡，孑然一身之日，而有万人百世之规，非大

① （明）顾炎武：《日知录·通乎昼夜之道而知》，载《顾炎武全集》（第18册），华东师范大学古籍研究所整理，上海古籍出版社2011年版，第78页。

② （明）顾炎武：《日知录·垂衣裳而天下治》，载《顾炎武全集》（第18册），华东师范大学古籍研究所整理，上海古籍出版社2011年版，第80页。

③ （明）顾炎武：《日知录·不耕获不菑畬》，载《顾炎武全集》（第18册），华东师范大学古籍研究所整理，上海古籍出版社2011年版，第65页。

④ （明）顾炎武：《北岳辨》，载《顾炎武全集》（第21册），华东师范大学古籍研究所整理，上海古籍出版社2011年版，第51页。

⑤ （明）顾炎武：《日知录·惟元祀十有二月》，载《顾炎武全集》（第18册），华东师范大学古籍研究所整理，上海古籍出版社2011年版，第100页。

⑥ （明）顾炎武：《军制论》，载《顾炎武全集》（第21册），华东师范大学古籍研究所整理，上海古籍出版社2011年版，第184页。

⑦ （明）顾炎武：《日知录·姤》，载《顾炎武全集》（第18册），华东师范大学古籍研究所整理，上海古籍出版社2011年版，第68页。

心之君子莫克为之矣。”[1]这样做的反面,就是固执不变。固执不变就要导致失败,失败又会导致新的错误判断。顾炎武说:“学者之患莫甚乎执一而不化,及其施之于事,有捍格而不通,则忿懥生而五情瞀乱,与众人之滑性而焚和者相去盖无几也。”[2]与时俱进才是正确的。孔子是这样做的,正所谓“时止则止,时行则行,而不胶于一”。[3] 经典的核心思想也是如此。顾炎武说:“愚尝劝人以学《易》之方,必先之以《诗》、《书》、执礼,而《易》之为用存乎其中。”[4]而贯穿于诗书之中的“易”是什么呢?仍然是变化,即“《易》不可为典要,唯变所适”。[5]

既然变化如此复杂,那么又如何适应变化,提出主张呢?在顾炎武法哲学中,规范判断的关键还在于对矛盾因素的反复核对和裁量取舍。他特别举出孔子对“所见异辞”的处理方法来说明之:

孔子生于昭、定、哀之世,文、宣、成、襄则所闻也,隐、桓、庄、闵、僖则所传闻也。国史所载策书之文,或有不备,孔子得据其所见以补之,至于所闻则远矣,所传闻则又远矣。虽得之于闻,必将参互以求其信,信则书之,疑则阙之,此其所以为异辞也。公子益师之卒,《鲁史》不书其日,远而无所考矣。以此释经,岂不甚易而实是乎?[6]

前人的历史经验中本来就包含诸多矛盾因素,足够复杂,可供今人参考。如《诗》,则“孔子删《诗》,所以存列国之风也。有善有不善,兼而存之。犹古之太师陈《诗》以观民风,而季札听之,以知

① (明)顾炎武:《杨氏祠堂记》,载《顾炎武全集》(第21册),华东师范大学古籍研究所整理,上海古籍出版社2011年版,第166页。

② (明)顾炎武:《日知录·艮其限》,载《顾炎武全集》(第18册),华东师范大学古籍研究所整理,上海古籍出版社2011年版,第71页。

③ (明)顾炎武:《与李中孚书》,载《顾炎武全集》(第21册),华东师范大学古籍研究所整理,上海古籍出版社2011年版,第133页。

④ (明)顾炎武:《与友人论易书》,载《顾炎武全集》(第21册),华东师范大学古籍研究所整理,上海古籍出版社2011年版,第96页。

⑤ (明)顾炎武:《与友人论易书二》,载《顾炎武全集》(第21册),华东师范大学古籍研究所整理,上海古籍出版社2011年版,第96页。

⑥ (明)顾炎武:《日知录·所见异辞》,载《顾炎武全集》(第18册),华东师范大学古籍研究所整理,上海古籍出版社2011年版,第209页。

其国之兴衰。正以二者之并陈,故可以观,可以听”。[①] 如《易》,则“《易》于天道之消息,人事之得失,切实示人,学者玩索其义,处世自有主张”。[②] 所以顾炎武断言:“人苟徧读五经,略通史鉴,天下之事,自可洞然,患在为声利所迷而不悟耳。”[③]此外,在规范判断的过程中还需要根据前人的历史经验作某种程度的类比和引申。此处重要的是“举隅”。顾炎武说:“学者举一隅而以三隅反可尔……夫子作大象,多于卦爻之辞之外,别起一义以示学者,使之触类而通,此即举隅之说也。天下之变无穷,举而措之天下之民者亦无穷,若但解其文义而已,韦编和待于三绝哉!”[④]“举隅”当然不是自以为是,而是根据前人历史经验作出的发展。顾炎武曾谈论周武王对待周文王的成法是十分尊重的。他说:“文王之孝可谓至矣。‘武王帅而行之,不敢有加焉。’如三朝、食上,色忧、复膳之节皆不敢有过于文王。此中庸之行,而凡后人之立意欲以过于前人者,皆有所为而为之也。”[⑤]又说:“新说愈多,而是非靡定。故今人学《春秋》之言,皆郢书燕说,而夫子之不能逆料者也。”[⑥]但是若对前人完全没有发展,即便模仿也是注定要失败的。顾炎武批评一个友人说:“终身不脱‘依傍’二字,断不能登峰造极。”[⑦]

三、政治秩序

在顾炎武法哲学中,政治秩序的基础是制度,制度的基础是风

---

① (明)顾炎武:《日知录·孔子删诗》,载《顾炎武全集》(第18册),华东师范大学古籍研究所整理,上海古籍出版社2011年版,第131页。

② (明)顾炎武:《与任钧衡》,载《顾炎武全集》(第21册),华东师范大学古籍研究所整理,上海古籍出版社2011年版,第233页。

③ (明)顾炎武:《与杨雪臣》,载《顾炎武全集》(第21册),华东师范大学古籍研究所整理,上海古籍出版社2011年版,第203页。

④ (明)顾炎武:《与友人论易书》,载《顾炎武全集》(第21册),华东师范大学古籍研究所整理,上海古籍出版社2011年版,第95页。

⑤ (明)顾炎武:《日知录·武王帅而行之》,载《顾炎武全集》(第18册),华东师范大学古籍研究所整理,上海古籍出版社2011年版,第277页。

⑥ (明)顾炎武:《日知录·春秋阙疑之书》,载《顾炎武全集》(第18册),华东师范大学古籍研究所整理,上海古籍出版社2011年版,第163页。

⑦ (明)顾炎武:《与人书十七》,载《顾炎武全集》(第21册),华东师范大学古籍研究所整理,上海古籍出版社2011年版,第145页。

俗,而风俗的基础则是基本的伦常。所谓“夫子所以教人者,无非以立天下之人伦,而孝弟,人伦之本也,慎终追远,孝弟之实也……是故有人伦,然后有风俗;有风俗,然后有政事;有政事,然后有国家”。[①]

顾炎武所谓基本的伦常,和“耻”的概念相联系,有时候比较抽象,似乎只默存于心。比如,顾炎武说:“凡人之动心与否,固在其加卿相行道之时也。枉道事人,曲学阿世,皆从此而始矣。‘我四十不动心’者,不动其‘行一不义,杀一不辜而得天下,有不为也’之心。”[②]又说:“后世之于士人,许之以自媒,劝之以干禄,而责其有耻,难矣。”[③]但细读顾氏论述,可以发现,当他围绕着内心活动谈论基本伦常时,他所讨论的只是出处的抉择这一问题。毋庸赘言,这一问题背后的真正价值乃是“忠”。而除了“忠”以外,顾炎武还比较多地强调“孝”。实际上,这两个具体的价值才是顾炎武法哲学中的基本伦常,而并非难以把握的心理活动。顾炎武说:“夫子之文章,莫大乎《春秋》,《春秋》之义,尊天王,攘戎翟,诛乱臣贼子,皆性也,皆天道也。”[④]又说:“恒者久也,天下之久而不变者,莫若君臣父子。”[⑤]据此可以理解,顾炎武对于钟惺和李贽有绝大的不满。所谓“今之学臣,其于[钟惺],固当如茶肆之陆鸿渐,奉为利市之神,又何怪读其所选之诗,以为《风》、《骚》再作者耶!其罪虽不及李贽,然亦败坏天下之一人”。[⑥]

基本伦常得以推广,则有风俗的淳美。但是,据顾炎武观察,在

---

① (明)顾炎武:《华阴王氏宗祠记》,载《顾炎武全集》(第21册),华东师范大学古籍研究所整理,上海古籍出版社2011年版,第167页。

② (明)顾炎武:《日知录·不动心》,载《顾炎武全集》(第18册),华东师范大学古籍研究所整理,上海古籍出版社2011年版,第321页。

③ (明)顾炎武:《日知录·古者不为臣不见》,载《顾炎武全集》(第18册),华东师范大学古籍研究所整理,上海古籍出版社2011年版,第326页。

④ (明)顾炎武:《日知录·夫子之言性与天道》,载《顾炎武全集》(第18册),华东师范大学古籍研究所整理,上海古籍出版社2011年版,第306页。

⑤ (明)顾炎武:《莱州任氏族谱序》,载《顾炎武全集》(第21册),华东师范大学古籍研究所整理,上海古籍出版社2011年版,第87页。

⑥ (明)顾炎武:《日知录·钟惺》,载《顾炎武全集》(第19册),华东师范大学古籍研究所整理,上海古籍出版社2011年版,第733页。

历史的不同时期,因基本伦常所受重视程度不同,风俗也处于不断变化之中。他说:

如春秋时,犹尊礼重信,而七国则绝不言礼与信矣,春秋时,犹宗周王,而七国则绝不言王矣。春秋时,犹严祭祀,重聘享,而七国则无其事矣,春秋时,犹论宗姓氏族,而七国则无一言及之矣。春秋时,犹宴会赋诗,而七国则不闻矣,春秋时,犹有赴告策书,而七国则无有矣。邦无定交,士无定主,此皆变于一百三十三年之间。史之阙文,而後人可以意推者也。不待始皇之并天下,而文武之道尽矣。汉,此风未改,故刘向谓其"承千岁之衰周,继暴秦之馀弊,贪饕险波,不闲义理。"观夫史之所录,无非功名势利之人,笔札喉舌之辈,而如董生之言正谊明道者不一二见也,盖自春秋之後,至东京,而其风俗稍复乎古,吾是以知光武、明、章果有变齐至鲁之功,而借其未纯乎道也。自斯以降,则宋庆历、元祐之间为优矣。①

可见,在顾炎武看来,"三代以下风俗之美,无尚于东京者"。②其原因就在于,东汉自始就重视基本伦常的推广教育。顾炎武说:

汉自孝武表章《六经》之後,师儒虽盛,而大义未明,故新莽居摄,颂德献符者遍于天下。光武有鉴于此,故尊崇节义,敦厉名实,所举用者莫非经明行修之人,而风俗为之一变。至其末造,朝政昏浊,国事日非,而党锢之流、独行之辈,依仁蹈义,舍命不渝,风雨如晦,鸡鸣不已。③

东汉以下,则天水一朝也有可取之处。他说:

《宋史》言士大夫忠义之气,至于五季变化殆尽。宋之初兴,范质、王溥犹有馀憾。艺祖首褒韩通,次表卫融,以示意向。真、仁之世,田锡、王禹□、范仲淹、欧阳修、唐介诸贤,以直言谠论倡于朝。于是中外荐绅知以名节为高,廉耻相尚,尽去五季之陋。故靖康之变,志士投袂起而勤王,临难不屈,所在有之。及宋之亡,忠节相望。

① (明)顾炎武:《日知录·周末风俗》,载《顾炎武全集》(第18册),华东师范大学古籍研究所整理,上海古籍出版社2011年版,第522~523页。

② (明)顾炎武:《日知录·两汉风俗》,载《顾炎武全集》(第18册),华东师范大学古籍研究所整理,上海古籍出版社2011年版,第524页。

③ 同上。

呜呼!观哀、平之可以变而为东京,五代之可以变而为宋,则知天下无不可变之风俗也。①

这当然也是两宋重视基本伦常与教育的缘故。所谓"宋世以来,尊经儒、重节义之效,其时之人心风俗,犹有三代直道之遗"。②

顾炎武认为,宋后风俗再次败坏,和明初推行八股取士有很大关系。他说:

盖宋元以来,诸儒之规模犹在,而其为此书者皆自幼为务本之学,非由八股发身之人,故所著之书虽不及先儒,而尚有功于後学。至永乐中修《尚书大全》,不惟删去异说,并《音释》亦不存矣。愚尝谓自宋之末造以至有明之初年,经术人材于斯为盛。自八股行而古学弃,《大全》出而经说亡,十族诛而臣节变,洪武、永乐之间,亦世道升降之一会矣。③

于是乎,等而下之,愈演愈烈。即"自余所逮见五六十年国俗民情,举如此矣。不教、不学之徒,满于天下。而一二稍有才知者,皆少正卯、邓析之流,是岂待三川竭而悲周,岷山崩而忧汉哉"!④

顾炎武汲汲于改变这种趋向。他说:"苟非返普天率土之人心,使之先义而后利,终不可致太平。故愚以为今日之务,正人心急于抑洪水也。"⑤顾炎武提出移风易俗的具体措施则有教育和引导两途。他说:"今日所以变化人心、荡涤污俗者,莫急于劝学、奖廉二事。"⑥关于教育和风俗的关系,顾炎武进一步强调:"孔子对哀公,

① (明)顾炎武:《日知录·宋世风俗》,载《顾炎武全集》(第18册),华东师范大学古籍研究所整理,上海古籍出版社2011年版,第527页。

② (明)顾炎武:《日知录·阿鲁图进宋史表》,载《顾炎武全集》(第19册),华东师范大学古籍研究所整理,上海古籍出版社2011年版,第1006页。

③ (明)顾炎武:《日知录·书传会选》,载《顾炎武全集》(第19册),华东师范大学古籍研究所整理,上海古籍出版社2011年版,第715页。

④ (明)顾炎武:《日知录·不吊不祥》,载《顾炎武全集》(第18册),华东师范大学古籍研究所整理,上海古籍出版社2011年版,第156页。

⑤ (明)顾炎武:《日知录·河渠》,载《顾炎武全集》(第18册),华东师范大学古籍研究所整理,上海古籍出版社2011年版,第520页。

⑥ (明)顾炎武:《日知录·名教》,载《顾炎武全集》(第18册),华东师范大学古籍研究所整理,上海古籍出版社2011年版,第535页。

以老者不教,幼者不学为俗之不祥。”[①]盖顾炎武认为,无教育,人们放弃基本的伦常,则风俗与政治秩序注定要败坏。他说:“上无礼,下无学,贼民兴,丧无日矣。”[②]又说:“人伦之大,莫过乎君父。……父子之亲,长幼之序,男女之别,非师不明。教人以礼者,师之功也。”[③]关于对风俗的引导,顾炎武则认为要在全社会推崇名誉,限制逐利。他说:

乃以今观之,则无官不赂遗,而人人皆吏士之为矣;无守不盗窃,而人人皆僮竖之为矣。自其束发读书之时,所以劝之者,不过所谓千钟粟、黄金屋,而一日服官,即求其所大欲。君臣上下怀利以相接,遂成风流,不可复制。後之为治者宜何术之操?曰:唯名可以胜之。名之所在,上之所庸,而忠信廉洁者显荣于世;名之所去,上之所摈,而怙侈贪得者废锢于家。即不无一二矫伪之徒,犹愈于肆然而为利者。《南史》有云:“汉世士务修身,故忠孝成俗。至于乘轩服冕,非此莫由,晋、宋以来,风衰义缺。”故昔人之言曰名教,曰名节,曰功名,不能使天下之人以义为利。而犹使之以名为利,虽非纯王之风,亦可以救积污之俗矣。[④]

逐利的问题在于抛弃了基本的伦常价值。顾炎武引述《资格论》说:“士之寡廉鲜耻者,争于资格也。”[⑤]故而,“人君御物之方,莫大乎抑浮止竞”。[⑥] 又说:“化天下之士,使之不竞于功名,王治之大者也。”[⑦]

如果仅仅是这样,似乎顾炎武也没有太超过前人的见解。有趣

① (明)顾炎武:《日知录·不吊不祥》,载《顾炎武全集》(第18册),华东师范大学古籍研究所整理,上海古籍出版社2011年版,第155页。

② (明)顾炎武:《日知录·桀纣帅天下以暴》,载《顾炎武全集》(第18册),华东师范大学古籍研究所整理,上海古籍出版社2011年版,第291页。

③ (明)顾炎武:《日知录·思事亲不可以不知人》,载《顾炎武全集》(第18册),华东师范大学古籍研究所整理,上海古籍出版社2011年版,第298页。

④ (明)顾炎武:《日知录·名教》,载《顾炎武全集》(第18册),华东师范大学古籍研究所整理,上海古籍出版社2011年版,第533页。

⑤ (明)顾炎武:《日知录·停年格》,载《顾炎武全集》(第18册),华东师范大学古籍研究所整理,上海古籍出版社2011年版,第373页。

⑥ (明)顾炎武:《日知录·宋世风俗》,载《顾炎武全集》(第18册),华东师范大学古籍研究所整理,上海古籍出版社2011年版,第528页。

⑦ (明)顾炎武:《郡县论九》,载《顾炎武全集》(第21册),华东师范大学古籍研究所整理,上海古籍出版社2011年版,第63页。

的是，他还注意到风俗之美和人民生活需要的满足密切相关。如果没有基本生活需要的满足，逐利之风就无法得到遏制。他说：

夫使机智日生，而奸伪萌起，上下且不相安，神奚自而降福乎？有起信险肤之族，则高后崇降弗祥；有诪张为幻之民，则嗣王罔或克寿。是故有道之世，人醇工庞，商朴女童，上下皆有嘉德，而至治馨香感于神明矣。然则祈天永命之实，必在于观民。而斫雕为朴，其道何由？则必以厚生为本。①

顾炎武特别举出万历以来的历史经验来说明这个问题。他分析：

君子不亲货贿，“束帛戋戋，实诸筐篚”。非惟尽饰之道，亦所以远财而养耻也。万历以后，士大夫交际多用白金，乃犹封诸书册之间，进自阍人之手。今则亲呈坐上，径出怀中，交收不假他人，茶话无非此物，衣冠而为囊橐之寄，朝列而有市井之容。若乃拾遗金而对管宁，倚被囊而酬温峤，曾无愧色，了不关情，固其宜也。然则先王制为筐篚之文者，岂非禁于未然之前，而示人以远财之义者乎？以此坊民，民犹轻礼而重货。②

正确的做法则是：“今将静百姓之心而改其行，必在制民之产，使之甘其食，美其服，而后教化可行，风俗可善乎！”③此外，在风俗已然败坏的情形下，必须有能够特立独行，爱惜名誉，坚守基本伦常的个人。因为，在这种情形下，对于基本价值的认识已经模糊，“所谓一国皆狂，反以不狂者为狂也”。④ 顾炎武提醒我们：“天下惟体柔之人，常足以遗民忧而召天祸。”⑤正确的做法则是：“叹夫士之能

① （明）顾炎武：《日知录·民之质矣日用饮食》，载《顾炎武全集》（第18册），华东师范大学古籍研究所整理，上海古籍出版社2011年版，第143页。

② （明）顾炎武：《日知录·承筐是将》，载《顾炎武全集》（第18册），华东师范大学古籍研究所整理，上海古籍出版社2011年版，第142页。

③ （明）顾炎武：《日知录·人聚》，载《顾炎武全集》（第18册），华东师范大学古籍研究所整理，上海古籍出版社2011年版，第507页。

④ （明）顾炎武：《日知录·不醉反耻》，载《顾炎武全集》（第18册），华东师范大学古籍研究所整理，上海古籍出版社2011年版，第149页。

⑤ （明）顾炎武：《日知录·夸毗》，载《顾炎武全集》（第18册），华东师范大学古籍研究所整理，上海古籍出版社2011年版，第151页。

自树立者，固不为习俗之所移。"[①]如此方能"民德厚而礼俗成，上下安而暴慝不作"。[②]

此外，顾炎武法哲学的一个特色是比较重视制度的作用，且指出制度对于风俗的保障。他说："目击世趋，方知治乱之关，必在人心风俗，而所以转移人心、整顿风俗，则教化纲纪为不可缺矣。百年必世养之而不足，一朝一夕败之而有余。"[③]顾炎武谈制度，首先在于制度是基本伦常价值的载体，所谓"非器则道无所寓"。[④] 如上所述，顾炎武一贯反对把精力放在研究心理活动上，而在于规范的具体内容十分重要，即"是所存者，非空虚之心也"。[⑤] 因此，他特别重视《周礼》《仪礼》，而非更加抽象的《礼记》。他说："《周礼》经邦之轨则，《仪礼》庄敬之楷模。"[⑥]又说："三代之礼，其存于后世而无疵者，独有《仪礼》一经。"[⑦]规范的具体内容十分丰富，并不仅仅限于基本伦常的两个价值。他说："'彝伦'者，天地人之常道，如下所谓五行、五事、八政、五纪、皇极、三德、稽疑、庶徵、五福、六极皆在其中，不止《孟子》之言'人伦'而已。"[⑧]所谓"先王之制礼也，不可多也，不可寡也，惟其称也。此所谓'君子而时中'者也"。[⑨] 如此，以制度为教育的内容就成了帮助人们学习规范，推广伦常的必然。顾

---

① (明)顾炎武:《莱州任氏族谱序》,载《顾炎武全集》(第21册),华东师范大学古籍研究所整理,上海古籍出版社2011年版,第87页。

② (明)顾炎武:《华阴王氏宗祠记》,载《顾炎武全集》(第21册),华东师范大学古籍研究所整理,上海古籍出版社2011年版,第168页。

③ (明)顾炎武:《与人书九》,载《顾炎武全集》(第21册),华东师范大学古籍研究所整理,上海古籍出版社2011年版,第141~142页。

④ (明)顾炎武:《日知录·形而下者谓之器》,载《顾炎武全集》(第18册),华东师范大学古籍研究所整理,上海古籍出版社2011年版,第79页。

⑤ (明)顾炎武:《日知录·求其放心》,载《顾炎武全集》(第18册),华东师范大学古籍研究所整理,上海古籍出版社2011年版,第331页。

⑥ (明)顾炎武:《日知录·九经》,载《顾炎武全集》(第18册),华东师范大学古籍研究所整理,上海古籍出版社2011年版,第341页。

⑦ (明)顾炎武:《仪礼郑注句读序》,载《顾炎武全集》(第21册),华东师范大学古籍研究所整理,上海古籍出版社2011年版,第82页。

⑧ (明)顾炎武:《日知录·彝伦》,载《顾炎武全集》(第18册),华东师范大学古籍研究所整理,上海古籍出版社2011年版,第108页。

⑨ (明)顾炎武:《日知录·君子而时中》,载《顾炎武全集》(第18册),华东师范大学古籍研究所整理,上海古籍出版社2011年版,第293页。

炎武说："《乡党》一篇，皆动容周旋中礼之效。然则周公之所以为治，孔子之所以为教，舍礼其何以焉？"[①]这便是顾炎武所谓的"以礼为教"。[②] 他直白地说："值此人心陷溺之秋，苟不以礼，其何以拨乱而反之正乎？"[③]可惜的是，历史的实际是包括朱子在内的先贤都没有实现这个理想。顾炎武总结："南渡以后，二陆起于金溪，其说以德性为宗，学者便其简易，群然趋之，而于制度文为一切鄙为末事。赖有朱子正言力辨，欲修《三礼》之书，而卒不能胜夫空虚妙悟之学。"[④]于是乎，"礼义沦亡，盗贼竞作"。[⑤]

不过，顾炎武讨论制度的作用时，对于"礼"和"律"有所区别。顾炎武也说："自古国家承平日久，法制废弛，而上之令不能行于下，未有不亡者也。"[⑥]但是，如前所述，实定法中除了规范以外，还可能包含非规范甚至反规范的内容。此时只依靠实定法治理，则不但不能达到推广伦常、移风易俗的效果，反而会起到负面作用。顾炎武甚至总结出一个十分之三对十分之七的比率："故法令者，败坏人材之具。以防奸宄，而得之者十三；以沮豪杰，而失之者常十七矣。"[⑦]因此，就需要把风俗教化摆在实定法之上以综合发挥作用。顾炎武认为古今对比："汉人以名为治，故人材盛。今人以法为治，故人材衰。"[⑧]而即便是明代一朝，"自万历以上，法令繁而辅之以教化，故

---

① (明)顾炎武：《仪礼郑注句读序》，载《顾炎武全集》(第21册)，华东师范大学古籍研究所整理，上海古籍出版社2011年版，第81～82页。

② (明)顾炎武：《与毛锦衔》，载《顾炎武全集》(第21册)，华东师范大学古籍研究所整理，上海古籍出版社2011年版，第205页。

③ (明)顾炎武：《答汪苕文》，载《顾炎武全集》(第21册)，华东师范大学古籍研究所整理，上海古籍出版社2011年版，第249页。

④ (明)顾炎武：《仪礼郑注句读序》，载《顾炎武全集》(第21册)，华东师范大学古籍研究所整理，上海古籍出版社2011年版，第82页。

⑤ (明)顾炎武：《日知录·言利之臣》，载《顾炎武全集》(第18册)，华东师范大学古籍研究所整理，上海古籍出版社2011年版，第497页。

⑥ (明)顾炎武：《日知录·殷纣之所以亡》，载《顾炎武全集》(第18册)，华东师范大学古籍研究所整理，上海古籍出版社2011年版，第102页。

⑦ (明)顾炎武：《日知录·人材》，载《顾炎武全集》(第18册)，华东师范大学古籍研究所整理，上海古籍出版社2011年版，第383页。

⑧ (明)顾炎武：《日知录·名教》，载《顾炎武全集》(第18册)，华东师范大学古籍研究所整理，上海古籍出版社2011年版，第535页。

其治犹为小康。万历以后,法令存则教化亡,于是机变日增,而材能日减”。[1] 无论如何,以伦常、风俗充实改变实定法,实定法仍可以成为不错的阶段性治理工具。所谓“变鲁而至于道者,道之以德,齐之以礼。变齐而至于鲁者,道之以政,齐之以刑”。[2]

只有有了风俗和制度的基础,才有政治秩序的树立。为了满足人民生活的需要,君主就要限制自己的欲望和对百姓的剥夺榨取。顾炎武明确地要求:“有天下而欲厚民之生,正民之德,岂必自损以益人哉。”[3]盖对百姓的剥夺榨取,一定会引发种种矛盾。所谓“厚敛之君,发财之主多不化之物矣”。[4] 人君多欲,风俗败坏,他自己的地位也无法保证。顾炎武说:“自人君有求多于物之心,于是鱼乱于下,鸟乱于上,而人情之所向,必有起而收之者矣。”[5]正确的做法则是注重人民生活需要的满足。顾炎武说:“凡百姓之不有康食,不虞天性,不迪率典,皆我一人之责。”[6]而且,君主应当认识到,人民不同的生活需要是完全正当的,“自天下为家,各亲其亲,各子其子,而人之有私,固情之所不能免矣。故先王弗为之禁;非惟弗禁,且从而恤之。建国亲侯,胙土命氏,画井分田,合天下之私以成天下之公,此所以为王政也”。[7]

根本上,顾炎武认为,君主和官僚之间是分工合作的关系。所

---

① (明)顾炎武:《日知录·人材》,载《顾炎武全集》(第18册),华东师范大学古籍研究所整理,上海古籍出版社2011年版,第383页。

② (明)顾炎武:《日知录·变齐变鲁》,载《顾炎武全集》(第18册),华东师范大学古籍研究所整理,上海古籍出版社2011年版,第308页。

③ (明)顾炎武:《日知录·上九弗损益之》,载《顾炎武全集》(第18册),华东师范大学古籍研究所整理,上海古籍出版社2011年版,第67页。

④ (明)顾炎武:《日知录·懋迁有无化居》,载《顾炎武全集》(第18册),华东师范大学古籍研究所整理,上海古籍出版社2011年版,第97页。

⑤ (明)顾炎武:《日知录·包无鱼》,载《顾炎武全集》(第18册),华东师范大学古籍研究所整理,上海古籍出版社2011年版,第69页。

⑥ (明)顾炎武:《日知录·百姓有过在予一人》,载《顾炎武全集》(第18册),华东师范大学古籍研究所整理,上海古籍出版社2011年版,第106页。

⑦ (明)顾炎武:《日知录·言私其豵》,载《顾炎武全集》(第18册),华东师范大学古籍研究所整理,上海古籍出版社2011年版,第141~142页。

谓“公卿大夫,与天子分猷共治者也”。[①] 君主和官僚都是政治秩序的一部分,君主不能超乎其上。他说:

为民而立之君,故班爵之意,天子与公侯伯子男一也,而非绝世之贵。代耕而赋之禄,故班禄之意,君、卿、大夫、士与庶人在官一也,而非无事之食。是故知天子一位之义,则不敢肆于民上以自尊,知禄以代耕之义,则不敢厚取于民以自奉。不明乎此,而侮夺人之君,常多于三代之下矣。[②]

又说:“‘坐而论道,谓之王公。’王亦为六职之一也。未有无事而为人君者,故曰‘天子一位’。”[③]顾炎武认为,真正令官僚发挥作用,君主的地位反而得到保障。他说:“所谓天子者,执天下之大权者也。其执大权奈何?以天下之权,寄天下之人,而权乃归之天子。自公卿大夫,至于百里之宰,一命之官,莫不分天子之权,以各治其事,而天子之权乃益尊。”[④]

在此前提下,君主要想履行好自己的职责也并不容易。像所有人一样,君主也需要长期的学习。顾炎武指出:“苟非大受之人,骤而当天下之重任,鲜不恐惧而失其守者。”[⑤]所以,“享天下之大福者,必先天下之大势。宅天下之大贵者,必执天下之至贱”。[⑥] 在顾炎武法哲学中,特别重要的一点是,他强调“开诚布公”的政治功能和意义。不同于一般对所谓纳谏的讨论和支持,顾炎武实际上认识到在君主的学习对象中,很重要的一个部分就是前人和他人的经

① (明)顾炎武:《生员论上》,载《顾炎武全集》(第21册),华东师范大学古籍研究所整理,上海古籍出版社2011年版,第68页。

② (明)顾炎武:《日知录·周室班爵禄》,载《顾炎武全集》(第18册),华东师范大学古籍研究所整理,上海古籍出版社2011年版,第328页。

③ (明)顾炎武:《日知录·王公六职之一》,载《顾炎武全集》(第18册),华东师范大学古籍研究所整理,上海古籍出版社2011年版,第236页。

④ (明)顾炎武:《日知录·守令》,载《顾炎武全集》(第18册),华东师范大学古籍研究所整理,上海古籍出版社2011年版,第398页。

⑤ (明)顾炎武:《日知录·敷奏其勇》,载《顾炎武全集》(第18册),华东师范大学古籍研究所整理,上海古籍出版社2011年版,第157页。

⑥ (明)顾炎武:《日知录·饭糗茹草》,载《顾炎武全集》(第18册),华东师范大学古籍研究所整理,上海古籍出版社2011年版,第333页。

验。因而,才有所谓"人主之德,莫大乎下人"。① 顾炎武赞赏诸葛亮能够"开诚心,布公道,而上下之交,人无间言"。② 他建议对于全体官僚乃至平民百姓都允许他们自由发表言论。一方面,是"廓然大公,使人得举其所知,而明试以功,责其成效于服官之日";③另一方面,"然则政教风俗苟非尽善,即许庶人之议矣"。④ 顾炎武强调:"天下风俗最坏之地,请议尚存,犹足以维持一二。至于清议亡而干戈至矣。"⑤考虑到清议的存亡也关系个人名誉的臧否,和风俗本来就是一体两面,顾炎武如此重视之也就毫不奇怪了。与此相关,顾炎武也对发表言论者提出相应的要求,即实际、公开、慎重。一要和实践有紧密关系。顾炎武说:

羽翰之音虽登于天,而非实际。其如庄周《齐物》之言,驺衍怪迂之辨,其高过于《大学》而无实者乎?以视车服传于弟子,弦歌遍于鲁中,若鹤鸣而子和者,孰诞孰信?夫人而识之矣。永嘉之亡,太清之乱,岂非谈空空、核玄玄者有以致之哉。⑥

二要公开。顾炎武坚决反对密疏与留中。他说:"自万历末年,章疏一切留中,抄传但凭阁揭。天启以来,谗慝弘多,啧言弥甚。"⑦三要慎重其事。他提出"立言不为一时",所谓"天下之事,有言在一时而其效见于数十百年之后者"。⑧ 赞赏"古人重爱

---

① (明)顾炎武:《日知录·鸟焚其巢》,载《顾炎武全集》(第18册),华东师范大学古籍研究所整理,上海古籍出版社2011年版,第74页。

② (明)顾炎武:《日知录·法制》,载《顾炎武全集》(第18册),华东师范大学古籍研究所整理,上海古籍出版社2011年版,第363页。

③ (明)顾炎武:《日知录·选补》,载《顾炎武全集》(第18册),华东师范大学古籍研究所整理,上海古籍出版社2011年版,第368页。

④ (明)顾炎武:《日知录·直言》,载《顾炎武全集》(第19册),华东师范大学古籍研究所整理,上海古籍出版社2011年版,第742页。

⑤ (明)顾炎武:《日知录·清议》,载《顾炎武全集》(第19册),华东师范大学古籍研究所整理,上海古籍出版社2011年版,第532页。

⑥ (明)顾炎武:《日知录·翰音登于天》,载《顾炎武全集》(第18册),华东师范大学古籍研究所整理,上海古籍出版社2011年版,第75页。

⑦ (明)顾炎武:《日知录·密疏》,载《顾炎武全集》(第19册),华东师范大学古籍研究所整理,上海古籍出版社2011年版,第711页。

⑧ (明)顾炎武:《日知录·立言不为一时》,载《顾炎武全集》(第19册),华东师范大学古籍研究所整理,上海古籍出版社2011年版,第743页。

其言"。[1] 正如允许和听取言论是君主的职责,按照这样的要求来发言,则是每一个人的职责。正所谓"救民以言,此亦穷而在下位者之责也"。[2]

如前所述,"变化"是顾炎武法哲学中的一大主题,所以对政治秩序的恢复与重建,顾炎武也并不主张一蹴而就。政治改革的关键在于"于不变之中而寓变之之制,因已变之势而复创造之规"。[3] 精研政治地理学的顾炎武,有一个最有趣的设计就是"寓封建之意于郡县之中"。[4] 实际上,就是委地方行政首长以治理的全责,在郡县制的框架中融入古代封建世袭制的因素。顾炎武就此的基本想法是,专责的行政首长及其家族与地方会成为命运共同体,对百姓的剥夺榨取相应就会减少。所谓"故马以一圉人而肥,民以一令而乐"。[5] 他解释说:"故天下之患,一圉人之足办。而为是纷纷者也,不信其圉人,而用其监仆,甚者并监仆又不信焉,而主人之耳目乱矣。"[6]注重历史经验的顾炎武特意举出曲阜县令、播州土司和南直隶州府的例子说明这种设计使治理成本下降,是十分有益的。顾炎武说:

天下之人各怀其家,各私其子,其常情也。为天子、为百姓之心,必不如其自为,此在三代以上已然矣。圣人者因而用之,用天下之私以成一人之公,而天下治。夫使县令得私其百里之地,则县之人民皆其子姓,县之土地皆其田畴,县之城郭皆其藩垣,县之仓廪皆其囷窌。为子姓,则必爱之而勿伤;为田畴,则必治之而勿弃;为藩垣、囷窌,则必缮之而勿损。自令言之,私也;自天子言之,所求乎治

---

① (明)顾炎武:《日知录・古人集中无冗复》,载《顾炎武全集》(第19册),华东师范大学古籍研究所整理,上海古籍出版社2011年版,第755页。

② (明)顾炎武:《日知录・直言》,载《顾炎武全集》(第19册),华东师范大学古籍研究所整理,上海古籍出版社2011年版,第742页。

③ (明)顾炎武:《军制论》,载《顾炎武全集》(第21册),华东师范大学古籍研究所整理,上海古籍出版社2011年版,第185页。

④ (明)顾炎武:《郡县论一》,载《顾炎武全集》(第21册),华东师范大学古籍研究所整理,上海古籍出版社2011年版,第57页。

⑤ (明)顾炎武:《郡县论三》,载《顾炎武全集》(第21册),华东师范大学古籍研究所整理,上海古籍出版社2011年版,第59页。

⑥ 同上。

天下者所是焉止矣。①

而且，对于皇权本身来说，这种设计也是有益的。顾炎武补充：

一旦有不虞之变，必不如刘渊、石勒、王仙芝、黄巢之辈，横行千里，如入无人之境也。于是有效死勿去之守，于是有合纵缔交之拒，非为天子也，为其私也。为其私，所以为天子也。故天下之私，天子之公也。公则说，信则人任焉。此三代之治可以庶几，而况乎汉唐之盛，不难致也。②

可是，这样的设计会不会适得其反，制造出千千万万的小暴君呢？顾炎武其实也已经考虑到。他说："为人臣者必先具有人君之德，而后可以尧舜其君。"③上文中对于君主的要求对于这些新型县令也是同样存在的。即便退一万步而言，也还要想到："财聚于上，是谓国之不祥。不幸而有此，与其聚于人主，无宁聚于大臣。"④

四、结语

亭林先生自认一生志业在于编著《日知录》等书，以为此乃"采铜于山"的工作。他并且向人喟叹自己志业的特殊之处：

尝谓今人纂辑之书，正如今人之铸钱。古人采铜于山，今人则买旧钱，名之曰废铜，以充铸而已。所铸之钱，既已粗恶，而又将古人传世之宝舂剉碎散，不存于后，岂不两失之乎？承问《日知录》又成几卷，盖期之以废铜，而某自别来一载，日夜诵读，反复寻究，仅得十余条，然庶几采山之铜也。⑤

如他所说，一年的日夜诵读、反复寻究，也只能抄出十几条话题。亭林先生治学的百般艰辛，已经跃然纸上。虽然当时人物对于

---

① (明)顾炎武：《郡县论五》，载《顾炎武全集》(第21册)，华东师范大学古籍研究所整理，上海古籍出版社2011年版，第60页。

② 同上书，第60~61页。

③ (明)顾炎武：《日知录·九二君德》，载《顾炎武全集》(第18册)，华东师范大学古籍研究所整理，上海古籍出版社2011年版，第61页。

④ (明)顾炎武：《日知录·财用》，载《顾炎武全集》(第18册)，华东师范大学古籍研究所整理，上海古籍出版社2011年版，第491页。

⑤ (明)顾炎武：《与人书十》，载《顾炎武全集》(第21册)，华东师范大学古籍研究所整理，上海古籍出版社2011年版，第142页。

顾氏的这番努力多数不明就里或者有意诋毁，所谓“吾辈学术，世人多所不达，一二稍知文字者则又自愧其不如。不达则疑，不如则忌”，[①]但是亭林先生本人谙熟经史，对于自己当然的学术地位早有自信。他坦言：“如炎武者，使在宋、元之间，盖卑卑不足数，而当今之世，友今之人，则已似我者多，而过我者少。”[②]他所作的《日知录》等书，也是“近代二百年来未有”。[③] 他深知未来将发挥其应有的作用。亭林先生说：

某自五十以后，笃志经史。其于音学，深有所得，今为《五书》以续《三百篇》以来久绝之传，而别著《日知录》，上篇经术，中篇治道，下篇传闻，共三十余卷。有王者起，将以见诸行事，以跻斯世于治古之隆，而未敢为今人道也。[④]

如果一定要问明，亭林先生究竟希望他的著作发挥什么具体的作用呢？众所周知，顾炎武尚有“亡国”和“亡天下”之辨。所谓“有亡国，有亡天下。亡国与亡天下奚辨？曰：异姓改号，谓之亡国；仁义充塞，而至于率兽食人，人将相食，谓之亡天下”。[⑤] 如果说“国家”乃表面的政治安排，那么“天下”就是作为底色的风俗和价值。按照顾炎武哲学的要求，仗义执言、移风易俗本是每个人不可推卸的责任。“是故知保天下，然后知保其国。保国者，其君其臣肉食者谋之；保天下者，匹夫之贱与有责焉耳矣！”[⑥]也正因如此，“明六经之旨，复三代之旧”才成为顾炎武为自己选定的学术道路和人生

---

① （明）顾炎武：《与人书十二》，载《顾炎武全集》（第21册），华东师范大学古籍研究所整理，上海古籍出版社2011年版，第143页。

② （明）顾炎武：《与潘次耕札》，载《顾炎武全集》（第21册），华东师范大学古籍研究所整理，上海古籍出版社2011年版，第230页。

③ （明）顾炎武：《与人札》，载《顾炎武全集》（第21册），华东师范大学古籍研究所整理，上海古籍出版社2011年版，第305页。

④ （明）顾炎武：《与人书二十五》，载《顾炎武全集》（第21册），华东师范大学古籍研究所整理，上海古籍出版社2011年版，第148～149页。

⑤ （明）顾炎武：《日知录·正始》，载《顾炎武全集》（第18册），华东师范大学古籍研究所整理，上海古籍出版社2011年版，第527页。

⑥ 同上。

方向。[1]

在《与杨雪臣》一信中,亭林先生对自己的一生也曾有总结。他写道:

人苟徧读《五经》,略同史鉴,天下之事,自可洞然,患在为声利所迷而不悟耳。向者《日知录》之刻,谬承许可,比来学业稍进,亦多刊改,意在拨乱涤污,法古用夏。启多闻于来学,待一治于后王。自信其书之必传,而未敢以示人也。若《音学五书》,为一生之独得,亦足以羽翼《六经》,非如近时拾沈之语,而亦不肯供他人捉刀之用,已刻之淮上矣。平生志行、知己详,惟念昔岁孤生,漂摇风雨,今兹亲串,崛起云霄。思归尼父之辕,恐近伯鸾之竈。且九州历其七,五岳登其四,未见君子,犹吾大夫,道之难行,已可知矣。尔乃徘徊渭川,流连仙掌,将营一亩,以毕余年。然而雾市雪岩,人烟断绝,春畦秋圃,虎迹纵横。又不能不依城堡而架椽,向邻翁而乞火,视古人之棲山饮谷者,何其不侔哉!世既滔滔,天仍梦梦,未知此生尚得相见否?[2]

世既滔滔,天仍梦梦,顾炎武于此似乎是悲观的。然而,吾亭林先生素信,对于万事万物的评价必当置于万古江河中而定其名誉。他说过:“处夷狄之邦而不失吾中国之道,是之谓‘素夷狄行乎夷狄’也……夫兴亡有迭代之时,而中华无不复之日,若之何以万古之心胸而区区于旦暮乎?”[3]——九州历其七,五岳登其四,他从来没有放弃过心中的信念。

① (明)顾炎武:《吴才老韵补正序》,载《顾炎武全集》(第21册),华东师范大学古籍研究所整理,上海古籍出版社2011年版,第196页。

② (明)顾炎武:《与杨雪臣》,载《顾炎武全集》(第21册),华东师范大学古籍研究所整理,上海古籍出版社2011年版,第203页。

③ (明)顾炎武:《日知录·素夷狄行乎夷狄》,载《顾炎武全集》(第18册),华东师范大学古籍研究所整理,上海古籍出版社2011年版,第293~294页。

王夫之

王夫之，字而农，号姜斋，湖南衡阳人，生于明神宗万历四十七年(1619年)九月初一日，殁于清圣祖康熙三十一年(1692年)正月初二日，得年七十四岁，因他晚年隐居于衡阳石船山，世称船山先生。王夫之的家族在永乐时期因为从军居官，落籍在衡阳。他的父亲曾经中过乡试副榜进入国子监读书，后获得一个低等官职，却选择辞职回家教育子弟。王夫之自己便在父亲等人的指导下，开始学习经史，并于明思宗崇祯五年考中秀才，当时才十四岁。崇祯十五年，王夫之乡试中举，但当时明社已在覆亡的前夜，道路梗阻，他无法赴京参加会试。之后，北京被闯军攻陷，王夫之为之痛哭并数日没有进食。南明势力兴起后，王夫之先后参与了隆武、永历政权的政治活动。到顺治七年时，还担任了永历政权的行人司行人一职。其间，他和永历政权中的王化澄等人发生激烈冲突，王化澄拟将他置于死地。获救后，王夫之即脱离永历政权，返回家乡。其后多年，王夫之改名换姓，藏身于湖南瑶山之中。顺治十四年后，天下渐渐安定，王夫之结束流亡，返回衡阳，系统的著述也开始着手。康熙十二年，吴三桂事起，到康熙十六年时准备在衡阳僭号称帝。王夫之坚持拒绝了吴氏幕僚草拟劝进表之请。三藩之乱结束后，王夫之再次得到十余年平静的写作时间，陆续完成《思问录》《张子正蒙注》《读通鉴论》等作品。虽然最后已经“腕不胜砚，指不胜笔”，但仍然“置楮墨于卧榻之旁，力疾而纂注”，最后的作品是《船山记》。逝世前，船山先生自题其幕曰：“抱刘越石之孤愤，而命无从致；希张横渠之正学，而力不能企”。这可谓船山先生对自己一生的概括。①

前人对于王夫之的研究除了表彰他所代表的民族独立精神，还有以下称许。萧公权即礼赞：“船山所揭橥者不仅为二千年中最彻底之民族思想，亦为空前未有最积极之民族思想也。”②或如冯契所说，主要着眼于他“对中国古代哲学作了比较全面的批判总结，达到了朴素唯物主义和朴素辩证法的统一”。③ 他们从各个方面突出王夫之思想的现代性因素。④ 仅就船山古典法思想而言，张晋藩指出：“王夫之提出的统一适用法律的观点，反映了清初启蒙思想家所共有的法治主义的倾向。”⑤许苏民说：“王夫之的法律思想，就从多方面突破了专制主义特权人治传统的局限，具有十分明显的近代性因素。”⑥

---

① 陈祖武：《王夫之》，载(明)王夫之：《船山全书》(第16册)，岳麓书社2011年版，第113页以下。

② 萧公权：《中国政治思想史·下册》，商务印书馆2015年重印版，第627页。

③ 冯契：《论王夫之的“成性”说》，载《船山学报》1984年第2期。参见张晋藩：《浅论王夫之的法律思想》，载《现代法学》1981年第2期；夏甄陶：《王夫之的认识论思想述评》，载《哲学研究》1982年第10期；章启辉：《王夫之哲学的实学精神》，载《湖南大学学报》(社会科学版)2004年第6期；胡发贵：《试论王夫之的人性论及其理论贡献》，载《船山学刊》2008年第3期；吴海庆：《王夫之学术思想的渊源与贡献》，载《船山学刊》2008年第1期。

④ 许苏民：《论王夫之的历史进化论思想》，载《江苏社会科学》2007年第2期；冯天瑜：《试论王夫之几个创造性命题——萧萐父先生明清之际启蒙思想研究的启示》，载《学海》2010年第3期；许苏民：《王夫之与儒耶哲学对话》，载《武汉大学学报》(人文科学版)2012年第1期。李维武：《早期启蒙说的历史演变与萧萐父先生的思想贡献》，载《武汉大学学报》(人文科学版)2010年第1期。

⑤ 张晋藩：《浅论王夫之的法律思想》，载《现代法学》1981年第2期。参见陈有期：《王夫之限制君权论发微》，载《船山学报》1988年第S1期；李宝臣：《论王夫之的治统道统观》，载《北京社会科学》1989年第1期；黄启昌、徐慧娟：《王夫之法制思想论析》，载《船山学刊》2009年第4期。

⑥ 许苏民：《论王夫之法律思想中的近代性因素》，载《吉首大学学报》(社会科学版)2006年第6期。参见吴根友：《王夫之的政治哲学思想简论》，载《船山学刊》2014年第3期；王泽应：《王夫之人的尊严论及其深远影响》，载《船山学刊》2014年第4期。

但是，正如所有在本土思想中寻求现代性的努力一样，他们对王夫之的解读也遭遇到质疑。早在梁启超那里，就曾讨论过王夫之和同时代人物的区别，"亭林建设方向近于'科学的'，船山建设方向近于'哲学的'"。[①] 实际上，就所谓"思想现代性"而言，王夫之即便稍逊于黄宗羲，无论如何也不会落后于顾炎武等人。王夫之作为一个集大成者，又喜欢"辩证地"讨论问题，其话语体系不免给人以落于窠臼之感。可如果赋予他的古典思想以现代的分析的形式，即能够发现，在所有细节上王夫之都翻新了前人的认识，进而提出了一个极为繁复精密的法哲学体系。即如嵇文甫所说，"船山是一位极深研几的学者。他的见解虽然和现代相去甚远，而从他那许多微言妙论中我们可以取得种种极有意义的暗示，我们越看越有味"。[②]

船山先生认为，宇宙及社会人生确有内涵的模式来调控。规范是社会与人生的模式。无论对于宇宙还是社会人生来说，模式都是物理过程的产物，调控着物质的变化，并且和物质一同变化。规范是人生的产物，调控着人生，并且和人生一同变化。人与动物最大的不同，就在于人具有"心"这一独特的生理机制。人心的独特之处就在于能够主动认识这一调控模式。规范判断是一个在心作用下的内外交互过程。这里最关键的概念是"象"。象通像，要义是对万物以符号描述。规范判断即以心（象）统一（法）象与性（象）。王夫之重新拾起晚明人士非常在意的"不容已"这一概念，来讨论作为心象的性（象）。这一心象之独特在于，它是由正确生理机制所产生的，于是可以正确引导生理机制。在王夫之哲学中，预备这个心象的工作称为"尽心"。预备所得符合规范的心象称为"志"。

---

① 转引自胡发贵：《王夫之与中国古代哲学的发展》，载《学海》1998 年第 3 期。另见李润和：《论王夫之的尊君和重民思想》，载《东岳论丛》2000 年第 6 期；张春莉：《顾炎武、王夫之政治思想之异同》，载《东南大学学报》（社会科学版）1999 年第 4 期。李润和说："在制约君权和重民这两个方面，王夫之要逊色于同时代的黄宗羲、顾炎武等人；在对民主和人权思想的开拓方面，他还局限于传统儒学的范畴之内而没有大的创新和建树。"张春莉说："顾炎武、王夫之都对作为封建社会后期统治思想的宋明理学进行反思，但王夫之偏重总结，从而建立起庞大的哲学思想体系，顾炎武则偏重批判，从而体现出带有近代性质的启蒙意味。"

② 嵇文甫：《船山哲学》，开明书店 1936 年版，第 2 页。

为了达到一定程度的“预知”，王夫之尽量说明“志”的内容。一方面，是晚明特盛的“孝悌”。另一方面，是礼。真正可以继承之“志”，实际上就是先王之礼、三纲五常。与此同时，因为人的本性是一致的，所以给自身生理机制带来欣悦愉快的规范应当给他人造成同样的效果。由此，王夫之将政治理解为一个“推”的过程，即将适用于自己的正确规范实施于他人。因为人人可推而行之，所以情理在社会层面上的统一也体现为“公欲”和“公是”。与此相对，王夫之并不欣赏“名法”。王夫之指出，只运用名法治人，终将导致社会的混乱。

一、规范的来源

王夫之哲学中的规范实有而不固定。船山先生认为，宇宙及社会人生确有内涵的模式来调控。他说：“气化有序而亘古不息，惟其实有此理也。”①又说：“盖阴阳合散，实有其气，则必实有其机；实有其机，则必实有其理。”②

宇宙之产生本是一个物理过程。船山先生说：“元……天下之有，其始未有也，而从无肇有，兴起舒畅之气，为其初机。”③最初的物质出现之后，则是物质之间的相互作用，推动宇宙不断自动地变化发展，即所谓“二气氤氲”。④ 具体而言，则是：

凡天地之间，流峙动植，灵蠢华实，利用于万物者，皆此气机自然之感为之。盈于两间，备其蕃变，“益无方”矣。而其无方者，唯以时行而偕行，自昼徂夜，自春徂冬，自来今以泝往古，无时不施，则无时不生。故一芽之发，渐为千章之木；一卵之化，积为吞舟之鱼。其日长而充周洋溢者，自不能知，人不能见其增长之形，而与寒暑晦

---

① （明）王夫之：《张子正蒙注卷三・诚明篇》，载《船山全书》（第12册），岳麓书社2011年版，第115页。

② （明）王夫之：《四书训义卷三中庸二・第十七章》，载《船山全书》（第7册），岳麓书社2011年版，第148页。

③ （明）王夫之：《周易内传卷一上・乾》，载《船山全书》（第1册），岳麓书社2011年版，第43页。

④ （明）王夫之：《思问录内篇》，载《船山全书》（第12册），岳麓书社2011年版，第420页。

明默为运动,消于此者长于彼,屈于往者伸于来。[1]

社会和个人作为宇宙的组成部分也是这个过程的产物。船山先生指出:"易者,相互推移以摩荡之谓。"[2]而"人之所以酬酢万事、进退行藏、质文刑赏之道,即于是而在"。[3]

上述过程内含着模式。但是,模式并不是外在于这一过程的独立实体。[4] 船山先生说:"天地间只是理与气,气载理而理以秩叙乎气。"[5]模式和物质是始终统一不可分离的。[6] 所谓"气之妙者,斯即为理。气以成形,而理即在焉"。[7] 当我们指称宇宙时,是将模式和物质并言之的,"天者,资始万物之理气也"。[8] 而且,物质可能更具重要性,是真正的创造者,"天以清刚之气,为生物之神"。[9] 模式则更像是含附于物质的倒影和涟漪,"如水中涵影之象",[10]因此甚至会随同物质一起变化。船山先生说:"此理气遇方则方,遇圆则圆,或大或小,絪缊变化,初无定质。"[11]

---

① (明)王夫之:《周易内传卷三上·益》,载《船山全书》(第1册),岳麓书社2011年版,第349页。

② (明)王夫之:《周易内传卷一上·上经乾坤》,载《船山全书》(第1册),岳麓书社2011年版,第41页。

③ 同上。

④ 陈来指出:"船山对理气的说法不少同于朱子,但船山不像朱子那样往往用实体化的理解或说法处理有关'理'的问题,在这点上,船山与元明时代理学关于'理'的理解的'去实体化'发展是一致的。"参见陈来:《诠释与重建:王船山的哲学精神》(第2版),北京大学出版社2013年版,第24页。

⑤ (明)王夫之:《读四书大全说卷三·中庸》,载《船山全书》(第6册),岳麓书社2011年版,第551页。

⑥ 赵国斌同样注意到王夫之法哲学中"法对社会物质生活条件的依存关系"。参见赵国斌:《王夫之的法哲学及其方法论略》,载《吉林大学社会科学学报》1992年第6期。

⑦ (明)王夫之:《读四书大全说卷五论语·泰伯篇》,载《船山全书》(第6册),岳麓书社2011年版,第718页。

⑧ (明)王夫之:《周易内传卷二下·大畜》,载《船山全书》(第1册),岳麓书社2011年版,第243页。

⑨ (明)王夫之:《周易内传卷一下·泰》,载《船山全书》(第1册),岳麓书社2011年版,第141页。

⑩ (明)王夫之:《张子正蒙注卷一·太和篇》,载《船山全书》(第12册),岳麓书社2011年版,第15页。

⑪ (明)王夫之:《思问录外篇》,载《船山全书》(第12册),岳麓书社2011年版,第430页。

个人作为一个小型宇宙，本身也是物质的。船山先生说："人之始生，因二气之良能，氤氲而化醇，其来也以是，则其往也以是。"[①]模式也是人生这一物理过程的产物。所谓"性是二气五行妙合凝结以生的物事"。[②] 人身也含附着模式的调控。船山先生说："天之外无道，气之外无神，神之外无化，死不足忧而生不可罔，一瞬一息，一宵一昼，一言一动，赫然在出王游衍之中，善吾伸者以善吾屈。"[③]作为"生命规律"的"性"，同时存在于人和动物身上。所谓"人有其气，斯有其性；犬牛既有其气，亦有其性"。[④] 但是人生尚有动物生命不能体现的模式。船山先生说："明德唯人有之，则已专属之人，属之人，则不可复名为性。性者，天人授受之总名也。"[⑤]

人与动物最大的不同，就在于人具有"心"这一独特的生理机制。所谓"心者，湛一之气所含"。[⑥] 模式不但含附于物质，也调控着物质。船山先生云："盖性即理也，即此气质之理。主持此气，以有其健顺；分剂此气，以品节斯而利其流行；主持此质，以有其魂魄；分剂此质，以疏浚斯而发其光辉。即此为用，即此为体。不成一个性，一个气，一个质，脱然是三件物事。"[⑦]人心独特之处就在于能够主动认识这一调控物质的模式。所谓"心者，形气之灵，理之所自显也"。[⑧]

---

① (明)王夫之：《张子正蒙注卷六・三十篇》，载《船山全书》(第4册)，岳麓书社2011年版，第231页。

② (明)王夫之：《读四书大全说卷一大学・圣经》，载《船山全书》(第6册)，岳麓书社2011年版，第397页。

③ (明)王夫之：《张子正蒙注序论》，载《船山全书》(第12册)，岳麓书社2011年版，第11页。

④ (明)王夫之：《读四书大全说卷十孟子・告子上篇》，载《船山全书》(第6册)，岳麓书社2011年版，第1056页。

⑤ (明)王夫之：《读四书大全说卷一大学・圣经》，载《船山全书》(第6册)，岳麓书社2011年版，第397页。

⑥ (明)王夫之：《张子正蒙注卷三・诚明篇》，载《船山全书》(第12册)，岳麓书社2011年版，第124页。

⑦ (明)王夫之：《读四书大全说卷七论语・阳货篇》，载《船山全书》(第6册)，岳麓书社2011年版，第865页。

⑧ (明)王夫之：《礼记章句卷九・礼运》，载《船山全书》(第4册)，岳麓书社2011年版，第564页。

船山先生说:“心者,人之能弘道者也。”[①]又说:“性者天道,心者人道,天道隐而人道显;显,故充恻隐之心而仁尽,推羞恶之心而义尽。弘道者,资心以效其能。”[②]

就模式仅应用于社会与人生的部分言之,也可称之为规范。船山先生说:“夫性者何也?生之理也,知觉运动之理也,食色之理也。此理禽兽之心所无,而人所独有也。故与禽兽同其知觉运动,而人自有人之理。此理以之应事,则心安而事成,斯之谓义。”[③]又说:“物不可谓无性,而不可谓有道。道者人物之辨,所谓人之所以异于禽兽也。”[④]人心自然也是主动认识规范的生理基础,所谓“是非之心,性之端也。性依道以有是非”。[⑤]

在王夫之哲学中,心是生理性质的,但和同属生理机制的耳目等还有区别。所谓“人之生也,唯心最灵,而耳目次之”。[⑥] 心和感官反应有联系,但强调的是其所产生的和认识规范有关的思维活动。所谓“心者,万感之主,贞淫判于一念之应”。[⑦] 更重要的是,“无事而理固可思,此乃心官独致之功”。[⑧] 又说:“乃心唯有其思,则仁义于此而得,而所得亦必仁义。”[⑨]在王夫之看来,和规范无关

---

① (明)王夫之:《读四书大全说卷七论语·季氏篇》,载《船山全书》(第6册),岳麓书社2011年版,第843页。

② (明)王夫之:《张子正蒙注卷三·诚明篇》,载《船山全书》(第12册),岳麓书社2011年版,第124页。

③ (明)王夫之:《四书训义卷三十五孟子十一·告子上》,载《船山全书》(第8册),岳麓书社2011年版,第676页。

④ (明)王夫之:《张子正蒙注卷三·诚明篇》,载《船山全书》(第12册),岳麓书社2011年版,第112页。

⑤ (明)王夫之:《春秋家说卷中·成公》,载《船山全书》(第5册),岳麓书社2011年版,第242页。

⑥ (明)王夫之:《四书训义卷三十五孟子十一·告子上》,载《船山全书》(第8册),岳麓书社2011年版,第737页。

⑦ (明)王夫之:《周易内传卷三上·咸》,载《船山全书》(第1册),岳麓书社2011年版,第280页。

⑧ (明)王夫之:《读四书大全说卷十孟子·告子上篇》,载《船山全书》(第6册),岳麓书社2011年版,第1095页。

⑨ (明)王夫之:《读四书大全说卷十孟子·告子上篇》,载《船山全书》(第6册),岳麓书社2011年版,第1093页。

的心官活动不是真正的思维,即"知觉运动之心固非即思"。[①] 什么是和规范无关的心官活动呢,主要还是被耳目等感官所带动的反应。船山先生说:"心思倚耳目以知者,人为之私也;心思寓于神化者,天德也。"[②]毕竟,纯粹的感官反应最终都需要经过心官的处理、分辨,不经过处理、分辨所得者即不可靠。他说:"耳与声合,目与色合,皆心所翕辟之牖也。合,故相知;乃其所以合之故,则岂耳目声色之力哉!故舆薪过前,群言杂至,而非意所属,则见如不见,闻如不闻,其非耳目之受而即合,明矣。"[③]又说:"耳有聪,目有明,心思有睿知,入天下之声色而研其理者,人之道也……心出思而得之,不思则不得也。"[④]而时人的错误就在于把一副心官完全用于应付耳目感官的输入。他批评:"今人但不能于形而上用思,所以不知思之本位,而必假乎耳目以成思,则愚先言尽天下人不识得心,亦尽天下人不会得思也。"[⑤]

此外,王夫之自己十分明了,虽然也用了"心官"一词,但他所说的"心",是生理机制,而非具体身体器官。船山先生说:"盖但言心,则不过此灵明物事。"[⑥]而"圣贤言心,皆以其具众理而应万事者言之,岂疑于此肉团之心哉"?[⑦] 实际上,所谓思维活动也是人身整体生理机制的结果和表现。船山先生指出:"五藏皆为性情之舍,而灵明发焉,不独心也。君子独言心者,魂为神使,意因神发,魄待神动,志受神摄,故神为四者之津会也。然亦当知凡言心则四者在其

① (明)王夫之:《读四书大全说卷十孟子·告子上篇》,载《船山全书》(第6册),岳麓书社2011年版,第1096页。

② (明)王夫之:《张子正蒙注卷二·天道篇》,载《船山全书》(第12册),岳麓书社2011年版,第71页。

③ (明)王夫之:《张子正蒙注卷四·大心篇》,载《船山全书》(第12册),岳麓书社2011年版,第146页。

④ (明)王夫之:《读四书大全说卷七论语·季氏篇》,载《船山全书》(第6册),岳麓书社2011年版,第852页。

⑤ (明)王夫之:《读四书大全说卷十孟子·告子上篇》,载《船山全书》(第6册),岳麓书社2011年版,第1095页。

⑥ 同上书,第1079页。

⑦ 同上书,第1083页。

中,非但一心之灵而余皆不灵。”①所以王夫之所谓“心”更多地指代这一整体的生理机制。简言之,即“自股而上,心也。不言心者,府藏之宫,神志魂魄之舍,下自丹田,上至咽,大体之官,皆灵明之府;其言心者,言其会通之牖耳”。②

当然,王夫之也说“人心之灵,行于血气之中,而为之主”,如果非要作器官来理解,这个心倒有几分近似现代所说的神经系统了。③船山先生有一段论述耳目和心官关系的话十分有趣:

然则孟子之以耳目为小体,何也?曰:从其合而言之,则异者小大也,同者体也。从其分而言之,则本大而末小,合大而分小之谓也。本摄乎末,分承乎合,故耳目之于心,非截然而有小大之殊。如其截然而小者有界,如其截然而大者有畛,是一人而有二体。当其合而从本,则名之心官,于其分而趋末,则名之耳目之官。官有主辅,体无疆畔。是故心者即目之内景,耳之内牖,貌之内镜,言之内钥也。合其所分,斯以谓之合。末之所会,斯以谓之本。④

王夫之哲学中的心性关系,即生理机制与其模式的关系。要害在于,人生模式可知又可变。模式可知,首先在于其具有普遍性。船山先生说:“盖性者,生之理也。均是人也,则此与生俱有之理,未尝或异;故仁义礼智之理,下愚所不能灭,而声色臭味之欲,上智所不能废,俱可谓之为性。”⑤其次则为人的认识能力所及。他说:“性中之藏,天下之形悉在焉。君子于此而致其戒慎,所炯然内见者,万善之成象具在……万善之名言咸在。”⑥但模式又可变。物质世界

---

① (明)王夫之:《思问录外篇》,载《船山全书》(第12册),岳麓书社2011年版,第456页。

② (明)王夫之:《周易内传卷三上·咸》,载《船山全书》(第1册),岳麓书社2011年版,第280页。

③ (明)王夫之:《四书训义卷二十论语十六·季氏第十六》,载《船山全书》(第7册),岳麓书社2011年版,第886页。

④ (明)王夫之:《尚书引义卷四·洪范三》,载《船山全书》(第2册),岳麓书社2011年版,第355页。

⑤ (明)王夫之:《张子正蒙注卷三·诚明篇》,载《船山全书》(第12册),岳麓书社2011年版,第128页。

⑥ (明)王夫之:《四书训义卷二中庸一·第一章》,载《船山全书》(第7册),岳麓书社2011年版,第106页。

本身在不断变化之中,人作为其一部分自不能外。所谓“质,一成者也;气,日生者也。一成,则难乎变;日生,则乍息而乍消矣”。[①] 既然生理机制变化了,其模式也不可能一成而不变。所以,“性亦日生”。[②] 船山先生说:“人日受命于天,则日受性于命。日受性命,则日生其生。”[③]当然,虽然无时不在变化之中,但是如果做一切片,则内容仍然具体可知,并不走向相对主义。所谓“性者生理也,日生则日成也”,[④]或者说“人无不生于天,则性与生俱生,而有一日之生,则一日之性存焉”。[⑤]

如此,脱离人本身而谈人生模式,没有意义。宇宙变化无穷,但人文世界有其自身的特点,即为规范所调控。船山先生于“人物有性,天地非有性”这一问题申论之:[⑥]

阴阳之相继也善,其未相继也不可谓之善。故成之而后性存焉,继之而后善著焉。言道者统而同之,不以其序,故知道者鲜矣。性存而后仁、义、礼、知之实章焉,以仁、义、礼、知而言天,不可也。成乎其为体,斯成乎其为灵。灵具于体之中,而体皆含灵。若夫天,则未有体矣。相继者善,善而后习知其善,以善而言道,不可也。道之用,不僭、不吝,以不偏而相调。故其用之所生,无僭、无吝以无偏,而调之有适然之妙。妙相衍而不穷,相安而各得,于事善也,于物善也。若夫道,则多少阴阳,无所不可矣。[⑦]

---

① (明)王夫之:《读四书大全说卷七论语·阳货篇》,载《船山全书》(第6册),岳麓书社2011年版,第861页。

② (明)王夫之:《张子正蒙注卷三·动物篇》,载《船山全书》(第12册),岳麓书社2011年版,第102页。

③ (明)王夫之:《读四书大全说卷七论语·季氏篇》,载《船山全书》(第6册),岳麓书社2011年版,第854页。

④ (明)王夫之:《尚书引义卷三·太甲二》,载《船山全书》(第2册),岳麓书社2011年版,第299页。

⑤ (明)王夫之:《四书训义卷二中庸一·第一章》,载《船山全书》(第7册),岳麓书社2011年版,第105页。

⑥ (明)王夫之:《周易外传卷五·系辞上传第五章》,载《船山全书》(第1册),岳麓书社2011年版,第1006页。

⑦ (明)王夫之:《周易外传卷五·系辞上传第五章》,载《船山全书》(第1册),岳麓书社2011年版,第1006页。

盖于宇宙而言,并无应当不应当的问题,无可无不可。而“道统天地人物,善、性则专就人而言也”。[①] 王夫之指出:“一阴一阳之谓道,天地之自为体,人与万物之所受命,莫不然也。而在天者即为理,不必其分剂之宜;在物者乘大化之偶然,而不能遇分剂之适得;则合一阴一阳之美意首出万物而灵焉者,人也。”[②]人的特点在于可以主动地认识和应用一切模式,包括其自身的发展变化模式。船山先生说:“天地之理,刚柔顺健,升降交和,其同异翕辟䜣合之际,触感而灵,则神发而理著焉。此天地之心,人之所凝以为性,而首出乎万物者也。”[③]在这个意义上,才能说“吾性之理即天地万物之理”,[④]而“不能求性道于猫儿狗子,黄花翠竹也”。[⑤] 毕竟“天命之人者为人之性,天命之物者为物之性”。[⑥]

人生模式,是由人身独有的生理机制所塑造。船山先生说:“且夫天之生人,道以成形,而人之有生,形以藏性。二气内乖,则肢体外痿;肢体外断,则性情内椓。”[⑦]人心既然可主导、代替人身整体的生理机制,则“性”的实现即转换为“心”的作用。船山先生说:“心涵性,性丽心。”[⑧]又说:“性,谓理之具于心者。”[⑨]或者“人心者,性之具于虚灵者,静而无不实,故动而无不灵,灵斯神矣”。[⑩] 这样看

---

① (明)王夫之:《周易内传卷五上·系辞上传第五章》,载《船山全书》(第1册),岳麓书社2011年版,第526页。

② 同上。

③ (明)王夫之:《礼记章句卷九·礼运》,载《船山全书》(第4册),岳麓书社2011年版,第564页。

④ (明)王夫之:《思问录内篇》,载《船山全书》(第12册),岳麓书社2011年版,第418页。

⑤ (明)王夫之:《读四书大全说卷二中庸·第一章》,载《船山全书》(第6册),岳麓书社2011年版,第458页。

⑥ 同上书,第457页。

⑦ (明)王夫之:《尚书引义卷一·舜典四》,载《船山全书》(第2册),岳麓书社2011年版,第256页。

⑧ (明)王夫之:《读四书大全说卷三中庸·第二十五章》,载《船山全书》(第6册),岳麓书社2011年版,第557页。

⑨ (明)王夫之:《张子正蒙注卷五·至当篇》,载《船山全书》(第12册),岳麓书社2011年版,第198页。

⑩ (明)王夫之:《周易内传卷五下·系辞上传第十章》,载《船山全书》(第1册),岳麓书社2011年版,第555页。

来,人生模式和生理机制是高度统一的。但是,问题在于人之生理机制是十分复杂的,不一定时时处处都能体现相对固定的"性"。船山先生也说:"心固统性,而不可即以心为性。"[①]过去有观点认为人心就是"性"的容器,但船山先生讽刺了这个说法。他指出心就是"人之神明",而不是什么神明之舍,并没有外围轮廓之类。"不成三焦空处盛此肉心,里面孔子作包含事理地位耶?"[②]心不能直接等同于性,主要是因为心这一生理机制还要应付其他生理活动的牵扯。船山先生说:"仁是心德,其他皆耳目之欲……若心官之德,'思则得之,不思则不得',已自不能疾获;又须挽着耳目之用,可以得意驰骋处,都教把住……而心亦疲于思,只此极难。"[③]因此,"心者,函性、情、才而统言之也"。[④]

由此,规范源自性,更直接源自心。一方面,能够并且实际去认识规范,本身就是人生普遍模式的固有内容。"性,谓其自然之良能。"[⑤]船山先生另处解释说:

不知性者,以其出治事物而顺事物之理,遂曰此皆以外来之名法销铄我虚灵无物之体,而变易其本质者也。而岂其然哉!我受之于天,禀之以生,实有此四德者。而若不信其有也,则此恻隐、羞恶、恭敬、是非之心,无人不有者,又恶从而生乎?彼谓外铄而我实无者,特以情之发也有鼓动之几,才之所为也有显著之迹,不待思而知有之。至于四端之发,乍然露见,忽然忘之,而不于此致思焉,以察其所自生、穷其所必至,则有之者自昧之,遂曰无善无不善也,可以

---

① (明)王夫之:《读四书大全说卷五论语·泰伯篇》,载《船山全书》(第6册),岳麓书社2011年版,第718页。

② (明)王夫之:《读四书大全说卷十孟子·尽心上篇》,载《船山全书》(第6册),岳麓书社2011年版,第1106页。

③ (明)王夫之:《读四书大全说卷六论语·颜渊篇》,载《船山全书》(第6册),岳麓书社2011年版,第775页。

④ (明)王夫之:《尚书引义卷五·康诰》,载《船山全书》(第2册),岳麓书社2011年版,第366页。

⑤ (明)王夫之:《张子正蒙注卷九·可状篇》,载《船山全书》(第12册),岳麓书社2011年版,第359页。

为善可以为不善也，有善有不善也。[①]

船山先生此说，盖为维持规范的普遍统一和根本正当。所谓"夫性，一也，皆继道以生之善也"。[②] 又说："仁义，天德也。性中固有之而自知之。无不善之谓良。"[③]只有确定性善，才能保证从人之为人的根本模式衍生出的种种二三级生活模式均善。"而功化之极，要皆吾性中之固有，而非于所性之外有所增益也。"[④]"性存而后仁义礼智。"[⑤]"惟性有当然之则，故可以生天下之动，而作其一定不易之经，是礼乐刑政之原也。"[⑥]

另一方面，实际认识规范的却是心，而这些所认识的"规范"无时无刻不在和人身生理机制相互塑造。"性和心的相互验证。性为天德，不识不知，而合于帝则。心为思官，有发有征，而见于人事。"[⑦]有时候心显得比性还重要。所谓"其既言性而又言心，或言心而不言性，则以性继善而无为，天之德也；心含性而效动，人之德也"。[⑧] 在理论上，心作为生理机制也受到性的调控。"故由性生知，以知知性，交涵于聚而有间之中，统于一心，由此言之则谓之心。"[⑨]因而，心所得者应即是规范。船山先生有时说："夫此心之原，固统乎性而为性之所凝，乃此心所取正之则；而此心既立，则一

---

① (明)王夫之：《四书训义卷三十五孟子十一·告子上》，载《船山全书》(第8册)，岳麓书社2011年版，第700页。

② (明)王夫之：《周易内传卷五上·系辞上传第五章》，载《船山全书》(第1册)，岳麓书社2011年版，第531页。

③ (明)王夫之：《张子正蒙注卷三·诚明篇》，载《船山全书》(第12册)，岳麓书社2011年版，第113页。

④ (明)王夫之：《四书训义卷二中庸一·第一章》，载《船山全书》(第7册)，岳麓书社2011年版，第107页。

⑤ (明)王夫之：《周易外传卷五·系辞上传第五章》，载《船山全书》(第1册)，岳麓书社2011年版，第1006页。

⑥ (明)王夫之：《四书训义卷二中庸一·第一章》，载《船山全书》(第7册)，岳麓书社2011年版，第108页。

⑦ (明)王夫之：《读四书大全说卷三中庸·第二十章》，载《船山全书》(第6册)，岳麓书社2011年版，第524页。

⑧ (明)王夫之：《读四书大全说卷八孟子·梁惠王上篇》，载《船山全书》(第6册)，岳麓书社2011年版，第895页。

⑨ (明)王夫之：《张子正蒙注卷一·太和篇》，载《船山全书》(第12册)，岳麓书社2011年版，第33页。

触即知,效用无穷,百为千意而不迷其所持。”[①]因此“人之性善,全在此心凝之”,[②]或者说“性凝于心,而与心为体也”。[③]

但心所得者并不都是规范,有些可能是思维之外的生理活动所制造的反应。船山先生说:“人心万殊,操纵、取舍、爱恶、慈忍,一唯此阴阳之翕辟,顺其理则为圣,从其妄则为狂,圣狂之分,在心几变易之间。”[④]又说:“凡人一念之起,一事之待应,莫不有两端之情,乘于心之动几而发。从其是非之本心,而心有其安,事有其宜,物有其顺,则曰善;从乎取舍之便计,而功求其成,势求其得,欲求其遂,则曰利;凡人之所以必择一而趋者也。”[⑤]这种矛盾状态的根源就在于人身生理活动和需求是很复杂的,作为整体的心概括承受了耳目导致的消极一面。船山先生说:

尝推论之,元在人而为仁,然而人心之动,善恶之几,皆由乎初念,岂元之定为仁哉!谓人之仁即元者,谓乾之元也。自然之动,不杂乎物欲,至刚也;足以兴四端万善而不伤于物者,至和也;此乃体乾以为初心者也。夫人无忌于羞恶,不辨于是非,不勤于恭敬,乃至残忍刻薄而丧其恻隐,皆由于惰窳不振起之情,因仍私利之便,而与阴柔重浊之物欲相暱而安;是以随物意移,不能自强而施强于物,故虽躁动烦劳,无须臾之静,而心之偷惰,听役于小体以怀安者,弱莫甚焉。[⑥]

又说:“凡人之情,怠荒退缩,则心之神明闭而不发……不知心

① (明)王夫之:《读四书大全说卷一大学·圣经》,载《船山全书》(第6册),岳麓书社2011年版,第403页。

② (明)王夫之:《读四书大全说卷九孟子·离娄下篇》,载《船山全书》(第6册),岳麓书社2011年版,第1024页。

③ (明)王夫之:《春秋家说卷上·桓公》,载《船山全书》(第5册),岳麓书社2011年版,第131页。

④ (明)王夫之:《张子正蒙注卷一·太和篇》,载《船山全书》(第12册),岳麓书社2011年版,第43页。

⑤ (明)王夫之:《四书训义卷三十七孟子十三·尽心上》,载《船山全书》(第8册),岳麓书社2011年版,第869页。

⑥ (明)王夫之:《周易内传卷一上·乾》,载《船山全书》(第1册),岳麓书社2011年版,第51页。

一闭塞,则万物交乱于前,利欲乘之,而日以偷窳。”[①]

如此,全部人生、社会、宇宙,乃至人身时时刻刻的生理机制都在变化之中。依此脉络推论,在王夫之哲学中,规范的具体内容无法预定。张载有言云“天之生物也有序”,但船山先生则补充说:“其序之也亦无先设之定理。”[②]“虽终始是一理,却不是一个死印板刷定的。”[③]在船山先生的论述中,这层意思俯拾皆是,说理无定:“孔子尝称水矣,其取义无所不可通,而非定执其一象以明一理。”[④]说道无定:“而非有一至道焉实为中庸……而即可以此名归之矣。”[⑤]说礼无定:“道无定,而人各有其道;礼无定,而因人以行礼。”[⑥]说法无定:“法岂有定?”[⑦]但是,与此同时,船山先生又经常提到“定”。他说:“天之所以与我者,有其一定之理,当然而不可易:礼有所不可不合,情有所不可不尽,伦有所不可不明,诚有所不可不立。遵此而行之,则合于吾性之固有;倘有所不行,则违乎天之常法而非所安。”[⑧]又说:“道者,一定之理也。”[⑨]特别是,规范必须确定。船山先生说:“天下之无定理,而吾心之有定义也。”[⑩]又说:“义者,

---

① (明)王夫之:《周易内传卷四上·震》,载《船山全书》(第1册),岳麓书社2011年版,第413页。陈来因此说:“船山并在恶的根源问题上,归罪于情。”参见陈来:《诠释与重建:王船山的哲学精神》(第2版),北京大学出版社2013年版,第27页。

② (明)王夫之:《张子正蒙注卷三·动物篇》,载《船山全书》(第12册),岳麓书社2011年版,第104页。

③ (明)王夫之:《读四书大全说卷九孟子·离娄上篇》,载《船山全书》(第6册),岳麓书社2011年版,第1007页。

④ (明)王夫之:《四书训义卷三十二孟子八·离娄下》,载《船山全书》(第8册),岳麓书社2011年版,第508页。

⑤ (明)王夫之:《读四书大全说卷二中庸·名篇大旨》,载《船山全书》(第6册),岳麓书社2011年版,第453页。

⑥ (明)王夫之:《四书训义卷十一论语七·述而第七》,载《船山全书》(第7册),岳麓书社2011年版,第521页。

⑦ (明)王夫之:《尚书引义卷一·尧典二》,载《船山全书》(第2册),岳麓书社2011年版,第244页。

⑧ (明)王夫之:《四书训义卷三十八孟子十四·尽心下》,载《船山全书》(第8册),岳麓书社2011年版,第955页。

⑨ (明)王夫之:《读四书大全说卷九孟子·离娄上篇》,载《船山全书》(第6册),岳麓书社2011年版,第994页。

⑩ (明)王夫之:《四书训义卷二十八孟子四·公孙丑下》,载《船山全书》(第8册),岳麓书社2011年版,第250页。

一定不易之矩则也。乃万事之变迁，皆不逾于当然之定理，而一事之当前，则一因其所固然之准则。”①“是规矩者，方员一定之极，必以是为准而不可不用也。”②实际上，这里的无定和一定并不矛盾。无定是指无法预定，一定则是此时此刻可以确定。这和王夫之哲学认为模式可变又可知是一脉相承的。他说：

阴阳不杂，自氤氲以成化；天下之物、天下之事、天下之情，得失吉凶，赅而存焉，而不忧物变事机之或轶乎其外。乃就一时一事而言之，大化无心，而听其适然之遇。遇之适然者，在天皆可成象，在地皆可成形，在物皆有其理，在人皆有其情，多寡盈虚、进退衰王迭相乘而卦象以昭，物理以定。③

而说到确定一时一事的具体规范，当然还是靠人心。船山先生总结：“夫人有一定不易之理，抑有因时而宜之道。其不易者，吾心之不可易也；其因时而宜者，亦吾心之宜也。”④

二、应用规范的判断

在王夫之哲学中，规范判断是一个在心作用下的内外交互过程。“交，谓互相而成而形性皆具也”。⑤ 又说：“盖人之与万物相通者，心也。”⑥船山先生不得不重视外部因素对规范判断的影响，盖因为他认为人生模式和人之生理机制密不可分，而人之生理活动乃是外在于人的自然、社会环境中发生，通过生理机制来认识规范，本身即现象世界的一环。他说：“天以其一真无妄之理为阴阳、为五行

---

① （明）王夫之：《四书训义卷八论语四·里仁第四》，载《船山全书》（第7册），岳麓书社2011年版，第371页。

② （明）王夫之：《四书训义卷三十一孟子七·离娄上》，载《船山全书》（第8册），岳麓书社2011年版，第419页。

③ （明）王夫之：《周易内传卷四下·既济》，载《船山全书》（第1册），岳麓书社2011年版，第490页。

④ （明）王夫之：《四书训义卷三十五孟子十一·告子上》，载《船山全书》（第8册），岳麓书社2011年版，第690页。

⑤ （明）王夫之：《礼记章句卷九·礼运》，载《船山全书》（第4册），岳麓书社2011年版，第561页。

⑥ （明）王夫之：《四书训义卷二十六孟子二·梁惠王下》，载《船山全书》（第8册），岳麓书社2011年版，第118页。

而化生万物者曰天道。阴阳五行之气化生万物，其秀而最灵者为人，形既成而理固在其中。于是有其耳目则有其聪明，有其心思则有其智睿；智足以知此理、力足以行此理者曰人道。”①此外，人作出规范判断之目的毕竟是人生模式的实现，而这一实践乃是生理机制的综合作用，必然包括对自然、社会环境的改变。船山先生说：“识知者，五常之性所与天下相通而起用者也。知其物乃知其名，知其名乃知其义，不与物交，则心具此理，而名不能言，事不能成。赤子之无知，精未彻也，愚蒙之无知，物不审也。”②又说：“君子之有志，无以大白于天下，则无以自信于生平。盖期之有恒，念之不昧，以之酬酢于万物者，皆秉此以行之。”③

船山先生所说影响规范判断的外部因素究竟是什么呢？这里最关键的概念是“象”。象通像，要义是对万物以符号描述。船山先生对“圣人有以见天下之赜，而拟诸形容，象其物宜，是故谓之象”这句话进一步解释说：“‘象’谓《大象》。物之生，器之成，气化之消长，世运之治乱，人事之顺逆，学术事功之得失，莫非一阴一阳之错综所就，而宜不宜者因乎时位，故圣人画卦而为之名……以拟而象之，皆所以示人应天下之至赜者也。”④对“象也者，像也”解释说：“此‘象’谓卦之《大象》。像者，因其已然之形状而写之。象以成乎可像，故因而想象其道之如此。”⑤象作名词，即符号描述的对象，这时即“法象”。所谓“在天而为象，在地而有数，在人心而为理”。⑥ 他说：“夫天地法象之所昭示，人伦物理之所显著，古圣先贤

① （明）王夫之：《四书训义卷二中庸一·第一章》，载《船山全书》（第7册），岳麓书社2011年版，第105页。

② （明）王夫之：《张子正蒙注卷一·太和篇》，载《船山全书》（第12册），岳麓书社2011年版，第18页。

③ （明）王夫之：《四书训义卷九论语五·公冶长第五》，载《船山全书》（第7册），岳麓书社2011年版，第423页。

④ （明）王夫之：《周易内传卷五下·系辞上传第八章》，载《船山全书》（第1册），岳麓书社2011年版，第537页。

⑤ （明）王夫之：《周易内传卷六上·系辞下传第四章》，载《船山全书》（第1册），岳麓书社2011年版，第586～587页。

⑥ （明）王夫之：《思问录内篇》，载《船山全书》（第12册），岳麓书社2011年版，第403页。

之所明所行,原乎一本而散乎万殊,皆可闻也,而皆不易闻也。"[①]象又指所"像"的内容,这时即"心象"。他说:"法象中之文理,唯目能察之,而所察者止于此;因而穷之,知其动静之机,阴阳之始,屈伸聚散之通,非心思不著。"[②]又说:"内者,心之神,外者,物之法象,法象非神不立,神非法象不显。多闻而择,多见而识,乃以启发其心思而会归于一,又非徒恃存神而置格物穷理之学也。"[③]规范判断的过程可以说就是通过描述把法象变为心象,"象成而后义见"。[④] 所谓"人之有性,函之于心而感物以通,象著而数陈,名立而义起,习其故而心喻之,形也,神也,物也,三相遇而知觉乃发"。[⑤] 又说:"象,心有成事之象也。礼,见于事而成法则也。"[⑥]

实际上,"心象"概念的提出,给心象分离、心性分离提供了条件。在心象关系的问题上,一方面,必须重视象的意义。船山先生说:

而古人之致知,非虚守此灵明之体而求白也,非一任吾聪明之发而自信也,以为凡吾之理皆一因乎万物固然之理,则物物有当然之则;凡天下之物接于吾身者,皆可求其得失顺逆之则,以寓吾善恶邪正之几,故有象可见,有形可据,有原委始终之可考,无不尽吾心以求格,则诗书礼乐之教,人官物曲之事,皆必察焉,而大学之为学,于斯焉极矣。[⑦]

另一方面,"夫子灼然见心之全体而叹曰:求之于天地民物之在

---

① (明)王夫之:《四书训义卷八论语四・里仁第四》,载《船山全书》(第7册),岳麓书社2011年版,第369页。

② (明)王夫之:《张子正蒙注卷一・太和篇》,载《船山全书》(第12册),岳麓书社2011年版,第29页。

③ (明)王夫之:《张子正蒙注卷四・大心篇》,载《船山全书》(第12册),岳麓书社2011年版,第147页。

④ (明)王夫之:《周易内传卷六上・系辞下传第一章》,载《船山全书》(第1册),岳麓书社2011年版,第576页。

⑤ (明)王夫之:《张子正蒙注卷一・太和篇》,载《船山全书》(第12册),岳麓书社2011年版,第33页。

⑥ (明)王夫之:《张子正蒙注卷八・乐器篇》,载《船山全书》(第12册),岳麓书社2011年版,第317页。

⑦ (明)王夫之:《四书训义卷一大学・经》,载《船山全书》(第7册),岳麓书社2011年版,第48页。

吾前者，求之于吾心之与天地民物相为贯通者，道不在法象之高深，理不在圣贤之论说。有其心即有此一真无妄之则，有其心即有此广生大生之几"。[①] 人心本身相对于法象还是更重要的，毕竟是心和性直接联系，所以也不能"徇象"丧心。他说："物之有象，理即在焉。心有其理，取象而证之，无不通矣。若心所不喻，一由于象，而以之识心，则徇象之一曲而丧心之大全矣。"[②]

"心象"的存在也造成心性分离。心不可脱离外在因素而"现象"，但性则并不依赖之。船山先生说：

风雷无形而有象，心无象而有觉，故一举念而千里之境事现于俄顷，速于风雷矣。心之情才虽无形无象，而必依所尝见闻者以为影质，见闻所不习者，心不能现其象。性则纯乎神理，凡理之所有，皆性之所函，寂然不动之中，万化赅存，无能御也。是以天之命，物之性，本非志意所与；而能尽其性，则物性尽，天命至，有不知其所以然者而无不通。盖心者翕辟之几，无定者也；性者合一之诚，皆备者也。[③]

当然，王夫之也意识到，即便"性"所处理的并非如心那样是外在因素，也不得不有一符号予以指示之，那么"性"也不可避免地变成一种心象。"神者非他，一气清通之理也。不可象者，即在象中。"[④]又说："则吾性中知之所至，在事功未著之先，有一始终现成之象，以应天下之险而不昧其条理者。"[⑤]只不过，这时符号所描述者，并非外物，笼统也称为"象"，有点不得已。他说："若夫神也者，含仁义中正之理而不倚于迹，为道之所从生，不能以一德名之。而

① (明)王夫之：《四书训义卷十一论语七·述而第七》，载《船山全书》(第7册)，岳麓书社2011年版，第513页。

② (明)王夫之：《张子正蒙注卷四·大心篇》，载《船山全书》(第12册)，岳麓书社2011年版，第145页。

③ (明)王夫之：《张子正蒙注卷三·诚明篇》，载《船山全书》(第12册)，岳麓书社2011年版，第134页。

④ (明)王夫之：《张子正蒙注卷一·太和篇》，载《船山全书》(第12册)，岳麓书社2011年版，第16页。

⑤ (明)王夫之：《周易内传卷五上·系辞上传第五章》，载《船山全书》(第1册)，岳麓书社2011年版，第530页。

成乎德者亦不著其象，不得已而谓之曰诚。诚，以言其实有尔，非有一象可名之为诚也。”①船山先生并且指出，对性—象—心关系的各自理解正是张载和朱熹大同而小异的症结所在。他说：“朱子谓知性乃能尽心，而张子以尽心为知性之功，其说小异。然性处于静而未成法象，非尽其心以体认之，则偶有见闻，遂据为性之实然，此天下之言性者所以凿也。”②盖张载主张通过心象把握法象，再辨析心象去接近真正的规范，而朱熹学说认为心象直接从规范衍生出来，可能使人误解心象就是真正的规范。而如上所说，心象和规范并不等同。

如此，则在王夫之哲学中，规范判断即以心（象）统一（法）象与性（象）。③ 一方面，是经由心象表达的法象必须尽可能清晰，以便接受那个在生理机制作用下无法预定但瞬间可定的真性来厘定。船山先生说：“象之所固有而所以然之理，非辞不明。”④又说：“道本浑沦。及其因动起事，因事成象，卦各有宜，爻各有当，以别得失，以推吉凶，则因时制宜，而分析条理以尽义，无不各顺其则也。”⑤心象清晰的程度则可根据“理”来判定。理就是模式。“理者，物之固然，事之所以然也。”⑥又说：“万物皆有固然之用，万事皆有当然之

---

① （明）王夫之：《张子正蒙注卷二・天道篇》，载《船山全书》（第12册），岳麓书社2011年版，第74页。在这个意义上的“诚”相当于“物质一般”，“宇宙的最大范畴”和“理想思维的最高概括”。参见陈来：《诠释与重建：王船山的哲学精神》（第2版），北京大学出版社2013年版，第22页。参见吴乃恭：《略论王夫之的范畴和思维方式》，载《孔子研究》1990年第3期；张学智：《王夫之太和观念中的诚与变合》，载《中华文化论坛》2004年第1期。

② （明）王夫之：《张子正蒙注卷四・大心篇》，载《船山全书》（第12册），岳麓书社2011年版，第144页。

③ 这个“统一”类似于汤一介在讨论王夫之美学思想中提出的“情景合一”。参见汤一介：《论“情景合一”》，载《北京大学学报》（哲学社会科学版）2008年第2期。

④ （明）王夫之：《周易内传卷五上・系辞上传第二章》，载《船山全书》（第1册），岳麓书社2011年版，第513页。

⑤ （明）王夫之：《周易内传卷六下・说卦传》，载《船山全书》（第1册），岳麓书社2011年版，第621页。

⑥ （明）王夫之：《张子正蒙注卷五・至当篇》，载《船山全书》（第12册），岳麓书社2011年版，第194页。

则，所谓理也。”[①]所谓模式，即事物发生的先后次序。船山先生说：“理本非一成可执之物，不可得而见；气之条绪节文，乃理之可见者也。”[②]又说：“理，相生之条理也。”[③]“理者，事物始终循用之条理。”[④]可以说，在王夫之哲学中，有两种理，即两种模式。船山先生说：“凡言理者有二：一则天地万物已然之条理；一则健顺五常、天以命人而人受为性之至理。”[⑤]也就是说，一种是万物法象的模式，一种是人心性象的模式，即人生模式。他说：“君子以为吾心与万物并生之理，仁也；吾心所以治万物而得其序之理，礼也。”[⑥]又说：“天下固有之理谓之道，吾心所以宰制乎天下者谓之义。”[⑦]

首先，理是法象的模式。“理者，天所昭著之秩序也”。[⑧] 对于法象模式，则需要穷求之。船山先生说：“理者，合万化于一源，即其固然而研穷以求其至极，则理明。”[⑨]具体而言，则研究文本。“由夫子之言观之，圣人之教，不过即穷物理，即文见道。”[⑩]贴近实践。“在人则为心之有思。然思此理，则即此理而穷之，而义乃精；思此事，则即此事而研之，而道始定；不驰惊于他端以相假借，君子体艮

---

① (明)王夫之：《四书训义卷七论语三·八佾第三》，载《船山全书》(第7册)，岳麓书社2011年版，第337页。

② (明)王夫之：《读四书大全说卷九孟子·离娄上篇》，载《船山全书》(第6册)，岳麓书社2011年版，第994页。

③ (明)王夫之：《礼记章句卷十九·乐记》，载《船山全书》(第4册)，岳麓书社2011年版，第895页。

④ (明)王夫之：《礼记章句卷二十八·仲尼燕居》，载《船山全书》(第4册)，岳麓书社2011年版，第1198页。

⑤ (明)王夫之：《读四书大全说卷五论语·泰伯篇》，载《船山全书》(第6册)，岳麓书社2011年版，第718页。

⑥ (明)王夫之：《四书训义卷三十二孟子八·离娄下》，载《船山全书》(第8册)，岳麓书社2011年版，第537页。

⑦ (明)王夫之：《读四书大全说卷八孟子·公孙丑上篇》，载《船山全书》(第6册)，岳麓书社2011年版，第931页。

⑧ (明)王夫之：《张子正蒙注卷三·诚明篇》，载《船山全书》(第12册)，岳麓书社2011年版，第136页。

⑨ (明)王夫之：《张子正蒙注卷四·中正篇》，载《船山全书》(第12册)，岳麓书社2011年版，第172页。

⑩ (明)王夫之：《四书训义卷十三论语九·子罕第九》，载《船山全书》(第7册)，岳麓书社2011年版，第570页。

以尽心者如此，非绝物遗事，以颓然如委土也。”[①]发挥智力。“始之穷物理，应事机，抑将智力沛发而不衰。”[②]资于耳目之闻见。“知见之所自生，非固有。非固有而自生者，日新之命也。原知见之自生，资于见闻。见闻之所得，因天地之所昭著与人心之所先得。人心之所先得，自圣人以至于夫妇，皆气化之良能也。”[③]最后达到清晰化的效果。于己可行：

君子之学，未尝不有资于闻见也，未尝不求之于心也。乃其于天下之理，一无敢忽，一无敢忘，研其几，穷其理，尽其变，盖深造而不敢以己私己能遂谓道之止于此也。乃其深造也，则因象以见道，因小以通大，因显以察微，循循乎必以其道也。[④]

于人亦可知：

古圣贤之所为，皆所以使人之共明斯道者也。故教者修焉，而使学者学焉，然非徒以其文具也。夫欲使人能悉知之，能决信之，能率行之，必昭昭然知其当然，知其所以然，由来不昧，而条理不迷。贤者于此，必先穷理格物以致其知，本末精粗，晓然具著于心目，然后垂之为教，随人之深浅而使之率喻于道。[⑤]

但探求法象之模式是一个漫长的过程。船山先生指出：“博求之事物以会通其得失，以有形象无形而尽其条理，巧之道也。格物穷理而不期旦暮之效者遇之。”[⑥]经过这个过程，才能得到准确的认识。“盖循物穷理，待一旦之豁然。”[⑦]与此同时，王夫之也早已认识

---

① （明）王夫之：《周易内传卷四上・艮》，载《船山全书》（第 1 册），岳麓书社 2011 年版，第 420 页。

② （明）王夫之：《周易外传卷四・震》，载《船山全书》（第 1 册），岳麓书社 2011 年版，第 948 页。

③ （明）王夫之：《周易内传卷四上・艮》，载《船山全书》（第 1 册），岳麓书社 2011 年版，第 420 页。

④ （明）王夫之：《四书训义卷三十二孟子八・离娄下》，载《船山全书》（第 8 册），岳麓书社 2011 年版，第 503 页。

⑤ （明）王夫之：《四书训义卷三十八孟子十四・尽心下》，载《船山全书》（第 8 册），岳麓书社 2011 年版，第 925 页。

⑥ （明）王夫之：《思问录内篇》，载《船山全书》（第 12 册），岳麓书社 2011 年版，第 409 页。

⑦ （明）王夫之：《张子正蒙注卷六・三十篇》，载《船山全书》（第 12 册），岳麓书社 2011 年版，第 233 页。

到,即便穷求之,对于具体个人而言,万物模式仍是无法穷尽的。他说:“道之在天下也,岂有穷哉! 以一人之身,藐然孤处于天地万物之中,虽圣人而不能知,不能行者多矣。”①除了人的认识能力有限外,模式本身也在不断变化之中。“道之见于事物者,日用而不穷,在常而常,在变而变。”②所以:“虽圣人无所不明乎,而有所不能知者焉。故前之圣人已开示无余,而后之君子又有日新之义,然则其可知者将焉有穷乎?”③

法象穷而无穷,再来看心象和性的这对关系。如前所述,人生模式在瞬时的意义上是确定的。所以王夫之重新拾起晚明人士非常在意的“不容已”这一概念,来讨论作为心象的性(象)。“不容已”是性在心上最集中的体现。“命人为性,自然不睹不闻之中,发为悱恻不容已之几,以造羣动而见德,亦莫非此元为之资。在天谓之元,在人谓之仁。”④但是王夫之的“不容已”,并不是一般所谓的道德感。此“不容已”仍就心象模式而言,突出其在生理上施加的自我控制力量。盖是否不容已,全然是由理所决定的。船山先生说:“不得已者,理所必行,乘乎时位,已之则失义也。”⑤又说:“尽天下之理,皆吾心之恻然而动,不容已者。”⑥又如:“明明一不可越之理,生其不容已之心,而敬生焉。”⑦这一心象之独特在于它是由正确生理机制所产生的,于是可以正确引导生理机制。所谓“仁之为德,此心不容已之几也,此身所与生之理也,以此身心与天下相酬

① (明)王夫之:《周易内传卷二上・谦》,载《船山全书》(第1册),岳麓书社2011年版,第168页。

② (明)王夫之:《读四书大全说卷二中庸・名篇大旨》,载《船山全书》(第6册),岳麓书社2011年版,第454页。

③ (明)王夫之:《四书训义卷三中庸二・第十二章》,载《船山全书》(第7册),岳麓书社2011年版,第131页。

④ (明)王夫之:《周易内传卷一上・乾》,载《船山全书》(第1册),岳麓书社2011年版,第51页。

⑤ (明)王夫之:《张子正蒙注卷四・中正篇》,载《船山全书》(第12册),岳麓书社2011年版,第166页。

⑥ (明)王夫之:《张子正蒙注卷六・三十篇》,载《船山全书》(第12册),岳麓书社2011年版,第243页。

⑦ (明)王夫之:《四书训义卷十五论语十一・先进第十》,载《船山全书》(第7册),岳麓书社2011年版,第642页。

酢,而以合乎人心之同然者也”。[1] 又说:“使人皆喻其生心而不容已。”[2]“无私而不容已,人以此为生之理而不昧于心。”[3]接受不容已的控制,就会自然而然地服从人生模式的要求。“故但令恻隐之端直行而无所碍,则为生为杀,为心为事,全具一自然之条理,以妙成乎大用。”[4]这就是船山先生所构想的“因乎天下之固然,而顺吾心之必然,以成乎理之宜然,亦天人物我之自然者矣”。[5]

如此,只要法象在心象中尽可能清晰,再与“不容已”的力量于心象中相遇,一个符合规范判断的统一心象即可达成。[6] 船山先生“形象”地说:“要此诚意之功,则是将所知之理,遇着意发时撞将去,教他吃个满怀;及将吾固正之心,吃紧通透到吾所将应的事物上,符合穿彻,教吾意便从者上面发将出来,似竹笋般始终是者个则样。”[7]但问题在于,此一瞬间有定的真正规范“不容已”所遭遇者也是无往而不在变化之中的心象。王夫之把出现于心象之中的不确定法象称为“意”“念”。他说:“吾立身之始,有为身之主者心也。当物之未感,身之未应,而执持吾志,使一守其正而不随情感以迷,则所以修身之理,立之有素矣。乃心,素定者也,而心与物感之始,念忽以兴,则意是也。”[8]“意”同样是生理机制的产物。“意不能无

① (明)王夫之:《四书训义卷十六论语十二·颜渊第十二》,载《船山全书》(第7册),岳麓书社2011年版,第681页。

② (明)王夫之:《礼记章句卷一·曲礼上》,载《船山全书》(第4册),岳麓书社2011年版,第17页。

③ (明)王夫之:《周易内传卷一上·乾》,载《船山全书》(第1册),岳麓书社2011年版,第59页。

④ (明)王夫之:《四书训义卷二十五孟子一·梁惠王上》,载《船山全书》(第8册),岳麓书社2011年版,第72页。

⑤ (明)王夫之:《四书训义卷十一论语七·述而第七》,载《船山全书》(第7册),岳麓书社2011年版,第489页。

⑥ 张学智也注意到王夫之哲学中“性”对“心”的规范,保证“从性中抽绎出、伸展出的知识活动才不会逸出价值理想的制约”。参见张学智:《王夫之的格物知性与由性生知》,载《北京大学学报》(哲学社会科学版)2003年第3期。

⑦ (明)王夫之:《读四书大全说卷一大学·传第六章》,载《船山全书》(第6册),岳麓书社2011年版,第413页。

⑧ (明)王夫之:《四书训义卷一大学·经》,载《船山全书》(第7册),岳麓书社2011年版,第48页。

端而起,毕竟因乎己之所欲。己所不欲,意不自生。”[①]“要之所谓私意者,即人欲也。”[②]这样一来,同样是由于生理机制产生的“意”是可以独立于“心”的正确生理机制的,对于不由正确生理机制所生者,也就没有不容已的自然而然的控制可言。王夫之说:“然意不尽缘心而起,则意固自为体,而以感通为因。故心自有心之用,意自有意之体。”[③]当然,此种非正确的生理机制的结果一定是自我否定。船山先生指出:“人心一动,而忽又再动,是私意起而徒使心之不宁。”[④]此意害人害己。于己:“凡无端之喜怒,到头来却没收煞,以致乐极悲生,前倨后恭。”[⑤]于人:“天地普爱万物……盖人之妨其爱而病物者,唯越位以生意欲,则自私而不恤物之利害。”[⑥]为了解决这个问题,必须重建心象中不容已对意欲的控制:

今以一言断之曰:意无恒体……所谓自者,心也,欲修其身者所正之心也。盖心之正者,志之持也,是以知其恒存乎中,善而非恶也。心之所存,善而非恶。意之已动,或有恶焉,以陵夺其素正之心,则自欺矣。唯诚其意者,充此心之善,以灌注乎所动之意而皆实,则吾所存之心周流满惬而无有馁也,此之谓自谦也。[⑦]

这一段里“灌注”一词是全段的眉目,正所谓“实则以诚灌注乎意,彻表彻里,彻始彻终,强固精明”。[⑧] 这是一个需要详细阐述的复杂机制。

---

① (明)王夫之:《读四书大全说卷六论语·颜渊篇》,载《船山全书》(第6册),岳麓书社2011年版,第771页。

② 同上书,第770页。

③ (明)王夫之:《读四书大全说卷一大学·传第六章》,载《船山全书》(第6册),岳麓书社2011年版,第419页。

④ (明)王夫之:《周易内传卷四上·震》,载《船山全书》(第1册),岳麓书社2011年版,第416页。

⑤ (明)王夫之:《读四书大全说卷二中庸·第一章》,载《船山全书》(第6册),岳麓书社2011年版,第476页。

⑥ (明)王夫之:《周易内传卷五上·系辞上传第四章》,载《船山全书》(第1册),岳麓书社2011年版,第522页。

⑦ (明)王夫之:《读四书大全说卷一大学·传第六章》,载《船山全书》(第6册),岳麓书社2011年版,第417页。

⑧ 同上书,第413页。

三、修己与治人

在内外交互的过程之中，法象和不容已在理论上都好像极速运动的齿轮，而王夫之哲学又需要在两个齿轮的刹那碰撞点上造出一个凹凸来，还要保证是不容已之齿轮提供凸起，带动法象齿轮的凹槽，方可修己治人。可要得到这样高超的技艺，谈何容易。而在这两个齿轮之中，法象因来自外在环境，无法事先知晓。这个部分无论如何无法"预知"。他说："夫情无所豫而自生。"①说："然理既未彰，欲亦无迹，不得预拟一欲焉而为之提防。"②又说："如意才起处，其为善为恶之分界有显然易别者，夙昔所致之知可见其效，而无待于更审矣。其疑善疑恶，因事几以决，亦有非夙昔之可预知者。"③说："但当未有意时，其将来之善几恶几，不可预为拟制，而务于从容涵养，不可急迫迫地逼教好意出来。"④相对而言，另一个齿轮因为来自内在，毕竟是可以提前做些准备工作的。这个部分相对而言可以"预备"。他说："然则始之必欲知止者，所以预正其得止之趋向，而无本之学、不全之理不足以惑之。"⑤说："学者有先致其知之功，则是非之辨既已素审，而有欲正其心之念，则秉正无邪之志又已预定，可以一于善而无恶矣。"⑥更为关键的是，如果为规范所认证的法象可以再次遭遇，那么通过预备心象，也就几乎等于预知了法象。船山先生说："正心者，过去不忘，未来必预，当前无丝毫放

---

① （明）王夫之：《周易外传卷二·随》，载《船山全书》（第1册），岳麓书社2011年版，第867页。

② （明）王夫之：《读四书大全说卷二中庸·第一章》，载《船山全书》（第6册），岳麓书社2011年版，第465页。

③ （明）王夫之：《读四书大全说卷一大学·传第六章》，载《船山全书》（第6册），岳麓书社2011年版，第411页。

④ 同上书，第413页。

⑤ （明）王夫之：《四书训义卷一大学·经》，载《船山全书》（第7册），岳麓书社2011年版，第45页。

⑥ （明）王夫之：《四书训义卷一大学·传第六章》，载《船山全书》（第7册），岳麓书社2011年版，第66页。

过。”[1]又说：“存，为识其理于心而不忘也。变者，阴阳顺逆事物得失之数。尽知其必有之变而存之于心，则物化无恒，而皆豫知其情状而裁之。”[2]

在王夫之哲学中，这个十分重要的预备心象工作称为“尽心”。他说：“吾之有知生于心，而心本至一而无杂。物有不可尽，而尽心以尽物者，统此一念之存；事有不可推，而推心以推事者，率此一情之发。”[3]又说：“古人之大过人者，只是极心之量，尽心之才，凡所欲为，皆善推以成其所为。”[4]这个所预备的心象全由性所托生，所以是人所固有的。王夫之说：“尽心者，尽心之本知。”[5]这个预备心象工作的性质，则是自己对自己的自然而然地理解，即“自喻”。王夫之说：“德性之知，循理而反其原，廓然于天地万物大始之理，乃吾所得于天而即所得以自喻者也。”[6]又说：

心所从来者，日得之以为明，雷霆得之以为声，太虚氤氲之气升降之几也。于人，则诚有其性即诚有其理，自诚有之而自喻之，故灵明发焉，耳目见闻皆所发之一曲，而函其全于心以为四应之真知。知此，则见闻不足以累其心，而适为获心之助，广大不测之神化无不达矣。此尽性知天之要也。[7]

当然，这种“理解”不是获得一个心象即可，那心象可能是并非符合规范的错误认识。船山先生特别注意强调生理机制得到调动，心象在生理机制的层面须获得肯认。船山先生说：“道虽不

---

① (明)王夫之：《读四书大全说卷二大学·传第七章》，载《船山全书》(第6册)，岳麓书社2011年版，第427页。

② (明)王夫之：《张子正蒙注卷二·天道篇》，载《船山全书》(第12册)，岳麓书社2011年版，第71页。

③ (明)王夫之：《四书训义卷十九论语十五·卫灵公第十五》，载《船山全书》(第7册)，岳麓书社2011年版，第829页。

④ (明)王夫之：《读四书大全说卷八孟子·梁惠王上篇》，载《船山全书》(第6册)，岳麓书社2011年版，第907页。

⑤ (明)王夫之：《张子正蒙注卷四·大心篇》，载《船山全书》(第12册)，岳麓书社2011年版，第147页。

⑥ (明)王夫之：《张子正蒙注卷四·大心篇》，载《船山全书》(第12册)，岳麓书社2011年版，第144页。

⑦ 同上书，第147页。

违，而此心之求能喻者，尤必求其体验焉。”[①]心象符合人生模式，则生理机制即可印证之。“此理体验乃知之。”[②]否则，生理机制便不得协同。“今且为体验之：凡人思虑之所蔽、聪明之所穷、知之所不能至、行之所不能勉……与夫思之可通……若气为之也，而实非气为之也。”[③]

预备所得符合规范的心象称为“志”。[④]“‘志’者，心有所期于事也。”[⑤]船山先生强调说：“论古人者，不但于其道，而但于其志。志者，持之一心而不容自欺者也；于是而上天鉴之，鬼神格之，天下后世合其初终而莫不喻之。”[⑥]就其功能而言，则是纠正意。“志者，人心之主。”[⑦]“志是大纲趣向的主宰。”[⑧]船山先生说：

于意言先，于志言承，则可从不可从分矣。意者，乍随物感而起也；志者，事所自立而不可易者也。庸人有意而无志，中人志立而意乱之，君子持其志以慎其意，圣人纯乎志以成德而无意。盖志一而已，意则无定而不可纪。善教人者，示以至善以亟正其志，志正，则意虽不定，可因事而裁成之。不然，待其意之已发，或趋于善而过奖之，或趋于不善而亟绝之，贤无所就而不肖者莫知所惩，教之所以不

---

① （明）王夫之：《四书训义卷十一论语七 · 述而第七》，载《船山全书》（第7册），岳麓书社2011年版，第484页。

② （明）王夫之：《张子正蒙注卷九 · 可状篇》，载《船山全书》（第12册），岳麓书社2011年版，第361页。

③ （明）王夫之：《读四书大全说卷七论语 · 阳货篇》，载《船山全书》（第6册），岳麓书社2011年版，第861页。

④ 胡家祥指出：“将‘志’抽象为‘志性’对于中国哲学的创造性重建有着根本性的意义。”参见胡家祥：《志：中国哲学的重要范畴》，载《江西师范大学学报》1996年第3期。陈来概括说：“人会自觉到胸中有一比意欲念虑更为根本的主导性东西，这就是志，也就是正心的心。”参见陈来：《诠释与重建：王船山的哲学精神》（第2版），北京大学出版社2013年版，第34页。

⑤ （明）王夫之：《礼记章句卷一 · 曲礼上》，载《船山全书》（第4册），岳麓书社2011年版，第13页。

⑥ （明）王夫之：《四书训义卷三十七孟子十三 · 尽心上》，载《船山全书》（第8册），岳麓书社2011年版，第880页。

⑦ （明）王夫之：《张子正蒙注卷一 · 参两篇》，载《船山全书》（第12册），岳麓书社2011年版，第44页。

⑧ （明）王夫之：《读四书大全说卷八孟子 · 公孙丑上篇》，载《船山全书》（第6册），岳麓书社2011年版，第927页。

行也。①

又说:

则所以内治其为学之志者,必无所旁分于一曲之理、异端之教,而志向定于明新之大者矣,则"知止而后有定"也。夫既定矣,则当未有事之时,坚守吾道而不旁分;即当有所感之际,外诱相尝而自不妄动;则"定而后能静"也。夫既静矣,则事物不足以动我之情志,而一于善之至;即或事物之授我以危疑,而自守其至善之止;"静而后能安"也……苟能安矣,无所处而不知至善之不可离,则心志澄而条理出,不能虑乎……苟能虑矣,择乎善而得其必至之理于己,则至道备而至德凝,然后可以得所止矣。②

就其状态而言,则是持续。"成心者,非果一定之理,不可夺之志也。"③说:"意者,心所偶发,执之则为成心矣。圣人无意,不以意为成心之谓也。盖在道为经,在心为志,志者,始于志学而终于从心之矩,一定而不可易者,可成者也。"④就其与生理机制的关系而言,则是相互促进。他说:"志立则学思从之,故才日益而聪明盛,成乎富有;志之笃,则气从其志,以不倦而日新。"⑤又说:"则君子之学,知志为言行动作之主,而所尚者未加,诚至矣。乃志之未正,则未暇及气;志之已立,即急以气之充体者辅吾志而次焉。"⑥最后则是:

物之既格,吾之所以处夫万物者,皆一因于理:而如是则善,不如是则不善,知无不至矣。知之既至,吾之所以择夫善恶者,皆明辨其几,而无疑于善,无疑于不善,意无不诚矣。意之既诚,吾之动乎

① (明)王夫之:《张子正蒙注卷六·有德篇》,载《船山全书》(第12册),岳麓书社2011年版,第258页。

② (明)王夫之:《四书训义卷一大学·经》,载《船山全书》(第7册),岳麓书社2011年版,第45页。

③ (明)王夫之:《张子正蒙注卷四·大心篇》,载《船山全书》(第12册),岳麓书社2011年版,第149页。

④ 同上书,第150页。

⑤ (明)王夫之:《张子正蒙注卷五·至当篇》,载《船山全书》(第12册),岳麓书社2011年版,第210页。

⑥ (明)王夫之:《四书训义卷二十七孟子三·公孙丑上》,载《船山全书》(第8册),岳麓书社2011年版,第187~188页。

几微者皆一如其志而纯一于善，不摇于不善，心无不正矣。心之既正，吾之所以发为言动者，皆根心以行，而为之有本，持之有主，身无不修矣。①

就其来源而言，则是志士自己。② “志在我而不在天下。”③船山先生倡言：“一人之志气，即以成天下之风俗；天下之心理，皆在吾一人之调燮。在天有自然之秩序，见端于吾喜怒哀乐之中；在我有不逾之准绳，推广而为化民成俗之则；乃以合天下之善，以昭吾之至善。”④当然，如果自己之志和前人之志合拍，那也有所谓的“继志”。比如，王夫之也承认夫子与周公之志同而道合。“周公兼三王之道，以定一代之治，夫子之志与合焉，故尝于梦见之。”⑤但这并非简单的模仿。“前人之志，而能体其未见之深衷以自为志，则曰继志。乃前人未尝有此志，而使其在今日则必有是志，我因体之，而‘无二尔心’，则其继志也，不尤善乎！”⑥简单模仿必不成。盖志欲之间实在相隔一线，难以预定。王夫之分析：“孔子曰‘吾其为东周乎’，抑岂不有大欲存焉？为天下须他作君师，则欲即是志。人所必不可有者私欲尔。若志欲如此，则从此做去以底于成功，圣贤亦不废也。”⑦另外，“三代以下，忠节之士，功名之流，摩拳擦掌，在灯窗下要如何与国家出力，十九不成，便成也不足以致主安民，只为他将天理边事

---

① (明)王夫之：《四书训义卷一大学 · 经》，载《船山全书》(第7册)，岳麓书社2011年版，第48页。

② 这种“志士”即具有“多种品格的统一”之理想人格者，所以才能人格化全部规范。参见王泽应：《王夫之的理想人格论》，载《船山学刊》1991年创刊号。

③ (明)王夫之：《四书训义卷二十论语十六 · 季氏第十六》，载《船山全书》(第7册)，岳麓书社2011年版，第893页。

④ (明)王夫之：《四书训义卷十九论语十五 · 卫灵公第十五》，载《船山全书》(第7册)，岳麓书社2011年版，第862页。

⑤ (明)王夫之：《四书训义卷十一论语七 · 述而第七》，载《船山全书》(第7册)，岳麓书社2011年版，第482页。

⑥ (明)王夫之：《四书训义卷三中庸二 · 第十九章》，载《船山全书》(第7册)，岳麓书社2011年版，第159页。

⑦ (明)王夫之：《读四书大全说卷八孟子 · 梁惠王上篇》，载《船山全书》(第6册)，岳麓书社2011年版，第901页。

以人欲行之耳"。[①]

为了达到一定程度的"预知",王夫之尽量说明可以承继之"志"的内容。一方面,是从古以来、晚明特盛的"孝弟"。船山先生说:"心之始发,而无所待于外,心之所切,而不容已于中,则此一心也,志之所自定也,气之所自顺也,而非孝弟何足以当之!"[②]在众多规范之中,孝弟是首先可以自我理解到的。"孝弟者,生于人之心而不可以言喻者也。"[③]但是,仅仅有作为"道德感"的孝弟是不够的。船山先生指出:"有子说孝弟之人不犯上作乱,却须补说君子为仁之本。孟子于此说仁义,只说得有子前半段,总缘他对梁王一派下根人语故尔。学者须知有向上事,不可抛下一截,说此是斩钉截铁处。"[④]毕竟,此间的心象是为了祭出去碰撞、辨析纷繁复杂之法象的,所以自身也须进一步的形式化。"孝者不容已之心,自形于不可越之礼。"[⑤]这里的"不容已"很关键。心象的形式化形成礼,正是"不容已"这一内在生理机制驱动下的自然结果。[⑥] "心所不容已而礼不容已矣,故复礼斯为仁矣。礼者,复吾心之动而求安,以与事物相顺者也。"[⑦]所以真正可以继承之"志",实际上乃是先王之礼。"孟子将自言其绍述先圣之意,而列序古先圣人治教之统宗,原本于

① (明)王夫之:《读四书大全说卷六论语·先进篇》,载《船山全书》(第6册),岳麓书社2011年版,第764页。

② (明)王夫之:《四书训义卷五论语一·学而第一》,载《船山全书》(第7册),岳麓书社2011年版,第248页。

③ (明)王夫之:《礼记章句卷八·文王世子》,载《船山全书》(第4册),岳麓书社2011年版,第521页。

④ (明)王夫之:《读四书大全说卷八孟子·梁惠王上篇》,载《船山全书》(第6册),岳麓书社2011年版,第898页。

⑤ (明)王夫之:《四书训义卷二十九孟子五·滕文公上》,载《船山全书》(第8册),岳麓书社2011年版,第301页。

⑥ 王云云说,王夫之"不乏对礼学政治规范价值的充分认识"。参见王云云:《王夫之礼学思想的特色——以"濮议"论为中心》,载《西北大学学报》(哲学社会科学版)2011年第1期。参见李相勋:《王夫之之礼与政治和合相契何以可能》,载《衡阳师范学院学报》2016年第5期。

⑦ (明)王夫之:《张子正蒙注卷二·天道篇》,载《船山全书》(第12册),岳麓书社2011年版,第66页。

人道之必然者，以见其为君子所必尽而不容已。"[①]当然，先王之礼本身还是经过先王自己之"不容已"所辨析过的。"夫仁人孝子虽仁爱之心不容已，而岂能于本不然之事创此不经之典乎？盖实有警动乎其心，而使之不得不然者。于是祭祀之礼达于天下，贤者不敢略也，不肖者不敢怠也。"[②]又说："圣人之德，以其喻乎己者，纪纲条理，昭晰不忒，得以列为礼、乐、刑、政，确然行于天下后世，使匹夫匹妇可以与知与能而尽其性。"[③]船山先生对此的根本认识是："仁之经纬斯为礼，日生于人心之不容已，而圣人显之。"[④]

他承认礼的变动可能性。"君子斟酌于古今而行典礼。"[⑤]毕竟三纲五常还是王夫之时代令他本人最安适的具体规范。"其道必因，其所因之道曰礼。三纲之相统也，五常之相安也。"[⑥]又说："故礼者所以通深谨之士，而使悠然有余于名教之乐；养刚方之体，而使善行其天理之正也。"[⑦]但是真要变动三纲五常则并不容易。"先王制名以定分，著在礼经，天下遵之旧矣。"[⑧]"夫三纲五常，其名在天壤；礼乐政刑，其事在旧章；而发挥之以行于天下万世，通其变而不爽其常，惟圣贤继起，各以哲谋肃乂之能体天而尽人者扩充之而日广也。"[⑨]

---

① (明)王夫之：《四书训义卷三十二孟子八·离娄下》，载《船山全书》(第8册)，岳麓书社2011年版，第501页。

② (明)王夫之：《四书训义卷三中庸二·第十六章》，载《船山全书》(第7册)，岳麓书社2011年版，第147页。

③ (明)王夫之：《读四书大全说卷三·中庸第二十一章》，载《船山全书》(第6册)，岳麓书社2011年版，第541页。

④ (明)王夫之：《礼记章句序》，载《船山全书》(第4册)，岳麓书社2011年版，第9页。

⑤ (明)王夫之：《四书训义卷十三论语九·子罕第九》，载《船山全书》(第7册)，岳麓书社2011年版，第562页。

⑥ (明)王夫之：《四书训义卷六论语二·为政第二》，载《船山全书》(第7册)，岳麓书社2011年版，第314页。

⑦ (明)王夫之：《四书训义卷十二论语八·泰伯第八》，载《船山全书》(第7册)，岳麓书社2011年版，第527页。

⑧ (明)王夫之：《四书训义卷二十论语十六·季氏第十六》，载《船山全书》(第7册)，岳麓书社2011年版，第898页。

⑨ (明)王夫之：《四书训义卷十九论语十五·卫灵公第十五》，载《船山全书》(第7册)，岳麓书社2011年版，第857页。

有了形式化的心象之后,就可以反过来施之于心,抵消意念的影响。“未有礼之先,则人心固有之节文,礼因之以生;既有礼之后,则人心固有之节文,必待礼而定。”[①]“先王之教,以正天下之志,礼也。”[②]如此一来,经过礼的中介,船山先生念兹在兹的法象—心象—性象之内外统一终于实现。[③] 他说:“无违者求之心,礼者求之于事,此亦内外交相省察之意。”[④]又说:“义是心中见得宜处,以之制事;礼乃事物当然之节文,以之制心:此是内外交相养之道。固不可云以义制心,以礼制事。以礼制事,则礼外矣;以义制心,则义又外矣。”[⑤]内外真正统一的达成,则可称为“中庸”。“其内外合一之至德,名之曰中庸。”[⑥]才可用来修己治人:“万物之理,人心之同,皆以礼为之符合,是人已内外合一之极致也。”[⑦]

但船山先生也很明确,即便有了“礼”,这个内外统一的结果也是不容易达成的,需要一个漫长的“存养”过程。所谓“意在省察,而心唯存养”。[⑧] 说“心”唯存养,而不说身,要义是王夫之所论者不是通过外在约束养成行为习惯的过程,而是一个与性体相吻合相等同的心象构造和维持的过程。“气无可容吾作为,圣人所存者神尔……存者,不为物欲所迁,而学以聚之,问以辨之,宽以居之,仁以守之,使与太和絪缊之本体相合无间,则生以尽人道而无歉,死以返

---

① (明)王夫之:《四书训义卷五论语一·学而第一》,载《船山全书》(第7册),岳麓书社2011年版,第267页。

② (明)王夫之:《尚书引义卷一·舜典三》,载《船山全书》(第2册),岳麓书社2011年版,第251页。

③ 诚如张学智所说,“王夫之的阐释使礼具有了更浓烈的人文色彩”。参见张学智:《王夫之对礼的本质的阐释》,载《北京大学学报》(哲学社会科学版)2006年第6期。

④ (明)王夫之:《读四书大全说卷四论语·为政篇》,载《船山全书》(第6册),岳麓书社2011年版,第603页。

⑤ (明)王夫之:《读四书大全说卷五论语·乡党篇》,载《船山全书》(第6册),岳麓书社2011年版,第747页。

⑥ (明)王夫之:《四书训义卷二中庸一·第一章》,载《船山全书》(第7册),岳麓书社2011年版,第104页。

⑦ (明)王夫之:《礼记章句卷十·礼器》,载《船山全书》(第4册),岳麓书社2011年版,第605页。

⑧ (明)王夫之:《读四书大全说卷一大学·传第十章》,载《船山全书》(第6册),岳麓书社2011年版,第441页。

太虚而无累,全而生之,全而归之,斯圣人之至德矣。”[1]“澄心摄气,庄敬以养之,则意欲不生,虚而自启其明;以涵泳义理而熟之,不使间断,心得恒存而久矣。”[2]“存之于中,则载之以小心,持之以静志,而无不敬也。故于其善之所当止者,皆极乎其自然之则而无所歉焉。”[3]在这种心象的引导下,生理机制的反应也会自然得当,而非强制的结果。“实理存于心,则庄敬日强。”[4]“礼以修外,而威仪既饬,则入而感其庄敬之心……性情既顺,则出而形诸气体之间。”[5]如此便形成了“秉礼自强”的正向循环。[6] “积自强之道而不馁者,唯礼而已。”[7]

但既然归根结底要靠每个人在不同历史、自然环境中自己去开启“存养”这一漫长过程,那么如何着手其实也无法预定。王夫之说:“古今此天下,许多大君子或如此作来,或如彼作来,或因之而加密,或创起而有作,岂有可传之心法,直指单传,与一物事教奉持保护哉!”[8]最多只能说,存养或者不存养,在外在形象上也会有所体现。“君子之存,在德业上有个样子可见……而非有下手工夫秘密法也。只如明伦察物、恶旨酒、好善言等事,便是禽兽断做不到处。”[9]“终不如吾儒步步有个礼在,充实光辉,壁立千仞,如虎有威,狐

① (明)王夫之:《张子正蒙注卷一·太和篇》,载《船山全书》(第12册),岳麓书社2011年版,第20页。

② (明)王夫之:《张子正蒙注卷二·神化篇》,载《船山全书》(第12册),岳麓书社2011年版,第91页。

③ (明)王夫之:《四书训义卷一大学·传第三章》,载《船山全书》(第7册),岳麓书社2011年版,第59页。

④ (明)王夫之:《读四书大全说卷一大学·传第三章》,载《船山全书》(第6册),岳麓书社2011年版,第408页。

⑤ (明)王夫之:《礼记章句卷八·文王世子》,载《船山全书》(第4册),岳麓书社2011年版,第515页。

⑥ (明)王夫之:《周易大象解·大壮》,载《船山全书》(第1册),岳麓书社2011年版,第717页。

⑦ (明)王夫之:《周易内传卷三上·大壮》,载《船山全书》(第1册),岳麓书社2011年版,第297页。

⑧ (明)王夫之:《读四书大全说卷九孟子·离娄下篇》,载《船山全书》(第6册),岳麓书社2011年版,第1029页。

⑨ 同上书,第1026页。

狸不敢犯;只怎依样择执,到底精严,则天理一味流行,人欲永无侵染。此邪正之分,诚伪之界,恒与无恒之所自别。”[①]其实,也不必过于忧虑。毕竟在王夫之哲学中,这个过程会自己开启。他说:

非礼者,必如前所云,立一意以袭取道义之影似,成欲以盖其私,而非但未能复礼者也。未能复礼者,则但其无意而使欲得乘虚以见端者也。若业已有事于仁而未能复礼者,意之所起,或过或不及而不中于礼,虽几几乎不免于人欲,而其发念之本,将于此心之不安、理之不得者,以求其安且得,则亦困知勉行者;中间生熟未调、离合相半之几,虽不当于礼,而愤悱将通,正为可以复礼之基。[②]

这个过程的最终结果是“熟”,届时则人所作所为无一不符合规范的要求。“学者志正而不息,则熟于天理,虽有未知,闻言即喻,不待广譬也。”[③]“用力者勉之于一日,而后相因以渐至于熟……志之已定,气即随之。”[④]“道之未有诸己,仁之未复于礼,一事也发付不下;休说箪瓢陋巷,便有天下,也是憔悴。天理烂熟,则千条万歧,皆以不昧于当然;休说箪瓢陋巷,便白刃临头,正复优游自适。”[⑤]不但如此,其在生理机制上同样是欣悦愉快的。“即学唱曲子、下围棋人,到熟时,也自欣豫。以此思之,则虽工匠技术,亦有知、有好、有乐,而所知、所好、所乐者即其事。但圣人所言,则为君子之学耳。”[⑥]

因为人的本性是一致的,所以给自身生理机制带来欣悦愉快的规范应当给他人造成同样的效果,因此王夫之哲学才格外包容

---

① (明)王夫之:《读四书大全说卷六论语·颜渊篇》,载《船山全书》(第6册),岳麓书社2011年版,第772页。

② 同上书,第771页。

③ (明)王夫之:《张子正蒙注卷四·中正篇》,载《船山全书》(第12册),岳麓书社2011年版,第188页。

④ (明)王夫之:《四书训义卷八论语四·里仁第四》,载《船山全书》(第7册),岳麓书社2011年版,第367页。

⑤ (明)王夫之:《读四书大全说卷五论语·雍也篇》,载《船山全书》(第6册),岳麓书社2011年版,第681页。

⑥ 同上。

"情"。"人无异性,斯无异情,无异情斯无异治。"①"夫心之同然者,其理同也,则其情亦同也。"②王夫之说"情",首先指生理活动所造成之情绪。所谓"乐者,人情欣畅之极致也,可以得人情焉,即可以知王道焉"。③ 盖船山先生承认情绪活动和认识规范是人之为人统一生理机制的必然产物,不可分离。"草木有气而无情,禽兽有情而无理,兼情与理而合为一致,乃成乎人之生。"④此外,情也直接指生理活动本身。"情,欲也。"⑤"欲,谓情也。"⑥若规范与他人生理机制之正常活动相违背,也不成为规范。"古之君子于人伦之际,循其理,尽其情,而犹必酌之以势。势有常变,有顺逆。取夫中人以下所必至之势而虑之,乃以制为经久行远之法,而后天下之情以合,天下之理以得焉。"⑦在王夫之哲学中,规范是与促进人之正常生理活动相统一的。他说:

先王之制礼也,始终男女饮食,而推以及于广大。盖礼行于二者之中,人之所以异于禽兽而恃之于可久者也。唯有礼而后饮食之节成,则人各得以免于争夺;唯有礼而后男女之伦正,则人各有以有其室家。乃礼何从生乎?即从人心自然不容已之情,而通贤不肖以自然各得之道,则礼与食色同原而出,而不可分。唯食色重,而礼愈不得不重。⑧

---

① (明)王夫之:《礼记章句卷十九·乐记》,载《船山全书》(第4册),岳麓书社2011年版,第905页。

② (明)王夫之:《四书训义卷一大学·传第十章》,载《船山全书》(第7册),岳麓书社2011年版,第88页。

③ (明)王夫之:《四书训义卷二十六孟子二·梁惠王下》,载《船山全书》(第8册),岳麓书社2011年版,第90页。

④ (明)王夫之:《四书训义卷二十七孟子三·公孙丑上》,载《船山全书》(第8册),岳麓书社2011年版,第218页。

⑤ (明)王夫之:《礼记章句卷十·礼器》,载《船山全书》(第4册),岳麓书社2011年版,第601页。

⑥ (明)王夫之:《礼记章句卷十九·乐记》,载《船山全书》(第4册),岳麓书社2011年版,第897页。

⑦ (明)王夫之:《四书训义卷三十一孟子七·离娄上》,载《船山全书》(第8册),岳麓书社2011年版,第461页。

⑧ (明)王夫之:《四书训义卷三十六孟子十二·告子下》,载《船山全书》(第8册),岳麓书社2011年版,第753页。

又说："人之有情有欲，亦莫非天理之宜然者，苟得其中正之节，则被袗鼓琴，日与万物相取与，而适以顺乎天理。"[①]因此，"道之无穷，即为心之无穷；理之无碍，即为情之无碍"。[②]"礼乐必情深而文乃明。"[③]

因为性情的这种关系，船山先生虽然也说调整情，但坚决反对情的压抑。他说："惟性生情，情以显性。"[④]又说："性以发情，情以充性。"[⑤]所以这种调整是自发而自然的。"君子以性治情。"[⑥]具体而言，则是在情的连续体上予以尺度意义上的把握。"礼则因人所宜有之情而为之文。"[⑦]"凡人皆有独致其情而不忍之处，先王所以制礼而为之折衷；情所不及，必企及之，情所过者，必俯就也。"[⑧]最终达到性情两利的和谐。[⑨]"人皆显白其情以归于大同矣。"[⑩]王夫之指出，裁抑只是礼的一个次要方面，更主要的还是激发他人内心的认同。"礼以裁抑为节，而裁之已过，则人情苦不能安，故务为相报之礼。让人者人亦让之，敬人者人亦敬之。"[⑪]如果仅仅是裁抑，那就是矫情。"不择其善不善而止之，则矫拂人情，虽被裁抑而听其

---

① (明)王夫之：《周易内传卷四上·艮》，载《船山全书》(第1册)，岳麓书社2011年版，第421页。

② (明)王夫之：《四书训义卷十论语六·雍也第六》，载《船山全书》(第7册)，岳麓书社2011年版，第451页。

③ (明)王夫之：《四书训义卷十二论语八·泰伯第八》，载《船山全书》(第7册)，岳麓书社2011年版，第547页。

④ (明)王夫之：《读四书大全说卷二中庸·第一章》，载《船山全书》(第6册)，岳麓书社2011年版，第475页。

⑤ (明)王夫之：《周易外传卷五·系辞上传第十一章》，载《船山全书》(第1册)，岳麓书社2011年版，第1023页。

⑥ (明)王夫之：《春秋家说卷上·隐公》，《船山全书》(第5册)，岳麓书社2011年版，第113页。

⑦ (明)王夫之：《礼记章句卷四·檀弓下》，载《船山全书》(第4册)，岳麓书社2011年版，第250页。

⑧ (明)王夫之：《礼记章句卷三·檀弓上》，载《船山全书》(第4册)，岳麓书社2011年版，第153页。

⑨ 郭齐勇：《朱熹与王夫之的性情论之比较》，载《文史哲》2001年第3期。

⑩ (明)王夫之：《礼记章句卷九·礼运》，载《船山全书》(第4册)，岳麓书社2011年版，第560页。

⑪ (明)王夫之：《礼记章句卷十九·乐记》，载《船山全书》(第4册)，岳麓书社2011年版，第951页。

强禁，安能无怼心哉！”[①]裁抑矫情，那结果注定是不好的。“以中道为节，而物情甘之，不可损也。上犹以为过，而裁抑之以人情之所不堪，虽无淫泆之过，可谓贞矣。而违物以行其俭固之志，凶道也。”[②]王夫之因此反对只使用体现裁抑的“名法”。“其以体天下之秀为士，朴为农，皇皇求利为商贾，愚不自知以陷于刑为罪人……于是严酷裁制，唯其意之所行，而授人以不堪，此古今刻覆之士，言治必入于名法，而圣贤怀保天下、元后父母之道则异是。”[③]

在这种认识下，王夫之将政治理解为一个“推”的过程，即将适用于自己的正确规范实施于他人。“推者，举心加物之谓也。”[④]“心止一几，而推之则无穷之术在。故于恻隐内发之际，不失吾至性之真，则此心之中为条为理，以使物无不被其泽者，以保四海而足。如其不推也，则一念起而即于一念止。”[⑤]“君子之学……由一心以推及于天下。”[⑥]而能推不能推，则要受到人情的检验，而不是只考虑自己。王夫之说：“倘以尽己之理压伏其欲，则天下多有所不通……一力推去，又做成一个墨子兼爱，及忘身徇物之仁矣。”[⑦]反之，“政教号令，因时因事，而皆主于心之所得以感人心之同得，则言约可以通博，推之四海，垂之百世，咸为法则”。[⑧] 通过正确的推，情与理在社会上实现再次统一。“己之理尽，则可以达天下之情；己之情推，则

---

① （明）王夫之：《周易内传卷四上·艮》，载《船山全书》（第1册），岳麓书社2011年版，第422页。

② （明）王夫之：《周易内传卷四下·节》，载《船山全书》（第1册），岳麓书社2011年版，第477页。

③ （明）王夫之：《四书训义卷二十六孟子二·梁惠王下》，载《船山全书》（第8册），岳麓书社2011年版，第118页。

④ （明）王夫之：《读四书大全说卷八孟子·梁惠王上篇》，载《船山全书》（第6册），岳麓书社2011年版，第907页。

⑤ （明）王夫之：《四书训义卷二十五孟子一·梁惠王上》，载《船山全书》（第8册），岳麓书社2011年版，第76页。

⑥ （明）王夫之：《四书训义卷三十二孟子八·离娄下》，载《船山全书》（第8册），岳麓书社2011年版，第504页。

⑦ （明）王夫之：《读四书大全说卷四论语·里仁篇》，载《船山全书》（第6册），岳麓书社2011年版，第642页。

⑧ （明）王夫之：《张子正蒙注卷六·有德篇》，载《船山全书》（第12册），岳麓书社2011年版，第251页。

遂以通天下之理。”[①]“尽己之理而忠，则以贯天下之理；推己之情而恕，则以贯天下之情。”[②]推之者可以是人君。“先王之所制为天下后世必遵之法，以建久安长治者，曰道；而人君推其不忍之心，以休养其民者，曰仁。”[③]但既然“同类而同情”，推之者也可以是普通人。[④]“夫人之有情，岂相远哉！”[⑤]“惟知夫人无异性，性无异理，则可以信圣人之德，人人可学而至；而推此理以治天下，则帝王之治，无人不可逮，无时无地而不可行。”[⑥]

因为人人可推而行之，所以情理在社会上的统一也体现为“公欲”和“公是”。说公欲。“天下之公欲，即理也；人人之独得，即公也。”[⑦]“凡天下之人情物理，其为公欲公恶与或一人之偏好偏恶者，无不皎然如黑白之在前。”[⑧]“于此声色臭味，廓然见万物之公欲，而即为万物之公理。”[⑨]说公是。“惟庸人无志尔，苟有志，自合天下之公是。”[⑩]“是非者，天下之公是公非也；得失者，吾心之自得自失也；未见以此而争者也。”[⑪]“天下无公是公非之正，则人之恶亦不足准

---

① （明）王夫之：《读四书大全说卷六论语·卫灵公篇》，载《船山全书》（第6册），岳麓书社2011年版，第818页。

② 同上。

③ （明）王夫之：《四书训义卷三十六孟子十二·告子下》，载《船山全书》（第8册），岳麓书社2011年版，第795页。

④ （明）王夫之：《周易内传卷三·井》，载《船山全书》（第1册），岳麓书社2011年版，第939页。

⑤ 同上书，第940页。

⑥ （明）王夫之：《四书训义卷二十九孟子五·滕文公上》，载《船山全书》（第8册），岳麓书社2011年版，第295页。

⑦ （明）王夫之：《张子正蒙注卷四·中正篇》，载《船山全书》（第12册），岳麓书社2011年版，第191页。

⑧ （明）王夫之：《读四书大全说卷六论语·颜渊篇》，载《船山全书》（第6册），岳麓书社2011年版，第784页。

⑨ （明）王夫之：《读四书大全说卷八孟子·梁惠王下篇》，载《船山全书》（第6册），岳麓书社2011年版，第913页。

⑩ （明）王夫之：《张子正蒙注卷四·中正篇》，载《船山全书》（第12册），岳麓书社2011年版，第189页。

⑪ （明）王夫之：《四书训义卷七论语三·八佾第三》，载《船山全书》（第7册），岳麓书社2011年版，第325页。

也。”[①]体现公欲公是的安排,王夫之称为“絜矩”之道。“故能絜矩者,能公好恶者也,好恶公,则民情以得。”[②]絜矩之道就是治人的法则。“君子察乎理而审乎情,以各与所应得者,此心之絜度也。是以君子有絜矩之道,而国可治,天下亦可平矣。”[③]而且,通过公欲公是的过滤,絜矩之道就不再是一己的判断了。“所谓絜矩者,自与藏身之恕不同。”[④]“君子以絜矩之道治民,而非自絜矩以施之民也。”[⑤]絜矩真正统一了己与人、理与情。船山先生说:

民之所好,民之所恶,矩之所自出也。有絜矩之道,则已好民之好,恶民之恶矣。乃“所恶于上,毋以使下”,则为上者必有不利其私者矣;“所恶于下,毋以事上”,则为下者必有不遂其欲者矣。君子只于天理人情上絜着个均平方正之矩,使一国率而由之。[⑥]

“唯恃此絜矩之道,以整齐其好恶而平施之,则天下之理得,而君子之心亦无不安矣。”[⑦]

当然,王夫之也同时指出,公论和众论不同。正如人的生理机制可能产生规范,也可能产生对规范的干扰。如果是错误生理活动之集合,那便仅仅是众论,而并不符合规范的要求。“众论之是非,人心之公好公恶所自见也,故观人者每采之以为公论之归,而自考者每因之以为得失之据,而孰知其有大不然者。自毁誉兴,而是非

① (明)王夫之:《四书训义卷二十一论语十七·阳货第十七》,载《船山全书》(第7册),岳麓书社2011年版,第935页。

② (明)王夫之:《四书训义卷一大学·传第十章》,载《船山全书》(第7册),岳麓书社2011年版,第89页。

③ 同上书,第88页。

④ (明)王夫之:《读四书大全说卷一大学·传第十章》,载《船山全书》(第6册),岳麓书社2011年版,第437页。

⑤ 同上。

⑥ (明)王夫之:《读四书大全说卷一大学·传第十章》,载《船山全书》(第6册),岳麓书社2011年版,第439页。

⑦ 同上书,第440页。陈来说:“自我作为欲求之情,若能推己及人,絜之于百姓之情(推己之情),就能合乎天理。每个人的欲求得到满足,就是天理的大同。这就是忠恕的道理,也是治民的道理。”参见陈来:《诠释与重建:王船山的哲学精神》(第2版),北京大学出版社2013年版,第29页。

之乱久矣。”[①]对于众论和公论还需要自己做个甄别。“于是而众论之不同，则因其显见之是非以折衷之，而善者出，因从之而以为定论。”[②]否则就变成“从众”的乡原了。“人之志欲不齐，而皆欲同之，则为众皆悦之乡原矣。”[③]实际上，王夫之不信用“名法”也因为这种“规范”完全排斥了个人面对无往而不在变化之中的自然、社会环境的再次甄别，只依靠并作用于耳目闻见那部分生理机制，终究是偏颇的。“有为者以己闻见之知，倚于名法，设立政教，于事愈繁，于道愈缺，终身役役而不能成。”[④]又说：“夫不信吾心之所固有，而信以道之所已然，则亦耳闻目见，据一成之名法，而不知死生之理、取舍之衡、通神合漠之诚、恻怛根心之实，一率夫吾心不容已之天德。”[⑤]王夫之并且指出，只信用名法的他律以治人，则终将因为偏离规范而导致社会的混乱。“当春秋时，功利之习方兴，名法之学已起，古帝王修己治人之道将泯，而天下亦且散而无纪。”[⑥]他痛惜地说：“此以名法为政，而弃经术之说也；此以吏治为师，而绌儒者之说也；此以综覆为治，而牧民之长，专以赋税刑名为课最之说也。是可恶也。”[⑦]而“均天下国家者，须撇下他那名法权术，别与一番经纶，使上安民治，风移俗易，方展得中庸之用出”。[⑧] 这一番经纶，还在

---

① （明）王夫之：《四书训义卷三十一孟子七 · 离娄上》，载《船山全书》（第8册），岳麓书社2011年版，第470页。

② （明）王夫之：《四书训义卷十一论语七 · 述而第七》，载《船山全书》（第7册），岳麓书社2011年版，第510页。

③ （明）王夫之：《周易内传卷二上 · 同人》，载《船山全书》（第1册），岳麓书社2011年版，第156页。

④ （明）王夫之：《张子正蒙注卷二 · 天道篇》，载《船山全书》（第12册），岳麓书社2011年版，第70页。

⑤ （明）王夫之：《读四书大全说卷七论语 · 子张篇》，载《船山全书》（第6册），岳麓书社2011年版，第881页。

⑥ （明）王夫之：《四书训义卷六论语二 · 为政第二》，载《船山全书》（第7册），岳麓书社2011年版，第277页。

⑦ （明）王夫之：《四书训义卷十五论语十 · 先进第十一》，载《船山全书》（第7册），岳麓书社2011年版，第668页。

⑧ （明）王夫之：《读四书大全说卷二中庸 · 第九章》，载《船山全书》（第6册），岳麓书社2011年版，第488页。

自己胸怀之中。“胸中具得者一段经纶，随地迸出。”①并终将塑造出一个理想的社会。“凡可以经纶天下者，皆取诸怀而行之裕，无不利也。”②

四、结语

《周易》有言：“原始反终，故知死生之说。”船山先生解释：“以此知人物之生，一原于二气至足之化；其死也，反于絪缊之和，以待时而复，特变不测而不仍其故尔。生非创有，而死非消灭，阴阳自然之理也。朱子讥张子为大轮回，而谓死则消散无有，何其与夫子此言异也！”③盖船山先生相信，个人生命的一次完结，只不过是物质形态的变化，而回返于无穷无尽的宇宙之中，等待新的开始。“故尧舜之神，桀纣之气，存于絪缊之中，至今而不易。”④如果说尧舜之神曾入梦，那么桀纣之气又到哪里去了呢？这恐怕无人知晓。但是，我们又都知晓，船山先生的著作在藏身名山二百年后于晚清焕显出无限的光华，影响了几代志士仁人的奋斗，终于实现他“六经责我开生面”的宏伟抱负。⑤ 在王夫之哲学中，这即是船山先生之璀璨心象已经待时而复。诚然可谓：“荒郊三径绝，亡国一臣孤。霜雪留双鬓，飘零忆五湖。”却绝不能说，他真的“差足酬清夜，人间一字无”。⑥ “天与之清美之风日，地与之丰洁之林泉，人与之流连之追慕”，这正是王夫之所自比的船山啊。⑦

---

① （明）王夫之：《读四书大全说卷二中庸·第一章》，载《船山全书》（第6册），岳麓书社2011年版，第457页。

② （明）王夫之：《周易内传卷三上·蹇》，载《船山全书》（第1册），岳麓书社2011年版，第331页。

③ （明）王夫之：《周易内传卷五上·系辞上传第四章》，载《船山全书》（第1册），岳麓书社2011年版，第520页。

④ （明）王夫之：《张子正蒙注卷一·太和篇》，载《船山全书》（第12册），岳麓书社2011年版，第23页。

⑤ （明）王夫之：《观生居堂联》，载《船山全书》（第15册），岳麓书社2011年版，第921页。

⑥ （明）王夫之：《绝笔诗》，载《船山全书》（第15册），岳麓书社2011年版，第921页。

⑦ （明）王夫之：《船山记》，载《船山全书》（第15册），岳麓书社2011年版，第129页。

黄宗羲

黄宗羲，字太冲，号南雷，世称梨洲先生，明神宗万历三十八年（1610 年）庚戌八月八日戌时生于浙江余姚，清圣祖康熙三十四年（1695 年）七月三日殁，得年八十六岁。[①] 黄宗羲七岁时，他的父亲黄尊素中进士，到十五岁时，黄尊素与杨涟、左光斗、魏大中等东林党人一起攻击魏忠贤，黄宗羲一生的政治立场由是底定。黄宗羲十七岁时，黄尊素与高攀龙等遭到阉党缉捕，死于诏狱之中，此“杀父之仇”遂为黄宗羲牢记心中。崇祯元年，黄宗羲十九岁，魏忠贤倒台，他携带“长锥”进京为父鸣冤，在法庭上锥刺阉党人物许显纯，许某最后论斩。备极悲壮，以至明思宗朱由检都不由得感叹：“忠臣孤子，甚恻朕怀。”黄宗羲返乡后，求学于他父亲的旧友刘宗周。黄宗羲一生对于刘宗周怀有深挚的感激之情，盖缘于为黄尊素安葬立祠等颇受当地阉党余孽的阻挠，而刘氏施以援助。但世乱时危，黄宗羲在刘宗周席前时并未真正领悟蕺山之学，多年后“稍有所知，则自

---

① 黄炳垕：《黄梨洲先生年谱》，载吴光主编：《黄宗羲全集》（第 22 册），浙江古籍出版社 2012 年版，第 17 页。

遗书摸索中也”。[1] 他自述：“余学于子刘子，其时志在举业，不能有得，聊备蕺山门人之一数耳。天移地转，僵饿深山，尽发藏书而读之，近二十年，胸中窒碍解剥，始知曩日之辜负为不可赎也。”[2]

甲申之变，帝死社稷，福王朱由崧在南京即位，而党争再起。阉党当轴者拟定《蝗蝻录》，欲将东林、复社人物一网打尽。但弘光政权不久即倾覆，黄宗羲因而得免。他徒步二百里至刘宗周家，蕺山先生时已开始绝食，师徒诀别。清兵将至，黄宗羲纠合乡里子弟数百人投入监国鲁王政权，组成“世忠营”。顺治三年，鲁王兵溃南逃。顺治六年，黄宗羲辗转与鲁王重逢，担任左副都御史之职，后辞归，其年四十岁。黄宗羲返乡后，仍和鲁王政权有联络，不时遭到清廷的侦缉。顺治十七年，黄宗羲五十一岁后，海疆烟波逐渐平复，新朝统治趋于稳定，他的鸿篇巨制也得以陆续完成。五十二岁作《易学象数论》，五十三岁作《明夷待访录》，五十九岁开始编辑《明文案》，六十六岁完成之，六十七岁复完成《明儒学案》。康熙十七年，黄宗羲六十九岁，清廷方有意以“博学鸿儒”征召之，赖门人陈怡庭阻拦作罢。黄宗羲七十岁时，朝廷明史馆征聘他的学生万斯同前往参与工作，黄氏为万某送行。七十一岁时，清廷再次敦请入朝，黄宗羲仍然反复拒绝，后遣其子参修明史。至八十一岁时，康熙帝向徐乾学询问海内学者谁人，徐某仍以惟有黄宗羲一人对，但以老病不能就道为由，避免了清廷的再次征召。康熙三十四年，黄宗羲寿终正寝，嘱咐家人按照自撰《葬制或问》《梨洲末命》的要求，于他亡故次日即行入葬，不用棺椁。他还说，愿墓前小池植荷，望柱铭字，文曰“不事王侯，持子陵之风节；诏钞著述，同虞喜之传文”。[3]

黄宗羲一生著作卷帙浩繁。《明夷待访录》自晚清以来备受包

---

① 黄宗羲：《思旧录》，载吴光主编：《黄宗羲全集》（第 1 册），浙江古籍出版社 2012 年版，第 311 页。

② 黄宗羲：《恽仲升文集序》，载吴光主编：《黄宗羲全集》（第 19 册），浙江古籍出版社 2012 年版，第 4 页。

③ 黄宗羲：《梨洲末命》，载吴光主编：《黄宗羲全集》（第 1 册），浙江古籍出版社 2012 年版，第 176 页。

括理论法学在内各学科的广泛重视，因此也成为法学研究和其他人文社会科学最重要的联结之一。抚今追昔，前人对黄宗羲的研究始终关注两个主要问题：其一，是纵观而言，黄宗羲在思想史上的定性与定位；其二，是横切而言，他的法政思想是否具有现代性。对于第一个问题，主流且对立的观点：或者是，黄宗羲始终未脱晚明窠臼，仍属王学末流的总结者；①或者是，他虽然使用王学话语，但其思考已经超越阳明后学的范畴，和顾炎武等一同引发清代学术的新潮。②对于第二个问题，主流且对立的观点：或者是，以《明夷待访录》为代表的黄宗羲作品，是全球史意义上现代早期批判君主专制的启蒙先声；③或者是，黄宗羲对法政制度的理解和设想不过是儒家传统上孳生的一枚奇异果实，并未突破君主政体的框架，与现代政治制度及其文化理念相距遥远，于中国的现代化并非充分必要条件。④ 当然，对极端认识居间调和者也多有，他们通常认为黄宗羲之“民本”主张虽然尚未完全脱离传统的束缚，但至少为晚清以降的中国社会

---

① 章炳麟：《訄书》，华夏出版社 2002 年版，第 41 页；侯外庐、邱汉生、张岂之主编：《宋明理学史》（下），人民出版社 2005 年重印版，第 815、822 页；刘述先：《黄宗羲心学的定位》，浙江古籍出版社 2006 年版，第 108 页；陈祖武：《黄宗羲、顾炎武合论》，载《贵州社会科学》1984 年第 5 期。

② 江藩：《汉学师承记》，中西书局 2012 年版，第 141 页；梁启超：《梁启超论清学史两种·清代学术概论》，复旦大学出版社 1985 年版，第 16 页。法学界的观点参见张晋藩：《明末清初的实学与进步的法律观》，载《法制与社会发展》2016 年第 2 期。

③ 萧萐父、许苏民：《明清启蒙学术流变》，人民出版社 2013 年版，第 226 页；吴光：《论黄宗羲新民本思想的性质、内容、渊源及其现代意义》，载《孔子研究》2009 年第 2 期。法学界的观点参见，张国华主编：《中国法律思想史》，法律出版社 1982 年版，第 373 页；张国华、饶鑫贤主编：《中国法律思想史纲》，甘肃人民出版社 1987 年版，第 201 页；马小红：《礼与法》，经济管理出版社 1997 年版，第 182 页；张国华：《中国法律思想史新编》，北京大学出版社 1998 年版，第 234 页；李本森：《黄宗羲的法哲学及其法制论》，载《法商研究》1995 年第 1 期；武树臣：《中国法律思想史》，法律出版社 2017 年版，第 259 页；时亮：《民本自由说：黄宗羲法政思想再研究》，中央编译出版社 2015 年版，第 355 页。

④ 萧公权：《中国政治思想史》，商务印书馆 2015 年重印版，第 585 页；南炳文：《黄宗羲肯定封建君主专制制度的思想》，载吴光主编：《黄宗羲论：国际黄宗羲学术研讨会论文集》，浙江古籍出版社 1987 年版，第 355 页。法学界的观点参见刘广安：《中国法律思想简史》，高等教育出版社 2011 年版，第 115 页；张师伟：《中国传统贤能政治的民本价值与君主专制逻辑：兼论黄宗羲的君主论》，载《学术界》2017 年第 7 期。

接受现代观念提供了最为关键的衔接榫桦或过渡津梁。①

细读前人的研究成果,可以说,无论立场如何,他们所描绘的黄宗羲始终"一人分饰两角",他的哲学思考和法政构想似乎是完全脱节的。作为哲学家的黄宗羲,更像一个理论物理学家或者科学史家,而作为法政学人的黄宗羲,则像一个软件工程师,两个黄宗羲可以分别独立存在。② 相当程度上,这可以归因于前人割裂黄宗羲作品而分途研究之,却并不符合黄宗羲自己的身份自觉和写作命意。所幸,新一代学人已经注意到:黄宗羲所设计"制度背后的道德力量,无疑受到宋明儒家心性之学传统的重要支撑"。③ 在前人研究的基础上,本章拟赋予黄宗羲的古典思想以现代的分析的形式,通过创造性转化,恢复其法政哲学大师的本来面目。通过这一努力,庶几乎,我们能够对上述两个问题得到一番新的认识。

一、规范的来源

在一生精于天文历算,熟悉星辰轨迹的梨洲先生心中,规范的终极来源是宇宙的内在秩序。宇宙本身是由明暗不同、或隐或现的物质构成的。梨洲先生说:"夫太虚,絪缊相感,止有一气。"④物质不断运动变化,自己生成了秩序。这种秩序既是自然界的规律也是

① 梁启超:《梁启超论清学史两种 · 近三百年学术史》,复旦大学出版社 1985 年版,第 145 页;蔡尚思:《黄宗羲反君权思想的历史地位》,载《文史哲》1987 年第 2 期;张学智:《明代哲学史》,中国人民大学出版社 2012 年版,第 482 页;冯天瑜:《文明近代进路的共通性与特异性:从〈明夷待访录〉"新民本"诉求说开去》,载《武汉大学学报》2015 年第 1 期;方祖猷:《黄宗羲〈明夷待访录〉对孙中山民主思想的启蒙》,载《北京大学学报》(哲学社会科学版)2011 年第 5 期;张海晏:《公私之辨:黄宗羲〈明夷待访录〉的思想主线》,载《浙江社会科学》2016 年第 12 期。法学界的观点参见俞荣根:《儒家法思想通论》,广西人民出版社 1998 年版,第 650 页。

② 自秦晖提出所谓"黄宗羲定律"后,黄氏也有些像个社会科学家。参见张守文:《政府与市场关系的法律调整》,载《中国法学》2014 年第 5 期。

③ 顾家宁:《王霸之辨与天人之际:黄宗羲心学的政治之维》,载《天府新论》2017 年第 5 期。

④ (明)黄宗羲:《易学象数论》,载吴光主编:《黄宗羲全集》(第 18 册),浙江古籍出版社 2012 年版,第 7 ~ 8 页。

人文界的规范，所谓“气自能有条理而不横溢，谓之‘道义’”。[①] 此处，“条理”正是“秩序”之意。黄宗羲在后文中举了演奏编钟和编磬时的例子。艺术家演奏必须节奏和谐、先后有序，此之谓“条理”。他说：

即今大成乐，每按一声，八音并作，齐起齐止，不容断续。然必始编钟而末编磬，合八声而成一声，故金石二声相去，但有毫厘之间。“条理”云者，合众音以成一音，一音之中，众音未尝不分明也。盖一声必主一字，如“大哉宣圣”之类，“大”字要如此条理，“哉”字亦要如此条理，字字相连如贯珠，无有生涩间断。[②]

宇宙同时具有生成创造和井然有序这两个特征。梨洲先生说：“天地以生物为心，仁也。其流行次序万变而不紊者，义也。”[③]宇宙的生成创造是没有止息的，而时时刻刻都有秩序在场。梨洲先生把这种内在的控制机制称为“主宰”。他说：“此万有不齐之中一点真主宰，谓之‘至善’。”[④]

在讨论自然界的时候，梨洲先生也把这个“主宰”按照明清日常语言的习惯呼为“天”。他说：“四时行，百物生，其间主宰谓之天。”[⑤]在黄宗羲看来，这个“主宰”是一个无具体形象的力量，一方面“纯是一团虚灵之气”，另一方面“岂滞于迹象，堕于方隅者哉”？[⑥]梨洲先生八秩以后，感到“天人之际，先儒有所未尽者”，复受到传教士作品的影响，写作了《破邪论》，专门讨论了“主宰”的话题。[⑦]此时，黄宗羲亦将“主宰”等同于中国经典记录的“上帝”。他说：“其主宰是气者，既昊天上帝也。”[⑧]但此一儒化的“上帝”究竟并非

① （明）黄宗羲：《孟子师说》，载吴光主编：《黄宗羲全集》（第1册），浙江古籍出版社2012年版，第59页。

② 同上书，第118～119页。

③ 同上书，第47页。

④ 同上书，第72页。

⑤ 同上书，第115页。

⑥ 同上书，第115～116页。

⑦ （明）黄宗羲：《破邪论》，载吴光主编：《黄宗羲全集》（第1册），浙江古籍出版社2012年版，第177页。

⑧ 同上书，第179页。

拿撒勒的耶稣。所谓"为天主之教者,抑佛而崇天是已,乃立天主之像记其事,实则以人鬼充之,并上帝而抹杀之矣"。[①] 归根结底,他仍反对将控制着宇宙内在秩序的力量人格化,所以对于《周礼》以来的"五帝"之说也并不表示赞成。

如果要尝试对梨洲先生的玄远之思作一番解读,那么他在《破邪论》下文对于"魂魄"的讨论可能给予我们一些启发。黄宗羲说:"其实人身止有魂魄二者而已。"[②]又说:"所谓精气即魄也,神与意与志皆魂之所为也。"[③]"昭昭灵灵者是魂,运动作为者是魄。魄依形而立,魂无形可见。"[④]那么,所谓魂和魄,一个无形,一个有形,而无形者恰恰是控制有形者的"主宰"。黄宗羲认为,魄之生理先出现,而魂之机能随后产生,到临死之时,魂之机能先消亡,而魄则久后化为荒冢磷火矣。他还将魂魄比喻为蜡烛,肉身是柱体,魄是焰火,魂则是光芒。在此前提下,黄宗羲观察到:"天下之人,尸居余气,精神矇憧,即其生时,魂已欲散,焉能死后而复聚乎?"[⑤]但是另一方面,既然魂与魄及肉身相对独立,那么精神力量特别强大者,其魂也可能并不消亡。黄宗羲说:"圣贤之精神,长留天地,宁有散理……尧舜之鬼,纲维天地,岂待其现形人世,而后谓之鬼乎?"[⑥]又说:"凡后世志士仁人,其过化之地,必有所存之神,犹能以仁风笃烈,拔下民之塌茸。"[⑦]如果将人身视为宇宙具体而微者,那么类似于人之魂灵,梨洲哲学所谓"上帝"也可说是宇宙的精神力量。这种精神力量虽然并非单一人格,但又可以于曾经存在的人类个体处得到展现。

宇宙的精神力量是所谓"上帝",人类个体的精神力量则是"心(意)"。如同宇宙的主宰是"一团虚灵之气",人之心也是如此。梨

---

① (明)黄宗羲:《破邪论》,载吴光主编:《黄宗羲全集》(第1册),浙江古籍出版社2012年版,第179页。

② 同上书,第180页。

③ 同上。

④ 同上。

⑤ 同上书,第181页。

⑥ 同上。

⑦ 同上。

洲先生说:“天地间只有一气充周,生人生物。人禀是气以生,心即气之灵处。”[①]但是,梨洲哲学的细腻之处在于,对于此种精神力量还要予以层层揭露。如前所述,人世间多尸居余气之徒,像俗语所谓“丢了魂儿”一般。普通人的精神力量常常是涣散的,能够发挥控制作用的,是此种精神力量进一步凝聚而成的“意”。梨洲先生说:“人心径寸间,空中四达,有太虚之象,虚故生灵,灵生觉,觉有主,是曰意……自身之主宰而言谓之心,自心之主宰而言谓之意。心则虚灵而善变,意有定向而中涵。”[②]

不宁唯是,“意是心之主宰,以其寂然不动之处,单单有个不虑而知之灵体,自做主张,自裁生化,故举而名之曰独”。[③] 在此凝聚的精神力量中强调真正发挥控制作用者,才是乃师蕺山之学中的“独(体)”。黄宗羲这一番建构虽然有点叠床架屋,但却是继承刘宗周“诚意慎独”之说的真诚努力,有一定形而上的意涵。黄宗羲解释:“夫先师宗旨,在于慎独,其慎独之功,全在于‘意为心之主宰’一语,此先师一生辛苦体验而得之者。”[④]具体而言,诚如陈畅所说,“这种价值体系的结构方式将培育出无限广大之心量以包容污秽与美好并存的大千世界,并在此基础上自然生发出强盛的心力和无限的责任感来应对和转化破碎的现实世界”。[⑤]

与自然界比较,这一心—意—独在控制功能上的递进层次,可以类比天—上帝—昊天上帝的关系,既三位一体,又各有特征(见表2)。返回头看,也正因为人文界和自然界有这种对应关系,所以黄宗羲之前所说志士仁人死而不朽才能成立。

---

① (明)黄宗羲:《孟子师说》,载吴光主编:《黄宗羲全集》(第1册),浙江古籍出版社2012年版,第57页。

② (明)黄宗羲:《先师蕺山先生文集序》,载吴光主编:《黄宗羲全集》(第19册),浙江古籍出版社2012年版,第46~47页。

③ 同上书,第47页。

④ (明)黄宗羲:《答恽仲升论子刘子节要书》,载吴光主编:《黄宗羲全集》(第19册),浙江古籍出版社2012年版,第195页。

⑤ 陈畅:《刘宗周慎独哲学的政教义蕴》,载《集美大学学报》(哲学社会科学版)2014年第4期。

表2 人文界和自然界的对应关系

自然界	天	上帝	昊天上帝
人文界	心	意	独

对于“独”，黄宗羲自己更多的时候称为“志”。他说：“志即气之精明者是也。”[①]又说：“《孟子》以为义理即心，而是以心之主宰而言曰‘志’，有主宰则不患不流行。”[②]志士仁人，死而不朽，正因为其志仍留存于人间。梨洲先生说：“‘养志’者，父之有子，原欲使其继我之志，我之所未尽而子尽之，我之所未为而子为之，以是乐有子也。盖身有限而志无穷，《大戴礼》言‘黄帝三百年，生而人得其利百年，死而人畏其神百年，亡而人用其教百年’。”[③]实质上，黄帝和仁人在人文界利人、畏人、教人此志，和自然界之虚灵的主宰本来就是同一个，因而才能长久。黄宗羲在另一处说：“学者苟能自得，则上帝临汝。”[④]此之谓也。

如同在自然界“上帝”这一精神力量控制宇宙井然有序，人心的精神力量也主宰着身体，使其产生内在秩序，所谓“盖心如火也，火辄有影，人乃其影”。[⑤] 这一人心产生的内在秩序本身，则可以称为“性”。梨洲先生说：“心体流行，其流行而有条理者，即性也。”[⑥]因为梨洲哲学中，自然界和人文界有着完全的对应关系。既然人心秩序有了自己的专有概念，那么自然界之内在秩序也可以获得一个对应者，即“理”。梨洲先生说：“犹四时之气，和则为春，和盛而温则为夏，温衰而凉则为秋，凉盛而寒则为冬，寒衰则复为春。万古如是，若有界限于间，流行而不失其序，是即理也。理不可见，见之于

---

① (明)黄宗羲：《孟子师说》，载吴光主编：《黄宗羲全集》(第1册)，浙江古籍出版社2012年版，第59页。

② 同上书，第58页。

③ 同上书，第92页。

④ (明)黄宗羲：《复秦灯岩书》，载吴光主编：《黄宗羲全集》(第19册)，浙江古籍出版社2012年版，第183页。

⑤ (明)黄宗羲：《孟子师说》，载吴光主编：《黄宗羲全集》(第1册)，浙江古籍出版社2012年版，第112页。

⑥ 同上书，第57页。

气;性不可见,见之于心。"[①]虽然都是秩序的代称,但毕竟和外部世界的秩序相比,内心世界的秩序显得更加隐晦奥妙(见表3)。

表3 秩序的对应关系

自然界之内在秩序	气之条理	道义
人文界之内在秩序	心之条理	性

因为人身的内在秩序是人心的精神力量所产生的,那么这一秩序的具体内容当然也只能体现这一独特力量的要求。就人类个体的行为而言,并没有脱离人心而独立存在的外在力量来控制之。梨洲先生认为,那种只见到人心有思维活动,但不懂得其中自有控制者的观念,将导致向自然界的天地万物寻求自身的行为模式,像告子之说一样错误。他说:"告子以为义理散于天地万物,心之所由者惟知觉,故不以义理求之于心;心既空无所有,则一切行事靠我之气不得,须求理于天地万物,故勿求于气。气者,知觉运动也。"[②]而告子错就错在,人身形成之后,其内在秩序已然底定,思维活动是出生之后在精神力量控制下服从人身内在秩序而出现的,思维活动和内在秩序不同,隔了一层。

如果说人身的内在秩序不是思维活动的内容,那么它又是什么呢?实际上,梨洲先生反复提及"恻隐、羞恶、辞让、是非之心",如果说从春夏秋冬气候现象的变化可以观察自然界的秩序,那么"四端"正是人类个体所服膺之秩序的体现。梨洲先生说:

仁无迹象可言。孟子于无迹象之中,指出迹象,人人可以认取,如"仁义礼智根于心","恻隐之心仁之端也"云云,"仁,人心也",不一而足。盖人之为人,除恻隐、羞恶、辞让、是非之外,更无别心,其憧憧往来,起灭万变者,皆因外物而有,于心无与也。故言"求放心",不必言"求义理之心";言"失其本心",不必言"失其义理之

---

① (明)黄宗羲:《孟子师说》,载吴光主编:《黄宗羲全集》(第1册),浙江古籍出版社2012年版,第57页。

② 同上书,第58页。

心”,则以心即理也。[1]

而对“四端”这一现象予以概括,则人身的内在秩序就是它受到道德感的控制,所谓“人之性则为不忍”。[2] 又说:“不忍不为之心,人皆有之,但石火电光,断潢绝港,不忍于此或忍于彼,不为于此或为于彼,壅塞而不流行,苟能时时以此为主,则达矣。”[3]活动受到道德感的控制,这是人类个体身心所造就的内在秩序、独有特征,是自然界的万物都不具备的。而且,对于个体而言,人性是与生俱来、恒久不变的。黄宗羲说:“气自流行变化,而变化之中,有贞一而不变者,是则所谓理也性也。”[4]精神涣散,不受主宰的思维和行为未尝没有,但那都是偏离人身内在秩序的现象。他说:“吾心止有一,常人自去分门立户。这些蹊径,都从常心中变出许多魑魅魍魉相。”[5]但内在之秩序仍然在,所谓“至于‘无欲害人’,‘无为穿窬’,‘无受尔汝’,即甚蔽锢之人,此心常在,无有灭熄,苟一返之而是矣”。[6] 此外,虽然梨洲哲学言“性”惟有气质之性,没有义理之性,但性仍是抽象物,并非人体肉身的生理特征,这和飞鸟走兽也是不同的。

基于上述这两点理由,梨洲先生不能苟同于他的同门陈确的“人欲恰好处,即天理也。向无人欲,则亦无天理之可言矣”。黄宗羲批评说:

老兄此言,从先师道心即人心之本心,义理之性即气质之本性,离气质无所谓性而来。然以之言气质言人心则可,以之言人欲则不可。气质人心,是浑然流行之体,公共之物也。人欲是落在方所,一人之私也。天理人欲,正是相反,此盈则彼绌,彼盈则此绌。故寡之

---

① (明)黄宗羲:《孟子师说》,载吴光主编:《黄宗羲全集》(第1册),浙江古籍出版社2012年版,第131页。

② (明)黄宗羲:《马雪航诗序》,载吴光主编:《黄宗羲全集》(第19册),浙江古籍出版社2012年版,第83页。

③ (明)黄宗羲:《孟子师说》,载吴光主编:《黄宗羲全集》(第1册),浙江古籍出版社2012年版,第152页。

④ 同上书,第124页。

⑤ 同上书,第63页。

⑥ 同上书,第152页。

又寡,至于无欲,而后纯乎天理。若人心气质,恶可言寡耶……必从人欲恰好处求天理,则终身扰扰,不出世情,所见为天理者,恐是人欲之改头换面耳。①

盖陈乾初之所谓人欲,虽然并非"自私自利"的欲望,却指人的一般生理活动和需求,而人的气质之性随而不断变化,这是黄宗羲所不能接受的。在梨洲哲学的设计之中,社会由人类个体组成,规范自当从内在秩序中引出,虽然具体名目是次要的,但基本原则,如事亲从兄之类,因为完全符合本来如此的社会事实,还是确定的。他详细地说明了这番道理:

仁、义、礼、智,俱是虚名。人生坠地,只有父母兄弟,此一段不可解之情,与生俱来,此之谓实,于是始有仁义之名。"知斯二者而弗去",所谓知及仁守实有诸己,于是始有智之名。当其事亲从兄之际,自有条理委曲,见之行事之实,于是而始有礼之名。不待勉强作为,如此而安,不如此则不安,于是而始有乐之名。到得生之之后,无非是孝弟之洋溢,而乾父坤母,总不离此不可解之一念也……此"实"字乃是虚实之实,非花实也。盖仁义是虚,事亲从兄是实,仁义不可见,事亲从兄始可见。孟子言此,则仁义始有着落,不堕于恍惚想象耳,正恐求仁义者,无从下手,验之当下即是,未有明切于此者也。②

一方面,规范不是教条。所谓"任人不知礼,以礼是死板格套,故有此问。夫礼以义起,从吾心之安不安者权衡而出之,奚有滞而不通之处"?③ 另一方面,规范也不应是随着一时一地的社会情形——并非固定且根本的社会事实——而摇曳起舞的。梨洲先生说:"凡礼之存于今者,皆苟然而已。"④又说:"何谓习俗?吉凶之礼既亡,则以其相沿者为礼。婚之筐篚也,装资也,宴会也;丧之含殓也,设祭也,佛事也,宴会也,刍灵也。富者以之相高,贫者

① (明)黄宗羲:《与陈乾初论学书》,载吴光主编:《黄宗羲全集》(第19册),浙江古籍出版社2012年版,第138页。

② (明)黄宗羲:《孟子师说》,载吴光主编:《黄宗羲全集》(第1册),浙江古籍出版社2012年版,第95页。

③ 同上书,第134页。

④ (明)黄宗羲:《留书》,载吴光主编:《黄宗羲全集》(第21册),浙江古籍出版社2012年版,第610页。

以之相勉矣。”[①]梨洲先生认识到“一切世情,后世遂以为礼之当然,牢不可破”。[②] 但是,“苟非自得,则日用之间,不过是安排道理,打贴世情,血气纵横,心体无所归宿,居之不安也”。[③] 这就是为什么,黄宗羲坚持告诫陈确“必从人欲恰好处求天理,则终身扰扰,不出世情”。

盖他二人相比较,一位在权衡中仍有一定之规,且向人类社会之初回溯,另一位虽然也没有完全放弃规范,却明显更加重视时时刻刻的裁量,由此向无远弗届的未来疾驰而去矣。两相比较,黄宗羲的主张可谓彻底的自律哲学,没有向包括世情在内的外在规范作任何妥协。陈确的主张很容易导向功利主义的他律哲学,且不符合孔孟传统。[④]

二、应用规范的判断

既然人之为人的内在秩序是每个人自己的精神力量所产生的,那么规范判断的关键就是使思维和行为受到这一精神力量的“主宰”控制。如上所述,人的精神力量自有“主宰”、自生秩序。所谓“人身虽一气之流行,流行之中,必有主宰。主宰不在流行之外,即流行之有条理者”。[⑤] 既然如此,那么这一精神力量自己就能作出判断,不假外求。梨洲先生说:“夫吾心之知,规矩也,以之齐家治国平天下,犹规矩以为方圆也,必欲从家国天下以致知,是犹以方圆求

---

① (明)黄宗羲:《明夷待访录·财计三》,载吴光主编:《黄宗羲全集》(第1册),浙江古籍出版社2012年版,第35页。

② (明)黄宗羲:《孟子师说》,载吴光主编:《黄宗羲全集》(第1册),浙江古籍出版社2012年版,第68页。

③ 同上书,第103页。

④ 朱光磊对黄宗羲人性论有细致辨析,指出其所谓“自私自利”并非“利己主义”,参见朱光磊:《由“自私自利”通达“天下本体”:黄宗羲〈明夷待访录〉人性论新解》,载《福建论坛·人文社会科学版》2013年第5期。参见蔡家和:《黄宗羲与陈确的论辩之研究》,载《台湾大学哲学论评》2008年第35期。

⑤ (明)黄宗羲:《孟子师说》,载吴光主编:《黄宗羲全集》(第1册),浙江古籍出版社2012年版,第58页。

规矩也。学者将从事于规矩乎？抑从事于方圆乎？”[①]而且，这一精神力量的能力本来是无限的，它需要认识的实际上只有它自己。黄宗羲说：“盈天地皆心也。变化不测，不能不万殊。心无本体，功力所至，即其本体。故穷理者穷此心之万殊，非穷万物之万殊也。穷心则物莫能遁，穷物则心滞一隅。”[②]此处，“盈天地皆心也”当然不是说人心成了天地的起源，而是说人心可以发现天地的秩序。[③]他说：“以天理把捉天地，故能使三光五岳之气，不为庞裂，犹如盲者行路，有明者相之，则盲亦为明。”[④]也可以说，发现天地的秩序，同时就参与构建了天地的秩序，人心之力当然不可谓不伟大。

就具体的判断而言，则最好由这一精神力量自由发挥，所谓“天理之真，明觉自然，随感而通，自有条理”。[⑤]只要精神力量凝聚而不涣散，活跃而不压抑，规范自然而然地都会浮现。梨洲先生说：“吾心之化裁，其曲折处谓之礼，其妥帖处谓之义，原无成迹。”[⑥]黄宗羲很强调不要拘束压迫自己的精神力量。他评论《孟子》之“王立于沼上”章说：“此见孟子本领阔大处。若使后之儒者对，必言治国当忧勤惕厉，岂亦纵耳目之观？如此便觉拘迫。观孟子之言，自觉一段太和气象。”[⑦]

但是，也不可把黄宗羲此说当作完全忽视外部世界的影响和作用。他提醒我们，规范判断是一个持续不断的表达过程以及随之产生的糅合了外在因素的具体内容。梨洲先生说：“‘集义’者，应事

---

① （明）黄宗羲：《与友人论学书》，载吴光主编：《黄宗羲全集》（第19册），浙江古籍出版社2012年版，第131页。

② （明）黄宗羲：《明儒学案序》，载吴光主编：《黄宗羲全集》（第19册），浙江古籍出版社2012年版，第67页。

③ 所以黄宗羲哲学并无突出的所谓唯物主义与唯心主义的内在矛盾，参见屠承先：《黄宗羲哲学思想的内在矛盾及其根由》，载《浙江学刊》1990年第2期。参见周芳敏：《论黄宗羲“盈天地皆心”之义蕴》，载《政大中文学报》2008年第10期。

④ （明）黄宗羲：《破邪论》，载吴光主编：《黄宗羲全集》（第1册），浙江古籍出版社2012年版，第178页。

⑤ （明）黄宗羲：《孟子师说》，载吴光主编：《黄宗羲全集》（第1册），浙江古籍出版社2012年版，第123页。

⑥ 同上书，第99页。

⑦ 同上书，第47页。

接物，无非心体之流行。心不可见，见之于事，行所无事，则即事即义也。心之集于事者，是乃集于义矣。有源之水，有本之木，其气生生不穷。”[①]离开经过表达的具体内容也就无所谓未经表达的内心世界。内心世界本有这些具体内容酝酿其中，既然是自由发挥，那么表达出的具体内容也就等同于、可代替此人的内心世界了。

由此，在精神力量充沛的状态下，作为内心世界外在化的规范判断应当是内在秩序真实的展现。梨洲先生说：“所谓文者，未有不写其心之所明者。”[②]又说：“随地涌出，便是至文。”[③]糅合了外在因素的规范判断之内容虽然各式各样，但是其正确者无不符合以上的描述。他说：“情盖难言之矣。情者，可以贯金石、动鬼神。古之人情与物相游而不能相舍，不但忠臣之事其君，孝子之事其亲，思妇劳人，结不可解，即风云月露，草木虫鱼，无一非真意之流通。”[④]又说：“凡情之至者，其文未有不至者也。”[⑤]正所谓“古今自有一种文章不可磨灭，真是‘天若有情天亦老’者”。[⑥] 但是，如果自身精神力量不足，那么其内在秩序便紊乱。梨洲先生说：“故圣人者，常人而肯安心者也；常人者，圣人而不肯安心者也。”[⑦]内在秩序紊乱，则表达随之不畅。所谓“今古之情无尽，而一人之情有至有不至”。[⑧]

在梨洲哲学中，诗歌创作最能说明这个问题。在大诗人黄宗羲心中，“诗也者，联属天地万物而畅吾之精神意志者也”，创造诗歌

---

① （明）黄宗羲：《孟子师说》，载吴光主编：《黄宗羲全集》（第1册），浙江古籍出版社2012年版，第59页。

② （明）黄宗羲：《金石要例·论文管见》，载吴光主编：《黄宗羲全集》（第2册），浙江古籍出版社2012年版，第247页。

③ 同上。

④ （明）黄宗羲：《黄孚先诗序》，载吴光主编：《黄宗羲全集》（第19册），浙江古籍出版社2012年版，第27～28页。

⑤ （明）黄宗羲：《明文案序上》，载吴光主编：《黄宗羲全集》（第19册），浙江古籍出版社2012年版，第16页。

⑥ （明）黄宗羲：《金石要例·论文管见》，载吴光主编：《黄宗羲全集》（第2册），浙江古籍出版社2012年版，第246页。

⑦ （明）黄宗羲：《孟子师说》，载吴光主编：《黄宗羲全集》（第1册），浙江古籍出版社2012年版，第113页。

⑧ （明）黄宗羲：《明文案序上》，载吴光主编：《黄宗羲全集》（第19册），浙江古籍出版社2012年版，第16页。

正是这样一个以自身精神力量糅合外在因素,完成自我真实表达的完整过程。[①] 而实际状况恰恰是,“诗之为道,从性情而出。性情之中,海涵地负,古人不能尽其变化,学者无从窥其隅辙”。[②] 原因在于,外在因素太复杂,有时间和空间的纵深,人心精神力量不一定能够驾驭之。时间方面,所谓“诗以道性情,夫人而能言之。然自古以来,诗之美者多矣,而知性者何其少也。盖有一时之性情,有万古之性情”。[③] 空间方面,“彷徨尘垢,象没深泥,众情交集,岂能孤行一己之情乎”?[④] 因而,只有精神力量极强者,才能由自己主宰外在因素。梨洲先生说:“诗人萃天地之清气,以月露风云花鸟为其性情,其景与意不可分也。月露风云花鸟之在天地间,俄顷灭没,而诗人能结之不散。常人未尝不有月露风云花鸟之咏,非其性情,极雕绘而不能亲也。”[⑤]但是,对于大多数人来说,则“情随事转,事因世变,干啼湿哭,总为肤受,即其父母兄弟,亦若败梗飞絮,适相遭于江湖之上”。[⑥]

自身精神力量失去主宰,内在秩序完全紊乱,其表达自然也如是。梨洲先生说:

人自形生神发之后,方有此知,此知寄于喜怒哀乐之流行,是即所谓物也。仁义礼智,后起之名,故不曰理而曰物。格有通之义,证得此体分明,则四气之流行,诚通诚复,不失其序,依然造化,谓之格物。未格之物,四气错行,溢而为七情之喜怒哀乐,此知之所以贸

① (明)黄宗羲:《陆鈞侯诗序》,载吴光主编:《黄宗羲全集》(第19册),浙江古籍出版社2012年版,第79页。

② (明)黄宗羲:《寒邨诗稿序》,载吴光主编:《黄宗羲全集》(第19册),浙江古籍出版社2012年版,第48页。

③ (明)黄宗羲:《马雪航诗序》,载吴光主编:《黄宗羲全集》(第19册),浙江古籍出版社2012年版,第83页。

④ (明)黄宗羲:《吕胜千诗集题辞》,载吴光主编:《黄宗羲全集》(第19册),浙江古籍出版社2012年版,第94页。

⑤ (明)黄宗羲:《景州诗集序》,载吴光主编:《黄宗羲全集》(第19册),浙江古籍出版社2012年版,第13~14页。

⑥ (明)黄宗羲:《黄孚先诗序》,载吴光主编:《黄宗羲全集》(第19册),浙江古籍出版社2012年版,第28页。

乱也。[1]

当众人多数如此时，整个人文界的秩序也就随之而消磨了。梨洲先生感慨："天下之性情，汩没于纷华污惑之往来，浮而易动。"[2]又说：

世道交丧，圣王不作，天下之人，兆民之众，要不能空然无所挟以行世，则遂以举世之习尚，成为学术。但论其可以通行，不必原其心术，揣摩世态，陪奉人情，在世路则为好人，在朝廷则为鄙夫。凡朝廷之资格，官府之旧规，往来之情面，胥吏之成例，弥缝周至，无有罅漏。千百年来，糜烂于文纲世法之中，皆乡愿之薪传也。[3]

可惜的是，"时风众势，自难以片言洗涤"。[4] 如此一来，为了得到正确的规范判断，还是要从凝聚自己的精神力量入手，而非在外在因素中打转。梨洲先生说："先儒未尝不以穷理为入手，但先儒以性即理也，是公共的道理，而心是知觉，知得公共的道理，而后可以尽心，故必以知性先于尽心，顾其所穷，乃天地万物之理，反失却当下恻隐、羞恶、辞让、是非之心之理矣。"[5]当然，以一涣散之精神力量去凝聚自己，岂不是痴人说梦一般，真正能够改进的还是此精神力量的具体表达，由表达之秩序倒逼出内在之秩序。梨洲先生说：

孟子所谓扩充、动心忍性、强恕而行，皆是所以尽心。性是空虚无可想象，心之在人，恻隐、羞恶、辞让、是非，可以认取。将此可以认取者推致其极，则空虚之中，脉络分明，见性而不见心矣。如孺子入井而有恻隐之心，不尽则石火电光，尽之则满腔恻隐，无非性体也。[6]

---

① (明)黄宗羲：《答万充宗论格物书》，载吴光主编：《黄宗羲全集》(第19册)，浙江古籍出版社2012年版，第176页。

② (明)黄宗羲：《景州诗集序》，载吴光主编：《黄宗羲全集》(第19册)，浙江古籍出版社2012年版，第13页。

③ (明)黄宗羲：《孟子师说》，载吴光主编：《黄宗羲全集》(第1册)，浙江古籍出版社2012年版，第153～154页。

④ (明)黄宗羲：《高元发三稿类存序》，载吴光主编：《黄宗羲全集》(第19册)，浙江古籍出版社2012年版，第1页。

⑤ (明)黄宗羲：《孟子师说》，载吴光主编：《黄宗羲全集》(第1册)，浙江古籍出版社2012年版，第138页。

⑥ 同上。

这一番努力,是每个人为了得到正确之规范判断所不可避免的。他说:“天降大任,以其动心忍性而知,其降也,天无心而成化,未尝择人而降之,顾不能动忍,死于忧患,便是不降。”[①]如果没有这番努力,则精神力量终究不得凝聚。他说:“喜怒哀乐未发之体未尝不与圣人同,却是靠他不得,盖未经锻炼,一逢事物,便霍然而散,虽非假银,却不可入火。”[②]

当然,内在秩序的表达离不开行动,但毕竟先出现于思维。如果说规范判断应当给出的具体内容是个人的“四端”。所谓“当其澄然在中,满腔子皆恻隐之心,无有条理可见,感之而为四端,方可言理”。[③] 那么“向使性中本无仁义,则恻隐羞恶从何处出来”?[④] 正因如此,如果一定要在同为阳明后学的王畿和罗洪先之间做个选择,那么与其以“现成良知”之涣散精神随意鼓荡人心,不若以孤诣苦心摒绝外在因素的干扰。他说:“已而思之,彰阳明之学者,不在讲席遍天下之门人,而在孤高绝俗之门人,如两峰、念庵之徒是也。吾夫子之门人,当金石变声……死为列星……他日追溯渊源以求其学,即无龙溪、心斋一辈,庸何伤!其过阳明远矣。”[⑤]

此外,对外在因素的驾驭亦有方法可循。万事万物本有自身的内在秩序。就自然界而言,梨洲先生说:“况夫天之垂象,的如贯珠,少有差,则不成次序矣。故自一至于盈万,皆累累然如系之于缕也。”[⑥]就人文界而言,所谓“百理具在平铺放着,只为人起炉作灶,平地风波,所以事事艰难,去道愈远。若还其自然,亲者当亲,长者

---

① (明)黄宗羲:《孟子师说》,载吴光主编:《黄宗羲全集》(第1册),浙江古籍出版社2012年版,第137页。

② 同上书,第129页。

③ (明)黄宗羲:《马雪航诗序》,载吴光主编:《黄宗羲全集》(第19册),浙江古籍出版社2012年版,第83页。

④ (明)黄宗羲:《孟子师说》,载吴光主编:《黄宗羲全集》(第1册),浙江古籍出版社2012年版,第89页。

⑤ (明)黄宗羲:《移史馆礼部侍郎章格庵先生行状》,载吴光主编:《黄宗羲全集》(第19册),浙江古籍出版社2012年版,第208页。

⑥ (明)黄宗羲:《易学象数论》,载吴光主编:《黄宗羲全集》(第18册),浙江古籍出版社2012年版,第11页。

当长,更何所事”?[①] 所以,驾驭的方法即排除无关因素的干扰,聚精会神,使之得到完整清晰的呈现。就自然界而言,可谓“空中之数,空中之理,一一显出,真心细于发,析秋毫而数虚尘者也”。[②] 黄宗羲为了解决勾股术的问题,正是如此究玄决疑的。他描述当时情景心境说:“昔屏穷壑,双瀑当窗,夜半猿啼伥啸,布算簌簌,自叹真为痴绝。”[③]就人文界而言,所谓“讼与狱异。此亦一是非,彼亦一是非,皆讼也……直待得不见自家有是,世间有非,斯无讼矣”。[④] 黄宗羲认为,万斯大解决礼学问题就是这样,“前人所聚讼者,甲乙证据,摧牙折角,轩豁呈露,昌黎所谓及其时而进退揖让于其间者也”。[⑤] 如此,规范判断若见之于表达,则“将平日一副家当尽行籍没,重新积聚,竹头木屑,常谈委事,无不有来历,而后方可下笔”。[⑥] 梨洲先生说:“所谓陈言者,每一题必有庸人思路共集之处缠绕笔端,剥去一层,方有至理可言。犹如玉在璞中,凿开顽璞,方始见玉,不可认璞为玉也。”[⑦]表达完整清晰之后,与它相统一的内心世界才恢复其秩序,正所谓“谁不言本于性情,顾非烹炼使银铜铅铁之尽去,则性情不出”。[⑧]

经过这样一番说明,才能理解为什么黄宗羲推衍象数,整理文献的活动和朱子学意义上的“博文约礼”本质上并不相同。黄宗羲认为,这仍然是作为整体的精神力量发挥作用的过程,而非纯粹的智力运用。这一点十分关键。梨洲先生说:“仁之于心,如谷种之生

① (明)黄宗羲:《孟子师说》,载吴光主编:《黄宗羲全集》(第1册),浙江古籍出版社2012年版,第88页。

② (明)黄宗羲:《叙陈言扬勾股述》,载吴光主编:《黄宗羲全集》(第19册),浙江古籍出版社2012年版,第32页。

③ 同上书,第33页。

④ (明)黄宗羲:《易学象数论》,载吴光主编:《黄宗羲全集》(第18册),浙江古籍出版社2012年版,第96页。

⑤ (明)黄宗羲:《学礼质疑序》,载吴光主编:《黄宗羲全集》(第19册),浙江古籍出版社2012年版,第21页。

⑥ (明)黄宗羲:《金石要例·论文管见》,载吴光主编:《黄宗羲全集》(第2册),浙江古籍出版社2012年版,第245页。

⑦ 同上。

⑧ (明)黄宗羲:《万贞一诗序》,载吴光主编:《黄宗羲全集》(第19册),浙江古籍出版社2012年版,第81页。

意流动，充满于中，然必加艺植灌溉之功，而后始成熟。《易》言'一阴一阳之道'，道不离阴阳，故智不离仁，仁不能离智，中焉而已。"[①]但是智识又是精神力量的主要部分。所谓"心之精神谓之圣，精神即是智，智圣虽分始终，其实相离不得"。[②] 所以黄宗羲并不在一般意义上完全否定智力运用、功利考量。比如，他评论《孟子》"问交邻国"章说："事小事大，从时势上而分为仁智，原无优劣。"[③]甚至还承认"有生之初，人各自私，人各自利"。[④] 但是，决不能因此就只运用智力，而忽略了心"安"或"不安"的问题。梨洲先生比较说："孟子之所学者，仁义也；时君之所尚者，功利也。以仁义为迂远而阔于事情，是'舍所学而从我'。"[⑤]只知道运用智力，就会为外在因素所缠绕牵绊。梨洲先生说："功利之学，必核之以名实，故当时之辨名实者纷然。荀子曰：'见侮不辱''圣人不爱己''杀盗非杀人'，此惑于用名以乱名者也。"[⑥]实际上，"盈天地间无所谓万物，万物皆因我而名，如父便是吾之父，君便是吾之君，君父二字，可推之于身外乎"？[⑦] 万事万物在宇宙秩序中的位置均由自身的精神力量最终来确定，脱离自己而去谈万事万物，到底没有秩序可言。梨洲先生说："若打头先去知言，则是中无把柄，如何去知？恐成一骨董箱耳。"[⑧]又说：

夫《四书》非可句解而字释也，圣人之言，本于无言，一言而未尝不足，其千万言也，犹之乎其一言也。盘中走丸，横斜圆直，岂有一定，然一定不可移者，丸必不出于盘也。故先儒欲解《四书》者，必以心性为纲领，顽阴解剥，则条目无滃雾矣。《西山读书记》、《北

---

① (明)黄宗羲：《孟子师说》，载吴光主编：《黄宗羲全集》(第1册)，浙江古籍出版社2012年版，第133页。

② 同上书，第119页。

③ (明)黄宗羲：《孟子师说》，载吴光主编：《黄宗羲全集》(第1册)，浙江古籍出版社2012年版，第50页。

④ (明)黄宗羲：《明夷待访录》，载吴光主编：《黄宗羲全集》(第1册)，浙江古籍出版社2012年版，第1页。

⑤ (明)黄宗羲：《孟子师说》，载吴光主编：《黄宗羲全集》(第1册)，浙江古籍出版社2012年版，第54页。

⑥ 同上书，第136页。

⑦ 同上书，第139~140页。

⑧ 同上书，第61页。

溪字义》之类是也。然学者工夫未到沉痛，只在字义上分疏，炙毂淋漓，总属恍惚，决不能于江汉源头酣歌鼓掌耳。[①]

所谓"古董箱"或者"丸出于盘"均强调其并无秩序可言。一旦智力占据主导，则规范判断也就难于正确。梨洲先生说："小而取与，大而生死，不过义中之迹象。眼前只见一义，应之自然合节，若待临取与生死，而后辨其可不可，总属意见用事，不能无伤矣。"[②]

三、政治秩序

基于以上分析可以说，在梨洲哲学中，建立良好政治秩序的关键是，人们能够充分发挥精神力量，将内心世界的秩序外化，并在人文界努力维系之。换言之，上述道德自律仍要实现制度层面的展开，这也是他度越前人的真知灼见。[③] 黄宗羲有一个震聋发聩的深刻论断，即除非人们干预，人文界总是趋于无序的。梨洲先生说："仆生尘冥之中，治乱之故，观之也熟；农琐余隙，条其大者。"[④]其中重要的一条发现是："夫自忠而之于文者，圣王救世之事也；喜质而恶文者，凡人之情也。逮其相趋而之于质，虽圣贤亦莫之如何矣。"[⑤]面对那种认为社会日益复杂、文明日益积累的质疑，黄宗羲回答反问说：

人徒见宫室棺椁舆服俎豆之制，吉凶相见馈食之礼，殷之时备于夏，周之时备于殷，遂以为自忠而入质，自质而入文，由人之喜恶而然也。人诚喜文而恶质与忠，则宫室棺椁舆服俎豆之制宜日趋于烦，吉凶相见馈食之礼宜有加而无已，何以皮弁废为巾帻，鼎彝废为

---

① （明）黄宗羲：《陈叔大四书述序》，载吴光主编：《黄宗羲全集》（第19册），浙江古籍出版社2012年版，第38页。

② （明）黄宗羲：《孟子师说》，载吴光主编：《黄宗羲全集》（第1册），浙江古籍出版社2012年版，第108页。

③ 许苏民：《明清之际政治哲学的突破：以顾炎武、黄宗羲、王夫之为例》，载《江汉论坛》2015年第10期。

④ （明）黄宗羲：《留书》，载吴光主编：《黄宗羲全集》（第21册），浙江古籍出版社2012年版，第609页。

⑤ 同上。

陶旒，易车以乘马，易贽为门状。[①]

不宁唯是，梨洲先生又比较中原和边疆地区的不同情况说：

当周之盛时，要荒之人，其文画革旁行，未尝有《诗》、《书》、《易》、《春秋》也；其法斗杀，未尝有礼、乐、刑、政也；其民射猎禽兽为业，未尝有士、农、工、贾也；其居随畜牧转移，未尝有宫室也，其形科头露紒，未尝有冕服也；其食污尊抔饮，未尝有俎豆也；其居处若鸟兽，未尝有长有男女之别也。然则同是时也，中国之人既喜文而恶质与忠，彼要荒之人何独不然与？是故中国而无后圣之作，虽周之盛时，亦未必不如要荒；要荒之人而后圣有作，亦未必不如鲁、卫之士也。其谓喜文而恶质与忠者，然乎否耶？以三代圣人相续而治，其功不可为不久矣。其末王不能守其教者，彼帝辛使男女裸逐，厉王发龙漦而使妇人裸而譟之，夫喜质之过乎？然则先王使忠之变而为质，质之变而为文，其势若此之难也。[②]

黄宗羲说纣王和厉王的行为近乎禽兽。所谓禽兽，即对于秩序无认识，只服从基本生理冲动者。他说："无理之知觉，则禽兽矣。"[③]当然，真正的人和禽兽之间还是有根本区别的。所谓"盖人而丧其良心入于禽兽者有矣，未有禽兽而复为人者也"。[④]梨洲先生意在强调的是，既然普通人更多地受到外在因素的影响，精神散漫无归，那么，真正精神力量强大之人的贡献就显得尤其突出。梨洲先生说："古之有天下者，日用其精神于礼乐刑政，故能致治隆平。后之有天下者，其精神日用之疆埸，故其为治出于苟且。"[⑤]

精神力量强大之人甚多，为何专门提出"有天下者"呢？因为，黄宗羲仍然认为在建立或者腐蚀政治秩序的过程中，君主本人仍然要发挥首要作用。他说："圣贤之道，未有不从源头做起。故平天下

---

① （明）黄宗羲：《留书》，载吴光主编：《黄宗羲全集》（第21册），浙江古籍出版社2012年版，第609页。

② 同上书，第610～611页。

③ （明）黄宗羲：《孟子师说》，载吴光主编：《黄宗羲全集》（第1册），浙江古籍出版社2012年版，第132页。

④ 同上书，第126页。

⑤ （明）黄宗羲：《留书》，载吴光主编：《黄宗羲全集》（第21册），浙江古籍出版社2012年版，第613页。

必始于明德,如导河自积石,道江自岷山,然后沛然莫之能御。君心犹积石、岷山也,此处不通,则横流泛滥矣。”[①]当然,黄宗羲谈论君主的首要作用,形而上的色彩十分寡淡,主要是从功能角度着眼的。包括人文界在内的宇宙既然有生成创造的内在秩序,那么总需要具体的实施者。所谓“仁是天之生意,待人而凝,理不离气也”。[②] 具体而言,“有生之初,人各自私也,人各自利也,天下有公利而莫或与之,有公害而莫或除之。有人者出,不以一己之利为利,而使天下受其利;不以一己之害为害,而使天下释其害”。[③] 可见,“原夫作君之意,所以治天下也”。[④] 当然,有人可能会提出疑问,既然作君是宇宙秩序的需要,那么为什么宇宙之主宰不能安排合适的君主,而又容忍了不计其数的昏君呢?黄宗羲仍然从现实的角度解释说:

天地之生万物,仁也。帝王之养万民,仁也。宇宙一团生气,聚于一人,故天下归之,此是常理。自三代以后,往往有不仁得天下者,乃是气化流行,当其过不及处,如日食地震,而不仁者应之,久之而天运复常,不仁者自遭陨灭。“愿世世无生帝王家”,酷痛如此。[⑤]

同理,从功能和现实的角度观察,对于秩序的实施,除了君主以外,各级官僚同样不可或缺,而君臣之间只是作用大小的量的差别,而非质的差别。

天下不能一人而治,则设官以治之;是官者,分身之君也。孟子曰:“天子一位,公一位,侯一位,伯一位,子男同一位,凡五等。君一位,卿一位,大夫一位,上士一垃,中士一位,下士一位,凡六等。”盖自外而言之,天子之去公,犹公、侯、伯、子、男之递相去;自内而言之,君之去卿,犹卿、大夫、士之递相去。非独至于天子遂截然无等

① (明)黄宗羲:《孟子师说》,载吴光主编:《黄宗羲全集》(第1册),浙江古籍出版社2012年版,第93页。

② 同上书,第150页。

③ (明)黄宗羲:《明夷待访录·原君》,载吴光主编:《黄宗羲全集》(第1册),浙江古籍出版社2012年版,第1~2页。

④ (明)黄宗羲:《明夷待访录·置相》,载吴光主编:《黄宗羲全集》(第1册),浙江古籍出版社2012年版,第7页。

⑤ (明)黄宗羲:《孟子师说》,载吴光主编:《黄宗羲全集》(第1册),浙江古籍出版社2012年版,第85页。

级也。[①]

而且，在君主世袭的情况下，“天子之子不皆贤”是显然的。[②]抽象的君心一旦化为具体的帝王，其人不可能独自完成发现政治秩序并维系之的任务。梨洲先生说：“父母生我，将此降衷之理，完全付我。坠地之后，爱恶情伪，百端交攻，我不能守，便至丧败。故须血战孤城，待得夕死，交割还与父母，始谓之全归，不特身体发肤，受之父母而已也。”[③]这一点，君主与平民概莫能外。这就需要君主和各级官僚共同发挥作用。就像学术界，“然天下之大，四海之众，欲以一人之耳目，江湖台阁使无遗照，必不可得，是故不胜其逸者之多也”。[④] 在建立秩序的过程中，君臣的观点很可能不同。正所谓“学术之不同，正以见道体之无尽，即如圣门师、商之论交，游、夏之论教，何曾归一”？[⑤] 此时，应该如何处置君臣关系呢？根据梨洲哲学，还是要从人心内在秩序所要求的与生俱来的道德感而非从外在因素出发。梨洲先生说：“人伦有一段不可解处即为至，五伦无不皆然。新安陈氏以为君臣之伦于人伦为尤大，非也。”[⑥]又说：“孟仲子之周旋，景丑氏之敬王，皆一切世情，后世遂以为礼之当然，牢不可破。由是，天子而豢畜其臣下，人臣而自治以佣隶，其所行者皆宦官宫妾之事，君臣之礼，几于绝矣。”[⑦]所以，健康的君臣关系是人与人的正常道义关系，而非被服从与服从的关系。有时候君主个人可能正确，但绝大多数的时候是正直的大臣们正确。毕竟，“天下之最难知者，一人索之而弗获，千万人索之而无弗获矣。天下之最难致者，

① （明）黄宗羲：《明夷待访录·置相》，载吴光主编：《黄宗羲全集》（第1册），浙江古籍出版社2012年版，第7页。

② 同上。

③ （明）黄宗羲：《孟子师说》，载吴光主编：《黄宗羲全集》（第1册），浙江古籍出版社2012年版，第92页。

④ （明）黄宗羲：《姚江逸诗序》，载吴光主编：《黄宗羲全集》（第19册），浙江古籍出版社2012年版，第9页。

⑤ （明）黄宗羲：《明儒学案序》，载吴光主编：《黄宗羲全集》（第19册），浙江古籍出版社2012年版，第68页。

⑥ （明）黄宗羲：《孟子师说》，载吴光主编：《黄宗羲全集》（第1册），浙江古籍出版社2012年版，第84页。

⑦ 同上书，第68页。

一时穷之而未尽,千百年穷之而无不尽矣”。① 为了建立良好的政治秩序,他们应当相互听取意见,完成共同的任务。梨洲先生说:“古之君臣,亦惟师友;后之人臣,仆妾奔走。师友之言,春温秋肃;仆妾之言,屈曲从俗。”②黄宗羲看到过“神宗以天子之威,不敢直行其意”的鲜活例子。③ 他鼓励大臣们:

缘夫天下之大,非一人之所能治,而分治之以群工。故我之出而仕也,为天下,非为君也;为万民,非为一姓也。吾以天下万民起见,非其道,即君以形声强我,未之敢从也,况于无形无声乎!非其道,即立身于其朝,未之敢许也,况于杀其身乎!不然,而以君之一身一姓起见,君有无形无声之嗜欲,吾从而视之听之,此宦官宫妾之心也;君为己死而为己亡,吾从而死之亡之,此其私暱者之事也。是乃臣不臣之辨也。④

可惜的是,在后世无论君臣,都没有把精神用于发现和维系良好的政治秩序,反而一门心思地追逐自己的私利,在外在因素的引导下纯任智力发挥作用。梨洲先生说:“王霸之分,不在事功而在心术;事功本之心术者,所谓‘由仁义行’,王道也;只从迹上模仿,虽件件是王者之事,所谓‘行仁义’者,霸也。”⑤对于王者而言,其精神力量自能引导人文界秩序的逐渐建立。他说:“霸者只在事功上补凑,王者在心术上感动,民之应之,亦截然不同。‘驩虞’者,民为法制所缚,无争斗作乱之事,皞皞则孝弟忠信,相感而化,所谓‘必世而后仁’者是也。”⑥但后世君主并非如此。梨洲先生说:

以为天下利害之权皆出于我,我以天下之利尽归于己,以天下

① (明)黄宗羲:《孟子师说》,载吴光主编:《黄宗羲全集》(第1册),浙江古籍出版社2012年版,第46页。

② (明)黄宗羲:《皇明中宪大夫太仆寺少卿赠太常寺卿松槃姜公墓志铭》,载吴光主编:《黄宗羲全集》(第21册),浙江古籍出版社2012年版,第648页。

③ 同上书,第647页。

④ (明)黄宗羲:《明夷待访录·原臣》,载吴光主编:《黄宗羲全集》(第1册),浙江古籍出版社2012年版,第3~4页。

⑤ (明)黄宗羲:《孟子师说》,载吴光主编:《黄宗羲全集》(第1册),浙江古籍出版社2012年版,第49页。

⑥ 同上书,第141页。

之害尽归于人,亦无不可。使天下之人不敢自私,不敢自利,以我之大私为天下之大公。始而惭焉,久而安焉,视天下为莫大之产业,传之子孙,受享无穷,汉高帝所谓"某业所就,孰与仲多"者,其逐利之情不觉溢之于辞矣。①

他们不但没有推动秩序的建立,反而无时无刻不在破坏着良好的秩序。黄宗羲痛切地指斥说:

其未得之也,荼毒天下之肝脑,离散天下之子女,以博我一人之产业,曾不惨然,曰"我固为子孙创业也"。其既得之也,敲剥天下之骨髓,离散天下之子女,以奉我一人之淫乐,视为当然,曰"此我产业之花息也"。然则为天下之大害者,君而已矣。②

如此一来,作为君主私心外化和表达的实定法可想而知,均非符合人文界内在秩序者,而是其对立物。梨洲先生说:

三代以上有法,三代以下无法。何以言之?二帝、三王知天下之不可无养也,为之授田以耕之;知天下之不可无衣也,为之授地以桑麻之:知天下之不可无教也,为之学校以兴之,为之婚姻之礼以防其淫,为之卒乘之赋以防其乱。此三代以上之法也,固未尝为一己而立也。后之人主,既得天下,唯恐其祚命之不长也,子孙之不能保有也,思患于未然以为之法。然则其所谓法者,一家之法,而非天下之法也。③

这种实定法作为新出现的外在因素,会进一步败坏人心、瓦解秩序。梨洲先生说:

三代之法,藏天下于天下者也:山泽之利不必其尽取,刑赏之权不疑其旁落,贵不在朝廷也,贱不在草莽也。在后世方议其法之疏,而天下之人不见上之可欲,不见下之可恶,法愈疏而乱愈不作,所谓无法之法也。后世之法,藏天下于筐箧者也;利不欲其遗于下,福必欲其敛于上;用一人焉则疑其自私,而又用一人以制其私;行一事焉

---

① (明)黄宗羲:《明夷待访录·原君》,载吴光主编:《黄宗羲全集》(第1册),浙江古籍出版社2012年版,第2页。

② 同上。

③ (明)黄宗羲:《明夷待访录·原法》,载吴光主编:《黄宗羲全集》(第1册),浙江古籍出版社2012年版,第5页。

则虑其可欺，而又设一事以防其欺。天下之人共知其筐箧之所在，吾亦鳃鳃然日唯筐箧之是虞，向其法不得不密。法愈密而天下之乱即生于法之中，所谓非法之法也。[①]

这种恶循环不断发展，就是华夷变态，由文返质。黄宗羲在《留书》中不再避讳地说出："中国之与夷狄，内外之辨也。以中国治中国，以夷狄治夷狄，犹人不可杂之于兽，兽不可杂之于人也。是故即以中国之盗贼治中国，尚为不失中国之人也。"[②]黄宗羲指出，蒙古统治者的实定法，"何尝以中国之民为民乎"？[③] 他因此断言："尧舜相传之统，至元而绝。"[④]他期盼着"使天地亟去撑犁区脱之号"。[⑤]

正是基于这样的分析，为了实现这一理想，推动良好秩序的恢复，黄宗羲才提出了几项具体举措。一是置相。正所谓"有明无善治，自高皇帝罢丞相始也"。[⑥] 他分析："或谓后之入阁办事，无宰相之名，有宰相之实也……使宰相不罢，自得以古圣哲王之行摩切其主，其主亦有所畏而不敢不从也。"[⑦]可见，置相的关键是使君主的个人意见在落实为政治实践的过程中有所限制，政治权力不落入君主的秘书机关或私人奴仆之手。二是设学校。众所周知，黄宗羲所谓"学校"，实为一公共意见的表达机关。他说："盖使朝廷之上，闾阎之细，渐摩濡染，莫不有诗书宽大之气，天子之所是未必是，天子之所非未必非，天子亦遂不敢自为非是，而公其非是于学校。"[⑧]设学校的关键仍然是使得君主的个人意见受到进一步的限制，让公议

---

① (明)黄宗羲:《明夷待访录·原法》,载吴光主编:《黄宗羲全集》(第1册),浙江古籍出版社2012年版,第5页。

② (明)黄宗羲:《留书》,载吴光主编:《黄宗羲全集》(第21册),浙江古籍出版社2012年版,第618页。

③ 同上书,第619页。

④ 同上书,第618页。

⑤ 同上书,第618页。

⑥ (明)黄宗羲:《明夷待访录·置相》,载吴光主编:《黄宗羲全集》(第1册),浙江古籍出版社2012年版,第7页。

⑦ 同上书,第8页。

⑧ (明)黄宗羲:《明夷待访录·学校》,载吴光主编:《黄宗羲全集》(第1册),浙江古籍出版社2012年版,第9页。

真正发挥作用。[①] 此外，黄宗羲建议改革科举制度。具体而言，“当复墨义古法，使为经义者全写注疏、大全、汉宋诸儒之说，一一条具于前，而后申之以己意，亦不必墨守一先生之言。由前则空疏者绌，由后则愚蔽者绌，亦变浮薄之一术也”。[②] 考选官僚的制度本身仍可保留，但考试内容应当改革。黄宗羲建议：

科举之法：其考校仿朱子议：第一场《易》、《诗》、《书》为一科，子午年试之；《三礼》兼《大戴》为一科，卯年试之；《三传》为一科，酉年试之。试义各二道，诸经皆兼《四书》义一道。答义者先条举注疏及后儒之说，既备，然后以“愚按”结之。其不条众说，或条而不能备，竟入己意者，虽通亦不中格。有司有不依章句移文配接命题者，有丧礼服制忌讳不以为题者，皆坐罪。第二场周、程、张、朱、陆六子为一科，孙、吴武经为一科，荀、董、扬、文中为一科，管、韩、老、庄为一科，分年各试一论。第三场《左》、《国》、《三史》为一科，《三国》、《晋书》、《南北史》为一科，新、旧《唐书》、《五代史》为一科，《宋史》、有明《实录》为一科，分年试史论各二道。答者亦必摭事实而辨是非。若事实不详，或牵连他事而于本事反略者，皆不中格。第四场时务策三道。[③]

可以理解，既然各级官僚将来要承担与君主共同治理天下的责任，那么必须训练他们凝聚自身精神力量驾驭外部因素的能力。正如黄宗羲自己穷尽天文历算经史之学最终是为了“尽心”，他也希望通过考核经史、时务知识，影响官僚们的内心世界。是啊，如果真的能够实现对官僚集团的改造，那么即便君主个人的私意仍然突破丞相、学校的限制表达于法制之中，具体实施之官僚仍然可以发挥作用，使秩序在毛细血管处恢复。梨洲先生说：“今夫一代之立法，不能无过不及，所藉奉法者为之裁量于其间，

---

① 彭国翔：《公议社会的建构：黄宗羲民主思想的真正精华——从〈原君〉到〈学校〉的转换》，载《求是学刊》2006 年第 4 期。

② （明）黄宗羲：《明夷待访录 · 取士上》，载吴光主编：《黄宗羲全集》（第 1 册），浙江古籍出版社 2012 年版，第 13 页。

③ （明）黄宗羲：《明夷待访录 · 取士下》，载吴光主编：《黄宗羲全集》（第 1 册），浙江古籍出版社 2012 年版，第 15 页。

使圣贤之精微，常流行于事物，故足以开物成务。此非嵬琐小儒之所能知也。”[①]如此一来，才能真正有望实现由质入文、天下有序的最终理想。正是在这个意义上，梨洲先生才总结说：“故曰有治法而后有治人。”[②]

四、结语

梨洲先生为我们民族历史上曾经出现的一颗璀璨心灵、一段伟大精神。在他一生的学术工作中，曾经对前人的成绩有深入而系统的整理。他论诗说：“夫诗之道甚大，一人之性情，天下之治乱，皆所藏纳。古今志士学人之心思愿力，千变万化，各有至处，不必出于一途。”[③]论学说：“某为《明儒学案》，上下诸先生，浅深各得，醇疵互见，要皆功力所至，竭其心之万殊者而后成家，未尝以懵懂精神，冒人糟粕。”[④]梨洲先生于前人总试图给予同情理解，妥当评价，后人在谈论先生之说时更当如此。

通读其书，总能感到，在一个天崩地解的时代，黄宗羲对于肩负宇宙与社会秩序之恢复重建有着充分的自觉，故能奋起其淋漓元气，作出力图纲维天地的壮美卷帙。若按照梨洲先生的方法和态度研究他本人，贯通其天人、心性与制度之学，可以说，黄宗羲法哲学的主旨是，凝聚个人的精神力量，使思维和行为受到自己而非外在因素的控制，通过精神力量的自由表达，生成并维持人文界的内在秩序。他所谓设君、置相、学校、科举等一系列制度安排，都是为了实现这个目标而存在的。正因如此，黄宗羲和此前此后倾向于向经典或圣王寻求他律规范的学术潮流在性质上有着重大差异，前人以

---

① （明）黄宗羲：《通议大夫兵部职方司郎中太垣靳公传》，载吴光主编：《黄宗羲全集》（第19册），浙江古籍出版社2012年版，第252页。

② （明）黄宗羲：《明夷待访录·原法》，载吴光主编：《黄宗羲全集》（第1册），浙江古籍出版社2012年版，第6页。

③ （明）黄宗羲：《南雷诗历》，载吴光主编：《黄宗羲全集》（第21册），浙江古籍出版社2012年版，第787页。

④ （明）黄宗羲：《明儒学案序》，载吴光主编：《黄宗羲全集》（第19册），浙江古籍出版社2012年版，第68页。

其为明清过渡人物的认识不如以其为王学殿军更为准确。[1] 与此同时,这一哲学主张确乎和启蒙思想有完全可以通约之处,梨洲先生所谓君主不过是个世袭产生的大官僚,其总结中国政治传统经验教训而提出的制度设计确乎有助于,在无法完全控制君权授受的条件下,尽可能限制权力的恣意妄为。他为晚清以降的中国社会接受现代观念提供的恐怕不仅仅是心理上的榫舂或者知识上的桥梁而已。诚如张君劢曾经说,黄宗羲"希望保存阳明哲学中最好的部分","如果给予适当环境的话,黄宗羲虽为儒者,也可能成为共和国理想的最早倡导者"。[2]

---

① 明清学风的嬗变伴随着政治态度的转换,参见牟宗三:《政道与治道》,吉林出版集团有限公司2016年版,第186~187页。黄宗羲法哲学也不同于荀子或者法家,参见俞荣根:《黄宗羲的"治法"思想再研究》,载《重庆社会科学》2006年第4期。

② 张君劢:《黄梨洲》,载张君劢:《新儒家思想史》,中国人民大学出版社2006年版,第399、413页。

附录　与中国相遇的现代早期西方法哲学

明万历朝(1573～1620年)至南明永历帝被戕的近百年,即16世纪中叶以后的这一时期,人类群星璀璨、走向现代,中国社会悸动、面临巨变。[①] 起先,在卡斯蒂利亚的伊莎贝拉和阿拉贡的斐迪南等"天主教君主"的领导下,伊比利亚半岛国家完成"收复失地运动",其殖民势力最早抵达新旧大陆沿岸。罗马天主教会内部,为了应对宗教改革思潮的冲击,一批以"反改教"为宗旨的修会纷纷成立,并得到伊比利亚半岛和神圣罗马帝国天主教政权的支持,漂洋过海、传播福音。明中期以后,朝政日趋败坏,但隆庆开关、俺答封贡标志着有明一代饱受骚扰的"北虏南倭"问题即将解决。万历援朝战争后,海波渐清、梯航日广,江南的社会经济和思想文化面貌渐新。利玛窦(Matteo Ricci)在此背景下,受耶稣会的派遣,经葡萄牙属地印度果阿入居中国。

---

① 怀特海(Alfred Whitehead)称16世纪是"翻腾酝酿"的世纪,而17世纪是群星璀璨"天才的世纪"。参见[英]怀特海:《科学与近代世界》,何钦译,商务印书馆1959年版,第1页。但是,16世纪的人们也经历了全球范围的"普遍危机"。See Geoffrey Parker and Lesley M. Smith, *Introduction*, in *The General Crisis of the Seventeenth Century*, Goutledge & Kegan Paul Ltd, 1978, pp. 1－21.

当时，利氏及其追随者的努力和交际，真正把中国和西方的政治精英和学术领袖联系起来。① 甚至可以说，具有普遍意义的世界历史就此拉开帷幕。② 虽然在18世纪后期和其后的近两个世纪，天主教政权和中国告别了各自的黄金时代或盛世，暂时失去全球舞台的领导角色，但越来越多的有识之士预见到，世界秩序正在重构。果真如此，那么奠定现代世界秩序基础的那些人物和思想亟须我们严肃对待和系统反思。③

现代世界秩序的规范基础主要是当今各国普遍实行的代议民主制度以及覆盖全球的国际法体系。规范体系亦须要立基于一套法哲学，即全面、系统、有解释力和说服力的论述，以获得正当性。中国重返全球舞台，不可避免地会扰动既有的世界秩序，继而可能会碰撞甚至挑战国际法体系，最终还可能会质疑甚至颠覆占据统治地位的西方现代法哲学。退一步讲，即便中国已经是既有世界秩序

---

① 扼要的介绍参见黄一农：《两头蛇：明末清初的第一代天主教徒》，上海古籍出版社2015年版，第71～72页；黄正谦：《西学东渐之序章：明末清初耶稣会史新论》，中华书局（香港）有限公司2010年版，第215～216页。

② 中国世界史学科的奠基人之一，吴于廑说："各民族、各地区之间闭塞状态具有世界意义的突破，始于资本主义在西欧登上历史舞台，始于十五、十六世纪东西方之间、新旧大陆之间跨域海洋之间新航路的开辟……几个大陆彼此隔绝的状态，确已从此空前突破。程度愈来愈大的世界历史，也确已开始呈现在人们的面前。"参见吴于廑：《世界史学科前景杂说》，载《吴于廑文选》，武汉大学出版社2007年版，第37页。谢和耐则说："在1600年左右，以彼此间完全独立的方式发展起来的两大文明，首先真正地开始互相交流。"参见［法］谢和耐：《导论》，载《中国与基督教：中西文化的首次撞击》，耿升译，商务印书馆2013年版，第9页。

③ 亨廷顿（Samuel Huntington）在20世纪90年代曾预言，"西方是而且在未来的若干年里仍将是最强大的文明。然而，它的权力相对于其他文明正在下降"，以主要文明为单位的冲突日益广泛。参见［美］亨廷顿：《文明的冲突与世界秩序的重建》，周琪等译，新华出版社1998年版，第8页。进入21世纪后，一批乐见中国成长的半学术作品涌现于全球公共领域。参见［意］乔万尼·阿里吉：《亚当·斯密在北京：21世纪的谱系》，路爱国、黄平、许安结译，社会科学文献出版社2009年版；［英］马丁·雅克：《大国雄心》，张豫宁等译，中信出版社2016年版。2013年3月13日贝尔格里奥（Jorge Mario Bergoglio）当选罗马天主教会教宗，他是第一位来自拉丁美洲的教宗，也是第一位拥有耶稣会士身份的教宗。这似乎标志着天主教会的组织和神学都将有所改变。公共领域也有对继承伊比利亚半岛文明和政治传统的拉丁美洲的积极观察。See Oscar Guardiola-Rivera, *What If Latin America Ruled the World?*, London, Bloomsbury Publishing Plc, 2010.

的受益者，她亦有充分理由细致理解这一秩序背后的规范体系乃至其哲学基础，以更好地利用或维护它。① 学界一般认为，这一规范体系及其法哲学，恰恰诞生于16世纪前后的伊比利亚半岛，即利玛窦等天主教修会传教士的起航地。② 他们濡染其中，也是这一规范和哲学体系的传播载体。要分析这一体系的是非或优劣，对它的基因予以排列是必需且关键的第一步。本文希望找到寄生于利玛窦等修士言谈中的一系列原型论述，同时观察尚处于自身相对圆融、话语权力平等状态的中国及晚明儒学如何听取、辩难、回馈之。并且设想，当中国与西方力量差距缩小，彼此真诚关注时，最初那些相互欣赏和相互对立的观点将会改头换面、脱胎转世，再度锲入全球的公共领域。甚至梦想，当中国有机会改造现代世界秩序、国际法乃至法哲学时，她仍需从过去使用的免疫机制中汲取养分，输出新鲜血液，“欲求超胜，必须会通”。③

一、学术传统、材料和方法

晚明史

本研究所倚重的第一个学术传统是近现代中国的晚明史研究，特别是其中关于传教士功能的讨论。谢国桢很早就注意到晚明时期的特征。④ 第二次世界大战后，中国史学界又有讨论“资本主义萌芽”的热潮。延至今日，晚明社会存在相对繁荣的商品经济和国

---

① 探讨政治秩序和法律体系的道德基础，实即法哲学最主要的任务之一。See Scott Shapiro, What Are the Most Important Issues in Legal Philosophy, and Why Are They Distinctively Issues of Legal Philosophy Rather Than Some Other Discipline?, *in Legal Philosophy*: 5 *Questions*, Morten Nielsen ed., Automatic Press, 2007, p. 216.

② James Brown Scott, Forward, in *The Catholic Conception of International Law*, New Jersey, The Lawbook Exchange, Ltd, p. VII. 以西班牙萨拉曼卡学派神学家为现代国际法及其哲学的先驱，这是被国际法学界普遍接受的观点。参见王铁崖：《中国与国际法：历史与当代》，载《王铁崖文选》，邓正来编，中国政法大学出版社2013年版，第220页。

③ 句尾是徐光启的格言。转引自何兆武：《论徐光启的哲学思想》，载《清华大学学报》（哲学社会科学版）1987年第2卷第1期。

④ 商传：《史学传统与晚明史研究》，载《历史研究》2003年第1期。

际贸易,花样翻新、奢风流荡,已是被广泛接受的事实。[①] 而关键问题是,当时的思想文化是否已然具有“现代”性质?吴承明提出,阳明学和东林党为代表的16世纪“反传统思潮”已向现代发展,至17世纪中国出现启蒙思想。[②] 其实,侯外庐等早有类似说法,建议以明清之际甚至明嘉靖朝为中国思想“早期启蒙”的起点。[③] 萧萐父则是以明万历朝为中国哲学启蒙的开始。许苏民提出,李贽的思想完全符合康德对“启蒙”所下的定义,这是对上述观点的进一步阐扬。[④] 吴根友更认为,明清之际中国社会表现出“一种新的具有现代性的价值取向”,个人对世界与自我都有新的认识。[⑤] 而对传教士在思想文化方面贡献的争论,主要集中于他们输入中国的哲学和知识是否具有现代性质。学界一般认为,以利玛窦为代表的传教士系统介绍了西方现代观念,影响及于中国知识界,徐光启、方以智等人都可谓消化西学的“一代新猷”。[⑥] 科学方面毋庸赘述,而陈序经在20世纪30年代就提出,“耶稣会可以说是中世纪的传统政治思想的产儿,同时又是近代政治思想的先锋”,利玛窦等人已是“民权思想的拥护者”。[⑦] 但对传教士输入的科学、哲学观念分别评价,甚至连所传科学知识也予否定的观点也很盛行。纪昀等人在“四库提

---

① 参见许涤新、吴承明和傅衣凌,以及李伯重等人的论述。参见吴承明:《现代化与中国十六、十七世纪的现代化因素》,载《中国经济史研究》1998年第4期;樊树志:《“全球化”视野下的晚明》,载《复旦学报》(社会科学版)2003年第1期。

② 吴承明:《现代化与中国十六、十七世纪的现代化因素》,载《中国经济史研究》1998年第4期。

③ 商传:《史学传统与晚明史研究》,载《历史研究》2003年第1期。

④ 许苏民:《“内发原生”模式:中国近代史的开端实为明万历九年》,载《河北学刊》2003年第2期。

⑤ 吴根友:《明清之际中国社会内部的现代性因素之分析》,载《江汉论坛》2003年第3期。

⑥ 吴承明:《现代化与中国十六、十七世纪的现代化因素》,载《中国经济史研究》1998年第4期。并见黄兴涛:《明末至清前期西学的再认识》,载《清史研究》2013年第1期。还有一批护教学人都有类似观点,参见徐宗泽:《明清间耶稣会士译著提要》,上海书店出版社2006年版,第6~7页。

⑦ 陈序经:《利玛窦的政治思想》,载《政治经济学报》1935年第2期。另见许苏民:《正义即和谐:晚明西方政治哲学的东渐——以“西学治平四书”为主要文献依据的考察》,载《中山大学学报》(社会科学版)2012年第6期。

要"中早就说过，欧罗巴人天文推算、工匠制作颇为可取，但"其议论夸诞迂怪，亦为异端之尤"。[①] 何兆武则认为，来华的"这批西方神学家大抵停留在中世纪僵化了的世界观框架之内"。此世界观"阻挠近代科学及其世界观何方法论的传播"，以至于当时已然出现的伽利略学说并未被介绍到中国。[②]

西班牙黄金时代

欲真正理解利玛窦等传教士，尚须对16世纪的寰宇有初步认识。几乎如同晚明史研究的镜像，关于西班牙黄金时代及其消逝的讨论引人兴味。布罗代尔的纪念碑般的经典之作描绘了西班牙的菲利普二世（1527～1598年、1556～1598年在位）统治时期地中海世界的历史画卷。16世纪，既是神圣罗马帝国的查理五世（1500～1558年）、西班牙的菲利普二世、奥斯曼苏丹苏莱曼大帝（1494～1566年）等政治强人争胜的光荣岁月，也是土耳其、意大利乃至伊比利亚半岛缓慢沉沦的忧郁篇章——尽管布罗代尔本人认为地中海在世界史上的主导地位真正终结于17世纪中叶以后，届时北欧国家和大西洋方才登上全球舞台。[③] 聚焦于与传教士关系密迩的伊比利亚半岛。学者一直争论西班牙（有时指西班牙君主的整个欧洲领地）是否、为何自16世纪的"黄金时代"步入衰落。饕餮新大陆金银而挥霍疆埸、佞信"反改教"运动而抱残守缺，这些常被视为西班牙中衰的祸因。[④] 但就在这一时代，得西班牙宫廷重视的一批耶稣会士如马里亚纳（Juan de Mariana）和苏亚雷斯（Francisco

---

① 方豪：《中国天主教史人物传》，宗教文化出版社2007年版，第147页。

② 何兆武：《论徐光启的哲学思想》，载《清华大学学报》（哲学社会科学版）1987年第1期。何兆武继续说，"要寻求真正的近代科学和近代思想的萌芽，却只能是求之于当时中国的科学家而不能寄望于西方的神学家的"，是徐光启而非利玛窦才是"我国最早孕育了近代思想因素的先行者"。同上书，第9页。类似观点也参见侯外庐：《十六世纪中国的进步的哲学思潮概述》，载《历史研究》1959年第10期。

③ ［法］布罗代尔：《地中海与菲利普二世时代的地中海世界》（第2卷），吴模信译，商务印书馆2014年版，第979页。

④ Henry Kamen, *Golden Age Spain*, Palgrave Macmillan, 2005, pp. 40－41, 57. See Also, David Ringrose, *Spain, Europe, and the "Spanish Miracle: 1700－1900"*, Cambridge University Press, 1996, pp. 15－16; H. G. Koenigsberger, Introduction, *in The Habsburgs and Europe* 1516－1660, Ithaca, Cornell University Press, 1971, pp. xi－xv.

Suarez)，都有鲜明的倡民权、反专制学说，伊比利亚半岛在思想文化方面并未落人下风。[1] 也就在这一时代，伊比利亚政权的海外拓殖活动正处于高潮。作为耶稣会士先驱的沙勿略(Francis Xavier, 1506～1552年)正是受葡萄牙国王委托以“葡王使节和教宗使节的双重身份”航至中国的。[2] 当然，传教士和殖民者也并非始终沆瀣一气。[3] 而今，颇有必要把传教士的工作放置在伊比利亚两主要国家，它们的亚洲和美洲殖民当局，以及各个亚洲国家互动中加以认识。

现代早期经院哲学

张西平在总结百年利玛窦研究时指出，尽管过去成绩不菲，但“利玛窦对中国哲学的理解与他原有的中世纪哲学观之间的关系”有待深化。[4] 彭小瑜最近也说：“在研究传教士以及中国基督教这一特点的问题上，我们需要将目光转向中国以外和传教士到东方以前的情形，需要了解全球史语境中耶稣会以及其他传教团体的思想和文化。”[5]16世纪伊比利亚的天主教神学家，特别是维多利亚(Francisco de Vitoria)和苏亚雷斯，被视为现代国际法及其哲学的奠基人，苏亚雷斯甚至被称为“现代法学家之王”。[6] 但是，由于苏亚雷斯等人所植根并影响的那个学术传统——现代早期经院哲学——本身经历了漫长的中衰过程，他们的学说一直未获得应有的

---

① Henry Kamen, *Golden Age Spain*, Palgrave Macmillan, 2005, p. 19.

② 顾卫民：《“以天主和利益的名义”：早期葡萄牙海洋扩张的历史》，社会科学文献出版社2013年版，第158页。

③ 天主教修士是较早为美洲原住民主张权利的，参见[西]卡萨斯：《西印度毁灭述略》，孙家堃译，商务印书馆2014年版，第3页。但他们也是亚洲殖民的吹鼓手，参见施雪琴：《菲律宾天主教研究：天主教在菲律宾的殖民扩张与文化调试(1565－1898)》，厦门大学出版社2007年版，第26～27页。

④ 张西平：《百年利玛窦研究》，载《国际汉学》2011年第1期。

⑤ 彭小瑜：《“爱天主之效，莫诚乎爱人”——全球史语境中的近代早期耶稣会》，载《华中师范大学学报》(人文社会科学版)2011年第5期。

⑥ James Brown Scott, *The Catholic Conception of International Law*, Washington, Georgetown University Press, 1934, p. VII.

重视。[①] 最近,这一状况随着一系列苏亚雷斯研究作品的出版而改变。[②] 这些作品对苏亚雷斯等天主教修士与托马斯·阿奎那(Thomas Aquinas,约 1225 ~ 1274 年)、董思高(John Duns Scotus,约 1265 ~ 1308 年)的思想联系作了进一步的开掘。利玛窦本人来华前在罗马、果阿等地接受过耶稣会系统的培训。随金尼阁来华的傅汎际(Francois Furtado,1587 ~ 1653 年)、邓玉函(Joannes Terrentius)和汤若望(Joannes Adam Schall Von Bell)等在欧洲就已经完成学业。[③] 艾儒略(Jules Aleni,1582 ~ 1649 年)所著《西学凡》是对当时西方教育的介绍,耶稣会士在伊比利亚半岛受教的情形藉此也可窥一斑。[④] 来华后,傅汎际与李之藻合作,更将苏亚雷斯所任教的葡萄牙科英布拉大学(Universidade de Coimbra)教本《寰有诠》《名理探》等编译成中文。[⑤] 来华传教士与伊比利亚半岛学界的关系绝非无关紧要。

所用的材料

本研究所使用的材料主要是新近编辑出版的传教士中文作品。朱维铮在 2001 年出版的《利玛窦中文著译集》的"导言"中说:"利玛窦生前公开刊布的作品,主要是中文著译,现存的至少有十九种,理应成为探讨利玛窦如何认识和沟通两个世界文化的基本依据。"[⑥]实际上,对以利玛窦为代表的传教士的中文著译的系统整理

---

① Sydney Penner, "The Pope and Prince of All the Metaphysicians": Some Recent Works on Suarez, 21. 2 *British Journal for the History of Philosophy*, 2013, p. 393.

② See Benjamin Hill and Henrik Lagerlund, *The Philosophy of Francisco Suarez*, Oxford University Press, 2012; Daniel Schwartz, *Interpreting Suarez: Critical Essays*, Cambridge Unviersity Press, 2012; Marco Sgarbi, *Francisco Suarez and His Legacy: The Impact of Suarezian Metaphysics and Epistemology on Modern Philosophy*, Milan: Vita e Pensiero, 2010; John Doyle, *Collected Studies on Francisco Suarez, S. J.* (1548 – 1617), Leuven: Leuven University Press, 2011.

③ 方豪:《中国天主教史人物传》,宗教文化出版社 2007 年版,第 147 页。

④ 艾儒略:《西学凡》,载黄兴涛、王国荣编:《明清之际西学文本:50 种重要文献汇编》(第 3 册),中华书局 2013 年版,第 229 页。

⑤ 方豪:《中国天主教史人物传》,宗教文化出版社 2007 年版,第 146 页。另见黄兴涛、王国荣编:《明清之际西学文本:50 种重要文献汇编》(第 3 册),中华书局 2013 年版,第 1209 页。

⑥ 朱维铮:《导言》,载朱维铮主编:《利玛窦中文著译集》,复旦大学出版社 2001 年版,第 2 页。

始于马相伯、英敛之等近代人士。英敛之注意到《天学初函》的“理编”,即其神哲学部分,“文笔雅洁,道理奥衍,非近人译著所及”。[①] 晚近钟鸣旦、杜鼎克编《耶稣会罗马档案馆明清天主教文献》对这批作品有进一步搜罗,而黄兴涛、王国荣编《明清之际西学文本》是一个更好的结集,成为后续研究的基础。[②] 这批作品中和本文关系密切的有两部分:其一是《齐家西学》《治平西学》等典型的法哲学、政治哲学作品;其二是包含法哲学内容的一系列“问答”文本。所谓“问答”,是传教士根据实际经验加工而成的护教作品,一般是儒家士大夫设问,修士们再予以辩解和阐释。利玛窦的《天主实义》、罗明坚的《天主实录》、艾儒略的《西方问答》等一大批作品都采用了这一在传教士中文著译中很常见的形式,这不是偶然的。耶稣会在劝化穆斯林的手册中也广泛使用这一文学形式,其中总有一个基督徒在回答穆斯林的反对和疑问。[③] 耶稣会罗马学院等学校的人文及神学课程也都使用“问答”的教学方法。[④]

二、规范性及其判定

天主论

穷其究竟,传教士们难以承认中国规范体系蕴藏启示真理。在法哲学上,这意味着他们也无法接受中国法内含终极的规范性。这一问题在传教士的天主教神哲学体系内主要体现为与中国有关的天主论和基督论话语。几乎众所周知,起码在利玛窦本人的作品中,天主论是最为开放的,他认为中国古圣先贤对旧约天主有一定的认识。容易理解,天主教传教士甫一入华就汲汲于向中国介绍这位独一无二、至尊至大的天主。在答客问中,罗明坚(Michele

---

① 张西平:《百年利玛窦研究》,载《国际汉学》2011 年第 1 期。

② 黄兴涛、王国荣编:《明清之际西学文本:50 种重要文献汇编》(第 3 册),中华书局 2013 年版,第 25 页。

③ Emanuelle Colombo,“Even Among Turks: Tirso Gonzalez de Santalla (1642 - 1705) and Islam”,*Studies in the Spirituality of Jesuits*, 44/3, Autumn 2012, pp. 39 - 40.

④ 刘耘华:《诠释的圆环:明末清初传教士对儒家经典的解释及其本土回应》,北京大学出版社 2005 年版,第 69 页。

Ruggieri,1543～1607年)称:“盖天庭之中本有一位天主制作乾坤人物,普世固当尊敬之。”这位天主是宇宙的主宰者(“行政施权”)、创造者(“制作”)和管理者(“撑持掌握”)。① 罗明坚还说这位天主“无形无声,无始无终”,所以“非人物之可比,诚难以尽言也”——这里其实有点修辞的成分,我们现在知道他也许无形,但绝非无声——可见罗明坚不是在描述纳匝肋人耶稣。而继之而起利玛窦的杰出之处则在于,他直指天主教的这位独一真神即中国经典中的“上帝”。既然“此天主道,非一人一家一国之道。自西徂东,诸大邦咸习守之”,那么中国古人对天主有认识也并非不可能,只是“贵邦儒者,鲜适他国,故不能明吾域之语文,谙其人物”而已。② 利玛窦在学习了中国语文之后,随即发现“吾天主,乃古经书所称上帝也”。他并且指出,《中庸》就记载了孔子“郊社之礼,以事上帝也”的话,儒家五经中这类的表述其实很多。③

但利玛窦式开放的天主论仍然是有限度的。首先,中国经典中的“上帝”需要经过甄别才能被认证为传教士的那位天主。特别是,“吾国天主,即华言上帝,与道家所塑玄帝玉皇之像不同。彼不过一人,修居于武当山,俱亦人类耳,人恶得为天帝皇耶”?④ 在明廷佞信道教的背景下,郊社之礼祭奠的天地大概已经和道教神祇合一。利玛窦只承认中国古人曾经认识到天主,却不接受中国时人敬拜的最高神祇就是这位天主。他的理由也算充分,毕竟这位中国的最高神祇虽然是宇宙的管理者,但绝非创造者,不具有传教士天主的特征。这也透露出一个秘密,即甄别传教士天主的根据只能是天主教经典中独一真神所为“事情”。即便中国经典中有一个主宰、创造、管理宇宙的神祇,其能否被认作天主也未可知。其次,传教士的“天主”不等于儒家所谓的“天”,传教士认为后者不过是客观的

---

① [意大利]罗明坚:《新编天主实录》,载黄兴涛、王国荣编:《明清之际西学文本:50种重要文献汇编》(第3册),中华书局2013年版,第5～6页。

② [意大利]利玛窦:《天主实义》(上卷),载朱维铮主编:《利玛窦中文著译集》,复旦大学出版社2001年版,第8页。

③ 同上书,第21页。

④ 同上。

形体——“苍苍有形之天，有九重之析分，乌得为一尊也”。[①] 如果“天”只不过是客观的形体，在天主教神哲学体系中当然也就并无任何规范意义，一块顽石能有什么是非对错可言呢。最后，虽然中国古人曾经认识到天主的存在，但中国时人因为着迷于太极、理等概念已经背离了中国自己的正道。[②] 利玛窦说：“余虽末年入中华，然窃视古经书不怠，但闻古先君子敬恭天地之上帝，未闻有尊奉太极者。”[③]他还说：“泯没天主之迹……中国……亦间有不免者。”[④]

其实，传教士所持天主论认天主具有意志，儒家并非不可接受。刘耘华在研究清代前中期江南文人对天主教文化的反应时发现，“时至清初，‘儒学宗教化’的主流是‘敬天’的风潮”，在此风潮中许多人都相信“‘天’与‘上帝’具有意志、情感、主宰等蕴含”。[⑤] 比如，黄宗羲在《破邪论》中就说：“盖冥冥之中，实有以主之者。不然，四时将颠倒错乱，人民禽兽草木，亦混淆而不可分擘矣。古者设为郊祀之礼，岂真徒为故事而来格来享，听其不可知乎？”[⑥]黄宗羲的这番论断在在有利玛窦《天主实义》的影子。但是，正如利玛窦所谈，道教玉皇玄帝也本来就具有主宰、管理宇宙的职能，“天”有了情感、意志、主宰又有什么奇怪呢。至于利玛窦说天主不是客观的形体，其实儒家的“天”也并非总是“苍苍之谓”，更多的时候则是“於穆不已”的力量。这种力量决定四时更迭、万物生长，在这个意义上说仍是宇宙的主宰者和管理者。与传教士的天主相比，它真正

---

① ［意大利］利玛窦：《天主实义》（上卷），载朱维铮主编：《利玛窦中文著译集》，复旦大学出版社2001年版，第22页。

② ［法］谢和耐：《中国与基督教：中西文化的首次撞击》，耿升译，商务印书馆2013年版，第19页。利玛窦在1604年致耶稣会总会长的信中说：“这种‘太极’的理论是新鲜的……在某些人看来，如果仔细地研究此事，那就会发现它与那些对上帝有一种比较正确的看法的古圣贤们互相矛盾。”

③ ［意大利］利玛窦：《天主实义》（上卷），载朱维铮主编：《利玛窦中文著译集》，复旦大学出版社2001年版，第17页。

④ 同上书，第6页。

⑤ 刘耘华：《导论》，载《依天立义：清代前中期江南文人应对天主教文化研究》，上海古籍出版社2014年版，第13～14页。

⑥ 黄宗羲：《破邪论·上帝》，载沈善洪、吴光主编：《黄宗羲全集》（第1册），第195页。转引自刘耘华：《依天立义：清代前中期江南文人应对天主教文化研究》，上海古籍出版社2014年版，第26页。

缺乏的是鲜明的情感、具体的意志乃至形象的人格。

但对传教士所持天主论的创世纪内容，中国时人并无接受的迹象。利玛窦在《天主实义》中所安排的那个与谈人一开始总能听从传教士的讲解，但到了“创造”的话题，似乎争执的语气多了起来。《天主实义》中记载：“中士曰：无其理则无其物，是故我周子信理为物之原也。”[①]这位所谓“中士”继续说：“吾闻理者，先生阴阳五行，然后化生天地万物，故生物有次第焉。”[②]在朱子学中，“理”或“太极”是万事万物的本原。如果传教士坚持“天主”才是万物的创造者，那么儒家尽可以直接承认“理”或者“太极”就是哲学意义上的天主——“理”与“太极”无形无声，“但吾闻空无者，非真空无之谓，乃神之无形无声者耳，则于天主何异焉”？[③] 也许可以说，如果传教士逼迫一步，那么儒家不妨接受“斯宾诺莎的上帝”，而如果传教士退后一步，其实儒家在构造柏拉图主义式的“理念”。[④] 只是儒家这个“理念”和物质世界的冲突并不激烈。但是，天主教神哲学被旧约规定得死死的，非要打倒这个“莫名其妙”的“理”或“太极”不可。利玛窦认为，首先，儒家的“理”和“太极”是物质世界的一部分，完全不具有超越性。他说：“其‘物’字为万实总名，凡物皆可称之为‘物’”，“物之类多，而均谓之物，或为自立者，或为依赖者，或有形者，或无形者。理既非有形之物类，岂不得为无形之物品乎？”[⑤]——“理”只是无形物而已。而且，“中国文人学士，讲论理者，只谓有两端，或在人心，或在事物。……据此两端，则理固依赖，奚得为物原乎”？[⑥] 其次，利玛窦还借用了亚里士多德的四因说论

---

① ［意大利］利玛窦：《天主实义》（上卷），载朱维铮主编：《利玛窦中文著译集》，复旦大学出版社 2001 年版，第 18 页。

② 同上书，第 19 页。

③ 同上书，第 17 页。

④ 谢和耐说：“利玛窦……认为太极是一种抽象概念，理则相当于柏拉图的理念论。”参见［法］谢和耐：《中国与基督教：中西文化的首次撞击》，耿升译，商务印书馆 2013 年版，第 269 页。

⑤ ［意大利］利玛窦：《天主实义》（上卷），载朱维铮主编：《利玛窦中文著译集》，复旦大学出版社 2001 年版，第 19 页。

⑥ 同上书，第 18 页。

证:“今时实理不得生物,昔者虚理安得以生之乎？譬如今日有舆人于此,有此车理具于其心,何不即动发一乘车,而必有树木之质,斧锯之械,匠人之工,然后乘车?”①没有质料、动力诸因,“理”连车子都做不了,还谈什么宇宙万物呢?②

与天主论相比,在中国,基督论更具陌生感和挑战性。大概利玛窦也知道这一点,再加上曾经历中官马堂的威胁,所以他的基督论篇幅被大大压缩了。③ 在偌大一部《天主实义》中,利玛窦是这样描述匝肋人耶稣的:

逮夫淳朴渐漓,圣贤化去,从欲者日众,循理者日稀,于是大发慈悲,亲来救世,普觉群品。于一千六百有三年前,岁次庚申,当汉朝哀帝元寿二年冬至后三日,则贞女为母,无所交感,脱胎降生,名号为耶稣。(耶稣即谓救世也)躬自立训,弘化于西土三十三年,复

---

① [意大利]利玛窦:《天主实义》(上卷),载朱维铮主编:《利玛窦中文著译集》,复旦大学出版社2001年版,第19页。

② 关于利玛窦论述和亚里士多德、阿奎那学说的关联可参见孙尚扬精湛的分析。有趣的是,孙尚扬指出“利玛窦的这种论说抛弃了亚里士多德以形式为第一实体的观点,而承袭了阿奎那的两种偶性观,即以色味等实体的具体可感之偶性,以‘五常’(关系)、‘理’(形式)为实体的抽象一般之偶性”。参见孙尚扬:《明末天主教与儒学的互动　一种思想史的视角》,宗教文化出版社2013年版,第52、80页。利玛窦将“理”和“太极”认为是无形物,和创造没有关系,这可能太过极端了。艾儒略后来对此有修正,承认“理”和“太极”可能为元质,即“超于特定时空境遇及形状大小之上的基本物质”,和天主创世纪有些关系。参见刘耘华:《诠释的圆环:明末清初传教士对儒家经典的解释及其本土回应》,北京大学出版社2005年版,第254页。艾儒略说:“元质是造物主自生天地之初备为千变万化之具。此质非天非地、非水非火、非阴非阳、非寒非暑、非刚非柔、非生非觉,而能成天地、水火、阴阳、寒暑、刚柔、生觉之种种也。”参见[意大利]艾儒略:《性学觕述首卷之一》,载黄兴涛、王国荣编:《明清之际西学文本:50种重要文献汇编》(第1册),中华书局2013年版,第248页。据说,艾儒略的这一妥协与“亚历山大学派的犹太教学者以及后来的希腊教父”非常相似,即“天主创世首先是创造出天人万物之模型的‘理念’,从理念再复制出有形世界的天地万有”。参见刘耘华:《诠释的圆环:明末清初传教士对儒家经典的解释及其本土回应》,北京大学出版社2005年版,第126～127页。

③ 太监马堂见到利玛窦携带的耶稣像后认为是巫蛊一类的东西,兴起大狱几乎要置他于死地。参见李韦:《晚明士大夫对耶稣形象的歧异理解:兼及对外来文化的理解机制》,载《福建师范大学学报》(哲学社会科学版)2010年第6期。孙尚扬也说,当代神学家认为在利玛窦的中文著作中,“关于‘三位一体’、‘耶稣受难复活’等启示真理很少见到”。参见孙尚扬:《明末天主教与儒学的互动:一种思想史的视角》,宗教文化出版社2013年版,第62页。

升归天。此天主实迹云。[①]

利玛窦为了劝说中国时人接受匝肋人耶稣的神性，除了重复圣经中的奇迹，甚至还“考之中国之史，当时汉明帝尝闻其事，遣使西往求经”，这就把基督论神学的历史化简为文本中的历史。但这种做法是有风险的，当时即遭到天主教其他修会的攻击。[②] 中国的反教人士果然抓住和耶稣有关的种种历史故事不放，攻击耶稣是“谋反之渠魁”“毙狱之厉鬼”。[③] 他们质问，耶稣“是西洋一胡耳”，“焉有罪胡而可名天主者乎”？[④]

灵魂/理性

那么，有天主论无基督论会怎么样？有天主论，则无论何处，人有灵魂，人即是人——“天下名教名邦，皆省人魂不灭，而大殊于禽兽者也。”[⑤]利玛窦说：

彼世界之魂有三品：下品名曰生魂，即草木之魂是也。此魂扶草木以生长，草木枯萎，魂亦消灭。中品名曰觉魂，则禽兽之魂也，此能附禽兽长育，而又使之以耳目视听，以口鼻啖嗅，以肢体觉物情，但不能推论道理，至死而魂亦灭焉。上品名曰灵魂，即人魂也。此兼生魂，觉魂，能扶人长养及使人知觉物情，而又使之能推论事物，明辨理义。[⑥]

利玛窦所说“灵魂”是人“推论事物，明辨理义”的规范性判断能力，与生俱来，禽兽所无。禽兽只具感官，“不能推论道理”。实际上，这里的“灵魂”也就是后世所谓“理性”，正是天主教文化中人禽之别

① ［意大利］利玛窦：《天主实义》（下卷），载朱维铮主编：《利玛窦中文著译集》，复旦大学出版社2001年版，第94页。

② 刘星：《晚明基督论概貌》，载《重庆交通大学学报》（社会科学版）2013年第2期。

③ 肖清和：《诠释与歧变：耶稣形象在明清社会里的传播及其反应》，载《广东社会科学》2011年第4期。

④ ［法］谢和耐：《中国与基督教：中西文化的首次撞击》，耿升译，商务印书馆2013年版，第60页。

⑤ ［意大利］利玛窦：《天主实义》（上卷），载朱维铮主编：《利玛窦中文著译集》，复旦大学出版社2001年版，第26页。

⑥ 同上。

的关键。人有禽无的“灵魂”有若干作用。其一，它能催动克制欲望的意志，“独人之魂，能为身主，而随吾志之所纵止，顾志有专向，力即从焉，虽有私欲，岂能违公理所令乎”？[①] 其二，人既有感官又有灵魂，则“兼有二心，兽心、人心是也；则亦兼有二性，一乃形性，一乃神性也”。[②] 其三，人既受到欲望控制同时又有符合规范性的追求，“故着形之性，惟着形之事为好恶，而超形之性，以无形之事为爱恶”，“若人之所喜恶，虽亦有形之事，然德善、罪恶之事为甚，皆无形者也”。[③] 其四，灵魂不同于感官，超乎感官能力，“故人之灵，非惟知其物外形情，且畅晓其隐体，而又能反观诸己，明己本性之态焉”。[④]

利玛窦所谈“灵魂”，于儒家传统而言是陌生的。首先，儒家通常认为“人死魂散，无复形迹”。《天主实义》所载那位“中士”就说：“谓人之神魂嗣后散泯者，以神为气耳。气散有速渐之殊，如人不得其死，其气尚聚，久而渐泯。”[⑤]这是说，虽然也可能有“魂”甚至“游魂”，但这毕竟是“气”的产物，气化流行，终将泯灭，没有人魂不灭之说。[⑥] 其次，“中士”还说：“今之论鬼神者，各自有见。或谓天地间无鬼神之殊。或谓信之则有，不信之则无。”[⑦]信则有，不信则无，这也算中国俗语了，其实即指神魂之类都属人心的造作想象，并无真凭实据以证明之。再次，因为知觉与灵明都是“气”的产物，那么人禽之别只是量的而非质的，当然，量差的确极为悬殊。“中士”说：“虽吾国有谓鸟兽之性同乎人，但鸟兽性偏，而人得其正。虽谓

---

① ［意大利］利玛窦：《天主实义》（上卷），载朱维铮主编：《利玛窦中文著译集》，复旦大学出版社 2001 年版，第 27 页。

② 同上书，第 28 页。

③ 同上。

④ 同上书，第 29 页。

⑤ 同上书，第 36 页。

⑥ ［法］谢和耐：《中国与基督教：中西文化的首次撞击》，耿升译，商务印书馆 2013 年版，第 183 页；孙尚扬：《明末天主教与儒学的互动：一种思想史的视角》，宗教文化出版社 2013 年版，第 57 页。

⑦ ［意大利］利玛窦：《天主实义》（上卷），载朱维铮主编：《利玛窦中文著译集》，复旦大学出版社 2001 年版，第 34 页。

鸟兽有灵,然其灵微渺,人则得灵之广大也。"[①]最后,有意思的是,在人禽之别被缩小的时候,君子小人之别扩大了。君子小人所禀之"气"差异极大,甚至可以说,小人更近于禽兽。"中士"说:"君子平生异于小人,则身后亦宜异于小人,死生同也,则所以异者,必在于魂也。故儒有一种,言善者能以道存聚本心,是以身死而心不散灭,恶者以罪败坏本心,是以身死而心之散灭随焉。"[②]盖儒家也不妨接受某种意义的永垂不朽,但小人无与。实际上,抛开其他,儒家此说与天主教最大的不同之处在于灵魂说内含的"人心、兽心"间尖锐的灵肉对立在此被淡化了。规范性判断不必然依赖于"人身上存在有一种极大的和独立的辨理能力"。用谢和耐的话说,即中国人"把思想和感情、性和理都结合进唯一的一种观念——心的观念中了"。[③] 是由气所生、随事精粹的"心"而非因神而有、与身对立的"魂"乃儒家的规范性判断能力所赖。

意志

无基督论又会如何呢?一言以蔽之,则中国绝无完美的规范体系。首先,天主教将规范性判断归于人之意志的作用,但正所谓"岂能尽如人意",意志选择往往是错误的。[④] 利玛窦说:"吾观世人为事,如射焉,中的则谓善,不中则为恶"。只有天主那里才有完美规范,即"天主者,自然中于的者也,有至纯之善,无纤芥之恶,其德至也"。而人是不行的,即"吾侪则有中有不中矣"。[⑤] 其次,人之意志只有符合天主旨意才算得上对,或者说,具有规范性。利玛窦说:"凡行善者,有正意三状:下曰因登天堂免地狱之意,中曰因报答所

---

① [意大利]利玛窦:《天主实义》(上卷),载朱维铮主编:《利玛窦中文著译集》,复旦大学出版社2001年版,第38页。

② 同上书,第30页。

③ [法]谢和耐:《中国与基督教:中西文化的首次撞击》,耿升译,商务印书馆2013年版,第186页。

④ 但此说主要是苏亚雷斯的观点,阿奎那不尽相同。See James Gordley, Suarez and Natural Law, *in The Philosophy of Francisco Suarez*, Benjamin Hill and Henrik Lagerlund eds., Oxford University Press, 2012, pp. 210 – 211.

⑤ [意大利]利玛窦:《天主实义》(上卷),载朱维铮主编:《利玛窦中文著译集》,复旦大学出版社2001年版,第59页。

重蒙天主恩德之意,上曰翕顺天主圣旨之意也。”①最后,与儒家重视“本心”不同,天主教神哲学更加重视“功德”在规范性判断中的分量。利玛窦说:“性之善,为良善;德之善,为习善。”②儒家“乍见孺子将入于井,即皆怵惕”,这是鸟兽都有的“良善”,全属“天主原化性命之德”,“而我无功焉”。③ 利玛窦说:“我所谓功,止在自习积德之善也。”他说:“吾西国学者,谓德乃神性之宝服,以久习义,念义行生也。谓服,则可着,可脱,而得之于欣然为善之念,所谓圣贤者也,不善者反是。”④这一段至关重要,孙尚扬评论:“在讨论良善与德善时,利玛窦的论述则表现为不妥协精神占了上风;他拒斥了儒学中的复性说。”⑤盖天主教神哲学所谓完美的规范性永远在个人之外,人只有翕顺服劳才能积德称义——孟子说“仁义礼智,非由外铄我也”,朱熹说“义理身心所自有,失而不知所以复之”,似乎恰恰相反。

圣贤

“圣贤”也成了问题。《天主实义》里的“中士”说:“二帝、三王、周公、孔子,皆苦心极力修德于己,以施及于民,非止于至善不敢息。”⑥儒家认为人类中的圣贤可以把握完美的规范性,正所谓修德于己、止于至善。那么对不知基督的中国圣贤在天主教那里会得到什么对待呢?实际上,利玛窦对中国圣贤还算客气。他的天堂地狱观念相当超前:“天堂非他,乃古今仁义之人所聚光明之宇;地狱亦非他,乃古今罪恶之人所流秽污之域。升天堂者,已安其心乎善,

---

① [意大利]利玛窦:《天主实义》(上卷),载朱维铮主编:《利玛窦中文著译集》,复旦大学出版社 2001 年版,第 64 页。

② 同上书,第 74 页。

③ 同上。

④ 同上书,第 75 页。这一段亦体现苏亚雷斯的意志主义(voluntarium)思想,与阿奎那相比,他更接近董思高。See Thomas Pink, Action and Freedom in Suarez's Ethic, *in Interpreting Suarez*, Daniel Schwarz ed., Cambridge University Press, 2012, pp. 121–125.

⑤ 孙尚扬:《明末天主教与儒学的互动　一种思想史的视角》,宗教文化出版社 2013 年版,第 69 页。

⑥ [意大利]利玛窦:《天主实义》(上卷),载朱维铮主编:《利玛窦中文著译集》,复旦大学出版社 2001 年版,第 59 页。

不能易也;其落地狱者,已定其心乎恶,不克改也。”[1]在此前提下,他提到“如真文王、殷王、周公在天堂上”的话头,假设了周孔可能上天堂。[2] 其实,按照天主教的说法,只有服从天主、基督旨意才有可能“习善”,从来不知基督的古人不知犯下多少罪孽。西方殖民者早就判处印加祖先全下地狱。而“居住在葡萄牙的飞地和堡塞澳门的传教士们,都大言不惭地宣称,儒家中的所有圣人,如尧、舜、禹、文王和孔子本人都是魔鬼”。[3] 利玛窦当然不敢这么说,倒是艾儒略还坦率些。时人黄贞记载艾儒略说:“对老兄说,别人面前我亦不说。文王亦怕入地狱去了。”[4]当然,这套天堂地狱的鬼话为儒家所不喜。[5] 后来的天主教哲学家也没那么极端。后人一般认为,孔子不识基督,所以他的规范性探索只能到道德领域为止,其上的宗教领域则完全不得其门而入。[6] 孔子都是如此,那么整套儒家的规范体系也就自然不遑多言了。

三、国内的权威与反抗

权力的来源

16世纪中叶的中国皇帝在政治实践和意识形态上都比西方同侪煊赫。在传教士中,以教内外标准衡量,高一志(Afonso Vagnoni,1566～1640年)不算最杰出者,但偏偏是他撰写了《治平西学》等一

---

① ［意大利］利玛窦:《天主实义》(上卷),载朱维铮主编:《利玛窦中文著译集》,复旦大学出版社2001年版,第65页。

② 同上书,第68页。

③ ［法］谢和耐:《中国与基督教:中西文化的首次撞击》,耿升译,商务印书馆2013年版,第223页。

④ 刘耘华:《诠释的圆环:明末清初传教士对儒家经典的解释及其本土回应》,北京大学出版社2005年版,第412页。

⑤ 黄宗羲就觉得这套“以阴止阴”的办法“只能加剧天地神人之间的淤塞凝滞,而不是疏通化解”,无益于增加“阳和之气”。参见刘耘华:《导论》,载《依天立义:清代前中期江南文人应对天主教文化研究》,上海古籍出版社2014年版,第13～14页。天堂地狱之说近似释教,容易混淆,也是显而易见的。

⑥ 孙尚扬、刘宗坤:《基督教哲学在中国》,首都师范大学出版社2011年版,第133页。谢颂羔说:“伦理学领域的权威性的话头都被说完了;但在宗教领域里,他的初步言论却是灵活的、模棱两可的。孔子教导我们如何生活,却没有教导我们如何在信和望之中生活。”

系列狭义的法哲学作品,成为此处讨论的基础。[①] 在政治权力起源的问题上,高一志给出了两个答案:天主之命与君王之德。其中政治权力源于"天主之命"是传统观点,且有扎实的经文根据。在《治政原本》中高一志说:"圣经中主谕民曰,凡王者,凡施义制者,皆由吾命也。保禄圣人又曰,治民之权皆无不从天主而施,则凡抗逆王君之命,必因抗逆天主之命耳……造物主所以保存万民之众者有二:使或必善施命一也;使或必善听命二也。二者惟去其一,而致政无所立,民无可治也。"[②]与此比较,高一志答案中耐人寻味的部分是"德"。在论述"王权由何生存"时,他说:

斯所谓王权者,则王所以服万众而任权处之谓也。古昔或问于西贤曰,王政之权,必为要也,但愿闻其所以生并其所以存者也。贤者答曰,王权从德而生,则亦无不由德可保存矣。试观厥初,人始立君者,以德以功,必为之故必为之首焉。无德无功而自立于众民之上者,未之闻也。盖夫人性原自私爱,乃无不好自从自适,岂肯甘臣而从他人之命耶![③]

高一志所谓"王权从德而生",如许苏民所说,为政治权力渲染上玫瑰的色彩,回避了国家起源的血腥暴力,诉诸于人类个体的自然本性。[④] 实际上,这一说法要在圣托马斯·阿奎那、苏亚雷斯的理论传统中方得解。圣托马斯曾经说:"一个肌体(body)不可能没有一个首脑(principle),其功能是为该肌体获取和争夺公益(common good)。"[⑤]阿奎那和苏亚雷斯等人认为,每个私人(private member)都会为了私益(private good)而争夺,仅凭他们是无法实现公益的。自然的也是必然的,在众人之中要有一个人享有统治之权,以为全

① 方豪著作中有对高一志生平比较详细的介绍。参见方豪:《中国天主教史人物传》,宗教文化出版社 2007 年版,第 105 ~ 110 页。

② [意大利]高一志:《治平西学》,载黄兴涛、王国荣编:《明清之际西学文本:50 种重要文献汇编》(第 2 册),中华书局 2013 年版,第 613 页。

③ 同上书,第 583 ~ 584 页。

④ 许苏民:《正义即和谐:晚明西方政治哲学的东渐:以"西学治平四书"为主要文献依据的考察》,载《中山大学学报》(社会科学版)2012 年第 6 期。

⑤ James Brown Scott, *The Catholic Conception of International Law*, New Jersey, The Lawbook Exchange, Ltd. , p. 243.

体服务。[1] 高一志几乎说了同样的话。他也相信有人"视他人之才能功德绝超于众,而因自庇保下民者,即不待强而自甘服,以致成君臣之伦也"。[2]

但阿奎那,特别是苏亚雷斯还有更为深刻的哲思,在高一志那种通俗肤泛的作品中是见不到的。苏亚雷斯认为人是社会的动物,天然要生活在共同体(community)之中,但他对共同体有区分:既有不完美的"家庭的"(domestic)共同体,也有完美的政治的共同体。所谓"家庭的"共同体是自然的,建立在三种基本关系之上:夫妇、亲子、主仆。所谓政治的共同体则包括若干家族、治平众人,即城邦(civitas)。[3] 在作出这个区分之后,苏亚雷斯讨论了权力究竟属于谁的问题。毋庸赘言,针对这一问题的答案可以有三种:属于某个人、属于所有人、属于作为整体的人们。苏亚雷斯否定了自然地"权力属于某个人"的说法,因为没有任何一个人天然地高于其他人。[4] 他也否定了第二种答案,因为如果天然地人人有权,那在逻辑上就不存在权力的转移了——所有人将世世代代永远有权,这似乎和实际情况不符。[5] 于是,苏亚雷斯总结:"政治统治,或治理众人之权,未被天主最初赋予任何个人。"[6]即便是亚当,也只有"家庭的"权力,没有政治的权力,等而下之更是如此。政治权力只能产生于群众(multitude)起先完成的身体、道义联合,而后达成的为一个政治目的相互协助、结为一体的特殊意志或全体同意。[7] 有了由群众转化而成的政治共同体,而后才谈得上天主的恩典等。苏亚雷斯的这一观点也在呼应罗马法学者所论的"王权法"——"根据该法,罗马

---

① James Brown Scott, *The Catholic Conception of International Law*, New Jersey, The Lawbook Exchange, Ltd., p. 243.

② [意大利]高一志:《治平西学》,载黄兴涛、王国荣编:《明清之际西学文本:50种重要文献汇编》(第2册),中华书局2013年版,第584页。

③ See James Brown Scott, *The Catholic Conception of International Law*, New Jersey, The Lawbook Exchange, Ltd., pp. 242 - 243.

④ Id., p. 246.

⑤ Id., p. 247.

⑥ Id., p. 248.

⑦ Id., pp. 248 - 249.

人民曾经拥有过全部权力，但后来他们将其转让给了皇帝”。而德意志诸侯选举神圣罗马帝国皇帝的政治实践当然也有启发。[①] 必须强调，苏亚雷斯等人发明的“作为整体的人们”观念是中世纪政治哲学向现代转型的一大关节。有了这个观念，高一志语焉不详的“人始立君”才可能成立。

君位

君主是政治共同体的首脑，须作两重理解。其一，虽然是首脑，但并非那么重要。实际上，将政治实体比喻为自然肌体是中世纪常见的说法。利玛窦也有“一人一身一首、一家一长、一国一君”的类比。[②] 尽管表面看似地位尊崇，但在天主教的神哲学体系内，君主在天主面前从来至为卑微。利玛窦本人的“三父”说透露了一些端倪。最要紧的一句话是：“国主于我相为君臣，家君于我相为父子，若使比乎天主之公父乎，世人虽君臣父子，平为兄弟耳焉。此伦不可不明矣！”[③]陈序经曾经解释：“在天主面前，虽君臣父子，不过兄弟，这并不是说臣可以不叫君为君，子可以不叫父为父，而可以叫之为兄为弟，而是说，在天主的面前，君臣父子是平等的。”[④]但相比于离天主的无限远，这种君臣父子距离毕竟几乎可以忽略。以至于，当时的反教人士许大受指出：“君臣、父子、夫妇、昆弟、朋友，虽总属人伦，而主敬、主思、主别、主序、主任，其间各有取义……夷辈乃曰：彼国君臣，皆以友道处之。”[⑤]以友道处父子，那是后现代社会的小清新；以友道处君臣，在当时则无异于招引杀机——在传教士那里，君主不但要服从天主，就是臣僚也需和颜悦色的对待。就刚刚提到的肌体比喻，高一志有进一步的阐发。他说：“夫国也者，正大身也，身岂独首耶？！胸背手足亦身之要体也。则首虽备明目以照万色，

---

① ［英］沃尔特·厄尔曼：《中世纪政治思想史》，夏洞奇译，译林出版社 2011 年版，第 138～139 页。

② 陈序经：《利玛窦的政治思想》，载《政治经济学报》1935 年第 2 期。

③ 转引自许苏民：《正义即和谐：晚明西方政治哲学的东渐：以“西学治平四书”为主要文献依据的考察》，载《中山大学学报》（社会科学版）2012 年第 6 期。

④ 陈序经：《利玛窦的政治思想》，载《政治经济学报》1935 年第 2 期。

⑤ 转引自孙尚扬：《明末天主教与儒学的互动》，宗教文化出版社 2013 年版，第 250 页。

虽备口舌以施命令，但无手足以造以行，其身不能活也。”[1]这其实就是索尔兹伯里的约翰的器官论：“作为君王的咨议机构，元老院就是心脏，而社会有机体的眼、耳、舌代表着法官何行省总督等等，农民就像社会之足，胃被比作国库，因为国库喂养着官吏，诸如此类。”[2]——如出一辙。高一志也要求君主广开议路，采纳芹献。如果非说臣僚是君主这一首脑的心脏和手足，也就难怪被指责为友道处君臣了。

当然，说君主是政治共同体的首脑，也有其突出君主的一面。实际上，传教士们已经比较大胆地向中国介绍了西方的政体学说。高一志提及：“夫政固有三种：一曰一人且王之政；二曰教人且贤之政；三曰众人且民之政是也。盖治人之权凡系乎一人者，即谓帝王之政；凡系乎明智之数士，即谓贤者之政；又凡民中无君臣、无尊卑之殊，而权系于众者，即谓民众之政。”[3]毋庸赘言，这即西塞罗、亚里士多德的三种政体之说。不过高一志没有谈到混合共和政体，并直接判断“古往近来，明哲较参三政者，以帝王之政善且稳”。[4] 而在“王之政”中，高一志又区别了两种：“其一传世；其一不然，乃先王已崩，国中士民会议，任立一士以继王业焉。”[5]他复强调：“二者相较，传世者更善更稳。”[6]高一志此说在某种意义上也反映了现实情况。[7] 而在政治哲学上，君主亦有其必要性。君主作为政治共同体的代表，不臣服于任何他人——“国王就是在其王国之内的皇帝

---

① [意大利]高一志：《王政须臣》，载黄兴涛、王国荣编：《明清之际西学文本：50 种重要文献汇编》(第 2 册)，中华书局 2013 年版，第 599 页。

② [英]沃尔特·厄尔曼：《中世纪政治思想史》，夏洞奇译，译林出版社 2011 年版，第 117 页。

③ [意大利]高一志：《治政原本》，载黄兴涛、王国荣编：《明清之际西学文本：50 种重要文献汇编》(第 2 册)，中华书局 2013 年版，第 614 页。

④ 同上。

⑤ 同上书，第 615 页。

⑥ 同上。

⑦ 艾儒略也提到类似情况。他说：西方“诸国王中，亦有二三大国传贤而不传子者。其传贤之法，又或不同。有立本国巨室大贤者，如勿搦察等国；亦有不拘本国与他国，惟贤则聘之，如玻罗尼亚与亚勒马尼亚国。其立之之权仍在本国大臣公议而定”。参见[意大利]艾儒略：《西方问答》，载黄兴涛、王国荣编：《明清之际西学文本：50 种重要文献汇编》(第 2 册)，中华书局 2013 年版，第 741～742 页。

(rex in regno suo est imperator)"。[①] 无论罗马法还是教宗的谕令在中世纪后期都明确了神圣罗马帝国皇帝对国王们没有统治权:"国王是最高统治者;其他任何国王甚至皇帝的法庭均不得传唤他;作为国王,他不能对其他国王犯有盘你最,因为他就不属于臣民。"[②] 非但如此,由于国家、王政归根结底是自然的产物,而教会、神法是超自然的产物,一个是"具有道德目的的政治团体(corpus politicum et morale),要考虑公民的社会习俗和习惯",另一个是"神秘团体"(corpus mysticum),君主在政治事务上也不必服从教宗和教会的领导,真俗有别。[③] 可见,违反君主(及其代表的民众)意志的可能只是法律意义的罪责(crime),不一定是信仰和道德意义的罪孽(sin)。[④]

君德

王权从德而生,王政也赖德而保。高一志说:"盖王政之要职惟二:进民于善这其一,遏民于恶者其二,二者非王躬之德诚,必不可致也。盖王躬正为民众之表,岂有表不正而民正乎!王躬不正,虽严于刑者,而民必效其身之恶,不畏其刑之严矣。"[⑤]而关于君德的具体内容,高一志说"仁者所以爱慕天地真主,因及爱人之德也",即"仁乃王之首德"。[⑥] 虽然高一志之"仁"包括了爱天主和爱众人两部分,但在文本中,他还是用这一章的完整篇幅讨论了爱天主的重要性。而爱众人的部分,高一志归入"慈民乃仁王之次功",所谓"仁王既尽职分以爱慕钦崇万物之主,次应以是心情之处慈仁其民者也"。[⑦] 仁王慈民的理由则是众人均为天主所造,彼此原属兄弟。

---

① [英]沃尔特·厄尔曼:《中世纪政治思想史》,夏洞奇译,译林出版社 2011 年版,第 150 页。

② 同上书,第 195 页。

③ 参见圣托马斯的学说。参见[英]沃尔特·厄尔曼:《中世纪政治思想史》,夏洞奇译,译林出版社 2011 年版,第 176 页。

④ 同上书,第 208 页。

⑤ [意大利]高一志:《治政原本》,载黄兴涛、王国荣编:《明清之际西学文本:50 种重要文献汇编》(第 2 册),中华书局 2013 年版,第 615 ~ 616 页。

⑥ 同上书,第 617 页。

⑦ 同上书,第 618 页。

他说:"盖吾至公天主原造下民,时时鞠育,时时慈恤,彼我无异也。天主又尝命我相亲相恤,如共一炉锤同胞昆弟者也。"[①]检验君主是否真爱众人的办法,即是考察他有无广施恩惠。高一志说:"则欲验人实爱与否,视其好惠与否。"[②]他复引用亚里士多德的说法,劝说:"惟好施惠,无吝无私者,乃王之荣,乃国之障。"[③]实际上,高一志此论正是当时天主教知识界的普遍观念。颇具民主主义倾向的西班牙神学家马里亚纳认为保护良善、芟薙莠民,正是君主的要务。而放弃慈惠,任用暴力,则可谓君主堕落为僭主(tyrant)的原因。[④] 马里亚纳认为有德而真正的君主自人民那里得到权力,他不是像统治奴隶那样统治他的臣民,而是像管理孩子那样管理他们。[⑤] 这样的话自然也见于高一志的作品。高氏议论:"是故万古万国之仁王,以父母之名为号,以父母之心为心,则以父母之心为心而不慈恤其民者,未之有也。"[⑥]以慈爱施惠为标准,君德终究可以衡量,"今王无是慈恤之心,即称之父母者,谬也。王而无父母之心即称之王,又更谬也"。[⑦]

除了对为民父母、慈惠众人的一般讨论,高一志还反复提及一些更为具体紧要的君德。首先,特别有意思的是所谓"义君亲朝"章。高一志说:"人君既为天帝之司,以代敷政,而以仁义权治万民,则图悉尽其职而逮王业,必须亲政而主务也。"[⑧]他再次引用亚里士多德的话,"君王非每亲朝,非亲究审其臣之行迹而尽王道,最为难矣"。[⑨] 君主亲自处理政务、聆审诉讼时要特别注意四点。其一,君

---

① [意大利]高一志:《治政原本》,载黄兴涛、王国荣编:《明清之际西学文本:50种重要文献汇编》(第2册),中华书局2013年版,第618页。

② 同上书,第620页。

③ 同上书,第620~621页。

④ James Brown Scott, *The Catholic Conception of International Law*, New Jersey, The Lawbook Exchange, Ltd., p. 286.

⑤ Id., p. 287.

⑥ [意大利]高一志:《治政原本》,载黄兴涛、王国荣编:《明清之际西学文本:50种重要文献汇编》(第2册),中华书局2013年版,第618页。

⑦ 同上书,第618~619页。

⑧ 同上书,第628页。

⑨ 同上。

主不能偏听一辞，草率处分。其二，君主听讼必须格外留神，不可轻忽。其三，“断讼必依明律而断，不敢从情”。[①] 其四，宣判以后不得轻易改变诉讼结果。高一志引用贤王的话说：“狱词既合义律，不可易也。数易，则律渐衰，因政将无所据，无由立也。”[②]与“义君亲朝”呼应，高一志还撰写了“义王必遵法度”章。高一志说：“古之闻士及论王道曰，王者何义之像也！义者何遵其法度也！王不遵法度则非义，非义则非王可知也。”[③]他又说：“盖制度也者，必尊于王，而王非尊于制度也。”[④]

与“义君亲朝”所谈诉讼之程序正义问题相比，“义王必遵法度”章已然进至现代早期政治哲学的苑囿。如果说“王非尊于制度”还不明晰，那下引这一段则无可争议地露出杀手锏的锋芒。高一志说：

古来奸佞之臣，媚谀其君，奉纵其欲，即扬王权而每云，律固由于王命乃始得力，始可行也，则独王躬不应服属其所制律，而惟所欲是可为也，谬哉！殆哉！依从是说，则义礼之学必弃绝矣。理主乎律，律主乎人者，不待训诲而自著也。若人或主乎律，或主乎理者，未之闻也。[⑤]

这一段“王在法下”的论述已然耸动视听，高一志而后所谈恐怕于中国士大夫而言更近乎费解。他说：“夫王躬王名包兼人与位二物，人有正范所宜遵守，则弗能任为所不可为者也；位有义礼所当依从，则亦弗能以人所欲定其可不可之规者也。”高一志于此暗藏了西方中世纪所谓“国王的两个身体”之说，不但作为“人”的王应当遵从正范法度，就是作为“位”的王也有“义礼”来管制，不容国王个人为所欲为。联想到传教士最初于万历朝抵达中国，正是君王数十年不亲朝、不听讼、滥用死刑、紊乱纲纪的黯淡时期，高一志此说恐

---

① ［意大利］高一志：《治政原本》，载黄兴涛、王国荣编：《明清之际西学文本：50种重要文献汇编》（第2册），中华书局2013年版，第629页。

② 同上。

③ 同上书，第624页。

④ 同上。

⑤ 同上书，第625页。

怕意有所指。至于中土士大夫为何有对艾儒略的西方“国王亦用内相否”之问，大家更是心知肚明。[1]

抗命与弑君

还有一个话题是“抗命与弑君”。这本应是传教士们熟知的神哲学讨论，但在他们的中文著作里基本没有出现。据研究，在16世纪的法国以霍特曼（Francois Hotman）为代表的一批神学家兼法学家已经有类似后世的立宪主义思想，强调君主权威的民众根源。实际上，我们在本章的以上部分也能看到这一观念的吉光片羽。霍特曼通过研究所谓法兰西的法律传统发现，法国政权当由国王和共同体分享，国王不过是王国的终身官吏（magistrate），如果他背弃职责，人民就可以撤换他。[2] 霍特曼之后的法国学者已经接受公共机关对暴君的反抗。特别是在封建社会，地方诸侯可以挺身抗命，甚至取而代之。[3] 贝扎（Theodore Beza）认为，三级议会有权废立。[4] 莫瑞（Philippe du Plessis-Mornay）在《论反抗僭主之权/自由》（Vindiciae contra tyrannos）中认为，官僚集团可以代表全体人民控制君主。[5] 更为激烈的神学家还可以接受私人基于宗教理由对君主的反抗，但那终究是主流见解。除了索尔兹伯里的约翰同意弑君，神学家们还是觉得自下而上的草根革命太过分了。[6]

受惠于巴黎大学神学教育的西班牙学者在此问题上也并无二致。苏亚雷斯本人在他非常著名也非常重要的《驳英王卫教篇》（Defensio Fidei Catholicae adversus Anglicanae Sectae Errores）中系

---

① ［意大利］艾儒略：《西方问答》，载黄兴涛、王国荣编：《明清之际西学文本：50种重要文献汇编》（第2册），中华书局2013年版，第742页。

② Julian Franklin, *Constitutionalism and Resistance in the Sixteenth Century*, The Bobbs-Merril Company, Inc., 1969, p. 20.

③ 这一点在伊比利亚半岛体现的比较明显。瓦伦西亚和阿拉贡议会（Cortes）都认为国王未经他们同意不得改税（fueros）。See Julian Franklin, *Constitutionalism and Resistance in the Sixteenth Century*, The Bobbs-Merril Company, Inc., 1969, p. 14.

④ Julian Franklin, *Constitutionalism and Resistance in the Sixteenth Century*, The Bobbs-Merril Company, Inc., 1969, p. 36.

⑤ Id., p. 40.

⑥ Id., p. 30.

统阐述了自己的观点。基本上,他将君主区别为几种情况。首先,"私人弑君是不义之举,无论君主是否施行暴政或犯下罪行"。[①] 当然,如果暴君正要非法剥夺一个人的生命,他铤而走险确实无可厚非,但即便如此,为国家和公益计,私人也应避免弑杀君主。[②] 其次,能将暴君推下王位的有二:教宗与作为一个整体的国家。就教宗而言,如果君主改宗异教、伤天害理,则可以以宗教名义剥夺其王国,使之置于其他义君的刀剑之下。[③] 就作为整体的国家而言,一个由市民和贵族组成的公溥议会可为了捍卫王国而推翻君主。[④] 当然苏亚雷斯也提醒,君主的异端行为本身不能立即使其丧失王位,还须正式的谴责裁判加诸绝罚,而后作为僭主的他才人人得以诛之。其实说"人人得以诛之"也不周全,苏亚雷斯说,最好是王国合法继任的新君来施加刑罚,或者是受教宗背书占领该国的天主教君主才有权处死僭主。[⑤]

众所周知,苏亚雷斯的《驳英王卫教篇》是针对英格兰国王詹姆士一世的君权神授说而作,整篇文字杀机四伏,在在吐露出要将异教君主置之死地的狠意。而耐人寻味但又不难理解的是,这样洋洋洒洒的讨论在传教士的文本中基本不存在。高一志只语焉不详地提及过:"其上者不谨,乃辱乃害不止于民王,尚逮于王躬矣。"[⑥] 其后,这种敏感字眼就隐匿不见了。在有明一代,"君亲无将",作抗命与弑君的讨论无异于选择侧身与贼盗之列。就是类似于法国和西班牙神学家所谓"公共机构的抗命"的藩王"清君侧",在宁王一役后也沦为笑谈谬论,无人再敢身试。处于重重猜忌之下,如果传教士们胆敢提出西洋教宗有权废置异教君主,马上就会引来杀身之祸。这一道"尺蠖之屈,以求信也"的保命法门,见多识广的传教

---

① James Brown Scott, *The Catholic Conception of International Law*, New Jersey, The Lawbook Exchange, Ltd. , p. 270.

② Id. , p. 271.

③ Id. , p. 269.

④ Id. , p. 275.

⑤ Id. , p. 277.

⑥ [意大利]高一志:《治政原本》,载黄兴涛、王国荣编:《明清之际西学文本:50种重要文献汇编》(第2册),中华书局2013年版,第627页。

士们当然留有,也难怪他们于此不置一词。

四、国际秩序

文野

国际法中一直就有文明世界与非文明世界、主权国家与无主权社会、西方与非西方二元对立的主题。文野之别是本文不能回避的一个重要问题。处于国际法发展第一阶段的传教士们确实把新大陆乃至整个非西方世界视为相对野蛮之地。当时,欧洲主要是西班牙人对美洲印第安人有两种看法。其中一种是根本不承认印第安人的"灵魂/理性",认为他们"更接近于猴子"。[①] 约刊于1674年的南怀仁《坤舆图说》描述了"南亚墨利加之南"所谓"智加"的情况,"地方颇泛,人长一丈许,遍体皆毛",而后更是一番怪谈。[②] 实际上,即便是维多利亚本人,仍认为印第安人在与欧洲人接触以前在公法和私法都是自主的,拥有自己的国王和领袖。[③] 著名的耶稣会士拉斯卡萨斯也主张,印第安人只是风俗野蛮,但仍可经过教育过上文明生活。[④] 南怀仁正是这样描述秘鲁印第安人的。他说:

> [印第安人]人性良善,不傲不饰诈,颇似淳古风。因其地多金银,任意可取,故无窃盗贪吝,但陋俗最多。自欧罗巴天主教士人往彼劝化,教经典书文,与谈道德理义,往时恶俗如杀人祭魔、驱人殉葬等事俱不复然,为善反力于诸国,有捐躯不辞者。[⑤]

而南怀仁对墨西哥的勾画简直令人神往:"今所建都城周四十八里,不在地面,直从大湖中创起坚木为椿,密植湖中,上加板以承城郭宫室。其坚木名为独鹿,入水千年不朽。城内街衢室屋皆宏敞

---

① 张铠:《庞迪我与中国》,大象出版社2009年版,第77页。

② [比利时]南怀仁:《坤舆图说》,载黄兴涛、王国荣编:《明清之际西学文本:50种重要文献汇编》(第4册),中华书局2013年版,第1770页。

③ James Brown Scott, *The Catholic Conception of International Law*, New Jersey, The Lawbook Exchange, Ltd., p. 2.

④ 张铠:《庞迪我与中国》,大象出版社2009年版,第77页。

⑤ [比利时]南怀仁:《坤舆图说》,载黄兴涛、王国荣编:《明清之际西学文本:50种重要文献汇编》(第4册),中华书局2013年版,第1769页。

精绝。国王宝藏极多,所重金银鸟羽。工人辑鸟毛为画,光彩生动。”[①]这就既承认了古墨西哥城的城市文化,又承认他们过去的印加国家。与每每提醒人们美洲原住民的恶俗相比,传教士对亚洲“火药帝国”的态度则显得过于冷淡。莫卧儿帝国得到的评价是:“人面紫色,善百工技巧,无笔札,以锥画树叶为书。”[②]波斯和奥斯曼帝国共同出现于一句无关紧要的“百儿西亚西北诸国皆为度儿格所并”。[③] 日本也并没有占到好处,“今有六十六州,各有国主,俗尚强力,虽有总王,权常在强臣,其民多习武,少习文”。[④] 朝鲜则一贯是隐藏于春闺不为人知的神秘国家。

传教士眼中的野蛮者是“土人”,而中国与谈人眼中的野蛮人则是“虏”。时人在汤若望指导下写成的《火攻挈要》关心的焦点正是“如临阵,如何击虏之零贼,如何拒虏之全军,如何备虏之迭进,如何取虏之主将,如何使火器不放,而虏骑亦不敢冲突我营”等。[⑤] 这里的“虏”不能理解为一般的“敌寇”,特指“北虏”建州女真后金政权而言。我们可以参见与传教士关系最为密切的徐光启的作品。在《拟上安边御虏疏》中,徐光启说:“臣窃惟方今九州清晏,百蛮重译,所宜备者北虏而已。北虏之中,宣大为甚。倾者五路狡焉犯顺,窃入我塞垣,掳掠我财富,今虽窜居远外,虏王力为之请,竟未有成言也。”[⑥]但综观中国时人对“虏”的描述,愤恨不能说没有,但轻蔑则基本看不到。《火攻挈要》中对“虏”更多地正式称呼为“敌”,如敌兵敌将,实际上是与“中国”匹敌对待的。徐光启则直承“北虏”兵将众多武器精良,“虏虽二三万众”,“虏多明光重铠”,不能不让

---

① [比利时]南怀仁:《坤舆图说》,载黄兴涛、王国荣编:《明清之际西学文本:50 种重要文献汇编》(第 4 册),中华书局 2013 年版,第 1771 页。

② 同上书,第 1750 页。

③ 同上书,第 1751 页。

④ 同上书,第 1753 页。

⑤ 宁国焦:《火攻挈要卷上》,载黄兴涛、王国荣编:《明清之际西学文本:50 种重要文献汇编》(第 4 册),中华书局 2013 年版,第 1572 页。

⑥ (明)徐光启:《拟上安边御虏疏》,载《徐光启集》,王重民辑校,中华书局 2014 年版,第 1 页。

人为"中国"捏一把汗。①

幸运的是,传教士和中国时人并没有把对方视同野蛮,都纳入了文明世界之中。《坤舆图说》中有一段话还是符合实际的,"欧罗巴之极西曰以西把尼亚,周一万二千五百里。世称天下万国相连一处者,中国为冠。若分散于他域者,以西把尼亚为冠"。② 南怀仁一方面承认中国幅员辽阔世所罕见,另一方面也坦言西班牙帝国统治寰宇、太阳不落的煊赫景象。传教士的另一母国葡萄牙同样雍熙繁华,"[西班牙]之西有波尔杜瓦国都城,有得若大河入海,四方商舶皆聚,为欧罗巴总会之地"。③ 南怀仁又说,西班牙"国人好学,有共学二所,远近学者聚焉",葡萄牙"国中共学二所,其讲学名贤经国王所聘,虽已辍讲,亦终身给禄,欧罗巴高士多出此学"。④ 这些对萨拉曼卡和科英布拉等大学的描述当然名实相副,也透露出两国的文物鼎盛。中国时人真正与传教士有深入交际者,也颇可以对此照单全收。杨廷筠的话特别典型:

彼国读书次第,取士科条,种种实修实用,欲著一词章功利欺世盗名如吾三代以下陋习而无所庸之;以此作养,成就其人才自是不同。教化流行,风俗醇美,无可疑者。若疑言涉夸毗,诸贤素不妄语,以余所闻,又阅人多载,黵若画一。所称六科经籍,约略七千余部,业已航海而来,具在可译,此岂蔡愔玄奘诸人近采印度诸国,寂寂数简所可当之者乎?⑤

这样说玄奘和印度文化、佛教经典显然是不公平的,但在那个语境中印度、佛教成了传教士和士大夫眼中不讨喜的形象,被顺便挤兑也是辩无可辩。而"浮九万里溟渤而来"的传教士们,则以自己的学识和所携带的巨量书籍证明了其来自一个与中华不相上下

① (明)徐光启:《破虏之策甚近甚易疏》,载《徐光启集》,王重民辑校,中华书局 2014 年版,第 283 页。

② [比利时]南怀仁:《坤舆图说》,载黄兴涛、王国荣编:《明清之际西学文本:50 种重要文献汇编》(第 4 册),中华书局 2013 年版,第 1756 页。

③ 同上书,第 1757 页。

④ 同上书,第 1756 ~ 1757 页。

⑤ (明)杨廷筠:《刻西学凡序》,载黄兴涛、王国荣编:《明清之际西学文本:50 种重要文献汇编》(第 1 册),中华书局 2013 年版,第 231 页。

的文明世界。现在，真正在“文明”资格上要举证的反倒是中国。进士出身的陈亮采记载庞迪我与他有个对话，“一日庞君过余曰：东方之士才智绝伦，从事于学者非乏也，独本领迷耳。夫学不禀于天而惟心是师，辟泛舟洪洋而失其舵也。其弊方且认贼为子，认邪魔而为天神也”。[①] 如此，即便中华有光天文教，师“心（学）”自用的士大夫可能在传教士那里也比不知天主的印第安人强不到哪去。如维多利亚所说，虽然算不得异端或者野蛮，但是也只相当于懵懂未开、荒唐错误的孩童。[②]

万民法

在阿奎那的基础上，苏亚雷斯将法分为永恒法、自然法和万民法（jus gentium）。永恒法即第一因，不依赖于任何其他事物而存在，人只能通过启示而得知永恒法的吉光片羽，因而在世俗的意义上永恒法与人也几乎无关。[③] 永恒法之下的自然法才是人能够凭借自然理性和《十诫》之类的道德法则得知并适用的，与人有关，但也遍及整个宇宙。其次，万民法和自然法相当接近，但又有不同。[④] 自然法是内在于每个人的，在具体情境中表现为理智和良心的作用。[⑤] 万民法则绝非内在的，而是基于人的意志和同意才产生的，只与人有关。[⑥] 万民法是各个国家和民族互动实践的产物，也应当是“文明”诸国通行的规则。[⑦]

苏亚雷斯的万民法之说是现代国际法的观念起源，但有趣的是，在传教士作品中几乎没有任何体现，恰恰和自然法观念的传播形成对照。譬如，《坤舆图说》很明确地说：“普天之下人所公同者即灵性也，其五伦规矩之繁简，法度之疏密，礼貌之华朴，虽有不同，

---

① （明）陈亮采：《七克篇序》，载黄兴涛、王国荣编：《明清之际西学文本：50 种重要文献汇编》（第 1 册），中华书局 2013 年版，第 43 页。

② James Brown Scott, *The Catholic Conception of International Law*, New Jersey, The Lawbook Exchange, Ltd., p. 3.

③ Id., p. 139.

④ Id., p. 138.

⑤ Id., p. 141.

⑥ Id., p. 164.

⑦ Id., pp. 175, 179.

终无以出于理外者。盖所同者其性，而其所不同者则面貌及声音也。”[①]南怀仁所谓公同之性与普遍之理，正是自然法的基础和特征。但对万民法，传教士则有难言之隐。毕竟，在“欧罗巴洲”中“国王互为婚姻，世相和好，财用百物有无相通，不私封殖。其婚娶，男子大约三十，女子至二十外，临时议婚，不预聘，通国皆一夫一妇，无有二色者”。[②] 而“他邦蚤娶多色，偏常乏嗣，况有妾而终无子者比比，则将奈何”？[③] 如此，这些攸关伦常的做法是否文明诸国所通行呢？如果是，则中国便自外于之；如果不是，则置欧洲各国于何地。可以理解，为了避免万民法观念对中国时人的冒犯，传教士在此再次选择了钳口。

万民法中有一个重要组成部分是贸易自由。维多利亚和苏亚雷斯都坚持，万民法承认贸易的自由，而且，任何妨碍贸易自由的行为都将遭到惩罚。不惩罚这种妨碍行为的国家和民族自身将为此承担国际责任。[④] 此事艾儒略其实已有透漏。在《西方答问》中，他不无夸大地声明欧洲国家极为重视贸易，以至于“若贸易中有差数目者，一时不觉，厥后查明或多，则不待原主来索，先自送还”。[⑤] 又介绍了西国的信用制度，艾儒略说：“若出疆不便多携财务，则有银会之商，各省各国互应。银交于此，以会票交于彼，无不立应者。”[⑥] 而对于贸易全球化始作俑者哥伦布，南怀仁以一段奇异的故事表达敬仰之情：

至百年前西国大臣名阁龙者，深于格物穷理，又讲习行海之法，天主默启其衷，一日行游西海，嗅海中气味，忽有省悟，谓此乃土地

① ［比利时］南怀仁：《坤舆图说》，载黄兴涛、王国荣编：《明清之际西学文本：50 种重要文献汇编》（第 4 册），中华书局 2013 年版，第 1748 页。

② 同上书，第 1754 页。

③ ［意大利］艾儒略：《西方问答》，载黄兴涛、王国荣编：《明清之际西学文本：50 种重要文献汇编》（第 2 册），中华书局 2013 年版，第 749 页。

④ James Brown Scott, *The Catholic Conception of International Law*, New Jersey, The Lawbook Exchange, Ltd., p. 177.

⑤ ［意大利］艾儒略：《西方问答》，载黄兴涛、王国荣编：《明清之际西学文本：50 种重要文献汇编》（第 2 册），中华书局 2013 年版，第 749 页。

⑥ 同上书，第 745 页。

之气,必有人烟国土。奏闻国王,资以舟航、粮糗、器具、货财、将卒、珍宝,阁龙率众出海,辗转数月,危险生疾,从人咸怨,欲还。阁龙志坚,促令前行。一日,舶上望楼人大声言:"有地!"众共欢喜,亟取道前行,果至一地……阁龙命来人一半留彼,一半还报国王,致其物产。明年,国王又命载百谷、百果种,携农师、巧匠,往教。其地人情益喜,然犹滞在一隅。其后又有亚墨利哥者,至欧逻巴西南海,寻得赤道以南大地,即以其名名之,故曰亚墨利加。①

传教士推崇贸易及其自由的原因显而易见,毕竟,"盖凡西客交易所在,便有修士劝化于其间,一到彼方,则学其语言,习其文字,顺其服食,安其风土,殚心启迪其人",贸易和宣教是一体的两面。②而哥伦布以西班牙两"天主教君主"之名宣示新大陆主权的行径完全被掩饰了,正如整个万民法观念都未曾被言说。③

战争与惩罚

如果说伊比利亚国家没有想过使用惩罚逼迫中国就范,那就过于天真了。在明清之际,葡萄牙和西班牙与中国发生了多次海战。遭到失败以后,葡萄牙转而开始配合中国政府,并运用保教权把后来的战争贩子摒除于中国海域之外。在此背景下,传教士才较少地谈论战争与惩罚的问题。但和万民法不同,这方面的事情传教士似乎并不特别避讳。比如,艾儒略很骄傲他们对阵荷兰的成就。他说:"从大西至贵邦,竝无他盗。惟红毛一种,以大船大铳横行海上,乘机剽掠。适值攻我,我必与敌。敝邦一舶可当红夷数舟,故不能有加于我。但若渠舟众多,间为所劫,亦或有之。"④艾儒略作为一个传教士而仍以战争胜利为骄傲是有理由的。和其他许多人一样,

① [比利时]南怀仁:《坤舆图说》,载黄兴涛、王国荣编:《明清之际西学文本:50种重要文献汇编》(第4册),中华书局2013年版,第1767~1768页。

② [意大利]艾儒略:《西方问答》,载黄兴涛、王国荣编:《明清之际西学文本:50种重要文献汇编》(第2册),中华书局2013年版,第758页。

③ James Brown Scott, *The Catholic Conception of International Law*, New Jersey, The Lawbook Exchange, Ltd., p. 59.

④ [意大利]艾儒略:《西方问答》,载黄兴涛、王国荣编:《明清之际西学文本:50种重要文献汇编》(第2册),中华书局2013年版,第739页。

苏亚雷斯等国际法哲学家当然同意“自卫的权利自然且必要”。[①]再说，传教士、妇孺、使者等“非战斗人员”在万民法上本就给免于伤害。[②] 不过艾儒略显然忘记他说过，他们来华乘坐的都是“官舡”，而且“各舟中有官将，有司教者，有医官，督粮、督火者，兵士数百，水手亦然”。[③] 而苏亚雷斯早已澄清，教堂不能成为防卫营垒，否则必然罹于战火。[④]

苏亚雷斯等人不但赞成防卫性质的战争，也赞成进攻性质的战争，这才是要害。所谓“为了免于伤害并控制敌人”，国家可以先发制人。[⑤] 问题在于，宣教可否成为这类战争的原因。一方面，苏亚雷斯提及，有些非信徒比信徒具备更好的自然条件，本该享受改良的政治生活。[⑥] 不过维多利亚认为，仅凭这个原因是不能发动进攻性质的战争的，至多可以有防卫性质的战争。[⑦] 毕竟，维多利亚始终认为印第安人是欧洲人的平等兄弟，所以后者在世俗事务上应当帮助前者，在精神事务上应当指引之，开战似乎太过分了。[⑧] 另一方面，苏亚雷斯指出，接受福音是不能被阻止的。如果有任何国家的统治者不允许民众聆听布道，这就构成了正义战争的理由，这种战争仍然是防卫性质的，因为它保护了无辜人民的自然理性。[⑨] 而无论能否成立，传教士给中国时人宣传的正是这样一套话语。《坤舆图说》中记载：“北亚墨利加，地愈北人愈野，无城郭君长文字，数家成一聚落，四周以木栅为城。其俗好饮酒，日以仇杀为事……盖由地

---

① James Brown Scott, *The Catholic Conception of International Law*, New Jersey, The Lawbook Exchange, Ltd., p. 439.

② Id., pp. 471 – 472.

③ [意大利]艾儒略：《西方问答》，载黄兴涛、王国荣编：《明清之际西学文本：50 种重要文献汇编》(第 2 册)，中华书局 2013 年版，第 738 页。

④ James Brown Scott, *The Catholic Conception of International Law*, New Jersey, The Lawbook Exchange, Ltd., p. 472.

⑤ Id., p. 439.

⑥ Id., p. 457.

⑦ Id.

⑧ Id., p. 61.

⑨ Id., p. 458.

本富饶,人家星列,无君长官府以理法断其曲直,故小小争竞便相攻杀。"[①]北美洲的印第安人不但没有任何政治生活,而且不知福音,这就为欧洲人提供了义战的理由。当然,南怀仁说得十分隐晦:"近欧罗巴行教士人劝令敬事造物真主,戒勿相杀,勿食人,遂习染一变。"[②]毕竟人人皆有自然理性,而且印第安人说不定具备更好的条件呢。故而毫不奇怪,美洲人现在"又强毅有恒心,既改永不犯,俗富足好施,每作熟食置门首,任往来者取之"。[③]

对异教徒是当战则战,对天主教国家则反其道而用之。西班牙神学家索托(Soto)言明,天主教君主之间少有义战,因为他们本可寻求更高的仲裁者教宗的权威来解决争端。[④] 艾儒略也证明这基本符合事实,所谓"西国诸王,彼此联结为姻,自相和好,倘或有争,教宗张主其间,遣使臣劝谕,令各休兵耳"。[⑤] 当然,这在基督王国破碎后已成明日黄花。不过,其他一些限制还是存在的。比如,开战的决策者本身必须是合法的,开战有正当理由,战争始终遵循一定的程序和模式等。[⑥] 而且,只有主权君主才可以宣战,一个主权者之下的封君不能互相攻伐。[⑦] 这些话题在万历援朝战争后本应受到中国时人的欢迎,但传教士反而没有谈起,归根结底,他们可能是不希望被中国视为帝国封君的臣属吧。传教士热衷地反而是告知中国对话者:欧洲"国中有天理堂,选盛德宏才无求于世者主之。凡国家大举动、大征伐必先质问合天理否,以为可,然后行"。[⑧] 这实在是

---

① [比利时]南怀仁:《坤舆图说》,载黄兴涛、王国荣编:《明清之际西学文本:50种重要文献汇编》(第4册),中华书局2013年版,第1772页。

② 同上书,第1773页。

③ 同上。

④ James Brown Scott, *The Catholic Conception of International Law*, New Jersey, The Lawbook Exchange, Ltd., p. 454.

⑤ [意大利]艾儒略:《西方问答》,载黄兴涛、王国荣编:《明清之际西学文本:50种重要文献汇编》(第2册),中华书局2013年版,第741页。

⑥ James Brown Scott, *The Catholic Conception of International Law*, New Jersey, The Lawbook Exchange, Ltd., p. 440.

⑦ Id., p. 444.

⑧ [比利时]南怀仁:《坤舆图说》,载黄兴涛、王国荣编:《明清之际西学文本:50种重要文献汇编》(第4册),中华书局2013年版,第1756页。

传教士作品中少见的锋镝之声。

五、结语

本文通过分析16世纪中叶至17世纪来华传教士的中文著译，围绕着规范性、权威、国际秩序等关键词，展示了现代早期西方法哲学邂逅中国后的遭遇。虽然持有相对开放的天主论和自我压缩的基督论，但传教士仍无法接受中国法具有终极的规范性。在对待权威的态度上，当时的西方法哲学常谈及保位、爱民，甚至抗命、弑君等话题。来华传教士作品对前一部分有所介绍，中方也不以为忤，但传教士对后一部分却完全缄默不语，显然受到中国语境及其背后专制权威的有力钳制。这一时期的欧洲人已经把非西方世界概视为野蛮，好在来华传教士作品内中西彼此仍以等量“文明”相待。来华传教士并不讳言西方流行的自然法观念，但很可能是为了避免冒犯中国礼俗，他们基本忽略了作为现代国际法起源的万民法。对自由贸易和正义战争等新鲜理论，来华传教士时有宣传，却未得到中方系统回应。

当然，我们分析与传教士交谈的晚明儒学时，也应注意其内部的多元和分歧。儒学中与天主教神学最融洽的部分是重视具体事物的实学。徐宗泽说：“西士忽输进利国利民之实学，士大夫之思想能不为之一新。”[①]而方以智“借远西为郯子”，已经具有全球意识，[②]所作《物理小识》等明显吸收了西方“质测”之学的精华。[③]《几何原本》《名理探》等作品更将西方古典形式的演绎推理输入中国，也对

① 徐宗泽：《明清间耶稣会士译著提要》，上海书店出版社2006年版，第1页。另参见孙尚扬：《前言》，载《明末天主教与儒学的互动》，宗教文化出版社2013年版，第3～4页。

② 方以智在《东西均》中说：“新率测中国申时，欧罗巴方子时，则中国足之所履，必有足履此足之底者，如蚁之行屋梁是也。赤道之下，两度春秋。河汉之明，乃属细星。”转引自(明)方以智：《东西均》，庞朴注释，中华书局2001年版，第28页。

③ 许苏民：《方以智为什么说西学“拙于言通几”？——论方以智的中西哲学比较研究》，载《江淮论坛》2014年第5期。

中国学人的思维方式产生着潜移默化的影响。[①] 但就晚明时期传教士真正的交际而言，秉承儒学正统程朱理学的士大夫无疑仍是他们“问答”的主体。叶向高、东林、复社，都属于晚明以理学为底色的政治集团。抛开朱子学比较中西哲学无异是天方夜谭。不过，朱维铮也提醒学界注意到，“利玛窦的传教路线，恰与王学由萌生到盛行的空间轨迹重合”。[②] 传教士浮沧溟数万里而来的实践——罗耀拉的依纳爵（Ignatius of Loyola，1491～1556 年）所谓“地部分遐迩，人不论文蛮”的宣教之旅[③]——及他们附会儒家经典的只言片语，符合陆王心学人士“东海西海，心理相同”的期待，也比较容易得到行为放浪，不拘一格的阳明后学容忍，这是比较有说服力的推测。[④] 此外，儒家中也有指责传教士“阑入都门，暗伤王化”的沈漼、欲借政治修辞将汤若望置于死地的杨光先等人，不可一概而论。[⑤] 无论如何，与护教的杨廷筠和反教的杨光先相比，就术语、学科、思想等各方面而言，现代中国学人都是徐光启、李之藻的继承者，实学、理学、王学都已经是相对遥远的理论话语，因而它们之间的共性可能愈加突出，而差异则不再重要。

本研究虽然带有思想史的成分，但本质上是一个法哲学作品。中国近代以来的思想史研究基于马克思主义、文化保守主义或后现代主义的不同立场，要求将学术思想置于社会、学理或文化的脉络

---

① 黄兴涛：《明末至清前期西学的再认识》，载《清史研究》2013 年第 1 期。甚至戴震等朴学家也可能受到这一影响，尽管直接证据还不太够。邓实、李天纲和许苏民等都主张戴震思想和利玛窦《天主实义》中的天主教神学存在直接关系。参见张晓林：《戴震的“讳言”——论〈天主实义〉与〈孟子字义疏证〉之关系》，载《华东师范大学学报》（哲学社会科学版）2002 年第 34 卷第 4 期。参见王世光：《戴震哲学与〈几何原本〉关系考辨》，载《史学月刊》2002 年第 7 期。

② 朱维铮：《导言》，载朱维铮主编：《利玛窦中文著译集》，复旦大学出版社 2001 年版，第 13 页。

③ 转引自朱谦之：《中国哲学对于欧洲的影响》，福建人民出版社 1985 年版，第 78 页。

④ 其实“四库提要”就有这种说法，“明之季年，心学盛行，西士慧黠，因摭佛经而变幻之，以投时好，其说骤行，盖由此也”。参见方豪：《中国天主教史人物传》，宗教文化出版社 2007 年版，第 144 页。

⑤ 方金平：《“所谓暗伤王化”：南京教案与晚明司法》，载《北大法律评论》2013 年第 2 辑。

中，再现历史的真实。法哲学研究虽然有其历史维度，但追求的是体系论述、有力理由，根本上，是规范的而非描述的。陈寅恪曾判断："夫政治社会一切公私行为莫不与法典相关，而法典为儒家学说具体之现实。故二千年来华夏民族所受儒家学说之影响最深最巨者，实在制度法律生活之方面。"换言之，儒家特别擅于思考政治法律问题，即便饱受非议，仍有其不摇根基。这当不是源自民族情感的自我吹嘘。1552 年（明嘉靖三十一年）1 月 29 日沙勿略在给欧洲会友的信函中写道："中国人聪明好学，尚仁义，重伦常，长于政治，孜孜求知，不怠不倦。"①经过五百年的颠扑，中国士林不能再徘徊于沈漼、杨光先们的认识水平。在对西方现代法哲学已有了解的基础上，反思现代早期西方法哲学邂逅中国后的遭遇，这是今人的历史使命。

① 方豪：《中国天主教史人物传》，宗教文化出版社 2007 年版，第 45 页。

主要参考文献

（一）古典文献

（明）黄宗羲著，吴光主编：《黄宗羲全集》，浙江古籍出版社2012年版。

（明）黄宗羲：《明儒学案》，沈芝盈点校，中华书局2008年版。

（明）罗钦顺：《困知记》，中华书局2013年版。

（明）曹端著，赵邦清编：《曹端集》，中华书局2003年版。

（明）顾炎武：《顾炎武全集》，华东师范大学古籍整理所整理，上海古籍出版社2011年版。

（明）王守仁：《王阳明全集》，吴光等校，上海古籍出版社2011年版。

（明）罗洪先：《罗洪先集》，徐儒宗编校，凤凰出版社2007年版。

（明）王畿：《王畿集》，吴震编校，凤凰出版社2007年版。

（明）陈献章：《陈献章集》，孙海通点校，中华书局1987年版。

（明）刘宗周著，吴光主编：《刘宗周全集》，浙江古籍出版社2007年版。

（明）李贽：《焚书》，中华书局2009年版。

(明)李贽:《续焚书》,中华书局2009年版。

(明)李贽:《初谭集》,中华书局2009年版。

(明)耿定向:《耿定向集》,傅秋涛点校,华东师范大学出版社2015年版。

(明)焦竑:《澹园集》,李剑雄点校,中华书局1999年版。

(明)孙奇逢:《夏峰先生集》,朱茂汉点校,中华书局2004年版。

(明)陈确:《陈确集》,中华书局1979年版。

(明)张履祥:《杨园先生全集》,陈祖武点校,中华书局2014年版。

(明)王夫之:《船山全书》,岳麓书社2011年版。

(明)徐光启:《徐光启集》,王重民辑校,中华书局2014年版。

(明)方以智:《东西均》,庞朴注释,中华书局2001年版。

(二)著作

白静:《下学上达,学以复性:焦竑思想研究》,中国传媒大学出版社2014年版。

陈壁生:《经学的瓦解》,华东师范大学出版社2014年版。

陈畅:《自然与政教:刘宗周慎独哲学研究》,上海人民出版社2016年版。

陈来:《近世东亚儒学研究》,北京大学出版社2018年版。

陈来:《诠释与重建:王船山的哲学精神》(第2版),北京大学出版社2013年版。

崔永东:《中国传统司法思想史论》,人民出版社2012年版。

东方朔:《刘宗周评传》,南京大学出版社2011年版。

杜维明:《二十一世纪的儒学》,中华书局2014年版。

杜维明:《迈进"自由之门"的儒家:伯克利十年(1971－1981)》,北京大学出版社2013年版。

方豪:《中国天主教史人物传》,宗教文化出版社2007年版。

冯友兰:《中国哲学史》,中华书局2014年版。

干春松:《制度化儒家及其解体》,中国人民大学出版社2012年版。

高海波:《慎独与诚意:刘蕺山哲学思想研究》,生活·读书·新知三联书店2016年版。

顾诚:《南明史》,光明日报出版社2017年版。

顾卫民:《"以天主和利益的名义":早期葡萄牙海洋扩张的历史》,社会科学文献出版社2013年版。

何俊、尹晓宁:《刘宗周与蕺山学派》,中国人民大学出版社2009年版。

何勤华:《中国法学史》(第2卷·修订本),法律出版社2000年版。

侯外庐、邱汉生、张岂之主编:《宋明理学史》,人民出版社2005年重印版。

侯欣一主编:《中国法律思想史》,中国政法大学出版社2012年版。

胡适:《中国哲学史大纲》,商务印书馆2011年版。

胡旭晟:《解释性的法史学——以中国传统法律文化的研究为侧重点》,中国政法大学出版社2005年版。

黄兴涛、王国荣编:《明清之际西学文本:50种重要文献汇编》,中华书局2013年版。

黄一农:《两头蛇:明末清初的第一代天主教徒》,上海古籍出版社2015年版。

黄正谦:《西学东渐之序章:明末清初耶稣会史新论》,中华书局(香港)有限公司2010年版。

嵇文甫:《船山哲学》,开明书店1936年版。

江藩、东方树:《汉学师承记(外二种)》,中西书局2012年版。

蒋庆:《政治儒学:当代儒学的转向、特质与发展》,福建教育出版社2014年版。

李贵连、李启成:《中华法史三千年:法律思想简史》,中国民主法制出版社2016年版。

李剑雄:《焦竑评传》,南京大学出版社1998年版。

李振纲:《证人之境——刘宗周哲学的宗旨》,人民出版社2000年版。

梁启超:《梁启超论清学史两种·近三百年学术史》,复旦大学出版社 1985 年版。

梁启超:《梁启超论清学史两种·清代学术概论》,复旦大学出版社 1985 年版。

梁启超著,范忠信选编:《梁启超法学文集》,中国政法大学出版社 1999 年版。

梁思成:《中国建筑史》,生活·读书·新知三联书店 2011 年版。

梁治平:《清代习惯法:社会与国家》,中国政法大学出版社 1996 年版。

林端:《韦伯论中国传统法律:韦伯比较社会学的批判》,中国政法大学出版社 2014 年版。

林桐城:《焦竑及其学术研究》,花木兰文化出版社 2010 年版。

刘广安:《中国法律思想简史》,高等教育出版社 2011 年版。

刘海滨:《焦竑与晚明会通思潮》,华东师范大学出版社 2009 年版。

刘禾:《帝国的话语政治:从近代中西冲突看现代世界秩序的形成》,杨立华等译,生活·读书·新知三联书店 2014 年版。

刘禾:《跨语际实践:文学,民文化与被译介的现代性(中国:1900－1937)》,宋伟杰等译,生活·读书·新知三联书店 2014 年版。

刘述先:《黄宗羲心学的定位》,浙江古籍出版社 2006 年版。

刘耘华:《诠释的圆环:明末清初传教士对儒家经典的解释及其本土回应》,北京大学出版社 2005 年版。

刘耘华:《依天立义:清代前中期江南文人应对天主教文化研究》,上海古籍出版社 2014 年版。

罗秉祥、谢文郁编:《耶儒对谈:问题在哪里?》(下),广西师范大学出版社 2010 年版。

马小红:《礼与法:法的历史连接》,北京大学出版社 2017 年版。

马小红:《礼与法》,经济管理出版社 1997 年版。

蒙培元:《理学的演变:从朱熹到王夫之戴震》,文津出版社

1990 年版。

牟宗三:《从陆象山到刘蕺山》,上海古籍出版社 2001 年版。

牟宗三:《政道与治道》,吉林出版集团有限公司 2016 年版。

彭国翔:《良知学的展开:王龙溪与中晚明的阳明学》,生活·读书·新知三联书店 2005 年版。

彭国翔:《儒家传统与中国哲学:新世纪的回顾与前瞻》,河北人民出版社 2009 年版。

钱新祖:《焦竑与晚明新儒思想的重构》,宋家复译,台湾大学出版中心 2014 年版。

容肇祖:《明代思想史》,河南人民出版社 2016 年版。

商传:《走进晚明》,商务印书馆 2014 年版。

施雪琴:《菲律宾天主教研究:天主教在菲律宾的殖民扩张与文化调试(1565 – 1898)》,厦门大学出版社 2007 年版。

时亮:《民本自由说:黄宗羲法政思想再研究》,中央编译出版社 2015 年版。

苏亦工:《明清律典与条例》,中国政法大学出版社 1999 年版。

孙国华:《中国法律思想史新编》,北京大学出版社 1998 年版。

孙尚扬、刘宗坤:《基督教哲学在中国》,首都师范大学出版社 2011 年版。

孙尚扬:《明末天主教与儒学的互动:一种思想史的视角》,宗教文化出版社 2013 年版。

王铁崖:《王铁崖文选》,邓正来编,中国政法大学出版社 2013 年版。

吴光主编:《黄宗羲论:国际黄宗羲学术研讨会论文集》,浙江古籍出版社 1987 年版。

吴于廑:《吴于廑文选》,武汉大学出版社 2007 年版。

吴震:《阳明后学研究》(增订本),上海人民出版社 2016 年版。

武树臣:《儒家法律传统》,法律出版社 2003 年版。

武树臣:《中国传统法律文化》,北京大学出版社 1994 年版。

武树臣:《中国法律思想史》,法律出版社 2017 年版。

萧公权:《中国政治思想史》,商务印书馆 2015 年重印版。

萧萐父、许苏民:《明清启蒙学术流变》,人民出版社 2013 年版。

谢国桢:《明清之际党舍运动考》,北京出版社 2014 年版。

熊十力:《境由心生:熊十力精选集》,陕西师范大学出版社 2008 年版。

熊十力:《十力语要》,岳麓书社 2011 年版。

徐忠明、杜金:《传播与阅读:明清法律知识史》,北京大学出版社 2012 年版。

徐宗泽:《明清间耶稣会士译著提要》,上海书店出版社 2006 年版。

杨鸿烈:《中国法律思想史》,中国政法大学出版社 2003 年版。

尤陈俊:《法律知识的文字传播:明清日用类书与社会日常生活》,上海人民出版社 2013 年版。

於兴中:《法治东西》,法律出版社 2014 年版。

余英时:《论戴震与章学诚:清代中期学术思想史研究》,生活·读书·新知三联书店 2000 年版。

余英时:《现代儒学的回顾与展望》,生活·读书·新知三联书店 2013 年重印版。

俞荣根:《儒家法思想通论》,广西人民出版社 1998 年版。

俞荣根:《儒家法思想通论》,商务印书馆 2018 年版。

张岱年:《中国哲学大纲》,商务印书馆 2015 年版。

张国华、饶鑫贤编:《中国法律思想史纲》,甘肃人民出版社 1984 年版。

张国华:《中国法律思想史新编》,北京大学出版社 1998 年版。

张国华编:《中国法律思想史》,法律出版社 1982 年版。

张建业编:《李贽研究资料汇编》,社会科学文献出版社 2013 年版。

张君劢:《新儒家思想史》,中国人民大学出版社 2006 年版。

张铠:《庞迪我与中国》,大象出版社 2009 年版。

张瑞涛:《心体与工夫——刘宗周〈人谱〉哲学思想研究》,人民出版社 2014 年版。

张学智:《明代哲学史》,中国人民大学出版社 2012 年版。

章炳麟：《訄书》，华夏出版社 2002 年版。

赵林、杨熙楠主编：《比较神学与对话理论》，广西师范大学出版社 2008 年版。

朱鸿林：《〈明儒学案〉研究及论学杂著》，三联书店 2016 年版。

朱鸿林：《中国近世儒学实质的思辨与习学》，北京大学出版社 2005 年版。

朱谦之：《李贽：十六世纪中国反封建思想的先驱者》，湖北人民出版社 1956 年版。

朱谦之：《中国哲学对于欧洲的影响》，福建人民出版社 1985 年版。

朱维铮主编：《利玛窦中文著译集》，复旦大学出版社 2001 年版。

（三）论文

［新加坡］李焯然：《从清谈到经世：晚明思想变迁的再检讨》，载《学海》2010 年第 3 期。

白秀芳：《近百年李贽研究综述》，载《首都师范大学学报》（社会科学版）1994 年第 6 期。

鲍博：《简论刘宗周的心性思想》，载《孔子研究》1988 年第 4 期。

鲍和平：《异端乎？传统乎？——论李贽的社会政治思想》，载《青岛大学师范学院学报》1997 年第 3 期。

蔡家和：《黄宗羲与陈确的论辩之研究》，载《台湾大学哲学论评》2008 年第 35 期。

蔡尚思：《黄宗羲反君权思想的历史地位》，载《文史哲》1987 年第 2 期。

蔡志荣：《晚明鄂东学术据点形成探源：耿定向与李贽讲学论战的文化史考察》，载《武汉大学学报》（人文社科版）2014 年第 3 期。

曾宪义、马小红：《中国传统法研究中的几个问题》，载《法学研究》2003 年第 3 期。

曾雄生：《隐士与中国传统农学》，载《自然科学史研究》1996 年第 1 期。

陈畅:《〈明儒学案〉中的“宗传”与“道统”:论〈明儒学案〉的著述性质》,载《哲学动态》2016 年第 11 期。

陈畅:《刘宗周慎独哲学的政教义蕴》,载《集美大学学报》(哲学社会科学版)2014 年第 4 期。

陈海红:《“井牧六经俱耕耘”的张履祥实学》,载《浙江社会科学》2013 年第 3 期。

陈佳铭:《胡五峰与刘蕺山的思想型态之比较》,载《台湾中央大学人文学报》2014 年第 58 期。

陈佳铭:《刘蕺山的易学中之“以心著性”型态》,载《鹅湖月刊》2009 年第 142 期。

陈鸣钟:《简论焦竑》,载《南京社会科学》1990 年第 6 期。

陈少明:《由训诂通义理——以戴震、章太炎等人为线索论清代汉学的哲学方法》,载《中国社会科学》2018 年第 7 期。

陈生玺:《明清之际的历史选择》,载《文史哲》2006 年第 3 期。

陈序经:《利玛窦的政治思想》,载《政治经济学报》1935 年第 2 期。

陈有期:《王夫之限制君权论发微》,载《船山学报》1988 年第 S1 期。

陈祖武:《顾炎武研究中的几个问题》,载《学习与思考》(中国社会科学院研究生院学报)1981 年第 6 期。

陈祖武:《黄宗羲、顾炎武合论》,载《贵州社会科学》1984 年第 5 期。

程宝华:《张履祥著作刊行考》,载《贵阳学院学报》(社会科学版)2009 年第 1 期。

董平:《顾炎武与清代学术之转向》,载《学海》2010 年第 2 期。

董平:《论刘宗周心学的理论构成》,载《孔子研究》1991 年第 4 期。

杜维明:《刘宗周〈人谱〉的道德精神世界:杜维明教授访谈》,载《学术月刊》2001 年第 7 期。

樊树志:《“全球化”视野下的晚明》,载《复旦学报》(社会科学版)2003 年第 1 期。

樊树志:《崇祯:攘外与安内的两难选择》,载《学术月刊》1996年第7期。

方金平:《“所谓暗伤王化”:南京教案与晚明司法》,载《北大法律评论》2013年第2辑。

方祖猷:《黄宗羲〈明夷待访录〉对孙中山民主思想的启蒙》,载《北京大学学报》(哲学社会科学版)2011年第5期。

方祖猷:《李贽与耿定向的论争》,载《宁波大学学报》(人文科学版)1989年第2期。

冯契:《论王夫之的“成性”说》,载《船山学报》1984年第2期。

冯天瑜:《试论王夫之几个创造性命题——萧萐父先生明清之际启蒙思想研究的启示》,载《学海》2010年第3期。

冯天瑜:《文明近代进路的共通性与特异性:从〈明夷待访录〉“新民本”诉求说开去》,载《武汉大学学报(人文科学版)》2015年第1期。

傅衣凌:《从明末社会论李贽思想的时代特点》,载《厦门大学学报》(哲学社会科学版)1975年第1期。

葛兆光:《经学史的研究方法》,载《中国典籍与文化论丛》2007年第1期。

公丕祥:《中国法律文化现代化的概念分析工具论纲》,载《南京社会科学》1990年第1期。

顾家宁:《王霸之辨与天人之际:黄宗羲心学的政治之维》,载《天府新论》2017年第5期。

桂涛:《“元初—清初”的历史想象与清初北方士人对清朝入主的认识——以孙奇逢为中心的考察》,载《清史研究》2013年第3期。

郭康松:《论清代考据学的学术宗旨》,载《三峡大学学报》(人文社会科学版)2002年第5期。

郭齐勇:《朱熹与王夫之的性情论之比较》,载《文史哲》2001年第3期。

韩立森:《陈确思想的特质》,载《晋阳学刊》1990年第2期。

郝润华:《从〈日知录〉一书看顾炎武的政治思想》,载《甘肃理论学刊》1991年第6期。

何俊:《刘宗周〈人谱〉析论》,载《中国哲学史》1998 年第 1 期。

何兆武:《论徐光启的哲学思想》,载《清华大学学报》(哲学社会科学版)1987 年第 1 期。

侯外庐:《十六世纪中国的进步的哲学思潮概述》,载《历史研究》1959 年第 10 期。

侯学宾:《含义、原初性与宪法忠诚——原旨主义的三种基本共识性命题》,载《法制与社会发展》2010 年第 6 期。

胡发贵:《试论王夫之的人性论及其理论贡献》,载《船山学刊》2008 年第 3 期。

胡发贵:《王夫之与中国古代哲学的发展》,载《学海》1998 年第 3 期。

胡家祥:《志:中国哲学的重要范畴》,载《江西师范大学学报》1996 年第 3 期。

户华为:《从布衣寒士到孔门圣贤——张履祥"由凡入圣"的塑造历程》,载《清史研究》2005 年第 1 期。

黄俊杰:《"儒家民主政治"如何可能?:从当代新儒家出发思考》,载《开放时代》2012 年第 9 期。

黄敏浩:《牟宗三对刘宗周思想的衡定:以"归显于密"为中心的检讨》,载《国学学刊》2018 年第 3 期。

黄启昌、徐慧娟:《王夫之法制思想论析》,载《船山学刊》2009 年第 4 期。

黄世明:《蕺山言"性"的哲学涵义》,载《鹅湖学志:中国哲学及西方思想研究》2017 年第 6 期。

黄熹:《试论晚明儒学转向说的理论缺陷:以焦竑思想为中心》,载《孔子研究》2011 年第 2 期。

黄兴涛:《明末至清前期西学的再认识》,载《清史研究》2013 年第 1 期。

黄宗智:《中国古今的民、刑事正义体系——全球视野下的中华法系》,载《法学家》2016 年第 1 期。

姜广辉、禹菲:《心学的理论逻辑与经学方法——以陆九渊、杨简、王阳明为例》,载《哲学研究》2017 年第 2 期。

姜广辉:《陈确思想研究》,载《中国哲学史》1996 年第 3 期。

姜金顺:《试论孙奇逢〈理学宗传〉的政治理念》,载《齐鲁学刊》2014 年第 2 期。

蒋威:《明末清初江南地区乡村塾师的职业生涯初探——以张履祥为例》,载《甘肃社会科学》2014 年第 2 期。

乐爱国、盛夏:《朱熹"格物":即物穷理还是择善工夫——王阳明、张履祥的不同解读》,载《孔子研究》2017 年第 4 期。

雷静:《刘宗周基于恕道的"公"的哲学》,载《广东社会科学》2014 年第 5 期。

雷磊:《法理论及其对部门法学的意义》,载《中国法律评论》2018 年第 3 期。

李宝臣:《论王夫之的治统道统观》,载《北京社会科学》1989 年第 1 期。

李本森:《黄宗羲的法哲学及其法制论》,载《法商研究(中南政法学院学报)》1995 年第 1 期。

李光福:《李贽与中国的自由传统》,载《南开学报》(哲学社会科学版)2003 年第 2 期。

李珺平:《李贽与利玛窦会面的次数及意义》,载《民族文学研究》2010 年第 1 期。

李明辉:《阳明学与民主政治》,载《浙江社会科学》2002 第 4 期。

李明友:《黄宗羲与陈确的性论比较——析〈与陈乾初论学书〉》,载《宁波师院学报》1994 年第 1 期。

李润和:《论王夫之的尊君和重民思想》,载《东岳论丛》2000 年第 6 期。

李韦:《晚明士大夫对耶稣形象的歧异理解:兼及对外来文化的理解机制》,载《福建师范大学学报》(哲学社会科学版)2010 年第 6 期。

李维武:《早期启蒙说的历史演变与萧萐父先生的思想贡献》,载《武汉大学学报》(人文科学版)2010 年第 1 期。

李宪堂:《明末清初王学修正派社会政治思想述要》,载《史学集刊》2014 年第 2 期。

李相勋:《王夫之之礼与政治和合相契何以可能》,载《衡阳师范学院学报》2016 年第 5 期。

李学勤:《国学与经学的几个问题》,载《湖南大学学报》(社会科学版)2006 年第 2 期。

李银安:《和而不同:李贽、耿定向思想交锋与生活交往方式及其历史启示》,载《湖北行政学院学报》2012 年第 3 期。

李之鉴:《论孙奇逢的心学宇宙观》,载《黄淮学刊》(社会科学版)1991 年第 1 期。

李之鉴:《论孙奇逢的哲学逻辑结构和特点》,载《河南师范大学学报》(哲学社会科学版)1987 年第 4 期。

李治亭:《明亡于神宗辨》,载《史学集刊》1998 年第 2 期。

梁贵晨:《孙夏峰著述手稿简介》,载《中州学刊》1984 年第 3 期。

廖名春:《"慎独"本义新证》,载《学术月刊》2004 年第 8 期。

刘梦溪:《论知耻》,载《北京大学学报》(哲学社会科学版)2017 年第 6 期。

刘小枫:《关注我们这个时代的哲学:经典与解释》,载《求是学刊》2008 年第 3 期。

刘小枫:《儒家公羊派与历史哲学——对现代公羊学问题的一个简扼回顾》,载《甘肃社会科学》2015 年第 6 期。

刘星:《晚明基督论概貌》,载《重庆交通大学学报》(社会科学版)2013 年第 2 期。

刘修明:《李贽的思想历程和价值取向》,载《复旦学报》(社会科学版)1992 年第 2 期。

刘耘华:《清初宁波文人的西学观:以黄宗羲为中心来考察》,载《史林》2009 年第 3 期。

刘增光:《当前经学复兴的起因、表征和意义》,载《学术月刊》2018 年第 2 期。

刘志刚:《时代感与包容度:明清易代的五种解释模式》,载《清华大学学报》(哲学社会科学版)2010 年第 2 期。

龙晓英：《焦竑生卒年及其他》，载《南京师范大学文学院学报》2006 年第 1 期。

卢子震、赵春霞：《孙奇逢的实学方法论》，载《河北学刊》2004 年第 4 期。

罗福惠：《两舍则两从，两守则两病：耿定向于李贽“论道相左”新解》，载《江汉论坛》2002 年第 10 期。

马小红：《中国传统法律文化研究中的“关键字”》，载《河北法学》2011 年第 2 期。

孟广林：《李贽“人文主义”人性论评析：兼与西欧人文主义思想比较》，载《河南大学学报》（社会科学版）2003 年第 5 期。

倪来恩、夏维中：《外国白银与明帝国的崩溃：关于明末外国白银的输入及其重新检讨》，载《中国社会经济史研究》1990 年第 3 期。

彭国翔：《公议社会的建构：黄宗羲民主思想的真正精华——从〈原君〉到〈学校〉的转换》，载《求是学刊》2006 年第 4 期。

彭小瑜：《“爱天主之效，莫诚乎爱人”——全球史语境中的近代早期耶稣会》，载《华中师范大学学报》（人文社会科学版）2011 年第 5 期。

丘汉生：《泰州学派的杰出思想家李贄》，载《历史研究》1964 年第 1 期。

邱少华：《李贽：晚明人文主义新思潮的先驱者》，载《首都师范大学学报》（社会科学版）1995 年第 4 期。

任大援：《论陈确的性理哲学思想》，载《浙江学刊》1983 年第 3 期。

任继愈：《李贽思想的进步性》，载《首都师范大学学报》（社会科学版）1994 年第 5 期。

商传：《史学传统与晚明史研究》，载《历史研究》2003 年第 1 期。

盛瑞裕：《李贽论》，载《江汉大学学报》（自然科学版）2000 年第 4 期。

石元康：《天命与正当性：从韦伯的分类看儒家的政道》，载《开放时代》1999 年第 6 期。

史革新:《孙奇逢理学思想综论》,载《郑州大学学报》(哲学社会科学版)2007 年第 4 期。

史革新:《张履祥理学思想初探》,载《徐州师范大学学报》(哲学社会科学版)2007 年第 1 期。

舒国滢:《中国法学之问题——中国法律知识谱系的梳理》,载《社会科学文摘》2018 年第 7 期。

苏双碧:《李贽思想新探》,载《山东社会科学》1988 年第 4 期。

苏双碧:《李贽和思想解放》,载《天津社会科学》1993 年第 4 期。

孙聚友:《论孙奇逢的学术思想》,载《齐鲁学刊》2000 年第 1 期。

谭春生、张思珉:《论李贽与耿定向的“不容已”之争》,载《社会科学战线》2013 年第 6 期。

谭雄毅、黄会波:《陈确的人性论探析》,载《齐齐哈尔大学学报》(哲学社会科学版)2007 年第 5 期。

汤一介:《论“情景合一”》,载《北京大学学报》(哲学社会科学版)2008 年第 2 期。

陶清:《陈确心性学说的实质和意义》,载《学术界》1988 年第 6 期。

屠承先:《黄宗羲哲学思想的内在矛盾及其根由》,载《浙江学刊》1990 年第 2 期。

万俊人:《回应韦伯:儒家伦理的一个方法论问题》,载《开放时代》1998 年第 3 期。

万明:《万历援朝之战与明后期政治态势》,载《中国史研究》2001 年第 2 期。

王成福:《进步思想家陈确评述》,载《社会科学辑刊》1981 年第 5 期。

王记录:《百余年来孙奇逢及夏峰北学研究的回顾与前瞻》,载《清史论丛》2016 年第 1 期。

王记录:《论清初三大思想家对李贽的批判:兼谈早期启蒙思想

问题》，载《河南师范大学学报》（哲学社会科学版）2002 年第 6 期。

王家范：《明清易代的偶然性与必然性》，载《史林》2005 年第 1 期。

王坚、雷戈：《论夏峰北学（续完）》，载《辽宁大学学报》（哲学社会科学版）2009 年第 4 期。

王坚：《明清学术转换的桥梁与清初学术主流：论清初新理学》，载《文史哲》2017 年第 6 期。

王景泽：《明末东北自然灾害与女真族的崛起》，载《西南大学学报》（社会科学版）2008 年第 4 期。

王俊才：《试论孙奇逢的理学思想》，载《河北学刊》1995 年第 5 期。

王俊义：《顾炎武与清代考据学》，载《贵州社会科学》1997 年第 2 期。

王凌皞：《论古代法律思想当代创造性转化的方法——以古典儒家法律思想为例》，载《人大法律评论》2016 年第 1 辑。

王凌皞：《孟子人性发展观及其法理意义》，载《法学研究》2013 年第 1 期。

王世光：《戴震哲学与〈几何原本〉关系考辨》，载《史学月刊》2002 年第 7 期。

王帅一：《明清时代的"中人"与契约秩序》，载《政法论坛》2016 年第 3 期。

王英：《陈确论理欲关系》，载《船山学刊》2013 年第 3 期。

王云云：《王夫之礼学思想的特色——以"濮议"论为中心》，载《西北大学学报》（哲学社会科学版）2011 年第 1 期。

王泽应：《王夫之的理想人格论》，载《船山学刊》1991 年创刊号。

王泽应：《王夫之人的尊严论及其深远影响》，载《船山学刊》2014 年第 4 期。

魏长宝：《论顾炎武的理学思想》，载《河北师范大学学报》（哲学社会科学版）2000 年第 4 期。

魏长宝：《论顾炎武的历史哲学》，载《南昌大学学报》（社会科学版)1999 年第 4 期。

邬国平:《〈复焦弱侯〉异文与李贽、焦竑、耿定向关系》,载《中华文史论丛》2010 年第 4 期。

吴承明:《现代化与中国十六、十七世纪的现代化因素》,载《中国经济史研究》1998 年第 4 期。

吴根友:《明清之际中国社会内部的现代性因素之分析》,载《江汉论坛》2003 年第 3 期。

吴根友:《王夫之的政治哲学思想简论》,载《船山学刊》2014 年第 3 期。

吴光:《论黄宗羲新民本思想的性质、内容、渊源及其现代意义》,载《孔子研究》2009 年第 2 期。

吴海庆:《王夫之学术思想的渊源与贡献》,载《船山学刊》2008 年第 1 期。

吴乃恭:《略论王夫之的范畴和思维方式》,载《孔子研究》1990 年第 3 期。

吴雁南:《明末清初的反理学潮流》,载《贵州师范大学学报》(社会科学版)1984 年第 5 期。

吴震:《泰州学案刍议》,载《浙江社会科学》2004 年第 2 期。

武占江、董文武:《性善论的千古迷失及良知坎陷问题:从李贽与耿定向的争论谈起》,载《河北师范大学学报》(哲学社会科学版)2005 年第 5 期。

夏维中:《关于东林党的几点思考》,载《南京大学学报》(哲学・人文・社会科学)1997 年第 2 期。

夏甄陶:《王夫之的认识论思想述评》,载《哲学研究》1982 年第 10 期。

肖清和:《诠释与歧变:耶稣形象在明清社会里的传播及其反应》,载《广东社会科学》2011 年第 4 期。

徐令彦:《试析陈确对"人性善"理论的修正和补充》,载《河南社会科学》1999 年第 5 期。

徐永斌:《张履祥的治生之路及治生观》,载《中国文化研究》2014 年第 2 卷。

许建平:《中国人学美学思想从理性到非理性的异变:以明万历年间李贽与耿定向的笔战为论述中心》,载《学术月刊》2006 年第 11 期。

许苏民:《"行己有耻"的道德底线与中国伦理学的近代转型:论顾炎武道德伦理思想中的近代性因素》,载《吉首大学学报》(社会科学版)2006 年第 4 期。

许苏民:《"内发原生"模式:中国近代史的开端实为明万历九年》,载《河北学刊》2003 年第 2 期。

许苏民:《方以智为什么说西学"拙于言通几"?——论方以智的中西哲学比较研究》,载《江淮论坛》2014 年第 5 期。

许苏民:《顾炎武与浙西史学》,载《东南学术》2004 年第 1 期。

许苏民:《论李贽思想的历史地位和历史命运》,载《福建论坛》(人文社会科学版)2006 年第 4 期。

许苏民:《论王夫之的历史进化论思想》,载《江苏社会科学》2007 年第 2 期。

许苏民:《论王夫之法律思想中的近代性因素》,载《吉首大学学报》(社会科学版)2006 年第 6 期。

许苏民:《明清之际政治哲学的突破:以顾炎武、黄宗羲、王夫之为例》,载《江汉论坛》2015 年第 10 期。

许苏民:《王夫之与儒耶哲学对话》,载《武汉大学学报》(人文科学版)2012 年第 1 期。

许苏民:《正义即和谐:晚明西方政治哲学的东渐——以"西学治平四书"为主要文献依据的考察》,载《中山大学学报》(社会科学版)2012 年第 6 期。

杨国荣:《刘宗周思想的历史地位》,载《中国哲学史》1996 年第 4 期。

姚星:《从"天理"到"公理":东林学派"合并为公"思想解析》,载《孔子研究》2018 年第 1 期。

叶国庆:《李贽先世考》,载《历史研究》1958 年第 2 期。

尤陈俊:《中国传统法律文化的重新解读与韦伯旧论的颠覆——〈韦伯论中国传统法律:韦伯比较社会学的批判〉评介》,载

《法制与社会发展》2006 年第 2 期。

于省吾:《从古文字学方面来评判清代文字、声韵、训诂之学的得失》,载《历史研究》1962 年第 6 期。

俞荣根:《黄宗羲的“治法”思想再研究》,载《重庆社会科学》2006 年第 4 期。

俞荣根:《儒家“中道”的法思想及其普世价值》,载《当代儒学》2012 年第 2 期。

张春莉:《顾炎武、王夫之政治思想之异同》,载《东南大学学报》(社会科学版)1999 年第 4 期。

张高元:《一贯与有无:从耿定向儒佛之辨谈起》,载《甘肃理论学刊》2014 年第 2 期。

张海晏:《公私之辨:黄宗羲〈明夷待访录〉的思想主线》,载《浙江社会科学》2016 年第 12 期。

张建业:《论李贽的民主思想及其社会基础》,载《福建论坛》(经济社会版)1982 年第 2 期。

张晋藩:《明末清初的实学与进步的法律观》,载《法制与社会发展》2016 年第 2 期。

张晋藩:《浅论王夫之的法律思想》,载《现代法学》1981 年第 2 期。

张晋藩:《清初经世致用的思想与实学的学风》,载《安徽师范大学学报》(人文社会科学版)2007 年第 3 期。

张岂之:《论蕺山学派思想的若干问题》,载《西北大学学报》(哲学社会科学版)1980 年第 4 期。

张申:《刘宗周“慎独之说”浅议》,载《社会科学战线》1990 年第 1 期。

张师伟:《中国传统贤能政治的民本价值与君主专制逻辑:兼论黄宗羲的君主论》,载《学术界》2017 年第 7 期。

张守文:《政府与市场关系的法律调整》,载《中国法学》2014 年第 5 期。

张思珉、乔清举:《论李贽与耿定向史论之差异:以冯道为核心》,载《社会科学战线》2014 年第 3 期。

张天杰、肖永明：《张履祥由王返朱的心路历程及其对王学的批判》，载《西北大学学报》（哲学社会科学版）2010 年第 5 期。

张天杰：《张履祥所受刘宗周思想影响及其师门补救之功》，载《湖南大学学报》（社会科学版）2014 年第 3 期。

张文显：《迈向科学化现代化的中国法学》，载《法制与社会发展》2018 年第 6 期。

张西平：《百年利玛窦研究》，载《国际汉学》2011 年第 1 期。

张显清：《杰出教育家孙奇逢述论》，载《清史研究》1993 年第 3 期。

张晓林：《戴震的“讳言”——论〈天主实义〉与〈孟子字义疏证〉之关系》，载《华东师范大学学报》（哲学社会科学版）2002 年第 34 卷第 4 期。

张学智：《论刘宗周的“意”》，载《哲学研究》1993 年第 9 期。

张学智：《王夫之的格物知性与由性生知》，载《北京大学学报》（哲学社会科学版）2003 年第 3 期。

张学智：《王夫之对礼的本质的阐释》，载《北京大学学报》（哲学社会科学版）2006 年第 6 期。

张学智：《王夫之太和观念中的诚与变合》，载《中华文化论坛》2004 年第 1 期。

张中秋：《中国传统法律正义观研究》，载《清华法学》2018 年第 3 期。

章典等：《气候变化与中国的战争、社会动乱和朝代变迁》，载《科学通报》2004 年第 23 期。

章启辉：《王夫之哲学的实学精神》，载《湖南大学学报》（社会科学版）2004 年第 6 期。

赵刚：《善本藏家之外的清代书籍和思想世界》，载《读书》2017 年第 2 期。

赵国斌：《王夫之的法哲学及其方法论略》，载《吉林大学社会科学学报》1992 年第 6 期。

赵俪生：《顾炎武〈日知录〉研究》，载《兰州大学学报》1964 年第 1 期。

赵世瑜:《试论陈确的忠节观》,载《史学月刊》1998 年第 3 期。

赵树廷:《心学的绝唱,实学的序曲:焦竑学术递嬗的个案探析》,载《山东大学学报》(哲学社会科学版)2008 年第 1 期。

赵园:《〈人谱〉与儒家伦理道德秩序的建构》,载《河北学刊》2006 年第 1 期。

衷尔钜:《蕺山学派的慎独学说》,载《文史哲》1986 年第 3 期。

衷尔钜:《论陈确及其哲学思想》,载《甘肃社会科学》1991 年第 5 期。

周芳敏:《论黄宗羲"盈天地皆心"之义蕴》,载《政大中文学报》2008 年第 10 期。

周素丽:《李贽与耿定向学术人格的对比:耿李论战的原因分析》,载《中国哲学史》2012 年第 3 期。

周予同、汤志钧:《从顾炎武到章炳麟》,载《学术月刊》1963 年第 12 期。

朱光磊:《由"自私自利"通达"天下本体":黄宗羲〈明夷待访录〉人性论新解》,载《福建论坛》(人文社会科学版)2013 年第 5 期。

朱景文:《法治和关系:是对立还是包容——从韦伯的经济与法律之间关系的理论谈起》,载《法制现代化研究》2002 年第 8 卷。

朱振:《在中国的西方法理论》,载张志铭主编:《师大法学》(2017 年第 1 辑),法律出版社 2017 年版。

朱振:《作为方法的法律传统——以"亲亲相隐"的历史命运为例》,载《国家检察官学报》2018 年第 4 期。

左东岭:《耿、李之争与李贽晚年的人格心态巨变》,载《北方论丛》1994 年第 5 期。

左东岭:《顺性、自适与真诚:论李贽对心学理论的改造与超越》,载《首都师范大学学报》(社会科学版)2000 年第 1 期。

半人记

《舆图换稿》这部小书是我在 2017 年年初完成的《日就月将》的姊妹篇。前者和后者都坚持使用了法学新古典主义的方法，两书所讨论的人物则散落于从明初到明清之际的三个世纪。除了篇幅相当的考虑，《舆图换稿》独立成书，也是为了突出晚明的特殊。随着隆庆开关、俺答封贡等事件陆续展开，中国获得了一段经济生活比较富足、教育学术比较活跃的宝贵历史周期。利玛窦等传教士梯航万里溟渤，来华后和士大夫有广泛接触交流，使东方古典思想吸收到了新的内容。如果秉持一种比较均衡的世界历史观念，甚至可以说，这一契机才是现代学术的实质开端。

包括理论法学在内的现代汉语学术使用白话文，大量继受源自西方（以及日本）的概念，在语汇、题材和体裁上都和明清时代迥异。现代中国的实定法也深受法律移植和全球化的影响，直接源自古代律例的内容可谓凤毛麟角。如果在且仅在“实定法相关概念”的层面理解法学知识，那么一点也不值得奇怪，在此基础上建构的法学理论已经和中国古代学术脱节。而关注中国古代律例、法思想的研究，所得成果尽管琳琅满目、极尽璀璨，但似乎也只能作为博物馆中的藏品，起到鼓舞民族情感的作用，对于当代法律实践没有太多直接帮助。

但是，我们所倚靠的这一学术传统及其文化传统，并非只有四百年来日趋西化的一面。中国社会对于“是非对错”本有丰富而精湛的思考，见于古代学者的作品，也浸染着现代汉语的日常表述，对现代学术和实定法所蕴含的价值观念仍有持续的影响和塑造作用。这正是我们学术传统及其文化传统本土、东方的一面。阳与阴的两面，可比喻为这个传统的继父和生母，他们一个刚健进取，一个深厚宽容。失去了其中任何一个，我们将成为漂泊无根的养子，抑或固执己见的骄儿。失去了其中任何一面，我们就只是学术和文化意义上的“半人”。

所谓“半人”不仅可能是发生学上的，也可能是类型学上的。“中国哲学的合法性”在很多时候也许只是一个纯粹的学理问题。但如果进入到“法哲学”的论域，一个社会没有关于是非对错，没有关于判断、实践、权力、合作，如此种种基本问题的系统认识，这个社会在国际治理中就只能咿呀学语，在世界历史上当然也远未成熟。认定我们的学术传统及其文化传统始终缺乏法哲学层面的追索和建构，几乎相当于从病理上开出了他是个“侏儒”的医学报告。或者说，认定他是个基因和智慧意义上的“半人”。除非器官移植，他已无法救疗。除非接受辅导，他将不明事理。

《舆图换稿》和《日就月将》这两本小书最根本的出发点，也许就是对这两类“半人”观念深致不满吧。作为个人，我们希望自己兼具理智和情感，成熟而自主；学术传统，也同样应当完整而独立。

造成第一种“半人”观的主要原因之一，是书面汉语的古今变化。但是，语汇的替换即便再广泛，也不能抹杀现代概念和构造之的古代语素存在联系。正如“概念”和“念”的联系——这种联系正是在晚明时期东西方的相遇中开始形成的——将现代学术汉语认定为同现代学术通用的欧洲语言只存在发音、符号上的差异，而意义和语法完全一致，岂非奇谈怪论？难道真的可以避免“念”之本土意蕴的直观影响，而必须通过某个英文单词，才能理解“概念”的概念？退一步说，即便真是这样，如果使用学术英语分析拉丁文作品是正当的，那么使用现代汉语分析古代作品就更具有正当性。为什么不可以反过来说古代的“念”，通常不是“概念”“理念”，而是思维的初步内容("念头")?

造成第二种"半人"观的原因,则是学术写作体裁的变化。古代学术作品多是语录或者注疏,本身的确没有呈现出"系统"的形态。如果从形式的意义上说中国古代不存在"法哲学",那也未尝不可。但仅仅是改变了古代作品的形态,将作者在不同文本中关于同一问题的论述聚集、排列,使他的思考在当代读者面前清晰展现,并不会故意曲解或者任意增加古典思想的内容。此时,研究者和读者不过是处于原作者的对话者、受教者的位置,和他当时的言说对象并无不同。其实,我们的这种工作,很像犍陀罗地区的古代工匠在制作希腊化的雕像。悉达多王子奥林匹克英雄般雄姿挺拔,但没人不认识他就是东方的佛陀。

赋予古典思想现代的分析形式,即法学新古典主义,是我目前寻找到的,使我们脱离"半人"观念和状态的一种方法。这一方法受到中国哲学史大师冯友兰所创立的范式的启发颇大,也可以在西方法哲学家那里找到直接对应的表述。此外,对我来说,梁思成的中国古代建筑史研究也深具教益。将《营造法式》用中英文现代建筑语汇、图画解析出来,当然不是要在今天的中国大地上依样画葫芦地重做一个古代作品。用一位前人的话说,我们是要"尊重历史、尊重环境,为今人服务,为先贤增辉",是要以民族文化提澌精神、开阔胸怀,投身于新的创作。

我是从 2012 年回清华大学任教之初开始探索使用法学新古典主义方法分析古代作者和作品的。《戴东原的法哲学》是第一篇习作,后分别以繁体字和简体字刊发于《2013 年世界华人法哲学大会文集》和《清华法律评论》。但"戴东原"一文受到我从本科时代就感兴趣的"清代思想史"研究范式影响还有些重,虽然对"絜矩之道"尝试进行了现代阐发,但当时方法论层次的思考尚未深入,将来也可能会重做。2015 年开始,庶务大幅度减少,对教学规律也逐渐掌握,自信不会在课堂上误人子弟以自误,才终于可以集中时间和精力投入写作。

这四五年来的工作是十分艰辛的。为了贯彻"分析"方法,必须阅读数千万字的一手文献,完成百余万字的笔记,彻夜不眠成了经常的事。有些人物和我自己心性契合,就比较容易理解。但也有一些人物会描述独特的精神体验,处事也显得狂傲狷介,对他们的思想也要用现代话语负责任地予以转述,更需要加倍的努力。此外,对有些人物最终可以心领神会,但实在不能用现代话语清晰准确地诂译。有些人物提供的语言材料实在太少,不能适用法学新古典主义方法。对他们虽然也花费了很多时间研究,但最终没能写成文章。而且,即便就已经完成的任务来说,相对于我们浩瀚的学术传统而言,也不过是孤帆片片,不知何时才能凭之直抵涯涘。

当然,这四五年来的工作也是极其愉快的。这些人物绝大多数都是优入圣域的贤哲,和他们的持续对话,往往能帮助我化解工作和生活中的苦闷和烦恼,有时领略智慧的奥妙,偶尔窥见生命的意义。零散篇章的发表,特别是第一部小书《日就月将》的出版,使我收获到来自许许多多师长和学生的鼓励、建议乃至批评。感谢他们让我体会并且相信,"朋友"这一"伦",这一把个体牵入"人类""人性""人生"之网的线索重要而牢固。他们在学问上的帮助已经凝结成与本书同在的一个个脚注。他们在学问外的帮助,我将永铭心间。

在写作《日就月将》的时候,我最常听的是汤显祖的《牡丹亭·蝶恋花》。他自述说:"忙处抛人闲处住,百计思量,没个为欢处。白日消磨肠断句,世间只有情难诉。玉茗堂前朝复暮,红烛迎人,俊得江山助。"我从没有"俊得江山助"那样的幸运和自信,但同样真实经历过"消磨肠断句"的日日夜夜。而越临近本书写作过程的结尾,我听《桃花扇·哀江南》就越多。除了想方设法贴近本书中主要人物的心绪,也因为受到孔尚任真挚话语的打动。

——"那乌衣巷不姓王,莫愁湖鬼夜哭,凤凰台栖枭鸟。残山梦最真,旧境丢难掉,不信这舆图换稿"!四百年来,虽然经过帝王将相,水患兵燹,欧风美雨,反反复复的摧折、吞噬、轻视,但是,这残山旧境只要经过精心整理,仍将是我们梦寐难忘的青山胜景。四百年过去了,但是,我执拗地不信这,舆图换稿!

2019 年 5 月 20 日于清华园缉熙堂

索　引

D

E

F

G

K

L

M

N

Q

R

S

T

W

X

Y

Z

天 Borderless 下

图书在版编目(CIP)数据

舆图换稿：明清之际的中国法哲学 / 屠凯著. ——北京：法律出版社，2020
（法学新青年）
ISBN 978-7-5197-4593-6

Ⅰ. ①舆… Ⅱ. ①屠… Ⅲ. ①法哲学—研究—中国—明清时代 Ⅳ. ①D909. 24

中国版本图书馆CIP数据核字(2020)第091909号

舆图换稿：明清之际的中国法哲学
YUTUHUANGAO: MINGQING ZHIJI DE ZHONGGUO FAZHEXUE
屠 凯 著

责任编辑 韩满春
装帧设计 汪奇峰

开本 710毫米×1000毫米 1/16
版本 2020年7月第1版
出版 法律出版社
总发行 中国法律图书有限公司
印刷 天津嘉恒印务有限公司

印张 23.5 **字数** 329千
印次 2020年7月第1次印刷
编辑统筹 学术·对外出版分社
经销 新华书店
责任印制 陶 松

法律出版社/北京市丰台区莲花池西里7号(100073)
网址/www.lawpress.com.cn
投稿邮箱/info@lawpress.com.cn 销售热线/400-660-8393
举报维权邮箱/jbwq@lawpress.com.cn 咨询电话/010-63939796

中国法律图书有限公司/北京市丰台区莲花池西里7号(100073)
全国各地中法图分、子公司销售电话：
统一销售客服/400-660-8393/6393
第一法律书店/010-83938432/8433 西安分公司/029-85330678 重庆分公司/023-67453036
上海分公司/021-62071639/1636 深圳分公司/0755-83072995

书号：ISBN 978-7-5197-4593-6 **定价**：98.00元
(如有缺页或倒装，中国法律图书有限公司负责退换)